中国社会科学院创新工程学术出版项目

北京蓝皮书
BLUE BOOK OF BEIJING

北京市社会科学院/编　谭维克/总　编　许传玺　赵　弘/副总编

北京文化发展报告
（2015~2016）

ANNUAL REPORT ON CULTURAL DEVELOPMENT OF BEIJING (2015-2016)

主　编/李建盛

社会科学文献出版社
SOCIAL SCIENCES ACADEMIC PRESS (CHINA)

图书在版编目（CIP）数据

北京文化发展报告. 2015～2016/李建盛主编. —北京：社会科学文献出版社，2016. 4

（北京蓝皮书）

ISBN 978－7－5097－8880－6

Ⅰ. ①北… Ⅱ. ①李… Ⅲ. ①文化发展－研究报告－北京市－2015～2016 Ⅳ. ①G127. 1

中国版本图书馆 CIP 数据核字（2016）第 051688 号

北京蓝皮书
北京文化发展报告（2015～2016）

主 编／李建盛

出 版 人／谢寿光
项目统筹／周映希
责任编辑／张 媛 周映希

出 版／社会科学文献出版社·皮书出版分社（010）59367127
地址：北京市北三环中路甲 29 号院华龙大厦 邮编：100029
网址：www. ssap. com. cn
发 行／市场营销中心（010）59367081 59367018
印 装／北京季蜂印刷有限公司

规 格／开 本：787mm×1092mm 1/16
印 张：24. 25 字 数：367 千字
版 次／2016 年 4 月第 1 版 2016 年 4 月第 1 次印刷
书 号／ISBN 978－7－5097－8880－6
定 价／79. 00 元

皮书序列号／B－2007－063

主编简介

李建盛　北京市社会科学院文化研究所所长、研究员，首都网络文化中心主任，北京市文艺学会会长，主要从事文化理论、首都文化发展战略和文艺理论研究。《北京文化发展报告》主编、《首都网络文化发展报告》执行主编，多部著作获省部级优秀科研成果奖。主要学术著作有《当代设计的艺术文化学阐释》《后现代转向中的美学》《艺术学关键词》《美学：为什么与是什么》《艺术　科学　真理》《北京文化60年（1949～2009）》《公共艺术与城市文化》《中国特色社会主义先进文化之都建设研究》《北京公共文化服务体系与惠民工程建设》等。

摘　要

《北京文化发展报告（2015～2016）》以首都城市战略定位视野中的全国文化中心建设为主题，以2015年度北京文化发展、文化建设新进展和新动态为基本内容，从文化建设与文化发展战略、城市文化与公共文化服务体系、文化创意产业与文化经济、历史文化名城保护与文化交流传播四大专题，分析2015年北京文化发展新进展、新成就和新动态，并结合当前存在的问题提出相关对策和建议。

第一部分“总报告”，以围绕首都城市核心职能，推进全国文化中心建设为主题，概述2015年北京历史文化名城保护、公共文化服务体系建设、文化创意产业发展和文化传播拓展等方面的现状和动态，比较本年度北京在全国城市体系中综合竞争力和文化竞争力的优势和存在的差距，分析当前文化建设发展存在的问题，提出在明确北京城市战略定位和强化首都核心职能中推进文化建设发展的相关对策建议。

第二部分“文化建设与文化发展战略”，以北京文化发展年度新进展、“互联网＋”与北京文化科技创意创新建设、北京城市转型发展的新战略和文化法制建设为主要内容，概述2015年北京文化发展的新动态和新趋势，并针对相关问题提出对策建议。

第三部分“城市文化与公共文化服务体系”，以城市文化多样性保护与发展、文化创意特色街区、公共文化服务体系和网络化建设发展分析以及相关比较研究为主要内容，并根据目前存在的问题提出相关对策建议。

第四部分“文化创意产业与文化经济”，以首都文化创意产业和北京文化经济发展的研究和分析为主要内容，就北京文化创意产业政策、文化创意产业创新创业、文化财政金融创新现状、文化旅游等相关内容展开分析，并针对当前的优势、问题提出相关对策建议。

第五部分“历史文化名城保护与文化交流传播”，首先分析历史文化名城保护和非物质文化遗产保护问题，分析2015年历史文化名城保护和非物质文化遗产保护的新进展，同时就2015年北京文化传播、对外文化交流和文化贸易现状展开分析，并结合当前存在的问题提出相关对策建议。

目 录

Ⅰ 总报告

Ⅱ 文化建设与文化发展战略

Ⅲ 城市文化与公共文化服务体系

Ⅳ 文化创意产业与文化经济

Ⅴ 历史文化名城保护与文化交流传播

皮书数据库阅读使用指南

总 报 告

General Report

B.1

首都城市战略定位视野中的全国文化中心建设

李建盛*

摘 要： 2015年，北京市围绕明确首都城市发展战略、坚持和强化城市核心职能积极开展首都文化建设发展各项工作。本报告以首都城市战略定位视野中的全国文化中心建设为主题，概述2015年北京在保护历史文化名城、建设公共文化服务体系、发展文化创意产业以及文化传播拓展等方面的现状和动态，比较本年度北京在全国城市体系中综合竞争力和文化竞争力的优势和存在的差距，分析当前文化建设发展中存在的问题，并提出在明确北京城市战略定位和强化首都核心职能中推进

* 李建盛，博士，北京市社会科学院文化研究所所长、研究员，首都网络文化研究中心主任，主要从事文化研究和文艺理论研究。

文化建设发展的相关对策建议。

关键词： 首都城市 全国文化中心 文化竞争力

一 围绕首都城市核心职能，推进全国文化中心建设

城市战略定位是根据城市自身的历史积淀、发展现状、动态变化以及未来发展方向，在深刻分析和全面研究城市发展重大主导因素和复杂效应后做出的科学合理、具有未来指向性的发展战略谋划。一个城市是否具有科学合理的战略定位将深刻影响城市发展的整体命运，深刻影响城市未来的发展方向，它决定了一个城市能否体现其不同于其他城市的本质性差异和独特形象。而文化在城市发展中始终具有极为重要的地位和作用，“城市首先是具有文化意义的存在”[①]，无论是在物质形态上还是在非物质形态上，城市总是某种文化的历史建构，城市的历史既建构和形成城市丰富多样的文化形态，也构成城市的生活方式和文化精神，“城市不仅仅是一个物质实体、一个人们生活和工作的地点，城市还是一个象征着很多东西、代表着很多东西的地方。”[②] 由此，在当代城市战略定位和城市规划中，文化始终成为其中极为重要的内容，文化在城市发展和建构中发挥极为重要的职能，城市文化的内涵、城市文化的形态、城市文化的特色都在城市发展和城市生活中发挥越来越巨大的作用。

新中国成立以来，北京的城市性质定位发生了巨大的变化，既有历史延续性的一面，也有曲折发展的一面，既有可贵的经验，也有惨痛的教训。在这个复杂曲折的历史过程中，城市的总体性质定位深刻地影响了北京作为全国文化中心的建设。改革开放后，北京作为首都城市的性质定位逐渐清晰和

① Serge Salat：《城市与形态：关于可持续城市的研究》，中国建筑工业出版社，2012，第37页。
② 约翰·伦尼·肖特：《城市秩序：城市、文化与权力导论》，上海人民出版社，2011，第460页。

明确，对全国文化中心的建设和发展发挥了积极有效的作用。当前，北京作为超大型城市，仍然存在需要着力解决的问题和矛盾，面临城市转型发展的机遇和挑战。如何更加明确城市发展战略，如何更好地发挥城市核心职能，如何推动城市可持续发展，仍然是当前和未来面临的主要问题。

2014 年 2 月，习近平总书记对北京作为首都城市的发展做出新的战略部署并提出更高的要求，提出首先要明确首都城市的战略定位，这一要求把首都城市的建设和发展问题提到战略的高度，意味着首都城市的建设发展应具有整体性、前瞻性、战略性和可持续发展性。在明确城市发展战略的同时，坚持并强化北京作为全国政治中心、全国文化中心、国际交往中心和科技创新中心的核心功能，把北京建设成为国际一流的和谐宜居之都。2015 年，北京市贯彻落实中央精神，自觉把握和认真研究北京城市战略定位，紧紧围绕首都的核心作用开展工作，推动首都城市建设发展。在加快建设全国文化中心上，积极培育践行社会主义核心价值观，努力加强社会主义核心价值观建设；弘扬中华优秀传统文化，保护与传承北京的历史名城文化；加强首都公共文化服务体系建设，发展文化创意产业。2015 年 3 月，北京市人民政府印发 2015 年市政府工作报告重点工作及分工方案，共 216 项，其中 8 项为文化建设发展重点工作。在核心价值建设上，大力弘扬社会主义核心价值观，积极开展中国梦等主题教育，深入推进各项精神文明建设活动，不断提升城市文明程度和市民文明素质；围绕纪念抗日战争胜利 70 周年，做好各项服务保障工作，深入开展爱国主义教育活动，弘扬爱国主义精神；扎实做好思想道德建设，充分发挥道德模范和“北京榜样”的示范带动作用；构建首都现代公共文化服务体系，不断加强基层公共文化服务建设，繁荣文艺创作，打造文化精品力作；保护历史文化名城“金名片”，弘扬和传承优秀传统文化，做好“三山五园”、周口店遗址以及长城文化带的保护利用等重点工作；全面推进首都文化体制机制创新，完善文化发展的长效机制以及文化投融资体系，积极培育多层次的文化产品和要素市场；落实北京市文化创意产业功能区的建设发展以及文化产业的提升规划，推进国家文化产业创新实验区、国家数字出版基地等示范区建设，推动文化创意和设计服务与相关产业融合创新发展；拓展和扩大对外文化交流，继续推动文化“走出去”，进一步增强首都文化的国际影响力。这些重点工作坚持城市战略定位，围绕全国文化中心核心职能开展，取得了重要成效。2015 年 7 月，为积极推动北京文化创意和设计服务与相关领域融合发展，发布《北京市关于推进文化创意和设计服务与相关产业融合发展行动计划（2015－2020年)》，提出包括文化产业在内的十大板块的融合发展行动，这是首都经济进入新常态背景下调结构、转方式的创新举措，文化创意和设计服务与相关产业的融合发展成为首都城市文化创新发展和文化生产力提升的重要抓手，将在北京加强全国文化中心建设过程中发挥重要作用。

2015 年是“十二五”规划的收官之年，“十二五”期间北京历史文化名城的保护与传承、公共文化服务体系的建设、文化创意产业的发展和文化传播都取得了新的成就，全国文化中心建设稳定推进，在全国的示范带动作用进一步凸显，在国际上的影响力也有所增强。在公共文化服务体系建设方面，北京大力推进公共文化服务的标准化、均等化和社会化建设，深入开展和不断扩展文化惠民活动，目前已建立日益优化的公共文化服务体系，四级公共文化服务体系与文化惠民建设力度位居全国前列，牢固树立文化民生意识和文化服务意识，以人民群众的基本文化需求为导向，不断推动基本公共文化服务标准化、均等化、社会化、数字化。全市四级文化设施建有率达到98%以上，不断推进市级重点文化基础设施建设，进一步完善公共文化设施网络，稳步提高乡镇街道和行政村社区文化设施建设达标率，市级重点文化基础设施建设积极推进，公共文化设施网络逐步完善。目前，全市共建设 300 个数字文化社区、42 个乡镇文体中心，基层公共文化设施建设不断加强和完善。北京市文化创意产业持续发展和稳步提升，已成为首都经济中仅次于金融业的第二大支柱产业。“十二五”期间，不断优化文化创意产业空间集聚、专业发展和集约发展，文化创意产业规模和文化创意产业大军不断壮大，文化创意产业各行业各具特色，产业间的融合步伐加快，文化创意产业集聚区发展迅速，示范带动功能明显增强。2014 年，北京文化创意产业实现增加值2826.3 亿元，占地区经济的比重达 13.2%，2015 年 1～9 月，虽然面对经济下行压力，但北京市文化创意产业增加值仍实现13%的增长。历史文化名城保护以及历史文化传承得到持续开展，在整体保护、区域保护、重点保护乃至单点保护方面都取得了重要成效，已基本形成以“一轴一线”重构历史文化魅力走廊为重点、以“分类、连片、区域性”历史文化名城风貌保护为拓展点的整体保护格局。同时，加大非物质文化遗产的保护力度和投入，“十二五”期间，北京市共投入资金1.26亿元保护和传承非物质文化遗产，其中代表性项目扶持经费为2927万元，补助代表性传承人经费为912万元。到2015年底，全市共有10项非物质文化遗产入选联合国教科文组织“人类非物质文化遗产代表作名录”，126项国家级非物质文化遗产代表性项目，273项市级代表性项目，85位国家级非物质文化遗产项目代表性传承人，267位北京市级代表性传承人，非物质文化保护和传承体系不断完善。大力实施文化“走出去”战略，创新文化交流传播措施和路径，积极开展文化交流传播活动，发展和扩大对外文化贸易，首都文化的国际影响力持续加强。

2015年既是“十二五”规划的收官之年，也是谋划“十三五”时期建设发展的重要一年。北京市委遵照北京城市战略定位，紧紧围绕首都城市的核心职能积极谋划“十三五”时期的规划发展，在文化建设和发展上提出，北京作为全国文化中心，其文化发展要发挥风向标作用和引领释放作用，必须更加自觉地服务国家文化发展的大局，坚持社会主义先进文化前进方向，增强文化自觉和坚持文化自信，努力推动全国文化中心与全国政治中心、国际交往中心和科技创新中心的有机融合，不断深化文化体制改革和机制创新，激发和增强文化创新活力，大力推动物质文明与精神文明的协同发展，努力推动首都文化的繁荣发展，把北京建设成中国社会主义先进文化引领高地，继承和弘扬优秀的历史文化，加快文化改革和创新发展，不断提高城市文明程度，着力建设全国文化中心。

二　2015年北京文化发展现状与动态

2015年，北京的文化建设发展围绕首都城市战略定位，不断强化城市核心职能，让文化融入城市发展，用文化推动城市发展，全国文化中心地位不断巩固，全国文化中心建设进一步加强。本年度，北京在历史名城的保护建设和历史名城文化的传承发展、公共文化服务体系的建设、文化创意产业的促进与提升、文化传播与文化贸易等方面取得重要进展。

（一）持续推进历史名城保护和名城文化传承

1. 历史名城保护政策措施向纵深拓展

2015 年，北京市在整体保护历史名城、延续城市文脉的理念下，不断完善和细化相关保护措施，不断推动历史名城保护向纵深发展。

2015 年 6 月，故宫博物院、中国建筑设计研究院建筑历史研究所共同编制的《故宫保护总体规划》完成。该规划遵照我国“保护为主、抢救第一、合理利用、加强管理”的文物工作方针，紧密结合保护对象的实际，在充分研究的基础上提出新的保护和管理理念，是一项以文化遗产价值为主要目标的保护管理专项规划，立足整体性的文化遗产保护立场，梳理展示文化遗产的价值维度，彰显中国古代宫式建筑典范、明清宫廷文化见证和中国古代艺术精品三大价值主题，并在文化遗产保护、保存、利用、管理以及研究等方面体现当代国际文化遗产保护的视野。这一规划的编制、完成和实施将有力推动具有近 500 年历史的古代宫殿建筑群的保护，在物质性文化保护的基础上将有大力提升多维文化价值的保护和传承。2015 年，开始实施 2014 年 12 月由国家文物局批复同意的《圆明园遗址考古工作计划（2014 –2020 年度）》。该计划分期进行圆明园遗址考古调查、勘探发掘工作，对圆明园遗址整体格局、遗址布局和山形水系进行分析研究，明确圆明园大宫门景区和九州景区等重点区域，科学开展考古勘探与发掘工作。按照计划要求，共安排资金 3636 万元，用于考古发掘和考古勘探、环境整治、保护研究和展示利用。同时，加强与相关研究机构和学术单位的合作，开展文物保护、历史发展和文化价值多方面研究，为遗产保护利用提供强大的学术和智力支持。为有力地保护北京历史文化街区，严格保护建设标准，北京市启动《北京城市紫线管理办法》草案制定，所谓城市紫线就是指历史文化街区和历史建筑周边保护范围的界限，以更严格的标准限制紫线范围内的开发建设。城市紫线管理办法的制定和实施将成为历史文化街区和历史建筑保护的有力保障，对保护和打造历史文化名城“金名片”具有重要作用。

历史文化名城保护向纵深拓展的标准还体现在相关地方性标准的出台和实施，北京市文物局先后发布《文物建筑雷电防护技术规范 开放段长城》(2015 年 4 月 1 日开始实施)、《古建筑结构安全性鉴定技术规范 第 1 部分：木结构》（2015 年 8 月 1 日开始实施)、《文物艺术品元数据规范》(2015 年 11 月开始实施）等相关通知，这些地方性标准实施工作以技术要求规范文化保护，提升北京历史文化名城保护的科学含量和技术水平。

2. 文化保护重点工作深入开展

在北京城市不断现代化甚至国际化的发展进程中，历史文化名城的整体格局和重要区域是不可再生的宝贵城市文化遗产。2015 年，北京历史文化名城保护持续稳步地开展重点保护工程和重点保护工作。北京市继续做好历史文化名城核心区域的重点保护工作，修缮、提升、改造和疏解 33 片文物保护区，保护和修缮“一轴”（中轴线)、“一线”（朝阜线)、“一带”（安街—前三门大街区域）等历史文化遗产，传承城市历史文脉，科学处理文化保护与城市生活的关系成为保护传承的出发点和立足点。2014 年大运河申遗成功，北京通州被明确为京杭大运河北起点。2015 年北京市更加重视大运河北京段的文化挖掘和环境整治工作。“京杭大运河北起点”标志碑在京杭大运河、通惠河、温榆河、小商河和运潮减河五河交汇处树立。同时，修缮和保护通州区内的静安寺、通运桥、漷县曹氏祠、通州御制石道碑等文物，京杭大运河北京段的保护修缮初见成效。

北京园林文化在北京城市空间中具有独特地位，保护利用园林文化既是保护城市的独特空间，也是保护和传承独特的城市文化。2015 年，“三山五园”历史文化景区的保护建设工作取得重要进展，重点围绕周边环境整治，有序开展搬迁腾退工作、设计方案编制和开工建设。不断加强景区周边绿化美化，合理建设配套设施，重点强化“园外园”生态景观建设、青石古御道和京西稻田等园区外景建设。同时开展相关学术研讨、课题研究和文化展示传播，在推进景区全面建设的同时，积极传播历史文化，宣传丰富独特的皇家园林文化。为切实保护北京历史名园，2015 年，北京市园林绿化局确定颐和园、天坛、圆明园、景山公园、天坛公园、香山公园、圆明园遗址公园、劳动人民文化宫（太庙）等 25 处公园入选北京市首批历史名园名录，北京将制定和实施历史名园保护规划，这不仅有助于保护名园生态和名园文化，延续城市记忆，弘扬文化价值，而且更是城市现代化进程中宝贵的生态文化空间，有助于进一步完善历史文化名城的文化形态和空间格局。

2015 年，北京市文物保护以重大活动为契机，加大文物修缮力度。以纪念抗日战争胜利 70 周年为契机，2014～2015 年加强对抗战文物的修缮保护，积极开展长城沿线抗战遗址保护工作。2015 年投入 3000 余万元专项资金用于抗战文物抢险修缮和环境整治，如大兴西红门镇大白楼侵华日军飞机掩体和丰台区部分飞机掩体处，通过抢险加固、现场整治等措施明显改善了文化环境，使文物得到有效保护。据统计，北京市文物局已初步厘清市内抗战文物险情状况，全市共 162 处抗战文物，得到了保护巩固的文物 60 余处，既保护了历史遗迹，丰富了历史文化遗产，又弘扬了历史文化精神。

3. 非物质文化遗产保护力度加大

2015 年，北京市非物质文化遗产保护与传承工作持续开展，积极探索新的保护利用方式，在资源利用方面，注重契合国家和北京市发展战略，营造非遗文化发展的良好局面；在非遗文化的产业化、社会化实践方面，注重非遗文化的跨界合作，寻求跨地区合作的合理路径；在非遗保护与传承思路方面，坚持非遗整体保护思路，形成规模效应；在展示传播方面，坚持积极融入民众文化生活的原则，提高民众参与度。2015 年 6 月，北京市文化局组织专家评审，确定本年度《北京市非物质文化遗产保护认定奖励名单》，认定非物质文化遗产生产性保护示范基地 2 个、培训基地 10 个、优秀实践名册项目 1 个。截至 2015 年底，北京市共拥有联合国教科文组织公布的 10 个（昆曲、古琴艺术、中国书法、中国剪纸、中国传统木结构营造技艺、端午节、中医针灸、京剧、中国皮影戏、中国珠算）“人类非物质文化遗产代表作名录”项目，国家级非物质文化遗产代表性项目126个，市级代表性项目273个，区级代表性项目776个，国家级代表性传承人85位，市级代表性传承人267位，区级代表性传承人797位，基本形成较完善的非物质文化遗产名录体系、非物质文化遗产形态和非物质文化遗产人才队伍结构。在非物质文化遗产保护资金投入方面，北京市“十二五”期间投入资金共1.26亿元，其中代表性项目的扶持经费为2927万元，补助代表性非遗传承人经费为912万元，较有力地保障了非物质文化遗产的保护和传承。

（二）完善公共文化服务政策，拓展公共文化服务体系

1. 北京市率先出台“1 +3”公共文化服务政策

为加强对公共文化服务体系建设的指导，2015年初，中共中央办公厅、国务院办公厅共同印发《关于加快构建现代公共文化服务体系的意见》，就现代公共文化服务体系提出指导意见和部署要求，国务院办公厅印发《关于做好政府向社会力量购买公共文化服务工作的意见》，积极拓展公共文化服务建设的渠道。北京市人民政府在全国率先出台地方性省级实施文件《关于进一步加强基层公共文化建设的意见》，意见提出六项基本措施，包含基层公共文化服务的标准化体系、均等化、社会化、数字化、管理体制和运行机制、保障力度，通过这些途径和措施，到2020年，即“十三五”末期率先完成指导标准的达标任务，构建均衡发展、供给丰富和服务高效、保障有力的现代公共文化服务体系，有效满足市民基本文化需求，显著提升市民文化素养和文明水平，彰显和发挥全国文化中心的示范作用，为建设国际一流和谐宜居之都提供有力的精神动力和文化支撑。为配合和支撑意见的实施，2015年，北京市出台《北京市基层公共文化设施建设标准》，首次提出“2 + X”的设施建设模式，服务内容扩大至20个大类；出台《北京市基层公共文化设施服务规范》，对基层公共文化服务的内容、时间、设备、人员和设施环境等做出详细规定；出台《首都公共文化服务示范区创建方案》，在已有建设标准和服务规范的基础上提出一系列创建指标和评定标准。目前，北京四级公共文化服务体系覆盖率达98%，公共文化设施共6691个，

全市共有基层群众文艺团队 9204 支，注册文化志愿者 3.27 万人，文化志愿团体 311 家。

2. 全面推进公共文化服务示范区建设

“十二五”期间，北京市积极开展国家公共文化服务体系示范区建设，以两年为一个周期，2011 年朝阳区获全国首批国家公共文化服务体系示范区创建资格，2013 年东城区获第二批创建资格，2015 年海淀区获得第三批国家公共文化服务体系示范区创建资格，经历 5 年时间，北京市在建设国家公共文化服务体系示范区过程中采取有力措施，取得重要成效和经验。为进一步加快和加强公共文化服务示范区建设，2015 年出台《首都公共文化服务示范区创建方案》，该方案共 7 个方面 40 项 93 个指标，对公共文化服务示范区建设做出系列明确规定并制定详细措施，保持并体现首都特色和北京特征，同时还包含一批具有首都特色的指标。该方案针对首都城市不同区域明确了不同的结构层次和构建体系，分别对中心城区、远郊城区制定不同的标准。方案提出，从 2016 年至 2020 年的“十三五”期间，每年将创建不超过 3 个公共文化服务体系示范区县。此项措施将有力推动北京市国家公共文化服务体系示范区的建设，建设与全国文化中心职能相适应的公共文化服务体系。

3. 持续开展首都公共文化服务惠民工程

2015 年，北京文化惠民工程采取新措施，探索新模式，转变文化供给方式，文化惠民活动取得重要效果。2015 年，北京市公共文化活动确立“一二三四五”总体工作思路，以服务人民为中心，树立阵地意识和文化民生意识，完善公共图书、文化活动和公益演出“三个配送体系”，推动基层公共文化服务实现标准化、均等化、社会化和数字化，实施“引领、提升、示范、培训和保障”五个工程。积极培育公共文化服务人员，提高从业人员的组织管理水平，制定《北京市基层群众文化组织员三年培训规划》，通过人才队伍建设补齐基层文化工作短板。持续开展群众文化活动，整合公共文化服务设施资源、人力资源和活动资源，积极开展以“我的中国梦，欢乐新北京”为主题的市级文化活动、市级示范引领创新活动、传统民俗节日文化活动、文化主题活动，取得文化惠民、提升能量、丰富生活的积极成效。拓展公共文化惠民活动渠道，通过公共文化事业参与力量、增加订单式文化服务等一系列措施，有力推动全市文化惠民全覆盖。结合自身区域特色和文化优势，各区县开展形式多样的群众文化活动，西城区“万人走进艺术殿堂”、“戏剧东城”、“艺术朝阳”、延庆端午文化节、诗画怀柔文艺秀、昌平国际魔术大会、通州运河艺术节、永定河文化节（门头沟)、丰台卢沟晓月中秋文化旅游活动等，均以品牌文化活动丰富市民文化生活，取得良好的社会效益。惠民文化活动深入开展，积极培育和促进文化消费，以文化惠民活动促文化消费，实现文化惠民服务和文化消费经济并进发展。

（三）提升融合创新水平，推动文化创意产业升级发展

1. 出台创新政策措施，建设文化创意产业园区升级版

2014 年，《国务院关于推进文化创意和设计服务与相关产业融合发展的若干意见》发布。意见指出在新型工业化、信息化、城镇化、农业现代化进程加快的形势下，文化创意和设计服务已呈现多向交互融合的态势，促进文化创意和设计服务与相关产业的深度融合发展，是培育国民经济新的增长点、提升文化软实力以及产业竞争力的重大举措。2015 年，北京市为贯彻国务院若干意见的精神，出台《北京市关于推进文化创意和设计服务与相关产业融合发展行动计划（2015 - 2020 年)》，根据首都文化创意和设计服务与相关产业不断渗透融合的趋势和特点，该行动计划提出，全面激发首都文化创意和设计服务活力，努力提高文化创意和设计服务的能力和水平，大力强化北京文化创意产业的支柱地位，不断增强文化创意和设计服务对首都经济发展和经济增长的先导性作用并不断提高关联度与贡献率。实施文化创意产业提质行动、数字内容产业提速行动、文化金融服务创新行动等四大融合发展行动。力争到 2020 年，基本形成有特色、有影响力的文化创意和设计服务品牌，造就拥有辐射力、带动力的千亿级航母企业，建成要素齐全、彼此渗透和相互支撑的产业融合示范区。该行动计划体现了新常态下调整首

都经济结构、转变经济发展方式的创新举措，将在丰富首都文化创意产业文化内涵、提升文化产业产品创意价值、推动文化创意产业融合创新发展等方面发挥重要作用。为贯彻落实《国务院关于大力推进大众创业万众创新若干政策措施的意见》，2015 年 10 月，北京市人民政府发布《关于大力推进大众创业万众创新的实施意见》，提出自主创新、全面创新、高端创新和协同创新的原则，以创新带动创业，大力激发全社会创新潜能与创业活力，努力打造引领全国和辐射周边的创新发展战略高地，建设具有全球影响力的高端创新中心。到 2020 年，把北京建设成为具有全球影响力的创新创业地区。为有力推动首都文化创意产业发展，整合文化产业资源优势，2015 年 5 月，由北京文化投资发展集团控股、中国文化产业发展集团等国有文化企业共同投资成立的北京市文化产权交易中心挂牌成立；2015 年 6 月，拥有 315 家首批会员的首都文化产业协会正式成立；本年度，为提升文化产业园区品质和水平，发挥优势园区的示范带动作用，北京市公布首批市级文化创意产业示范园名单，中国北京出版创意产业园、清华科技园、星光影视园和莱锦文化创意产业园 4 个园区入选，在搭建服务平台、优化人才服务、保障项目审批、资金优先扶持和政策等方面提供支持。

2. 积极推动创业创新，巩固文化创意产业支柱地位

2015 年，北京市人民政府出台关于推进大众创业、万众创新的实施意见，提出优化创新创业生态、营造创新创业氛围、培育创新创业形态、完善创新创业布局、释放创新创业活力，构建有利于创业创新的制度政策环境与公共服务体系。本年度，创业创新成为北京市产业发展的重要助推力，大众创业、万众创新成为经济新常态下的亮点。2015 年 1～5 月，北京市新设企业 8.2 万户，同比增长 23.5%，其中，新设金融企业和科技型企业增长迅速，分别增长 41.6% 和 33.8%，金融、信息服务、科技服务三大服务业经济贡献率高达 70%。北京的文化资源优势、科技创新优势以及相关产业政策措施继续促进北京文化创意产业的发展。近年来，文化创意产业持续稳步增长，在北京市成为仅次于金融业的第二大支柱产业，到 2014 年底，北京市规模以上的文化创意产业法人单位已实现收入超 1.3 万亿元，产业增加值

由2006年的823亿元增长至2014年的约2826.3亿元，占北京市GDP比重由2006年的10.14%增长到2014年的13.2%，年均增长率达16.5%，超过同期地区生产总值年均增速（12.8%）3.7个百分点，体现了强劲的增长动力。2015年1~11月，北京市规模以上文化创意产业收入达到10198亿元，同比增长6.3%，从业人员113.4万人，同比增长0.3%（见表1）。2015中国文化发展指数[①]显示，中国文化城市100强中，排名前三的城市依次为北京、上海、深圳，北京文化创意产业仍然处于全国领先位置。

表1　2015年1~11月规模以上文化创意产业情况

项　目	收入合计(亿元)		从业人员平均人数(万人)	
	2015年1~11月	同比增长(%)	2015年1~11月	同比增长(%)
文化艺术	174.9	4.9	3.7	-1.8
新闻出版	661.0	0.3	9.8	-2.8
广播、电视、电影	672.6	3.9	5.1	-0.1
软件、网络及计算机服务	4143.1	10.1	60.5	2.0
广告会展	1158.1	2.3	6.6	-1.5
艺术品交易	647.2	-4.2	1.2	-3.4
设计服务	340.5	-6.7	9.7	-2.6
旅游、休闲娱乐	894.5	12.5	8.3	-0.3
其他辅助服务	1506.3	7.8	8.5	-1.6
合　计	10198.0	6.3	113.4	0.3

注：各领域数据按2011年国民经济行业分类（GB/T 4754-2011）标准汇总。
资料来源：北京市统计局。

值得注意的是，与2014年相比，本年度北京市规模以上文化创意产业发展总体增速放缓，上年为9.2%，同比下降幅度较大，增幅稍有增长的文化产业为文化艺术、新闻出版、广告会展等，软件、网络及计算机服务和其他辅助服务有所下降，而艺术品交易和设计服务则出现同比负增长。在文化

① 2015中国文化发展指数研究范围涉及全国31个省（自治区、直辖市，不含港澳台地区）288个地级以上城市，分为中国城市文化发展指数、中国文化产业园区发展指数、中国文化企业发展指数三个大类。

创意产业从业人员方面，大多数文化产业有所下降，尤其是设计服务和艺术品交易从业人数与上年相比明显减少。但可喜的是，据北京市文化局发布的数据，2015 年北京动漫游戏产值高达 455 亿元，占全国的 1/3，与 2014 年的产值 372 亿元相比，增长 22.3%。同时，北京动漫游戏产业的出口额达 58.7 亿元，居全国首位，与 2014 年出口额 42 亿元相比，增长 39.8%，表明北京动漫游戏产业的良好发展前景。

3. 创新文化财政金融，加大财政支持力度

2015 年，北京市文化财政金融创新主要体现在政府财政支持力度持续加大、小微文化企业信贷支持体系不断完善、文化产业基金的专业化程度有所提升、互联网文化金融发展迅速等方面。财政预算投入加大，2015 年北京市安排相关产业提质增效资金 98.4 亿元，投入文保区及文化事业资金 81.0 亿元，共计 179.4 亿元。不断完善小微文化企业信贷支持体系，北京市政府积极引导金融机构支持文化产业发展。2015 年，北京银行、中国工商银行北京分行等在政府的引导下，扩展文化创意产业相关的贷款业务，推动小微文化企业与资本的对接。北京国际版权交易中心和大公国际信用评级集团合作启动文创产业信用体系建设战略；光大银行北京文创园小微支行成立，实现金融与文化产业的有效对接；中国工商银行北京分行承诺为北京重点文化项目投资提供意向性授信近 500 亿元，助力文化创意企业创新发展。文化产业基金的专业化程度提升，光大证券与北京市文化投资发展集团共同设立国内单项规模最大的文化产业发展基金，即北京文资光大文创产业基金，规模约 300 亿元，投资重点为支持京津冀地区文化产权交易平台、文创产业功能区等领域的建设发展。11 月 9 日，正式发布我国首支国家资金引导的知识产权股权基金，即国知智慧知识产权股权基金，首期规模达 1 亿元，主要投资于拟挂牌新三板的企业。互联网文化金融迅速发展，北京市政府积极引导各种众筹平台与文化创意产业相结合，越来越多的 P2P 平台关注文化产权业务。同业并购和跨界并购共同发展，2015 年上半年北京地区文化产业市场投融资及并购事件共有 83 起，除未披露资金的 27 起外，涉及金额约 234.24 亿元，主要涉及 IT、旅游、广

告、游戏动漫、文化传播、影视、传媒、教育8个行业，传媒、教育及旅游是热点领域；其中投融资事件59起，涉及金额约93.94亿元，并购事件24起，涉及金额约140.30亿元。北京文化创意产业的投融资呈现新的特征和趋势，文化创意企业的跨界并购面临新的挑战，有助于促进资金投入转变和文化创意产业快速发展。

4. 文化消费引领作用增强，“互联网+”促进消费升级

2014年12月，北京市政府发布《北京市人民政府关于促进文化消费的意见》，在积极促进文化消费经济增长的同时，满足市民丰富多样的文化需求，意见围绕“市场主导，政府推动”“需求引领，创新驱动”“融合发展，产业联动”“资源共享，辐射带动”四个原则，提出增强文化消费的供给、培育文化消费的观念、引导文化消费的行为、丰富文化消费的业态、拓展文化消费的空间五大方面的重点任务，提出了一系列有力的扶持政策和保障措施，支持文化消费快速增长，实现至2020年文化消费年均增速保持10%以上，力争文化消费对全市经济增长的贡献率在8%以上的目标。2015年，北京市促进文化消费的力度有所增大，上半年北京市城镇居民的人均文化娱乐支出同比增长13%，高于年度的预期目标3个百分点；全市居民人均教育、文化娱乐支出为1593元，同比增长11.5%，在全市服务性消费的内部结构中，文化消费已位居第三。2015年，北京市文资办首次举办以“乐享文化·互联生活”为主题的文化消费主题日活动，充分利用“互联网+”思维，将各个活动在线上线下全面展开。数据显示，该项活动总计千万元的优惠券共490余万张，有125.16万人次上线访问活动的官方微信平台文惠卡公众号。8月11日，北京市文资办和市文化局等单位主办的第三届北京惠民文化消费季启动，继续开展文化促消费活动，这是北京举办的第三届惠民文化消费季。消费季的消费人次从第一届的2654.3万增至第三届的4857.4万，成交额由52.3亿元增至112.1亿元（见表2）。截至2015年12月31日，第三届惠民文化消费季累计发放文化惠民卡241万张，累计签约2219家商户。2015年继续实行文化惠民补贴政策，全市31个剧场申报惠民低价票演出补贴项目，比2014年增长24%。

表2 北京惠民文化消费季2013～2015年情况

年份	消费人次(万人次)	消费金额(亿元)	持续时间(月)
2013	2654.3	52.3	1.5
2014	3772.5	101.8	2
2015	4857.4	112.1	3

从表2的对比可以看出，北京惠民文化消费季活动有带动文化消费和文化经济增长的趋势。2015年11月，在中国人民大学与文化部文化产业司联合主办的主题为“互联网+文化消费”的中国文化产业指数中有关文化消费的研究成果显示，北京在文化消费综合指数和文化消费能力指标排名中均居全国首位，充分显示了北京文化消费的潜力和前景。

（四）继续推动文化“走出去”，提升对外文化交流传播水平

1.扩大文化交流服务，提升文化传播影响力

近年来，北京市大力实施和积极推进“走出去”战略，对外文化交流活动持续开展，文化传播影响力有所增强。2014年，文化部与北京市共同推出《关于国家对外文化贸易基础（北京）建设发展的意见》，对推动北京发展对外文化贸易、加强文化交流传播发挥了重要作用。2015年，《北京市服务业扩大开放综合试点总体方案》获国务院批准，方案确立科技、互联网和信息、文化教育、金融、商务和旅游以及健康医疗六大重点服务领域的对外开放尺度进一步扩大。方案提出，要推动首都文化服务领域有序开放，鼓励国内国际著名文化创意、制作等企业和个人与北京的文化企业开展合作，积极创新文化服务的海外推广模式，支持传统手工技艺、武术、戏曲、民族音乐和舞蹈等具有代表性的非物质文化遗产与旅游、会展相结合进行商业开发。借力知名艺术节、友好城市和文化机构，积极探索文化交流新模式，如境外巡演、艺术品展览等商业化运作。创新对外文化传播的机制，进一步精简文化、新闻出版、广播影视的行政审批事项等。这些措施和机制创新将有力促进对外文化交流传播，增强首都文化的国际影响力。2015年，

北京文化“走出去”继续开展世界各地“欢乐春节”活动、“北京周”活动和“北京之夜”活动，积极探索文化“走出去”的新方法、新措施、新机制，拓展文化交流传播空间。2 月，北京在澳大利亚举办 2015 年“中国日”音乐会的同时首次参加明斯克国际书展；5 月，全聚德烤鸭亮相 2015 米兰世博会；9 月，“2015 北京影视剧非洲展播季”开启两国人文交流的新窗口；8～11 月，中国担纲 2015 赫尔辛基艺术节“主宾国”等。同时，积极扩大文化产品的国际影响，如大型原创歌剧《运之河》在日内瓦、布鲁塞尔、罗马、米兰等地巡演，北京京剧《发展之旅》赴瑞士、德国、俄罗斯等地巡演。

2. 加大对文化企业“走出去”的支持力度，推动文化贸易发展

2015 年，北京市依托北京市外经贸发展引导基金和外经贸担保服务平台，加大对企业“走出去”的支持力度，积极推动“政府出资”向“企业投入”转化，不断推动对外文化贸易从单一文化产品和服务进出口转向多元主体参与的国际文化合作转型发展，对外文化贸易规模有所扩大。本年度，国家对外文化贸易基地围绕文化贸易提供了创意研发、仓储物流、展示推广、鉴定评估、交易交割全程服务，基地文化“走出去”的能力得到较大提升。2015 年 10 月 29 日至 11 月 1 日举办以“推动文化繁荣　促进融合创新”为主题的第十届中国北京国际文化创意产业博览会，来自世界各地 1800 多家中外文化企业交流展示文化演艺、广播影视、文化科技、动漫游戏和体育休闲等重点文化创意产业新产品，“文化 + 科技”充分体现了文化、创新、融合的新发展，更加体现专业化、市场化、高端化和国际化特色。24 个文化创意项目集中签约，涉及金额达 79.22 亿元。此届文博会期间签署产品交易和艺术品交易等协议，总金额达 1003.8 亿元。2015 年，北京市继续以文化产品出口带动文化交流传播，2012～2015 年北京市文化产品进出口贸易总体趋势为除 2013 年进口贸易较大幅度增长外，近三年北京市文化产品进口贸易均呈现下降趋势。其中，2014 年的下降幅度最大，达 21.54%。2015 年较 2014 年稍有下降，同比下降 3.76%。而 2012～2015 年连续四年文化产品出口呈增长趋势，2015 年的同比增速最大，增幅为

13.28%。从表3可以看出，2012～2015年一直为贸易逆差，2015年的贸易逆差是2.54亿美元。

表3　2012～2015年北京市文化产品进出口贸易对比

单位：千美元，%

年份＼进/出口	进口	同比	出口	同比
2012	—	—	142846.66	10.65
2013	570929.04	42.45	143875.04	0.69
2014	448173.15	-21.54	156964.70	11.66
2015	431550.53	-3.76	177829.45	13.28

三　2015年北京在中国城市体系中城市竞争力与文化实力的比较分析

北京作为中国首都城市的战略定位是全国政治中心、全国文化中心、国际交往中心和科技创新中心，全国文化中心是北京作为首都城市的地位之一，全国文化中心意味着其文化建设发展需要在全国发挥示范带动作用。在国内城市体系中具有文化竞争力是北京作为全国文化中心的重要标志，也是北京作为首都城市的综合竞争力的重要指标。在国内城市体系中分析北京的文化实力有助于我们在中国城市格局中以更加综合和更为多维的视野考察和审视北京文化建设发展的成就和存在的差距。

（一）北京与国内其他城市综合竞争力与城市创新、创意能力比较分析

城市综合实力是城市竞争力的综合评价，涵盖经济、社会、资源和文化四大系统，体现一个城市经济资源、社会资源、环境资源以及文化资源在区域资源分配和国际资源分配竞争中的能力。这种竞争能力由包括城市综合经济竞争力、产业竞争力、财政金融竞争力、商业贸易竞争力、基础设施竞争

力、社会体制竞争力、环境/资源/区位竞争力、人力资本教育竞争力、科技竞争力和文化形象竞争力等在内的10项一级指标、50项二级指标、216项三级指标构成。表4排列1取自中国城市竞争力研究会发布的《2015年中国城市竞争力排行榜》，数据显示，北京在中国城市综合竞争力排名中位居第4，次于上海、香港和深圳，在中国内地四个直辖市中位居第2。这说明，北京在全国城市体系中具有较强的综合竞争力，在国内四个一线城市中位居第3。但值得注意的是，与2014年的中国城市综合竞争力排名相比，北京由第3位退居第4位，正好与深圳互换名次。

表4　北京在中国城市竞争力与城市创新指数、创意指数中的排名

排名＼类别	排列1		排列2		排列3	
	城市综合竞争力		创新城市		创意城市	
	城市	总分	城市	创新指数	城市	创意指数
1	上海	13254.79	深圳	91.58	上海	91.15
2	香港	12929.16	西安	90.40	北京	90.77
3	深圳	12885.79	苏州	89.29	深圳	87.17
4	北京	11099.48	北京	87.74	广州	84.33
5	广州	9588.69	上海	85.19	杭州	78.58
6	天津	7717.06	杭州	84.53	苏州	—
7	苏州	7176.18	天津	83.18	东莞	—
8	重庆	7051.79	广州	81.23	西安	—
9	杭州	6977.79	南京	80.13	厦门	—
10	武汉	5736.28	武汉	—	青岛	—

资料来源：中国城市竞争力研究会发布的《2015年中国城市竞争力排行榜》；深圳大学管理学院、深圳大学文化产业研究院等联合发布的《2015年中国城市创意指数（CCCI2015）排行榜》。

创新是一个城市发展活力的重要体现，表4排列2为中国城市创新指数排名，由中国城市竞争力研究会根据自主创立的GN评估指标体系，把科技创新和文化创新作为城市创新评价基础，综合考察和评价城市的主导自主创新能力以及在转变经济增长方式中的作用，衡量城市的竞争能力。一个城市是否具有创新意识，创新资源集聚状况、创新成果的创造力等都是重要标准。该指数排名由包含经济创新、政治创新、科教创新、文化创新、生态环保创新在内的5项一级指标、28项二级指标、123项三级指标构成。该指数排名显示，北京位居第4，位居深圳、西安、苏州之后，在四个直辖市中位居第1，稍强于上海。2014年，北京和上海均进入该排名的前10位。这足以说明，2015年，北京城市创新指数大幅度提高，创新能力有所增强。尤其是在科技创新领域，作为全国科技创新中心的北京，较好地体现了科技创新的优势，特别明显地体现在基础科学和应用科学领域，获取的国家专利数和国家科学技术奖数量均领先全国，在高新技术产业领域显示出较为强劲的发展势头。创意在当代城市经济文化发展中具有极为重要的作用，创意凸显城市发展的活力和可持续发展性，并增强城市经济竞争力和提升人民的生活品质。表4排列3取自深圳大学管理学院和深圳大学文化产业研究院等联合发布的中国城市创意指数排行榜。该指数选取国内50座大中型城市进行评估，评价模型涵盖要素推动力、需求拉动力、发展支撑力以及产业影响力四大模块、11个二级指标、25个三级指标。北京在该指数排名中位居第2，在全国城市创意指数排名中保持2014年的位次，这表明北京在全国创意城市建设中持续保持较强的竞争力。

综合表4分析，与2014年相比，2015年北京在全国城市综合竞争力比较中仍然位于前列，但是由上一年的第3位变成了第4位，且在指数差异上与上海、香港以及原来第4位的深圳有一定的差距，这表明北京需要进一步加强城市的综合竞争力。在创新指数排名中，北京与上年相比有较大上升，而城市创意指数排名保持第2，在创新城市和创意城市发展中与上海不相上下。就北京作为全国科技创新中心的城市战略定位以及设计之都而言，其在加快城市创新和创意发展方面仍有较大上升空间。

（二）北京与国内其他城市文化发展、文化竞争力、文化形象竞争力和科技竞争力比较分析

城市首先是具有文化意义的存在，文化在城市中的体现既是城市文化本身的发展，也是文化在城市形象中展示度的体现，在文化与科技融合发展的

今天，科技竞争力对于推动城市的创新发展具有巨大作用。城市文化竞争力以及城市文化形象竞争力等因素共同体现一个城市文化的综合竞争力，而科技在推动城市发展、城市创新和文化创新、产品创意发展中具有日益明显的作用，科技创新能力同样是推动城市文化创新发展的重要指标。

表5的城市文化发展指数排名取自2015年11月国务院发展研究中心东方文化与城市发展研究所等单位联合发布的中国文化发展指数。该指数涉及中国内地288个地级以上城市，主要从文化资源、公共文化服务和文化产业三个维度分析和考察中国城市文化发展状况，并进行大排名。该排名显示北京在中国内地城市文化发展中位居第1，表明北京作为全国文化中心城市，其文化资源、公共文化服务和文化产业的综合发展程度居全国城市首位。

表5　北京在中国城市文化发展指数、文化竞争力、文化形象竞争力、科技竞争力中的排名

类别 排名	排列1	排列2		排列3		排列4	
	城市文化发展指数	城市文化竞争力		城市文化形象竞争力		城市科技竞争力	
	城市	城市	指数	城市	得分	城市	得分
1	北京	上海	1.000	北京	6736.45	北京	5177.60
2	上海	香港	0.977	上海	6604.32	上海	4146.95
3	深圳	北京	0.846	香港	4148.75	深圳	3633.38
4	杭州	澳门	0.730	广州	2749.45	香港	3081.81
5	广州	苏州	0.713	深圳	2471.07	广州	3060.07
6	南京	广州	0.694	天津	2426.81	杭州	1679.99
7	宁波	重庆	0.693	杭州	2111.35	苏州	1458.93
8	嘉兴	杭州	0.595	台北	2025.46	南京	1375.11
9	苏州	成都	0.575	南京	1975.81	西安	1194.81
10	珠海	西安	0.557	武汉	1956.82	武汉	1157.81

资料来源：国务院发展研究中心东方文化与城市发展研究所和湖北日报传媒集团《支点》杂志社联合发布的中国文化发展指数；中国社会科学院发布的《中国城市竞争力发展报告（2015）》；中国城市竞争力研究会发布的中国城市文化形象竞争力排行榜。

城市文化形象是城市文化意识和城市文化精神的一种外化，它包括一个城市的内在要素如城市的历史文化和城市居民的文化意识，以及由诸多内在要素外化而成的可见因素如城市景观和城市氛围。表5排列3的城市文化形象竞争力评价指标体系涵盖文化设施、文化意识、文化资源、城市营销能力4项二级指标、16项三级指标。数据显示，2015年北京的指标排名仍然稳居第1位，值得注意的是，2015年的得分（6736.45）高于上年的得分（4901.88），且城市文化形象竞争力得分仍然优于上海（6604.32）、香港（4148.75）、广州（2749.45）。尤其是在城市文化资源、文化意识和文化设施上，北京作为历史文化名城和全国文化中心具有独特的优势，在城市文化形象竞争力中发挥了较好的作用。

排列2的城市文化竞争力取自中国社会科学院发布的《中国城市竞争力发展报告（2015）》，北京城市文化竞争力在全国城市排名中位居第3，仅次于上海和香港；与上年相比，北京保持了上年的位次；但与上海相比，上海有所上升，由上年的第2位上升为第1位，香港位居第2。这表明，北京在城市文化竞争力中保持前列，而上海则有所提升和发展。而在中国传媒大学发布的“中国城市文化竞争力指数排名”中，北京在全国36座城市文化竞争力排名中位居第1。这项排名涉及5项一级指标、11项二级指标、55项三级指标的评价指标体系，该指数排名显示，综合排名在前10位的城市分别为北京、上海、广州、深圳、天津、杭州、武汉、南京、成都、重庆。值得注意的是，该项指数排名针对的是中国内地的36座城市，通过比较可以看出，在中国内地城市文化竞争排名中北京位居上海前面，与中国社会科学院的指数排名有所差异，但均为中国城市文化竞争力较强的城市。排列4取自中国城市竞争力研究会发布的相关指数排名，城市科技竞争力指数主要考察一个城市在科研投入、科学研发和科研成果转换等方面的优势，该项指数包括科技投入、科研人力资本、科研机构、科技创新和科研成果转化5项一级指标和18项二级指标。数据显示，进入前5位的城市分别为北京（5177.60）、上海（4146.95）、深圳（3633.38）、香港（3081.81）、广州（3060.07）。在城市科技竞争力方面，北京位居第1，且具有较强的领先优势和竞争力优势。

综合以上城市文化发展指数、城市文化形象竞争力得分以及城市文化竞争力指数和城市科技竞争力得分可以看出，在不同的指数排名中，北京有一组排名稍弱于上海，而其他排名均位居第1，这表明首都北京的文化建设发展基础雄厚、竞争实力强。

（三）北京在中国城市文化产业、公共文化服务、文化遗产保护传承中的比较分析

文化产业在城市发展和经济增长方式转变中的地位和作用日益重要和明显，涉及文化创意、文化生产和文化消费诸多方面，是衡量城市文化发展的重要内容和指标，公共文化服务是文化民生的重要体现，公共文化服务产品供给和公共文化服务满意度是体现城市文化精神生活的重要维度，而文化遗产的保护和传承则是城市文脉保护和延续以及城市可持续发展极为重要的方面。表6排列1文化产业综合指数排名取自中国人民大学文化产业研究院2015年发布的“中国省市文化产业发展指数（2015）”，文化产业综合指数由生产力、影响力、驱动力三大主要内容构成。该指数排名显示，在中国文化产业排名中位居前5的是上海（81.44）、北京（81.41）、江苏（79.76）、浙江（79.54）和广东（79.49），北京在全国省、直辖市的排名中居于第2位。单从这些指数排名看，北京与上海相比，文化产业综合指数差异并不明显，上海仅以微弱优势强于北京，但与2014年的指数排名相比则发生了较大变化。上海的文化产业综合指数由2013年的第4位、2014年的第5位跃升到第1位，而北京则由2013年、2014年的第1位变成了第2位。该数据和比较分析说明，北京文化产业发展面临上海迅速跃升势头的挑战。

表6排列2的中国城市公共文化服务基本要素满意度排名参照《中国城市基本公共服务力评价（2015）》，该研究指数根据优化的基本公共服务力评价指标体系和24717份调查问卷，就包括“文化体育”在内的9个方面对国内38个主要城市的基本公共服务力进行评价和研究，满意度的中国城市排名前10位分别为拉萨、珠海、宁波、厦门、海口、昆明、济南、大连、重庆、北京。该指数排名显示，北京虽然位居第10，但却是全国一线城市中唯一进入前10名的城市。表6排列3的数据排名取自中国城市竞争力研究会

表 6　中国各省份文化产业、公共文化服务、文化遗产保护传承中的排名

类别 排名	排列 1		排列 2	排列 3	
	文化产业综合指数		公共文化服务基本要素满意度排名（文化体育）	文化遗产保护传承	
	省份	指数	城市	城市	指数
1	上海	81.44	拉萨	北京	88.04
2	北京	81.41	珠海	洛阳	86.56
3	江苏	79.76	宁波	澳门	86.40
4	浙江	79.54	厦门	杭州	85.68
5	广东	79.49	海口	西安	84.31
6	山东	78.12	昆明	苏州	83.82
7	福建	76.24	济南	遵义	82.54
8	四川	75.86	大连	承德	80.45
9	湖南	75.18	重庆	红河	79.89
10	河北	74.69	北京	大同	77.79

资料来源：中国人民大学文化产业研究院 2015 年发布的文化产业相关指数；中国社会科学院《中国城市基本公共服务力评价（2015）》；中国城市竞争力研究会 2015 年发布的相关指数。

2015 年发布的《GN 中国文化遗产保护传承十佳城市评价指标体系》，该指标体系由 5 项一级指标即文化遗产品位、管护、监测、利用、传承和 10 项二级指标构成，位居前 10 的城市分别为北京、洛阳、澳门、杭州、西安、苏州、遵义、承德、红河、大同。该数据排名显示，北京在文化遗产保护传承方面居全国首位，说明北京在文化遗产保护传承方面采取了有力措施，并取得重要成效。

综合以上文化产业、公共文化服务和文化遗产保护传承三项指数排名和相关比较，2015 年，北京文化产业发展虽位居全国前列，但与上海相比存在一定落差，北京在该方面的发展有所减弱，而上海则有所提升。在公共文化服务满意度和文化遗产保护传承方面北京则佳绩明显，在全国一线城市排名中遥遥领先。

四　问题与建议

2015 年，北京市围绕明确首都城市发展战略，坚持和强化城市核心职能积极开展首都文化建设发展各项工作，历史文化名城保护、公共文化服务体系建设、文化创意产业发展和文化传播拓展等方面都取得了重要的成绩。本报告分析表明，北京在全国城市综合竞争力排名中位于前列，位居第4，与2014年相比退后一位，与上海、香港尚有一定差距，这表明其城市综合竞争力仍需进一步加强；北京的创意指数在全国城市排名中位居第2，与上海相当；可喜的是，与2014年相比北京的城市创新指数有较大提高。作为全国文化中心，北京的城市文化发展、城市文化竞争力、城市文化形象竞争力和城市科技创新竞争力具有独特的优势，2015年各项指数基本位于全国首位，但也有些指数稍弱于上海，这表明在中国城市体系中北京和上海是国内文化最发达的城市，也是文化实力相互竞争的城市。例如在中国社会科学院发布的《中国城市竞争力发展报告（2015）》中，北京城市文化竞争力在全国城市排名中位于上海和香港之后，位居第3。值得注意的是，北京虽保持上年的位次，但上海由2014年的第2位上升为第1位，这表明北京需要进一步提高整体的文化竞争力。2015年，北京的公共服务体系建设和文化遗产保护传承都取得了较好成绩，虽然在国内城市比较中，北京的公共文化服务满意度位居第10，却是唯一进入前10名的一线城市，而在文化遗产保护传承方面则位居第1，也领先于国内一线城市。在文化产业综合指数排名中，北京虽位居前列，但与上海相比却有一定差距，上海的综合指数由2013年的第4位、2014年的第5位跃升到第1位，而北京则由2013年、2014年的第1位变成了第2位，这说明面对上海文化产业的快速发展，北京需要做出更进一步的努力。总体结论是，北京和上海是中国城市文化发展和文化城市建设中综合竞争力最强的城市，也是在当前城市文化发展和文化城市建设中最具有发展比较性和经验借鉴性的城市。

（一）在明确首都城市战略定位中强化全国文化中心职能，加强全国文化中心建设顶层设计研究

明确城市战略定位，坚持和强化首都城市核心职能是中央对北京城市总体发展定位和方向的总体部署和指导精神，全国文化中心自新中国成立以来

始终是北京城市性质定位之一，也是其重要的核心职能。在新的历史发展阶段，北京作为中国首都城市的战略定位和战略思路进一步明确，即坚持和强化北京作为全国政治中心、全国文化中心、国际交往中心和科技创新中心的地位，努力建设国际一流的和谐宜居之都。全国文化中心建设的顶层设计和战略发展必须在首都城市战略定位中予以深刻的研究和把握，在城市总体战略定位的视野中深入系统地研究全国文化中心的定位问题、战略发展问题以及战略措施问题，统筹和推动全国文化中心与全国政治中心、国际交往中心和科技创新中心的融合。积极探讨全国文化中心建设在首都城市总体发展中的地位和作用、全国文化中心建设与首都城市建设的关系，以全国文化中心建设推动文化城市建设；充分研究如何在全国文化建设发展中发挥示范作用，让北京的文化建设体现国家文化发展的方向，在全国文化发展中发挥风向标和引领作用；北京作为国家首都和国际交往中心，应当深入研究首都文化如何体现国家文化价值和国家文化发展，全面提升文化的国际影响力和竞争力。作为科技创新中心，北京应成为引领文化创新发展的中心城市；深入研究和实践全国文化中心建设在国际一流和谐宜居之都建设中应当履行的职能和发挥的作用，城市总是具有文化意义的，城市也总是文化的，文化宜居是和谐宜居之都极为重要的维度。因此，在明确首都城市战略定位中强化全国文化中心职能，加强全国文化中心建设顶层设计研究既是全国文化中心建设的重大理论问题也是重大实践任务。

（二）积极融入京津冀协同发展战略，推动京津冀文化协同发展

近年来，京津冀区域文化的协同发展取得重要进展，但是，仍然存在区域文化协同发展战略规划设计不完善、区域间文化资源资本整合力度不充分、区域文化创新发展联动合作机制不健全、区域间文化建设操作性措施不具体等问题。需要大力整合区域文化资源优势，凝聚区域文化资本，形成区域文化发展的合力。发挥首都全国文化中心的引领带动作用，实现京津冀区域文化协同发展的“集聚—辐射”效应，在发挥首都城市文化建设发展集聚作用的同时，战略性地考虑区域文化发展的辐射作用；加强总体战略规划

设计，实现京津冀文化协同发展的“总体—协调”效应，通过文化资源和文化发展的战略性设计和整体性运用，实现区域和城市间文化协同发展效应；建立区域文化发展联动合作机制，实现京津冀文化“联动—发展”协同效应，建立联动合作机制，是京津冀区域文化一体化合作发展的重要保障；转变区域文化发展方式，实现京津冀文化协同发展的“融合—提升”效应，以文化合作发展推动其他领域融合提升发展，提升协同合作发展的能力和水平；整合区域文化资源优势，实现京津冀文化协同发展的“共享—互赢”效应，加强区域内和区域间文化资源整合的合作与协作，以实现京津冀文化发展的共享共赢；凝聚各方力量，实现京津冀协同发展的“合力—推动”效应，创造资源整合平台，加大政策集成创新力度，加强产学研一体化合作，凝聚各方资源和力量，实现京津冀文化协同发展的合力推动作用。

（三）不断加强历史文化名城保护规划，提升文化保护和传承水平

北京历史文化名城既是北京城市发展的宝贵遗产，也是城市文化内涵的历史承载，同样也是城市现代化进程中的历史性空间构成。在不断现代化和国际化的城市发展中，如何在城市历史、现在和未来的历时性发展中延续城市文脉，在城市现代化的共时空间中保护历史文化名城的空间结构，是北京历史文化名城保护和文化传承发展中极为重要的城市建设发展工作。在城市转型发展和疏解非首都功能的进程中，需要从城市总体规划和总体建设的战略高度制定历史文化名城的规划，在“十三五”期间更科学合理地规划历史文化名城的保护，不断提高对历史文化名城保护的思想认识和战略意识，进一步完善历史文化名城保护的实施政策，努力提高历史文化名城保护的管理水平，加大历史文化名城保护的公益性资金投入。保护规划与城市规划相结合，城市改造建设与历史文化遗产利用相协调，现代城市发展与历史文脉延续相统筹，不断完善历史文化名城保护与传承体系，提高文化保护和文化传承水平，真正建设传统文化与现代文明交相辉映、具有高度包容性、多元化的文化名城。

（四）加快构建现代公共文化服务体系，加强网络公共文化建设

北京的现代公共文化服务体系建设取得重要成效，但目前仍存在基层公共文化服务标准化建设尚有较大压力、公共文化服务建设的资金投入不足、公共文化服务效能和服务水平有待提高等问题。需要不断强化具有首都特色、北京特点的公共文化服务品牌，推动北京公共文化服务品牌的结构化、多元化发展，满足多层次、多结构的文化需求；进一步推动社会力量参与公共文化服务建设，培养首都公共文化建设和服务的生力军，积极转变公共文化的供给方式和服务方式，发展精细化、多样化的公共文化服务；盘活现有资源，推动文化服务共建共享，加强公共文化服务体系统筹建设和统筹管理，建立协同机制，明确责任，优化配置各方资源，发挥整体优势，提升综合效益；将公共文化服务切实纳入政府绩效考核，加大公共文化服务保障力度，把公共文化服务纳入政府重要议事日程，以公共文化效能为导向，科学制定政府的公共文化服务考核指标，全面提高公共文化服务的效率、效能和效果。充分利用首都网络信息技术优势，形成“互联网+公共文化服务”模式，利用互联网信息技术推动网络公共文化服务发展，充分借助各种社会力量参与公共文化建设，积极探索政府和相关职能部门与网络企业合作，创建网络公共文化服务模式；充分利用首都文化资源推进网络化资源建设和服务，发挥数字化资源在多媒体方面的优势，形成多渠道、多样化的网络公共文化服务；充分利用首都公共文化资源优势，构筑“互联网+公共文化服务”模式，通过互联网为公众提供丰富多样的文化服务。

（五）优化文化创意产业创新创业生态，提升首都文化产业竞争力

北京文化创意产业发展一直领跑全国，但要始终保持全国首位，仍需进一步优化文化创意产业的创新创业生态，不断提升首都文化创意产业的国内国际竞争力。加强创业服务，发展创业孵化专业服务，促进传统孵化器与新型服务机构的深层融合；发展“互联网+”创业服务，加快发展“互联网+”创业网络体系；加强文化创意产业创新创业专项政策扶持，进一步推

动中央有关支持双创和小微文化企业的政策落地；建立健全公共服务平台体系，完善专业化、网络化服务体系，建立科技基础设施、大型科研仪器及专利信息资源向全社会开放的长效机制，充分发挥科技对文化领域的促进作用；建立多主体的联动工作机制，创新文化创意产业创新创业服务模式，优化文化创意产业创新创业工作机制；推动文化产品内容审查制度的调整与变革，鼓励多元文化产品发展，创造宽松的创意氛围；加大高层次文化创意人才和管理人才的引进力度，创新人才引进体制机制，加强文化领域创新型人才的全面培养，提高创新创业人才实践能力，完善文化创意产业创新创业人才激励机制。加强文化、科技与相关产业的融合创新发展，推进文化与创意设计、科技、金融、旅游、农业、体育等不同领域的融合发展，实现与需求和市场的有效对接，全面提升产业融合发展的能力和水平，从整体上增强北京文化创意产业的国内国际影响力和竞争力。

文化建设与文化发展战略

Capital Culture Construction and Culture Development Strategy

B.2

2015年北京文化建设新进展

李建盛　晏 晨*

摘　要：2015 年，北京城市文化建设在多个方面取得积极进展。历史文化名城保护工作有序开展；公共文化服务建设政策密集出台，基层公共文化服务规划建设成为年度重点；文化创意与金融、设计等产业融合发展程度提高，引导产业规模不断扩大、效益不断提升；文化消费潜能进一步发挥，成为经济稳增长的新引擎；文化交流、文化贸易在不同层次以不同方式广泛开展。本报告总结了 2015 年首都文化发展的重要方面，概述首都文化建设新进展，并有针对性地提出相关对策建议。

* 李建盛，博士，北京市社会科学院文化研究所所长、研究员，主要从事文艺理论研究和文化研究；晏晨，博士，北京市社会科学院文化研究所助理研究员。

关键词：历史文化名城　公共文化服务　文化创意产业　文化消费
文化贸易　文化交流

2015 年，北京市继续围绕全国文化中心建设的定位，深入推进各领域文化建设、积极开展先行示范，在历史文化名城保护、公共文化服务体系建设、文化创意产业发展、文化交流和贸易拓展等方面取得突出的成果，文化推动首都发展落到了实处。

一　历史文化名城保护取得阶段性成果，文化遗产传承性保护得到重视

2015 年，“十二五”时期历史文化名城保护成效和《北京历史文化保护条例》的实施情况进入总结反思阶段。总体而言，一方面，文物建筑等物质文化遗产和非物质文化遗产得到一定程度的保护和传承，名城保护各项工作有序进行；另一方面，旧城古都风貌逐渐消失也是不容忽视的问题，传承性保护成为今后名城保护的重点工作。

（一）北京历史文化名城保护多面推进

在年度规划出台和实施方面，为了使下一阶段的保护有章可循，整体保护和分项规划密集编制并出台。北京市规划委积极配合市发改委编制《北京市“十三五”时期历史文化名城保护建设规划》，故宫公布首部《故宫保护总体规划 2013 ~ 2025》并面向社会广泛征求意见，《圆明园遗址考古工作计划（2014 ~ 2020 年度）》也于 2015 年正式开始实施。与此同时，卢沟桥、宛平古城、长辛店老镇等地区的保护规划和什刹海历史文化街区保护管理办法的编制工作也已展开。

在名城常规保护方面，保护工作多面推进。自 2012 年起，市政府每年

投入10亿元用于“百项文物保护修缮工程”，包括中轴线沿线古迹如大高玄殿、燕翅楼以及区县文物等得到有效修缮和维护。天桥、大栅栏劝业场等传统历史文化景区得到复现，小规模、渐进式旧城保护模式取代大规模商业开发模式，旧城保护与人口疏解、市政基础设施完善相结合推动城区有机微循环更新。大运河后续保护工作持续开展，文物修缮和重点节段保护得到加强。“三山五园”历史文化景区周边环境整治取得突出进展，配套设施继续完善，文化影响力持续扩大。非物质文化遗产方面，传统老字号、民间手工艺重获生机，借助传统文化节庆和文化博览会、洽谈会不断得到展演和发扬，商业化开发步伐逐步加快。

（二）年度保护热点引导名城保护工作深化

作为北京历史文化名城的精粹，故宫博物院以建院90周年为契机，不断扩大参观范围、丰富保护方式，继续推动名城保护。故宫新开放慈宁宫区、民国建筑宝蕴楼、午门－雁翅楼区域和东华门区域四大区域，至此开放面积增至65%，新增文物5000件套。同时，呈现专题展览18场，包括石渠宝笈特展、清代万寿盛典展等在内的文化精品展引起极大的轰动。新型数字展厅端门数字馆则以虚拟方式让人们亲密接触数字古建、数字文物，有效推动了遗产保护的现代化。

抗战文物保护成为历史文化名城保护的新热点，近现代文物保护的重要性逐步加强。以纪念抗日战争胜利70周年为契机，北京市文物局近两年来加强对抗战文物的修缮保护，长城沿线抗战遗址保护工作积极开展。仅2015年就投入3000余万元专项资金用于抗战文物抢险修缮和环境整治。目前，市文物局已基本摸清市内抗战文物险情状况，全市共有162处抗战文物，大兴西红门镇大白楼侵华日军飞机掩体和丰台区部分飞机掩体处等60余处文物得到加固整治。

（三）名城保护回头看，传承性保护得到重视

2015年，实施10年的《北京历史文化名城保护条例》迎来首次“体

检”。根据市人大执法检查组检查《北京历史文化名城保护条例》实施情况的报告，问题集中在旧城私房违规翻建、文物建筑安全隐患等方面。执法检查组从名城保护整体统筹、规划编制、管理和参与机制健全等方面提出保护建议。在下一步的名城保护中，不仅历史建筑需要加大修缮力度，同时人口、产业疏解和市政基础设施、人居环境的改善也要跟上，并避免商业化侵蚀旧城古风古韵。

2015 年，名城历史文化传承性保护进行了多形式、多维度的探索，这其中既有故宫借助数字形式和文化产业模式积极向公众展示并传递明清宫廷文化；也有借助传统文化节庆和遗产主题、遗产日的活动开展宣传历史文化，如大运河和“三山五园”主题文化节的持续开展，进一步扩大了历史文化保护的品牌影响力；也有结合革命主题的抗战文物专题展览在全市范围内普遍开展，以保护对接年度热点，营造良好文保氛围；还有围绕名城保护开展的国内外文化交流，以研讨会、展会、座谈会、贸易洽谈会等多元形式展开，合作方式丰富多样。

二　公共文化服务相关规划密集出台，基层公共文化服务建设成为年度重点

为推进公共文化服务体系建设，增强公共服务能力，更好地满足人民群众的精神文化生活，2015 年，出台了一系列有关公共文化服务的规划和措施，既有国家层面的指导性规划和意见，也有地方性措施。这些规划和措施将对加快公共文化服务体系建设、推进文化民生和文化惠民发挥重要作用，为“十三五”时期的中国公共文化服务发展和北京市公共文化服务建设提供有力的政策支持和措施保障。

（一）国家、市、区级公共文化服务相关规划密集出台，为公共文化服务体系建设提供指导

2015 年，公共文化服务相关规划密集出台，进一步优化北京公共文化

服务体系建设的政策环境，按照标准化、均等化、数字化、社会化的标准，基层公共文化服务建设积极打通“最后一公里”（见表1）。

表1　国家、市、区级公共文化服务相关规划一览

规划级别	规划名称	类别	主要内容	出台日期
国家级	《关于加快构建现代公共文化服务体系的意见》	总体规划	从推动均衡发展、加强公共文化服务和产品供给、增强发展动力、推进与科技融合等方面对公共文化服务体系建设做了总体部署	1月
	《博物馆条例》	公共文化服务具体类别法律法规	博物馆建设管理	2月
	《中华人民共和国公共文化服务保障法(草案)》		公共文化服务保障	5月
	《文化部公共数字文化工程管理办法》		数字文化工程建设	6月
	《中华人民共和国公共图书馆法(征求意见稿)》		首部图书馆立法，对公共图书馆做了全面的法律规定	12月
	《关于深入推进农村社区建设试点工作的指导意见》	基层公共文化服务建设法规	旨在补齐农村和贫苦地区公共文化服务的短板，实现公共文化服务体系基本建成的目标	5月
	《关于推进基层综合性文化服务中心建设的指导意见》		对基层综合性文化服务中心建设做了明确规定	10月
	《“十三五”时期贫困地区公共文化服务体系建设规划纲要》		规定到2020年贫困地区公共文化服务明显改善，地区发展不平衡和发展差距扩大趋势得到扭转，以公共文化建设投入保障群众基本文化权益，打通贫困地区公共文化服务“最后一公里”，并以文化推动贫困地区经济社会发展	12月
	《中央补助地方公共文化服务体系建设专项资金管理暂行办法》		从专项资金管理方面促进基本公共文化服务标准化、均等化，保障群众基本公共文化权益	12月
	《关于做好政府向社会力量购买公共文化服务工作的意见》	社会购买公共文化服务意见	对公共文化服务的购买主体、内容、方式、效果等进行了规定，对充分激发社会资本活力、增加公共产品和培育经济新增长力做了部署	5月
	《关于在公共文化服务领域推广政府和社会资本合作模式的指导意见》			

续表

规划级别	规划名称	规划内容	出台日期
北京市	“1+3”公共文化政策文件(包括《北京市人民政府关于进一步加强基层公共文化建设的意见》《首都公共文化服务示范区创建方案》《北京市基层公共文化设施建设标准》《北京市基层公共文化设施服务规范》)	为推动首都基层公共文化服务建设提供了重要的政策依据,有利于保障广大城乡居民的文化权益,发挥好北京全国文化中心的引领示范作用	6月
东城区	《关于加快构建现代公共文化服务体系的实施意见(2015-2020年)》	整体规划了今后五年东城区现代公共文化服务体系工作,从均衡发展、服务效能提升、科技融合发展、体制机制改革、国际化提升等方面提出了切实可操作的实施意见,并附《基本公共文化服务标准》以指标形式提供标准化数据支撑,推动东城形成首都核心区公共文化展示窗口。意见还首次提出打造京津冀公共文化服务示范走廊,思考和探索一体化进程下的公共文化服务建设方向和路径	9月

(二)发挥引领示范作用，北京基层公共文化服务建设意见率先出台

2015年，北京继续发挥全国文化中心城市和首善之都的示范带头作用，以建设和谐宜居之都为目标，打造公共文化服务体系“北京样本”。为了解决公共文化服务发展不平衡的难题，北京率先发布地方性省级实施意见“1+3”公共文化政策文件，充分考虑到城乡差距和实际需求，力争市—区县—乡镇—村四级公共文化服务体系覆盖率在5年内由现在的98%上升到100%，打通公共文化服务的“最后一公里”。

北京“1+3”公共文化政策文件积极推动基本公共文化服务的标准化、均等化、社会化和数字化。其中，《北京市人民政府关于进一步加强基层公共文化建设的意见》提出基层公共文化建设总体目标，规定到2020年北京

基本建成均衡发展、供给丰富、服务高效、保障有力的基层现代公共文化服务体系。《北京市基层公共文化设施建设标准》提出“2 + X”文化设施建设模式和“15 分钟文化服务圈”模式，进一步规范基础公共文化设施并推进公共文化服务的精细化，《北京市基层公共文化设施服务规范》则从服务内容、服务市场、人员配备等方面予以说明。服务规范和建设标准以文化福利和文化民生为目标，更好地保障了基层群众的精神文化需求，推进实现以文化人、以文育人的社会效益和功能。

首都公共文化服务示范区创建方面，根据创建方案，以共建共享为着力点，启动公共文化服务体系建设联席会议机制，每年拟召开 1 ~ 2 次全体会议促进公共文化服务统筹协调，以体制机制的完善提高文化服务能力。为了发挥首都在公共文化服务上的引领示范作用，目前已有朝阳、东城、海淀获得国家公共文化服务体系建设示范区资格，借鉴国家示范区创建经验，石景山区、密云县等积极开展首都公共文化服务示范区工作，为保基本、促公平、加强基层公共文化建设提供了落实抓手和机制保障。

（三）结合区县特色，公共文化活动多样化展开

市文化局利用北京丰富的文化资源为市民提供了底蕴深厚、品质优良、形式多样的文化产品和服务，繁荣的群众文艺演出、活跃的公共文化空间不仅丰富了城市文化生活，也为公共文化服务的优化提供了渠道和途径。2015 年，全市整合各级文化设施、人员及活动资源，共举办了 2 万场公益文化活动，市级文化活动、市级示范引领创新活动、传统民俗节日文化活动、文化主题活动日等系列文化活动全面开展。通过扩大公共文化事业参与力量、增加订单式文化服务等方式，政府广泛吸收社会力量自办、赞助文化活动，进一步完善公共文化服务的种类和形式，各类文化培训课程、公益演出剧目等文化艺术活动有效实现文化惠民全覆盖。

1. 群众文化活动广泛开展，文化品牌凸显

各区县结合自身区域特色和文化优势，借助群众文艺活动形成良好的品牌效应。西城依托“万人走进艺术殿堂”“百姓戏剧展演”“书香西城”等

活动在区内普及文化艺术；东城依据在地剧场资源和北京国际青年戏剧节、南锣鼓巷戏剧展演季等品牌戏剧节优势打造“戏剧东城”；朝阳利用“周末大舞台”“星火工程”“艺术朝阳”等品牌文艺演出广泛服务城乡居民，使200余万人受益；海淀区扎实推进精品文艺演出进基层活动，并以高新技术企业园区为载体落实全区公共文化设施网络体系。此外，延庆端午文化节、诗画怀柔文艺秀、昌平国际魔术大会、通州运河艺术节、永定河文化节（门头沟）、卢沟晓月中秋文化旅游活动（丰台）等也积极开展，以品牌带动区域公共文化活动开展形成了良好的社会效益。

2. 政府主导、社会参与的公共文化供给模式进一步拓展

市场经济条件下，社会力量的进入提升并更新了公共文化服务的水平和方式，以更贴近群众的姿态优化了公共文化服务供给。在砖塔特色空间基础上，西城新增玉桃园书香驿站、雁翅楼中国书店、华宝斋书院等民营书店，其中雁翅楼中国书店成为西城区打造“15分钟文化圈”的第一家通宵营业书店，营造了良好的城市文化氛围。朝阳以农民自办文化场所形成政府公共文化服务的重要补充，并打破行政体制以居民需求为导向、通过“文化居委会”（如垡头街道）组建地区居民公共文化自我管理组织，公共文化服务的组织形式更加丰富。

3. 惠民文化活动深入推进

为了将文化惠民工作落到实处，北京市一方面继续推行低票价政策，另一方面出台新举措培育演出团体，繁荣演艺市场。2015年，市文化局印发《北京市惠民低价票演出补贴项目管理办法》，全年共补贴18万张低价票，对100元以下的门票每张补贴100元，鼓励和扶持剧场的文化惠民行为。此外，还推出新举措支持民营文艺院团发展，“北京剧目排练中心”通过政府购买服务的方式，在中国美术馆后街“77创意园区”为各类团体提供了19个非营利的公共排练厅；演出方面，政府也通过购买方式投入运行“剧院运营平台”，为演出团体提供免费或低场租表演平台和场所，既提高了剧场利用率，也帮助更多演艺团体获得演出机会。

三　文创产业支柱地位稳固，文化与金融、设计融合趋势增强

（一）文化产业利好政策继续颁布

文化产业是适应经济新常态、转变经济发展方式的重要内容，2015 年文化产业促进政策继续公布，京津冀一体化、“互联网 +” 等发展概念也得到很好的展现，对进一步整合文化资源、优化要素配置、积极提升文化产业的生产力和创新能力起到助推作用。3 月，《国务院关于推进文化创意和设计服务与相关产业融合发展的若干意见》正式发布。根据意见精神，北京市于当月就启动研究编制工作，由市文资办牵头，广泛联合多个部委办局，在密集调研、座谈讨论和反复修改基础上，于 4 月正式印发《北京市关于推进文化创意和设计服务与相关产业融合发展行动计划（2015 - 2020 年）》。计划旨在促进制造业、数字内容产业、旅游业、商业、金融、教育培训与文化创意和设计服务的融合，并提出十大融合发展行动、六大融合路径。6 月，首都文化产业协会正式成立，发展了 315 家首批会员，不少是文化企业 30 强和其他知名文化企业，协会将扩大优势、进一步整合资源搭建服务和交流平台，并与天津、河北等地文化产业协会签署《京津冀三地文化产业协会框架合作协议》，助力京津冀文化产业繁荣发展。10 月，《北京市人民政府关于大力推进大众创业万众创新的实施意见》发布，为深入贯彻中央精神、激发创新潜能和创业活力提供了政策依据，意见强调以科技创新为重点，着力培育创新创业形态，完善创新创业布局，其中对推进文化科技融合创新做了明确要求，对北京文创产业发展起到政策引导作用。

（二）北京文创产业领跑全国，园区建设扩大示范效应

近四年，北京 GDP 年均增长 7.7%，文创产业贡献突出，文创产业增加值从 2010 年的 1697.7 亿元增加到 2014 年的 2826.3 亿元，占全市 GDP 比重

达到13.2%，产业支柱地位不断稳固，对于打造首都高精尖经济结构发挥了重要作用。2015中国文化发展指数①显示，中国文化城市100强中，排名前三的城市依次为北京、上海、深圳；文化产业园区前三强分别为上海张江文化控股有限公司、中央新闻纪录电影制片厂（动漫）、懋隆文化创意产业园（北京）；文化企业前三强依次为深圳华侨城股份有限公司、同方股份有限公司（北京）、乐视网信息技术（北京）股份有限公司。可见，北京仍然保持在全国文化发展中的领先位置。2015年，北京继续以园区建设扩大集聚示范效应。一是公布首批市级文创产业示范园名单。中国北京出版创意产业园等4个园区入选，今后还将每两年认证一批示范园区，从搭建服务平台、优化人才服务、保障项目审批、资金优先扶持和政策先行先试方面提供支持，并开展长时间的动态跟踪、评估、考核，不符合条件的园区将被取消资格。二是继续打造文创聚集区，北京第二热电厂老厂区成功转型为文创产业园区（天宁1号产业园），实现由传统工业厂房到文创集聚区的彻底转型，对活跃城市创意氛围、推动产业转型发展起到了较好的示范作用。②

表2　规模以上文化创意产业情况

2015年1～11月

项　目	收入合计(亿元)		从业人员平均人数(万人)	
	2015年1～11月	同比增长(%)	2015年1～11月	同比增长(%)
文化艺术	174.9	4.9	3.7	-1.8
新闻出版	661.0	0.3	9.8	-2.8
广播、电视、电影	672.6	3.9	5.1	-0.1

① 2015中国文化发展指数研究范围涉及全国31个省（自治区、直辖市，不含港澳台地区）288个地级以上城市，分为中国城市文化发展指数、中国文化产业园区发展指数、中国文化企业发展指数三个大类。

② 目前，还有朝阳区水泥厂转变为北京塞隆国际文化创意园、首钢西十筒仓转化为文化特色街区和产业园、北京齿轮厂转型为“首尚定福庄”文化产业园、北京第二棉纺厂化身北京莱锦创意产业园、国有外贸公司仓库转型为懋隆文化产业创意园等。这些是工业老厂房、工业遗存转化为文化创意产业优势、调整经济结构、构筑城市文化新景观的突出代表。由工业老厂房、遗存转型而来的文化创意园，其中有的保留了以往的产业类型，如莱锦、懋隆。

续表

项　目	收入合计(亿元)		从业人员平均人数(万人)	
	2015 年 1～11 月	同比增长(%)	2015 年 1～11 月	同比增长(%)
软件、网络及计算机服务	4143.1	10.1	60.5	2.0
广告会展	1158.1	2.3	6.6	-1.5
艺术品交易	647.2	-4.2	1.2	-3.4
设计服务	340.5	-6.7	9.7	-2.6
旅游、休闲娱乐	894.5	12.5	8.3	-0.3
其他辅助服务	1506.3	7.8	8.5	-1.6
合　计	10198.0	6.3	113.4	0.3

2015 年 1～11 月

注：各领域数据按 2011 年国民经济行业分类（GB/T 4754－2011）标准汇总。
资料来源：北京市统计局。

从表 2 可以看出，规模以上文创产业总体保持平稳增长。据统计，全年文创产业增加值占全市经济的比重超 13%，产业支柱地位进一步稳固。

（三）文化金融融合发展势头强劲，小微企业扶持深入探索

第一，搭建产权交易平台促融合发展。2015 年 5 月，由北京文化投资发展集团控股、文化产业发展集团等国有文化企业出资成立的北京市文化产权交易中心（以下简称“北文中心”）挂牌成立，12 月正式上线。北文中心搭建了产权交易、藏品交易、投融资、版权登记交易、文化金融合作五大平台，将有效实现国有文化资产的流转和保值增值，最终实现文化产权交易市场的一体化。这一以国有文化产权交易为基础的要素市场和综合性服务平台将极大地推动文化产权交易和文化产业投融资，致力于解决文化企业发展融资难、融资贵的问题。为了更好地促进文化金融融合，北文中心与银行、保险、证券、文化企业、文投集团、产权交易等机构签署了合作协议，促进北京文创产业的发展。

第二，以展会促融合发展。文博会是展示我国文化产业面貌、把握前沿动态的重要窗口和标志性平台，也是北京发挥首都全国文化中心示范引领作用的重要契机。2015 年，第十届文博会的规模和水平在已有基础上迈上了

新台阶，展会期间共吸引了1800多家文创企业，产业融合发展成为年度展会主题。以“推动文化繁荣　促进融合创新”为主题，包括展览展示、推介交易、创意活动、分会场等六大系列百余场活动同步展开。文博会“第四届中国文化金融创新峰会”以“跨界和创新”为主题，围绕文化与金融资源整合，探讨如何促进文化产业和金融业融合发展、“互联网+”文化模式以及吸引社会资本进入并壮大文创产业的可行途径。

第三，以城市功能疏解带动融合发展。北京“动批”作为首都非核心功能疏解的工程之一，正在通过对批发零售业的彻底疏解实现腾笼换鸟，引入金融文化创意区，以高端业态和环境改造实现中心城区的业态升级和人口疏解。目前，率先完成疏解的天皓成服装批发市场已转型为宝蓝金融创新中心，并正式引入第一批企业，今后北展科技金融大厦、首建金融中心将陆续进入。

第四，小微企业扶持再出新举措。为了解决小微企业发展中资金不足的问题，活跃文创产业投融资，文资办与北京银行签署了全面战略合作协议，创新推出孵化小微文创企业的“文创信保贷”产品，提供专项贷款和融资指导。北京银行还积极打造专项服务等措施促进北京文化金融发展，通过意向性授信（“文创普惠贷”）支持文化企业升级发展。文创投融资体系的构建、文化交易品融资、文化消费的扶持等也是北京银行下一步在打造文创特色支行方面的工作重点。

（四）北京“设计之都”建设稳步推进

在国家和市级政策的引导下，北京文化创意、设计服务与相关行业融合进程加快，北京“设计之都”建设通过设计周、设计节、相关展会和洽谈会等平台得到实际推进。

1. 设计周、设计节展示城市美学和发展主题

2015年，北京国际设计周以文化创意和设计服务融合发展为主线，以“设计之都·智慧城市·产业融合”为主题，一方面积极汇集国际设计成果，向观众传递生活美学，并就建设设计城市开展系列主题论坛、展览展示等活动；另一方面以文化贸易、设计服务推动设计产业及对外贸易的发展。

设计周引导国际、时尚、亲民的风格，让市民有机会体验世界各地的设计产品和体验活动，感受以创意设计和城市美学为主的文化生活。

2015 中国设计节以京津冀协同发展和新机场建设为两大主题，打造发布设计领域新成果、交流前沿设计思想的重要平台，在京津冀设计产业论坛和新机场城区发展主题论坛上，与会代表围绕工业设计、文化创意设计、绿色设计等进行了深入探讨。本次设计节还涵盖了园区设计体验之旅、“万众创新 · 兴”青年设计大赛和 2015 年中国设计红星颁奖典礼等环节。作为设计交流的公众平台，设计节期间，不少设计企业完成需求对接，实现资源和项目落地。目前，大兴中国设计瑰谷已成为重要的设计研发基地和设计红星奖的诞生地，拥有多家设计产业园，京津冀设计产业联盟也在筹划中。

2. 项目推介会、洽谈会加快设计融合步伐

文化创意和设计服务对其他行业和产业的渗入越来越强，展现了创意设计的强大生命力。以“跨界合作、融合发展”为主题的 2015 年北京市文化融合项目合作推介会举办，水晶石数字公司等 21 家企业的 24 个项目得到发布，涵盖创意设计、文化科技等多个行业，市场前景十分广阔。京港洽谈会将创意设计作为两地合作交流的重点，就艺术与商业融合、传统文化遗产市场化、民族品牌培育等问题展开探讨，针对人才引进、税收、投融资等具体问题进行交流，并表达了合作意愿。此次洽谈会有利于推进京港在相关产业领域的深层次交流，搭建良好的沟通交流平台，形成双向投资、优势互补、机遇共享、共谋发展的局面。

四　文化消费引领作用进一步增强，“互联网 +”促消费升级

（一）推动消费结构升级，北京探索项目试点和服务性消费统计指标体系

为进一步激发消费的动力，2015 年国务院发布《关于加快发展生活性服务业促进消费结构升级的指导意见》和《关于积极发挥新消费引领作用

加快培育形成新供给新动力的指导意见》，坚持消费引领和市场主导，使消费方式由生存型、传统型、物质型转向发展型、现代型、服务型，提升文化服务的内涵和品质。

在政策引导下，首都发挥文化消费的引领示范作用，积极开展创新实践。第一，作为“拉动城乡居民文化消费试点项目”的东部代表城市，北京试点O2O大数据平台拉动居民文化消费，以“文汇天下”平台联合中国银行合作发行“文化消费信用卡”，建立一站式文化消费信息集成服务平台助推消费升级。第二，市统计局在全国率先探索建立“服务性消费额”统计标准和指标体系，并进行定期的数据统计和分析。据统计，2015年1～11月，北京市场消费总额攀升至1.7亿元，服务消费7460.6亿元，同比增长10.2%，高于商品性消费增幅3.3个百分点，服务消费成为北京市场消费的主要拉动力，对经济增长的贡献逐步加大，并展现出广阔的市场前景和发展潜力。

（二）惠民文化消费季持续开展，“互联网+”引爆新热点

随着文化消费季的逐年开展，北京惠民文化消费季的影响日益扩大，品牌效益日益彰显，加盟企业尤其是电商快速增加。第三届北京惠民文化消费季除延续十大专项活动、十大展销板块和十六个区县惠民文化消费专题活动外，还新增了互联网文化消费、创意设计提升、京津冀文化协同发展等内容，在惠民基础上强调跨界融合和市场整合。

文化接轨日常生活，“互联网+”引领新时尚。官方微信平台使消费季文化消费渠道得到拓展，方便人们及时掌握活动资讯，享受折扣文化消费。2015年，新推出“8·8”惠民文化消费主题日活动，邀请京东、当当、优酷、爱奇艺等电商参加，共发放各类优惠券490余万张，提前掀起了消费热潮。活动期间，网上惠民文化消费季吸引了近20家电商，加盟规模创新高，图书音像、动漫游戏、广播影视、教育培训、休闲旅游和艺术品交易六个板块推陈出新，集聚了大量人气。

借助文化创意和设计融合发展的东风，消费季期间突出创意和设计的行业博览会如国际旅游商品博览会等相继举办，文化消费市场进一步健全。作为文

化消费季的结束活动，北京文交会吸引了包括天津、河北在内的多个省市文化产业协会参展，各地特色产品、创意设计新品汇集，以文化消费促交流成效显著。

表3　北京惠民文化消费季 2013～2015 年情况

年份	消费人次(万人次)	消费金额(亿元)	持续时间(月)
2013	2654.0	52.3	1.5
2014	3772.5	101.8	2.0
2015	4857.4	112.1	3.0

从表3可以看出，北京惠民文化消费季吸引了越来越多人的关注和参与，消费人次呈现直线上升趋势，消费金额也实现了巨大飞跃，到第二届就已突破百亿元。整个活动的持续时间也逐步延长，说明文化消费已日渐融入日常生活，成为人们的消费习惯和常态化的生活方式之一。

五　发挥基地和展会的平台优势，对外文化交流和文化贸易得到深化拓展

（一）对外文化贸易基地、保税园区平台作用得到彰显

2015 年，北京国家对外文化贸易基地建设以设计贸易和艺术品保税交易为重点，文化“走出去”的能力得到较大提升。第一，国家对外文化贸易基地作为文化口岸连接和打通国际国内两个市场的作用得到较好发挥。9 月，天竺文化保税园内举办首届北京国际设计贸易交易会和设计贸易推介活动，设立“生活美学体验区”“国际品牌体验区”“美食设计体验区”，有效搭建了国际设计产品和消费者之间的平台。展会上，来自美国的 C3 动漫影视特效菲利克斯猫以及意大利、日本等国的知名品牌参与了设计展示。

第二，艺术品保税交易取得进展。在文物保护方面，基地建立首个中国海外回流文物口岸交易市场。11 月，举办海外回流文物博览会，众多海外文物古董机构、博物馆、收藏家等参加 1949 年前流失到海外的文物（含 1949 年后合法出口的文物）以及古代外销文物等的展售、拍卖活动中。同

时，北京国际文化艺术保税中心也启动运营并提供服务保障。通过提供文物回流、展示、交易的渠道，海外回流文物口岸交易市场为部分文物回归提供了绿色通道和合法回归途径。

在保税园区建设方面，朝阳文化保税创新园启动公共保税仓库项目。10月，北京市首个影视及文化产品公共保税仓库项目获批，落户朝阳国家文化产业创新实验区红庄·国际文化保税创新园，将于2016年投入使用。保税仓库建成后，将为园区企业提供仓储、中转、保管、展览、担保、保险等服务，并将提供线上线下互动平台，为国内外文化艺术品、影视作品等提供展示和交易平台，同时也能使消费者不出国门参观各国艺术品和享受零关税商品。

（二）论坛/展会的召开促进国内外文化交流与文化贸易

民间论坛推动北京国际交流中心建设，积极打造城市文化品牌。2015年北京国际民间友好论坛围绕“促进民间友好交流，聚话城市和谐发展”的主题进行了探讨，来自美国、巴西、日本、法国等20个国家37个国际组织和友城代表的近300位嘉宾，就城市建设与管理、文明互鉴、教育、青年交流、养老等问题展开讨论，为北京建设国际一流和谐宜居之都提供了经验和借鉴。

会展方面，北京国际文洽会、会展业展洽会以及文博会等大型展会和博览会也对北京国际文化交流和文化贸易起到助推作用。5月，首届国际文化产业投资洽谈会（文洽会）在京举办，从金融投融资、影视动漫、老字号及收藏文化等多方面展开，为中国企业走向世界、参与海外项目提供了良好的机遇。在“组委会优质项目推介会暨签约仪式”主题推介会上，非洲国际博览城及文化交流项目、韩国文化项目等内容丰富的跨国项目推介以及文化项目展示交流，将为北京扩展国际文化交流带来新的亮点。12月，2015年会展业展洽会在国家会议中心举办，千余名会展专业买手和观众参会，北辰会展集团宣布成立，为北京建设国内外会议目的地、进一步拓展文化交流打下了良好的基础。此外，北京文博会也成为文化贸易的重要平台，为人才交流、文化项目全球招商、文化精品推广创造了条件。相较于2014年数百个重大产业项目参与交易洽谈环节，2015年这一数据增加到1000余个，中国文创产业发展国际论坛、北京文创产业重点项目推介暨签约活动成为促进文化贸易的重要助推力。

六　问题与建议

（一）历史文化名城保护应注重经济效益和社会效益的双效统一，以文化内涵深挖文化传承的有效方式

北京历史文化名城保护仍面临名城文化保护传承和现代城市发展之间的难题，无论是旧城风貌的逐渐丧失、建筑遗产的不合理占用，还是对传统文化过度商业化的开发，都在于经济利益而非文化价值成为衡量和主导一切的标准。因此，名城保护的关键在于实现保护思维的有效调整，重新重视传统文化及其历史本身的价值。基于此，一方面，要不断扩大保护视野，不能切断建筑遗产、历史文化保护区与周边环境的联系，强调历史文化名城的整体格局和历史风貌，并保持城市建筑的时代层次，在传统和现代之间探索一套和谐共生的保护机制体制，使传统与现代相得益彰，实现社会价值和经济价值的双效统一；另一方面，对待传统开发要保持谨慎态度，摒弃以往大规模商业化开发的路径，深挖文化内涵，以活态文化传承取代“见物不见人”的保护模式，同时创新保护思维，积极利用现代技术和科技手段实施数字创新保护，用现代文化运作方式和产业模式对接传统文化，使传统文化重新焕发生机和活力。

（二）继续推进基本公共文化服务的标准化和均等化，以服务提供主体和方式的多元化满足人民日益增长的文化需求

伴随着国家和市级加强基层公共文化服务的法规出台，公共文化服务标准化和均等化成为公共文化服务体系建设进一步深化的重点。首先，积极推行已有政策，进一步克服城乡差异、区县差异和数字化鸿沟，尤其是加快推进落后地区公共文化服务体系建设，对照已有政策法规逐步缩小差距、扩大服务覆盖面，保障弱势群体的基本文化权益，用精准文化扶贫加快基本公共

文化服务标准化和均等化的步伐。其次，公共文化服务的社会化参与方式还比较受限、市场化程度还不高，政府主导、企业和非营利组织参与的公共文化服务多样化供给仍需进一步探索。今后，要继续推进公共文化服务供给的市场化，扩大参与公共文化服务的市场主体数量并提高质量，以按需定制和文化配送更好地保障人们的基本文化权益，同时营造良好的城市公共文化氛围。最后，基本公共文化服务在文化场馆建设和群众文化活动开展的基础上，需积极提高文化服务能力，将群众的文化需求放在首位，建立有针对性、特色化、差异化的现代公共文化服务体系，提高公共文化服务的服务效能和水平。

（三）以“双创”推动文创产业提升发展，推进文化创意与其他行业融合进程

当前，文创产业还面临同质化、重复建设和效能提升的挑战，创新创业在文创领域的作用还未完全激发并得到利用，产业竞争力还需依靠创意创新进一步提升。首先，要积极利用“双创”的良好社会氛围，增强产业活力和创造力，打造产业发展平台，让文化产业园区与文创小微企业孵化器融为一体，为小微企业提供健全的服务体系，培育鼓励创新、宽容失败的文化环境，从场地提供、外部环境和资金技术支持、法律和人才保障等方面予以全方位支持，鼓励一站式创业，进一步巩固文创产业的支柱地位并充分发挥市场价值。其次，利用“互联网 +”打造数字化公共服务平台，为文创产业提供更加便捷的资源共享渠道，用信息化系统提供线上线下服务和支持，从科技、金融等方面予以支持并积极实现数字化转型。最后，推进文化与创意设计、科技、金融、旅游、农业、体育等不同行业的融合发展进程，实现与需求和市场的有效对接，一方面用创意因素融入推动传统产业的转型升级，另一方面为文创产业发展开拓广阔的前景，并从科技创新、金融扶持等方面助力，让“文化创意 +”成为推动经济社会发展的新引擎。

（四）持续激发文化消费潜力，释放经济新活力，打造多层次、多样化文化消费市场

经过近三年的探索和积累，政府搭平台、企业唱主角、民众享优惠已经

成为惠民文化消费季的固定模式，取得了良好的成效，但文化消费市场的巨大潜力仍有待开发。2014～2015 年，虽然惠民文化消费季的参与人数大幅度增长，但消费金额增幅放缓，说明人们的消费意愿不够强烈，消费能力受到限制。今后，还需进一步探索优化消费服务平台，扩大服务渠道和方式，积极补贴人们的文化消费，针对细分市场和不同消费群体需求设计并推广文化产品、文化服务，用精细化、优质的产品为民众提供多样化、个性化和更加便捷的文化消费途径。首先，要不断思考和总结惠民文化消费季的活动经验，深入探索文化消费市场的规律和人们消费的特点，有针对性地加以资金扶持和政策引导，提高文化消费能力；其次，要结合时代特色进行消费模式创新，丰富文化消费市场，如利用“互联网 +”激发大众文化消费活力，用紧跟时代潮流、趋势的文化内容和流行的文化传播方式，满足人们日益增长的多样化、多层次文化需求，有效释放文化消费潜力。

（五）以平台建设促文化贸易，进一步拓展文化交流的品牌和影响力

目前，对外文化贸易中文化品牌还不突出，文化企业“走出去”的实力也有待增强。首先，重视基地和平台建设，以对外贸易基地打造对外文化交流的窗口，在“引进来”和“走出去”的过程中积极熟悉并参与国际规则制定。注意采用适应国际惯例和市场运作规律的营销方式，学习借鉴西方文化公司成熟的经营管理模式，探索境外市场化、商业化、产业化的运作方式，不断增强企业的国际化运营能力。一方面发挥大型文化集团和龙头企业的优势，鼓励大企业在境外设立文化企业和中介机构，另一方面也要发挥中小文化企业的市场敏感性，突破技术瓶颈，紧跟市场新形势开发新的文化产品输出和贸易模式。其次，北京国际文洽会、博览会的世界影响力还需不断扩大，因为只有在充分、活跃的全球市场竞争和广泛、开放的文化交流中，对外文化贸易能力和交流水平才能不断提升。

B.3

“互联网+”与北京创意城市建设

陈红玉*

摘　要：　作为首都创新转型战略的重要部分，北京创意城市建设受到北京市委市政府的高度重视。2015年，北京创意城市建设与其社会整体的城市管理、经济、文化发展一起被席卷在“互联网+”的浪潮中，这一年，北京创意城市建设的最大亮点就是与“互联网+”联系在一起，并且呈融合姿态，“互联网+”成为首都创意城市建设新的历史时期的转折点与新维度。

关键词：　“互联网+”　北京　创意城市

北京不仅是中国的互联网信息技术中心，也是互联网应用服务①最激进最迅捷的城市，这座城市所拥有的大型门户网站数量、备案网站数量、网民数量以及网络创业探索在全国都是首屈一指的，作为国家的首都，它实际上也早已是名副其实的“中国网都”。2015年，随着互联网技术应用的升温，“互联网+”在首都的科技创新引领、产业发展驱动、文化建设方面发挥着重要的引领作用，首都城市的整体发展即刻与“互联网+”联系起来，并

* 陈红玉，博士，北京市社会科学院副研究员，主要从事文化创新与文化传播研究。

① 2015年6月，北京市统计局、国家统计局北京调查总队开展了“互联网+生活服务”应用情况调查，结果显示：市民对互联网提供生活服务方式的接受程度达到70%~90%。“互联网+”技术应用不仅颠覆传统产业，还快速进入养老、医疗、交通等民生服务领域，提高生活服务的品质和效率。

且迅速发展成对城市生活可感可知的应用态势，这对于北京创意城市建设而言，将是一种全新的历史维度与前所未有的发展契机，在智慧城市与互联网思维的蔓延中，北京创意城市建设正面临一场由内而外、全方位、不可预知的革新与探索。

一 “互联网+”：北京创意城市建设的新维度

随着互联网的蓬勃发展与国家网络战略的深化，网络已经深深地植入人们的生活中，我们的城市管理与城市创新发展自然也离不开互联网。2015年，首都的经济、社会、文化发展都被席卷在“互联网+”的浪潮中，而北京创意城市建设的最大亮点就是与“互联网+”联系在一起，“互联网+”成为首都创意城市建设新的历史时期的转折点与新维度。

2015年，在互联网技术应用的狂热浪潮下，“互联网+”似乎已经成为所有领域的关键词，包括创意城市建设方面。2015年12月，《咬文嚼字》杂志发布2015年度“十大流行语”排名[①]，“互联网+”排名第二，可见其在人们眼中的地位。那么，什么是“互联网+”呢？在学理上，我们对“互联网+”似乎依旧陌生。按照百度百科的词条定义，“互联网+”是互联网思维进一步社会实践的成果，“互联网+”已经成为知识创新驱动下基于互联网经济形态演进及其催生的社会发展形态。显然，“互联网+”源于商业浪潮，但已经远远超越了商业领域，这也正是北京创意城市建设与“互联网+”密切相关的原因。

国家对互联网事业的政策支持是“互联网+”走进城市建设与人们具体生活的重要原因。当下中国，“互联网+”已经上升为一种整体创新转型过程中的国家战略，2014年11月，李克强总理明确提出重视城市互联网创新发展思路，其在出席首届世界互联网大会时指出，互联网是“大众创业、

① 《〈咬文嚼字〉编辑部2015年十大流行语》，中国社会科学网，2015年12月16日。

万众创新”的新工具[①]，以至于今天“互联网＋”意义上的“大众创业、万众创新”已经成为老百姓耳熟能详的词语。2015年3月，李克强总理在十二届全国人大三次会议的政府工作报告中再次强调互联网创新，并首次提出“互联网＋”行动计划。紧接着，针对城市创业创新发展，国务院进一步发布了《国务院办公厅关于发展众创空间推进大众创新创业的指导意见》这一专项文件，这对于激发亿万群众创造活力与寻找经济发展新引擎有着重要意义。2015年7月4日，国务院印发《关于积极推进“互联网＋”行动的指导意见》[②]，这是推动互联网由消费领域向社会领域拓展、塑造社会发展新优势和新能量的重要举措，这一举措也是“互联网＋”引领北京创意城市建设的行政原因与政策基础。

作为首都创新转型战略的重要部分，北京创意城市建设受到北京市委市政府的高度重视。创新型城市是创新型国家的重要支柱，以创新带动城市发展方式的转变，创新型城市建设已经成为北京建设世界城市的战略延伸，北京创意城市建设这一战略目标与国家自主创新型精神也始终是一脉相承的。北京曾在《关于增强自主创新能力建设创新型城市的意见》这一文件中，明确提出要加快实施首都创新战略，把北京建设成为创新型城市，这是在中央提出创新型国家建设战略之后，北京在全国范围内首次明确提出建设创新型城市的主要目标。面临“互联网＋”这一新的机遇和挑战，北京市将把创新驱动和创新型城市建设定义在更加突出更加重要的位置上，借力“互联网＋”从而有新的进展。

在这种形势下，“互联网＋”已经成为北京社会整体与城市创新发展的新引擎，但“互联网＋”将如何引领首都城市创新发展呢？首先，互联网与城市各大要素融合在一起。整体而言，“互联网＋”是怎样与城市整体发展结合在一起的呢，我们可以从四个方面来分析，如城市管理、城市政务、企业、人。对于具体的城市创新来说，“互联网＋”对于城市的发展自然而

① 《新华网评：中国有了“互联网＋”计划》，中央人民政府网站，2015年6月21日。

② 《国务院就积极推进“互联网＋”行动印发〈指导意见〉》，中央人民政府网站，2015年7月6日。

然也体现在四个方面，我们可以将其归纳为“互联网+城市”“互联网+政务”“互联网+企业”“互联网+人”。其次，“互联网+”带给城市发展的最根本动因是创新。表面上看，城市、政务、企业、人这四个方面似乎是一个庞杂的系统，但“互联网+”最终必然落实在一个词上，那就是“创新”，上面所提到的政务、企业、人，这些要素都是具体的，实际上，除了具体层面，还有抽象层面，因为无论是在具体层面，还是在抽象层面，“互联网+”必将逐渐渗透。最后，笔者特别想指出的是“互联网思维”，对于首都创意城市建设而言，我们不仅应该重视互联互通在城市建设中的具体运用，而且应该更加强调互联网思维在城市发展中的引导作用，重视互联网思维中的创新，这才是“互联网+”视野中创意城市建设的真正思路。

“互联网+”与首都创意城市建设的关系，其实也就是以互联网思维引领城市创新发展，即以创新思维引领城市发展。那么，什么是城市发展的互联网思维呢？对于城市发展而言，说到底互联网思维就是创新思维。目前，虽然互联网是热门话题，大家已经知道互联网对经济与社会的巨大作用，但是，大多数人未必能够真正理解什么是“互联网思维”。互联网思维首先来自商业领域，只要相关于商业领域，自然相关于市场、用户、产品以及企业价值链，甚至也关乎对整个商业生态进行重新审视的思考方式。对于创意城市建设而言，在互联网的背景下，尤其是移动互联网、大数据、云计算等数字运用与网络技术不断发展的背景下，我们可以把“互联网思维”理解为对城市结构要素等整体生态进行重新审视的思考方式。其实说到底，互联网思维就是发展的思维方式、创新的思维方式，也是可持续发展的思维方式。因此，在创新这一层面上，“互联网+”为北京创意城市建设提供了更加广阔的思路与应对方法。

“互联网+”在首都创意城市建设中的运用，首先被推上顶峰的是首都智慧城市建设。智慧城市建设是伴随互联网运用的一个新话题和新理念。五年前，IBM正式提出了“智慧城市”[①]的愿景与概念，将智慧城市看作城市

① IBM：《智慧的城市在中国》，2013年12月。

信息化发展到更高阶段的必然产物，是所谓“Cyber - City、Digital - City、U - City”的延续，也是“互联网+”时代的城市形态。在这一界定下，智慧城市被认为需要具备四大特点，即对信息的全面感知、无所不在的互联、智能融合与应用以及可持续创新发展，如果将这四个特征与城市创新建设结合在一起，那么智慧城市建设则植根于高度发展的网络社会即“互联网+”这一大的时代语境。具体而言，在移动互联网时代，实际上，“互联网+”的应用将成为智慧城市所体现的六大城市指标①中的核心元素。

智慧城市建设将是北京创意城市建设新的历史阶段。因为互联网运用的关系，智慧城市建设将改变我们的生存环境，包括每个普通人的生活，在大的概念上也就是改变物与物、人与物之间的联系方式。从深层次来分析，物与物、物与人之间联系方式的改变是世界形态的基础，这一改变也必将深刻地影响我们的生活、工作、社交、娱乐等一切行为方式，而这一背景是互联网的普及与运用，政府的城市管理创新与商业领域合作很快将有实质性的进展。2015年，智慧城市建设在北京开启了新的历程，4月，阿里巴巴集团与新浪微博共同启动了“互联网+城市服务”战略，两大互联网企业与政府合作，联合为各地政府提供“智慧城市”的一站式解决方案，这一合作将体现在智慧出行、智能交通及医疗健康等领域。这说明，互联网企业尤其是互联网巨头的参与，促使城市创新管理与建设在“互联网+”背景下有质的飞跃。在经济能量上，有国家政策的推动，民间资本陆续进入智慧城市建设，有数据表明2015年国内智慧城市的IT投资突破2400亿元，仅此将拉动经济总产值超过1万亿元，这说明智慧城市建设的良好发展态势。

目前，全球已有200多个大型城市提出并正在推进智慧城市建设。2013年以来，我国在智慧城市建设方面有一定的推进步骤，科技部、国家标准化管理委员会已经进行了国家级“智慧城市”技术测试以及标准城市试点推行工作。在全国范围内，智慧城市的首批试点工作共选择了20个城市，以

① 黄天航等：《智慧城市发展与低碳经济》，《北京规划建设》2011年第2期。维也纳大学评价智慧城市的六个指标，即智慧经济、智慧运输业、智慧环境、智慧居民、智慧生活和智慧管理六个方面。

北京为代表的一线城市则是重点发展城市。以智慧城市承载的北京创意城市建设，已经在“互联网+”的语境中开启新的进程。

二 “互联网+”与北京创意城市建设实践

2015年，在新一轮的互联网浪潮下，城市发展与互联网发展息息相关，北京城市创新发展与创意城市建设逐渐呈现与互联网有关的诸多特征。

1. 北京创意城市发展的“互联网+”指数

“互联网+”指数是指城市发展、网络使用以及在此基础上的城市可持续发展状态，这一指标显然是“互联网+”大时代背景下的产物。在互联网思维就是创新思维的指称方面，城市发展的“互联网+”指数不仅是一个指标，而且意味着这个城市的创新指数。

2015年4月，腾讯发布了移动互联网指数报告，并推出“互联网+”指数排名。在报告中，我国各个城市的“互联网+”发展呈现极大的不均衡性，即各个城市的“互联网+”指数呈现不同的特点。其中，我们可以看到北京“互联网+”的成绩，报告指出，北京在全国31个省、自治区、直辖市中排名第一，即北京的“互联网+”指数名列前茅。[①] 我们通过数据对比发现，近四成的“互联网+”份额集中在近五成的地区，这些城市包括上海、江苏、广东、浙江、福建、天津、北京7个省市，其中江苏、广东、浙江、辽宁四省培育出37个“互联网+”百强城市。在这些省市的城市建设中，“互联网+”发展相较其他地区更为成熟，另外，网民使用网络的成熟度也更高。北京、上海、天津这三大直辖市的“互联网+”指数分别是第1、第2、第5位，北京的“互联网+”指数为20.44，天津是10.08，这也意味着北京人对互联网的黏度是天津人的将近两倍，可见，北京已经成为“互联网+”发展的领军城市。

对于首都城市的发展与结构而言，“互联网+”指数意味着更加创新的

① 腾讯研究院：《腾讯互联网指数》，2015年4月。本报告的数据都引于此。

城市生态，在“万众创新”的口号下，互联网（尤其是移动互联网）将再次改变城市的创意生态、结构和管理模式，“互联网 +”将在更深层次上塑造首都城市的整体面貌。根据笔者调研过程中对首都城市的现状分析，互联网在各个领域的实践运用，将使其植根于首都创意城市建设的方方面面，这些方面将贯穿首都城市发展的整体，每一个领域的创新将促进相关领域的革新。在这些行业里，互联网已经发生了非常大的改变，“互联网 +”将通过对这些领域的渗透而推动城市的创新发展。

2. “互联网 +”背景下的首都文化创意产业

在前面，我们提到李克强总理提出“互联网 +”行动计划，表面来看，这个行动计划意在发展互联网企业，但是从随后国家陆续出台的政策来看，这一行动计划的目的不仅在于推动互联网企业发展，而且更重要的方面在于推动互联网影响下的新兴产业发展，尤其是文化创意产业的发展。具体来说，就是利用互联网平台推动文化创意产业等各行业融合发展，其中重要的旗帜就是文化创意产业。在“互联网 +”这一背景下，北京文化创意产业也面临创新与发展的挑战与机遇。

首先，“互联网 +”所倡导的深度创新融合与文化创意产业的深层发展是一致的，互联网创新必将推动北京文化创意产业新型生态链的塑造。互联网本身就是一种融合，因为网络只是工具，只有创新性地应用在其他领域，它才有生命。文化创意产业整体生态链需要外在力量给予突破，而互联网刚好可以扮演这一外在力量的角色，“互联网 +”将通过整合创意领域各大要素，比如创意、硬件、软件、资本等，这些要素的融合将促进形成具有极大包容性的文化创新生态系统，这正是文化创意产业所迫切需要的。以北京电影文化创意产业为例，首都各大影院定期发布影片动态的方式与之前大有不同，利用新的信息传播方式，通过开设微信、微博公众账号的方式与观众达成即时互动；同时，结合线上线下优势，共谋商业气氛，比如在线售票凭借便利、低价的优势，吸引用户和影迷，提高了影院资源使用效率；另外，在“互联网 +”思维启发下，观众通过众筹方式转化为投资者，进而增加影片的持续关注度、观众的参与度。这说明，借助互联网金融平台，真正突破了制作者与消费者之间的界限，而且营造了城市全新的文化创意产业生态链。

其次，利用“互联网+”的大数据优势，加深对文化创意产品和文化服务市场的精准分析，这是互联网思维的又一大优势在首都文化创意产业领域中的体现。随着大数据技术的发展，首都各大文化创意产业呈现不同的面貌，比如文化创意产业的相关企业可通过大数据技术获得市场信息。利用大数据指导文化创意产业是怎样实现的呢，这体现在技术方面，更体现在应用方面。因为，传统的消费调查一般需要通过消费者问卷来获取消费需求与消费偏向等消费信息，但是在大数据时代，通过网络数字技术对消费信息的抓取与锁定，这些消费信息比较容易被收集起来，例如通过大数据对文化用户的行为进行分析，根据这些数据和第三方数据分析，最终做出了文化内容生产与市场的决策。基于此，我们可以认为，互联网提升和重塑了首都文化创意产业的内容生产与消费。

最后，利用“互联网+”的创新发展思维来激发首都城市“大众创业、万众创新”的活力。“互联网+”让我们进入一个全新的时代，“互联网+”的发展模式要求城市要素从资源驱动型转化为创新驱动型，这些要素有企业、个人、资本等，对城市来说，这种转型是必需的，因为城市必须适应互联网时代的深入融合发展要求。可见，互联网所带来的创意、科技、艺术、资本、人才等要素之间的自由流动与相互交流，使得首都城市资源被盘活，对城市创新发展有益，而这将催生首都创意城市建设新的里程碑。为深入贯彻国务院关于“大众创业、万众创新”的系列政策措施，促进各类创业创新要素集聚、交流、对接，营造良好的创业创新氛围，激发全社会创业创新热情。2015年10月19日，北京中关村国家自主创新示范区展示中心举办“全国大众创业万众创新活动周”。这一年，首都的互联网创业呈现爆发式增长，首都的街道、社区等都成为互联网创业的阵地，我们常常会发现社区出现新的互联网生活服务企业与组织，加上专业众筹、淘宝等网站成立的众筹平台，为文化艺术、生活服务类项目提供了新的思路，极大地激发了“大众创业、万众创新”的活力。

3. “互联网 +”与北京文化科技融合战略新进程

文化科技融合是北京市实现文化创新、科技创新“双轮驱动”的主要内容与宗旨，是北京创意城市的直接体现，也是提升文化创意产业增加值的政策载体。北京有丰富的科研资源与高新技术产业优势，也是国家级文化和科技融合示范基地，在文化科技融合方面有一定的优势，但是具体的方法还需要在实践中不断探索。整体来讲，不管是北京层面，还是国家层面，文化科技融合都是一个未知的命题，都是需要积极探索的方面。近两年，北京创意城市建设在文化科技融合战略中稳步前进，努力探索融合的内容、表现与路径，但是关于什么才是真正的文化科技融合与创新方面，并没有特别显耀的成就，具体的方法与道路都还在探索中。在这一方面，“互联网 +”支持的大数据平台与创新创业浪潮刚好为北京文化科技融合发展战略注入新的活力，为首都文化科技融合战略提供新的思路与路径。

首先，互联网思维进入北京各大“文化科技融合示范功能区”。北京设立“文化科技融合示范功能区”本来就是为了促进文化科技融合战略的发展，目前，这些示范区已经成为首都文化科技融合的重要载体，其主要在互联网信息服务、文化软件服务、移动互联产业、文化增值电信服务等方面，形成互联网影响下的专业化产业园区。同时，功能区还将在大数据、云计算、人工智能等方面拓展新的产业形态，并推动城市文化原有形态的保护与利用，以数据运用和互联网技术支持来促进示范区的产业转型发展。

其次，推动首都动漫网络游戏产业发展，促进文化数字内容生产的发展。这主要依托两大核心园区，这两大核心园区分别是中关村东城园相关区域（这一园区集中在雍和园区域）、石景山园区。在推进过程中，其侧重点在东城园，主要发展东城园的数字内容产业，包括动漫网游运营、版权交易以及文化创意衍生品等。而在石景山园区，主要力量集中在大力促进石景山园区的动漫网游研发，关键是动漫设计的原创开发、设计等创意环节，因为创意环节不仅是文化创意生产的上游，而且是真正体现文化科技融合发展水平的环节。

4. 互联网思维下的北京顶层设计与创意动态

2015 年的实践证明，以“互联网 +”思维促进北京创意城市建设，是新的历史时期北京创意城市建设的转折点，而推进“大众创业、万众创新”则是实施创新驱动发展战略的新路径，显然这对于新时期北京创意城市建设而言是一支强心剂。为深入贯彻落实国家“互联网 +”政策文件，即《国务院办公厅关于发展众创空间推进大众创新创业的指导意见》（国办发〔2015〕9 号）与《国务院关于大力推进大众创业万众创新若干政策措施的意见》（国发〔2015〕32 号），发挥首都创新驱动潜力，促进北京创意城市建设，2015 年 10 月 21 日，北京出台《关于大力推进大众创业万众创新的实施意见》，该意见提出了北京城市创新发展与“大众创业、万众创新”的四项基本原则，分别是强化自主创新、加快全面创新、聚焦高端创新、推进协同创新。可见，北京市将在“互联网 +”趋势下开辟以北京城市创新引领发展的新的历史阶段，使北京成为全国高端创新创业的核心区与发源地，这说明在新的历史形势下，北京创意城市建设将利用“互联网 +”来适应国家区域协同发展战略。

2015 年，“互联网 +”背景下的北京创意城市建设仍然是立足首都，并进一步着眼国际。2015 年 12 月，联合国教科文组织国际创意与可持续发展中心筹备研讨会在京举办，这是北京主动参与联合国 2030 年可持续发展议程的重要举措，力求为中国在国际事务中进一步增强代表性和话语权、树立良好国际形象、学习他国有益经验、推进“一带一路”建设发挥积极的作用，为推动“大众创业、万众创新”以及京津冀协同发展和有序疏解北京非首都核心功能做出积极的努力，为北京的四个中心建设即全国政治中心、全国文化中心、国际交往中心和科技创新中心建设做出积极的贡献。

互联网发展与应用实践，是北京城市创新发展新的着眼点，创意与可持续发展中心就是结合新的形势寻求可持续发展路径的尝试，该中心主动与互联网企业合作并结成战略合作伙伴关系，将通过创造力和文化表现形式多样性，促进包容性经济增长，支持教科文组织在促进文化、创意与可持续发展方面做出的努力。在互联网思维下，创意与可持续发展的主要着眼点是以下几个方面。第一，设立全球创意知识库，并逐渐将创意知识库发展成为创意城市发展的“思想实验室”，尝试同世界各国一起交流与研究适合各自的创新发展理论，并在城市发展的基础上，与国际进行知识信息交流，为国际社会提供经验、标准和范例；第二，协助教科文组织会员国进行创新能力辐射，为小微创意企业提供技能培训和孵化支持，帮助各国尤其是发展中国家的妇女和青年提高创意技能和商业运营能力；第三，构建文化、创意和可持续发展的创意网络，建立开放的网络数据平台和实施示范项目，创新合作模式，积极鼓励和吸引企业和社会力量参与中心建设。

三 在“互联网 +”语境中北京创意城市建设的相关建议

2015 年，“互联网 +”作为北京创意城市建设的新引擎，为北京城市创新发展做出巨大的贡献，北京创意城市在很大程度上已经体现出与“互联网 +”相关的诸多新特征。但是，北京创意城市建设在“互联网 +”环境中还只是刚刚起步，其潜力有待未来进一步挖掘。纵观互联网的发展历史与前景，我们至少还需要在以下几个方面做好相关工作。

第一，相关问题研究方面，要加强互联网与创意城市建设相关议题研究。有关创意城市的研究和论述已经不少，然而在新的历史环境和互联网经济发展背景下，城市的创新政策面临新的问题与挑战，就是北京创意城市建设要根据互联网的大环境进行全新和可持续发展的设计。北京不仅是中国首都，也是国家互联网企业与网络使用人数、普及率都非常高的城市，也是名副其实的网络之都，当前，互联网已经渗透城市的各个行业和各个层面，如何围绕互联网渗透实现城市的创新发展，是一个迫切的新问题。既然是新命题，其发展状况就没有经验可以借鉴，没有现成的方法和模式可以学习，所以只能根据社会与城市发展规律，开展相关未知领域的研究，对可能的趋势与结果进行及时的预见，避免不必要的弯路和人力、物力、财力的浪费，等等。这些基础研究可以为实践提供根据和智力支持。

第二，顶层设计方面，要重视互联网背景下北京城市创新发展的相关规划。“互联网+”在很多层面上将给北京城市发展带来颠覆式的影响，因此，未来的发展需要在新的基点上进行全方位的考量。互联网对各个行业的渗透不是一蹴而就的，我们对其重要性与具体行为方法的认识也是逐渐清晰的，所以，“互联网+”背景下的城市改革是一项艰巨的任务，而且改革是一项系统工程，这就要求政府在推动创意城市建设过程中把握全局，必须从战略管理的高度重视城市创新发展中对互联网的利用，对“互联网+”推动下的创意城市建设进行较为完善的顶层设计，在社会与城市整体创新转型的层面上完善城市可持续发展体系，对创意城市建设的各方面、各层次、各种要素进行统筹考虑。

第三，创意城市建设的重点抓手方面，要突出与互联网联系最紧密的领域。纵观全局，“互联网+”对城市创新发展的渗透可能涉及的领域众多，但是对于北京创意城市建设而言，创新是一个最核心的关键词，是北京未来发展的主动力，也是未来北京提升国内与国际竞争力的唯一路径。因此，基于创意城市建设这一点，北京应该抓住自身的优势大力发展创意经济，即借助互联网之力优先发展好文化创意产业，以此提升自己的实力并强化自身的地位。具体来说，可以充分应用互联网平台，推进文化与科技“双轮驱动”的新阶段，实现文化、艺术、科学、技术、教育、人才、资金的自由链接，要积极鼓励文化创意产业与其他产业的深度融合与跨界发展，以互联网的动力与优势来打破北京文化创意产业发展的瓶颈，在大数据的基础上完善更加良好的文化创意生态体系；利用互联互通来重塑内容生产关系，让文化内容生产更加丰富和多元化，要充分发挥“互联网+”和创意城市建设对内容生产的促进作用。

B.4

“互联网+”推动首都文化科技融合创新发展

王林生*

摘　要：“互联网+”推动文化科技融合发展在首都城市发展转型过程中发挥着重要作用。2015年，首都为增强“互联网+”对文化科技融合的支撑和驱动作用，从多个层面加强政策保障，在优化融合发展的环境、激发市场活力、推动产业模式创新、促进企业协同发展、优化资源配置等领域取得积极效果。在“互联网+”推动首都文化科技融合发展的过程中，也存在体制机制束缚、观念认识转变不到位、“信息孤岛”等问题，而破解这些问题也成为推动互联网经济创新发展的着力点。

关键词：“互联网+”　文化科技融合　首都

在新一轮信息革命和产业革命的世界变革中，以互联网为基础的产业设施和创新要素加快了文化科技融合的进程。互联网不仅在推动技术进步和提高产业发展效率方面作用明显，而且极大地提升了产业经济的创新力和生产力。2015年政府工作报告提出制定并实施“互联网+”行动计划，将互联网支撑和代表的产业经济正式纳入国家顶层设计，成为国民经济和社会发展的重要战略。推动文化科技融合，增强互联网对各领域的支撑作用，是实现

* 王林生，博士，北京市社会科学院文化研究所副研究员，主要从事文化产业、创意城市研究。

首都创新发展的重要内容。2015年，首都积极落实和践行国家的总体战略部署，充分发挥首都互联网的规模、应用和技术优势，着力推动“互联网+”行动计划，提升文化科技融合的创新发展能力。

一 构建“互联网+”助力文化科技融合的政策保障

政策措施能够从体制机制层面积极推动“互联网+”与各领域的文化科技融合。“互联网+”的提出，是信息化、数字化在社会发展中的重大理论突破，它将互联网从构成社会经济的“隐性”要素推置为“显性”要素，这一转变过程“充分发挥互联网在生产要素配置中的优化和集成作用，将互联网的创新成果深度融合于经济社会各领域之中，提升实体经济的创新力和生产力，形成更广泛的以互联网为基础设施和实现工具的经济发展新形态”。[①]“互联网+”的指向是构建以互联网为基础的社会文化经济活动，作为一种新兴的产业门类和经济形态，互联网在产业形态构建过程中发挥基础性的支撑作用。“互联网+”推动文化科技融合，就是在互联网这一载体上，培育出适宜文化科技融合的发展环境，催生出文化科技相融合的产业形态。“互联网+”代表着先进生产力的发展方向，因此，这就要求通过体制机制的改革与创新，破除制约新经济形态发展的障碍，构筑有利于经济社会发展新优势和新动能的有利环境。

2015年，国家为夯实“互联网+”的坚实基础，推动生产模式转变，切实发挥“互联网+”在文化科技融合发展层面的基础性作用，在顶层设计层面制定一系列政策。首都在贯彻落实这些政策的同时，结合城市自身的资源优势与产业优势，出台相关政策，推动“互联网+”文化科技业态创新发展（见表1）。

---

① 《2015〈政府工作报告中相关词语注释〉》，http://www.gov.cn/xinwen/2015-03/13/content_2833362.htm。

表 1　国家与北京相关“互联网 +”的文化科技政策

国家		北京	
名称	时间	名称	时间
《关于大力推进大众创业万众创新若干政策措施的意见》	2015 年 6 月	《关于打进文化创意和设计服务与相关产业融合发展行动计划（2015 – 2020 年）》	2015 年 4 月
《关于积极推进“互联网 +”行动的指导意见》	2015 年 7 月	《关于加快首都科技服务业发展的实施意见》	2015 年 5 月
《三网融合推广方案》	2015 年 8 月	《北京市服务业扩大开放综合试点总体方案》	2015 年 5 月
《促进大数据发展行动纲要》	2015 年 8 月	《关于加快发展体育产业促进体育消费的实施意见》	2015 年 7 月
《关于推进线上线下互动加快商贸流通创新发展转型升级的意见》	2015 年 9 月	《关于大力推进大众创业万众创新的实施意见》	2015 年 10 月
《关于加快构建大众创业万众创新支撑平台的指导意见》	2015 年 9 月		

从政策内容来说，首都“互联网 +”推动文化科技融合发展的着力点大致分为以下几种。

1. “互联网 +”促进创业创新

金融危机之后，我国经济面临的下行压力越来越大，经济发展模式转型的阵痛迫使我们必须培育新的经济增长点，打造经济发展新的驱动力。创新是社会经济发展的动力和源泉，推进“大众创业、万众创新”，发挥互联网对各类文化科技资源的优化配置作用，不仅有利于重新塑造创新体系，而且能从根本上激发社会的创新活力。

2015 年 10 月，首都在贯彻落实《关于大力推进大众创业万众创新若干政策措施的意见》的基础上，制定出台《关于大力推进大众创业万众创新的实施意见》，实施以创新带动创业的创新驱动发展战略。实施意见明确了创新驱动战略的指导思想、基本原则和主要目标，提出包含着力培育创新创业发展形态在内的四项主要任务。同时，强调强化互联网金融对创新发展的支撑，支持金融机构设立创新服务发展平台，加强资本与企业的对接；提出大力推进文化科技融合，通过强化创新创业的载体和科技文化融合基地，扶持创意性强的设计、信息服务等行业门类的发展。意见尤其针对京津冀一体化背景下疏解首都非核心功能的主要任务，提出进一步激发以“互联网+”为主导的创新业态活力，探索众包服务，以生产业态转移有效减少人口聚集。

《关于大力推进大众创业万众创新的实施意见》坚持和强化了北京作为科技创新中心的战略定位，将疏解首都非核心功能与推动创新发展联系起来，着力优化城市创新创业环境，释放创新创业活力，聚焦城市高端业态，构建城市创新创业的格局。

2. “互联网+”推动创意设计产业发展

2012年北京被联合国教科文组织认定为“设计之都”，并相继举办联合国教科文组织创意城市“北京峰会”，参加联合国教科文组织巴黎总部举办的“感知中国·设计北京”展览等活动，展示出首都北京在发展创意设计产业领域的优势。2015年，联合国教科文组织正式决定将全球首个“国际创意与可持续发展中心”落户北京，显示出北京在国际创意设计领域的代表性和话语权进一步增强。

为增强北京创意设计的国际影响力，形成与首都定位相符合的高水平、深层次、宽领域的产业发展格局，2015年4月，北京出台《关于推进文化创意和设计服务与相关产业融合发展行动计划（2015－2020年）》，明确首都发展创意设计产业的基本原则、发展目标和重点任务，提出提升文化创意和设计服务对全市经济的驱动力，推动经济提质增效。现代创意设计产业与互联网为代表的高新科技联系紧密，行动计划指出把握“互联网+”发展趋势，加快数字内容产业发展，推动文化产品与服务的数字化进程、培育数字内容产业新业态，积极推进移动互联网、大数据、云计算、物联网等与其他设计产业融合，强化创意设计在现代生活中的应用。行动计划着力于推动“北京制造”向“北京设计”“北京创造”转变，提升北京在产品设计层面的创新发展能力和产业的整体竞争力。

3. “互联网+”强化科技服务能力

提升科技服务业对首都社会经济文化发展的支撑能力，是首都实施创新发展战略的重要任务。2014 年国务院发布《关于加快科技服务业发展的若干意见》，为贯彻落实这一意见，2015 年 5 月，北京出台《关于加快首都科技服务业发展的实施意见》，充分释放科技服务资源潜力，推动科技服务业的专业化、网络化、规模化、国际化。意见鼓励基于互联网的新型研发服务业快速发展，大力培育新型经济业态，开展关键技术的攻关与成果的转化推广，促进科技服务业专业化发展，提高文化科技融合发展能力。5 月，北京出台《服务业扩大开放综合试点实施方案》，着力于通过信息化、数字化提升服务业转型升级。实施方案将互联网和信息服务、科学技术服务等作为重点试点的领域，提出继续强化首都全国科技创新中心的核心功能，鼓励互联网和信息服务业与大数据、云计算、物联网、移动互联网、下一代互联网等服务模式和商业模式相结合，拓展服务渠道。可以说，经历了 20 多年快速增长，科技服务业具有了一定的产业基础和市场基础。在互联网时代推动科技服务业的发展，就是依托互联网平台，将科技服务业的产业链条串联起来，助力创新驱动战略的实施。

4. “互联网＋”推动体育产业发展

体育产业是朝阳产业，尤其是随着在线付费直播等模式的探索以及体育运动在市民生活中的推广，体育产业在未来 10 年将迎来一个“黄金发展期”。2015 年全国体育产业增加值达到 4000 亿元，预计到 2020 年总规模将超过 3 万亿元。为了抓住这一难得的历史机遇，加快体育产业发展，2015 年 7 月，北京市出台《关于加快发展体育产业促进体育消费的实施意见》，确立大力发展体育产业的指导思想、基本原则、发展目标等，重点指出通过深化体制改革，支持发展和建设智慧体育场馆，推动科技成果向体育领域转化，提升装备水平。在培育和壮大体育新业态领域，鼓励互联网与体育产业融合发展，支持体育影视、体育动漫和可穿戴设备等科技含量较高的体育文化产品研发，发挥体育类电子商务平台信息技术优势，拓展体育消费的线上线下消费渠道和空间。

从政策层面来说，“互联网＋”推动文化科技融合，既涉及发展的整体创新环境，又包括具体的产业门类；既注重发挥优势产业的影响力，又关切科技服务对社会和产业发展的支撑能力。“互联网+”体现了以互联网为基础的文化科技行业演进及其催生的经济社会变革的整体状貌，伴随着“互联网+”在社会经济各领域的渗透，与之相关的各个领域的政策措施也会逐步推出。

二 “互联网+”推动文化科技融合的整体状况

“互联网+”作为一种全新的理念和产业实践，既为文化科技融合提供了平台，又从多个层面推动了文化科技融合的创新，对文化科技行业的发展发挥了积极的作用。整体来说，“互联网+”促进文化科技融合发展就是发挥互联网在文化科技融合发展中的基础性作用，其主要体现在以下几个方面。

1. “互联网+”激发市场创业活力

目前，世界经济整体发展趋势放缓，复苏乏力，激发市场活力和提振国内国际市场需求是每个国家都面临的重要任务。2006年在加利福尼亚举办的全球首届创客嘉年华将世界寻求经济社会发展驱动力的目光转移至创客这一对象上，在这一背景下各类创意工作坊、创客空间等相继出现，一个以创客为主导的时代已经来临。“首先，他们使用数字工具，在屏幕上设计，越来越多地用桌面制造机器制作产品；其次，他们是互联网一代，所以本能地通过网络分享成果，通过将互联网文化与合作引入制造过程，他们联手创造着DIY的未来，其规模之大前所未见。”① 以创客运动推动创业与创新，已成为一股席卷世界的潮流。2012年，美国以政府出资在1000所学校发展“创客空间”的政策，将创业、创客与创客空间等能够激发市场活力的元素正式纳入国家顶层设计，极大地提升了市场活力。

在世界创客运动的发展潮流与趋势中，中央和北京市也极为重视创业、创新、创客等对市场潜能的激发，推出支持“大众创业、万众创新”的一

① 〔美〕克里斯·安德森：《创客：新工业革命》，萧潇译，中信出版社，2012，第27页。

系列指导意见和政策措施。“互联网+”与“大众创业、万众创新”相结合就是充分发挥互联网对创业、创新等要素的整合和优化作用，以互联网实现对地域、组织和技术等领域垄断或限制性因素的破除，降低创业创新的门槛，搭建创客空间、创新工场、创业咖啡等新型创意孵化器，激发全民的创造力和活力。2014年6月，北京中关村创业大街正式开街；2015年3月和5月，北京市分两批次在全国率先认定市级“众创空间”，共25家；5月，“众创空间联盟”在北京成立，入盟企业54家，共同致力于为创新、创业提供优质服务，降低创业成本；11月，科技部公布全国首批众创空间，北京以27家占全国总数的19.85%，为全国最多，彰显出北京与其他城市相比具有适宜的创业环境。通观这些众创空间，与互联网、信息、传媒等文化科技类相关的占据多数（见表2），体现出以互联网为支撑的文化科技行业已成为最具活力和发展最快的领域，成为全民创新创业的主阵地。

表2　国家第一批众创空间北京部分（2015年11月公布）

众创空间名称	运营主体
创新工场	北京创新方舟科技有限公司
车库咖啡	北京创业之路咖啡有限公司
常青藤创业园	北京市石景山区常青藤创业研究中心
AAMA亚杰商会	北京亚杰商汇咨询有限公司
3W咖啡	北京三大不六文化传播有限公司
《创业家》杂志社	北京创业未来传媒技术有限公司
创业邦	爱奇清科（北京）信息科技有限公司
联想之星	北京联想之星创业投资有限公司
云计算产业孵化器	北京云基地云计算科技发展有限公司
诺基亚体验中心	诺基亚（中国）投资有限公司
36氪	北京协力筑成传媒科技有限公司
微软云加速器	微软（中国）有限公司
石谷轻文化产业孵育基地	趣游科技集团有限公司
中关村数字设计中心	北京中关村国际数字设计中心
厚德创新谷	北京厚德科创科技孵化器有限公司
创客空间	北京创客空间科技有限公司
天使汇	北京益新速创科技发展有限公司

续表

众创空间名称	运营主体
互联网金融实验室	清控三联创业投资(北京)有限公司
师林孵化器	北大医疗产业园科技有限公司
IC 咖啡	北京爱思创芯汇咨询有限公司
北京大学创业训练营	北京大学校友会
启迪之星孵化器	北京启迪创业孵化器有限公司
清华 X - lab	清华大学经济管理学院
北京百度开发者创业中心	北京百度网讯科技有限公司
创客总部	北京创客帮科技孵化器有限公司
一八九八咖啡馆	一八九八文化传媒(北京)有限公司
中美企业创新中心	北京瀚海华美国际咨询有限公司

2. “互联网+”推动产业运作模式创新

传统企业对互联网的认识与应用，最初是基于拓展销售渠道这一目的，电子商务成为这一应用的典型代表。然而，随着互联网对传统行业的不断渗透以及二者之间的深度融合，传统行业原有的经营模式受到冲击和颠覆。O2O 模式、BTC 模式、BTB 模式、垂直营销模式、IP 模式等探索实践的成功，加速了各行业的互联网化进程，以互联网为主要载体形式的商业发展模式在产业运作中发挥的作用日益突出。淘宝、天猫、京东等电商网站的迅速崛起不仅说明互联网对传统企业的销售渠道和市场占有量产生强烈冲击，而且互联网企业之间已开始进行激烈的竞争。企业发展从线下转移至线上的过程，意味着企业开始以“互联网+”为理念革新企业的运营发展方式。

这种革新体现在多个层面，最突出地体现为以互联网为基础的各种商业营销模式。如以推动资源整合与传播无边界化的平台为王的模式，推动信息传播的专业化和个性化发展的垂直传播模式，以推动产业发展虚拟与现实结合的 BTC 模式和 O2O 模式，以打造全产业链创新发展的 IP 整合方式，以增强传播的零距离体验的网络直播方式，以加强优质资源的配置与整合众筹发展模式等。首都是各类营销模式较为活跃的地区，以京东为代表的 BTC 模式，以发展自营电商优势平台为基础，积极开放 POP 平台，大力推动电子商务快速发展。《2015年中国自营式企业网购分析报告》的数据显示，京东以39.4%的网购市场份额领跑全国各大自营式网购平台，显示出京东在企业网购市场中的明显优势。以小米为代表的网络众包模式，每款手机在制造之前都会在网络上与粉丝进行互动，根据消费者的反馈意见快速对产品进行更新迭代，从而实现产品生产的精准定位、精准遴选、精准匹配。

从一种较为广泛的意义来说，"互联网+"推动产业运作模式创新是各行业培养且深化互联网思维的一个过程，是商业社会在互联网时代自我进化、自我提高的表现，意味着产业发展模式在互联网的推动下探索并实现了升级换代。

3. "互联网+"促进企业协同发展

互联网是一个信息交流平台，能为个人和企业的发展提供多种服务。在个人和企业应用互联网过程中产生的海量数据，在互联网时代不仅成为一种商业资本，而且能够通过数据分析创造新的经济价值。也就是说，通过网络后台的数据记录，可以清晰地展示网络使用者关注的对象，因此，掌握了使用者的关注重点便能以此为基础重组市场的组织关系、结构关系等。"数据成为有价值的公司资产、重要的经济投入和新型商业模式的基石。"① 可以说，互联网时代的数据不是僵化冰冷的废弃物，而是企业把握市场需求和发展动向的源泉。尤其是在竞争日益激烈的时代背景下，谁能够最先利用数据预测出市场的需求，谁便能在竞争激烈的市场中脱颖而出。因此，与数据拥有者的大互联网平台进行合作，成为互联网助力文化科技融合的重要趋势。

从类别来讲，互联网时代的数据分为三类：搜索、交易和社交。在中国当下的互联网格局中，以BAT为代表的互联网平台掌握了这三类数据，形成以BAT为核心的大数据平台。百度作为搜索引擎，依据其在国内的强大搜索功能掌握着独一无二的搜索数据，阿里巴巴利用淘宝、天猫、阿里巴巴和支付宝账号等积累了海量交易数据，腾讯通过QQ、微信、QQ空间、QQ

① 〔英〕维克托·迈尔-舍恩伯格、肯尼思·库克耶：《大数据时代》，盛杨燕、周涛译，浙江人民出版社，2013，第20页。

游戏等掌握着海量社交数据。充分挖掘和利用这些数据，不仅能够为企业提供相对清晰的战略分析、业务经营分析、精细化运营和营销分析、用户类别分析等服务，而且能够开启重大的企业或时代转型。

2015 年我国提出发展国家大数据战略，在这一战略的推动下，百度、京东等在京企业的大数据平台以各种形式推动大数据的实施。2015 年 9 月，百度提出“索引真实世界　连接 3600 行”发展战略，在“大数据 + 开发平台”基础上充分利用其强大的搜索技术和大数据资源，不断扩充和完善自身的服务性能，构筑一个“极具智能化服务”的互联网生态网络。奇虎 360 作为业界第二大引擎服务商，在数据的开发利用层面与大成基金、中证指数合作，共同打造“互联网 +”指数，以大数据为依托共同提高与完善金融投资服务。京东构建的综合性大数据平台“京东万象”以数据的开放、分享为原则进行数据开发，已经与 simplyBrand 信励科技等机构合作，共同推动数据的市场化应用。

可以说，围绕大数据的开发与利用，以 BAT 为代表的数据平台（见表 3）正探索与其他行业的合作模式。大数据平台与其他行业协作关系的形成，不仅革新了互联网语境中的商业竞争模式，而且在某种程度上也是其他行业在实践中逐渐互联网化的过程。

表 3　数据平台的类别

数据平台	数据类别
百度	搜索数据
阿里巴巴	电商数据、支付数据、ID 数据
腾讯	交友数据、社区数据、游戏数据、ID 数据

4. “互联网 +”优化资源配置

“互联网 +”的提出意味着互联网经济作为新兴业态开始在资源配置中发挥作用，各行业的互联网化成为不可逆转的趋势。“互联网 +”对资源的优化配置集中体现在互联网为资源供给方和需求方提供了快速对接的平台，使得供需双方以透明、快捷的方式完成交易，提高了资源的利用效率。我国以互联网为代表的文化科技行业从20世纪90年代开始发展以来，始终保持着较为旺盛的增长态势。麦肯锡全球研究院的研究报告显示，2010年互联网经济在GDP中的比重为3.3%，2013年已增长至4.4%。“如果将C2C产生的经济效益包括在内，中国互联网经济在GDP中的比重将达到7%，高于任何一个七国集团国家的水平。”① 首都是互联网企业最为集中的地区，超过全国50%的互联网公司集中在北京，因此，在某种程度上可以说北京各行业具有较高的互联网化程度，“互联网+”各行业（见表4）在首都经济社会文化生活中已经成为现实，并且其影响力已覆盖至全国。

表4　“互联网+”行业类别

类别	实践	类别	实践
“互联网+”餐饮	美团网、大众点评	“互联网+”金融	众筹网
“互联网+”零售	京东、1号店	“互联网+”教育	k12在线教育
“互联网+”出行	滴滴打车、携程网	“互联网+”方案招标	猪八戒网

“互联网+”与各行业的结合，推动了传统行业的转型升级。从互联网经济发展的角度而言，“互联网+”革新了传统行业的发展模式与思维模式，将互联网在信息科技领域创新出的成果直接融合在传统的社会文化行业中，形成更广泛的以互联网为核心基础性支撑的经济文化发展新形态，扩大了互联网经济的规模并提高效益。从传统行业发展的角度而言，缺乏供需信息的对接造成供需的结构性失衡，而在互联网化之后，依托大数据、物联网等互联网载体，将供给和需求有效连接起来，使得“互联网+”成为社会经济发展新的引擎。

三　“互联网+”推动文化科技融合发展存在的障碍

“互联网+”代表着社会经济文化未来的发展趋势，是一种全新的生

① McKinsey Global Institute, *China's Digital Transformation: The Internet's Impact on Productivity and Growth*. 2014: 24.

产、生活方式。作为国家和城市的发展战略，“互联网 +”对社会经济发展的驱动效应已经显露。但仍存在一些亟须解决的问题，其主要集中在以下几个方面。

1. 新业态发展面临体制机制障碍

以互联网为基础的新兴文化科技行业和业态颠覆了现有的产业发展格局，随着大量新兴行业日益成为市场主体，其不仅给传统市场的监管体制带来极大的挑战，而且制度先天的滞后性在某种程度上也限制了新兴文化业态的创新发展。2015 年，围绕滴滴打车合法性问题以及私家车进入出租行业的争论、北京因查处滴滴专车并认定专车属于非法引发的网络口水战、上海市因实施出租车在高峰时段不能接受打车软件预约的规定引起的讨论，以及交通部和发改委在处理打车软件合法性问题上的意见相左，充分说明以滴滴、快的、顺风车等形式存在的互联网行业与现行的出租车客运管理制度、出租车准入制度相冲突。“互联网 +”对传统行业的渗透，触及既有体制机制和部分行业的垄断性利益，从而造成政府职能以“错位”“越位”的形式对新兴市场正常合理的需求进行打压，限制了新业态的发展活力。

2. 缺乏对“互联网 +”的正确认知

“互联网 +”与传统行业的融合在部分领域取得了较大突破，但是互联网从虚拟经济走向实体经济的过程，是一个逐步探索的过程，对“互联网 +”语境中的行业思维模式、运作模式并没有一个清晰固定的程式。适应互联网时代的商业发展，是传统企业转型升级的关键，但目前传统企业面对互联网这一新生事物，并没有完全做好转型发展的准备。根据媒体调查，在网络书店的冲击下，大量实体书店倒闭，北京的大学校园书店约有一半的倒闭关张，[①] 彰显出传统企业在“互联网 +”创造的新商业生态环境中运用互联网的意识和能力不足，一些行业虽然意愿主动利用互联网提升效率，但由于历史惯性等多种因素不想承担变革带来的商业成本，在互联网时代中的处境较为尴尬。“即刻搜索”的失败，再次证明在“互联网 +”时代企业的成

① 王晓芸、郑林：《北京的大学校园书店倒闭近半》，《小康》2015 年第 20 期。

功绝不是传统企业发展过程中屡试不爽的国资背景和传统的先制造产品后营销产品的商业模式，而是应切实转变思维，以互联网的思维方式重塑企业价值链。

3. “信息孤岛”制约大数据的发掘和利用

互联网各大平台储存的互联网用户的行为数据，基于商业机密、用户隐私等因素的约束，未能向全社会开放，这就形成互联网时代的“信息孤岛”。“信息孤岛”以分散和孤立的形式存在，数据平台不能有效地与政府、企业相连接，不利于政府利用这些大数据监管企业运营，不利于企业充分利用这些大数据发掘有价值的商业信息，使得存储的大数据未能有效地转化为可资利用的商业资本。“信息孤岛”现象在各个领域均不同程度地存在，它的存在与互联网所推崇的共享经济相违背，尤其是在北京等将智慧城市建设提升为城市发展战略的背景下，数据为王，数据对城市发展的支撑作用便愈加明显，打破“信息孤岛”，挖掘并充分利用大数据便显得愈加急迫。

四　推动“互联网 +”助力文化科技融合发展的对策建议

加强“互联网 +”对文化科技融合的支撑作用，大力发展与繁荣互联网经济，对于首都乃至全国转变社会经济发展模式都有十分重要的意义。根据上文梳理出的相关问题，推动“互联网 +”助力文化科技融合发展应在以下三个方面做出积极探索。

1. 面对新业态新形势，加强体制机制创新

“互联网 +”作为当代社会经济发展的引擎，对文化科技融合发展的驱动作用日益明显。以互联网为基础的行业，具有互动性强、快捷、透明等特点，面对互联网语境中文化科技业态的蓬勃发展以及互联网带来的去中心、行业越界等，原有的单向管理模式受到挑战。因此，加强体制机制创新，从制度上破除对新业态发展的约束，是推动“互联网 +”助力文化科技融合发展的重要途径。这就要求对互联网行业的管理既要强化部门之间的协同，

形成对互联网行业的监管联动机制，避免部门之间管理意见的“对掐”，营造良好的政策环境，又要进一步放宽市场准入，通过深化行政审批制度改革，减少行政审批对企业创新发展的阻碍，发挥市场对资源优化配置的决定性作用。

2. 强化行业发展中的互联网思维，促进传统行业转型

“互联网 +”虽然代表的是以互联网为核心基础设施的新兴经济形态，但是“互联网 +”时代的互联网不仅是各行业运作的工具、硬件的构成，而且要求以一种全新的思维模式重构产业链，包括企业与企业、企业与物流、企业与消费者、物流与消费者等各个环节的研发模式、运营模式、商业模式、营销模式、服务模式等。也就是说，传统行业与互联网的结合并非将线下的内容照搬至线上，不是互联网与传统行业的简单相加，而是遵循互联网秉持的开放、共享、平等、共赢精神，依托互联网时代新的信息技术推动传统文化行业的智能化，依托大数据整合产业发展模式，根据行业特点探索融合发展之路。

3. 规范数据利用标准，发挥大数据的资本价值

大数据作为重要的商业资本，将成为“互联网 +”助力文化科技融合发展的重要支撑和驱动力。发挥大数据的资本价值，破解“信息孤岛”对产业融合发展的制约，推动各大数据平台的开放，一方面应出台严格的数据使用规范标准和意见，规避数据滥用、侵犯隐私等行为，确保在法律法规许可的范围内实现数据的增值。2015 年，北京市统计部门出台的旨在促进政府统计数据共享的《关于进一步加强和完善部门统计工作的意见》，是北京市破解“信息孤岛”问题的探索性尝试。另一方面应加强对数据分析师——数客——的培养。推动大数据从资源向资本的转变，关键在于要有能够解读、分析和利用数据的复合型人才，目前项目数据分析师资格考试培训中心等在北京、天津、哈尔滨等城市纷纷落户，彰显出这一行业所具有的巨大潜力。

B.5

众创空间，推动北京城市转型发展的新战略

闫玉刚　张子杨*

摘　要：作为双创经济的代表，众创空间在中国的发展势头迅猛。为推动城市创新发展，北京大力发展众创空间并形成一定规模，但众创空间在发展过程中也存在“政策投机”、注册机制不完善、资金缺乏等问题。发展众创联盟、加强众创教育、保护知识产权以及探索激励机制，是以众创空间深入推动北京城市转型发展的可行之路。

关键词：北京　众创空间　城市创新

2015年，“创客”首次被写入政府工作报告，国务院办公厅又相继出台《关于发展众创空间推进大众创新创业的指导意见》《关于大力推进大众创业万众创新若干政策措施的意见》等相关政策文件，标志着“大众创业、万众创新”的“双创”热潮在政府的推动下已成为一种国家战略。与此同时，“众创”作为新兴创造力的代名词逐渐映入中国大众的视线。“互联网+”和创客在推动中国第三次创业浪潮形成的同时，也因与文化科技创新、创意创业结合的重要特征，而与前两次创业浪潮产生显著的区别。[①]

---

* 闫玉刚，文学博士，经济学博士后，中国传媒大学经济与管理学院副教授，主要研究方向为文化产业、城市品牌；张子杨，中国传媒大学经济与管理学院硕士研究生。

① 金元浦：《“互联网+”与“创客”时代》，《理论导报》2015年第10期。

吉布森等人的研究表明，当代文化生产存在巨大的城乡差别，在就业、投资、产业集聚等方面，大城市占据主导地位，并且首都城市往往远远高于其他非首都城市。[①] 众创空间是当代中国经济发展的重要引擎和文化产业的重要组成部分，在其城市分布、综合竞争力等方面，大城市拥有着明显优势。北京、深圳、上海等国内一线城市，都是众创空间发展起步最早、分布最集中、竞争力最强的城市。作为首都城市和中国文化产业发展的领军城市，近年来，北京大力发展众创空间，把众创空间作为城市转型发展的战略性举措，对推动城市创新发展的作用日益凸显。

一 众创空间的源起与内涵

当代众创空间是立足于黑客空间（Hacker Space）发展经验的基础上，随着创客文化的兴起而产生的一种全新空间形态——它既包括创客集聚的物理空间，也包括创业空间乃至整体产业链的生长空间和生态空间。从起源看，众创空间的兴起，与黑客空间有着密不可分的关系。Hacker Space 就是指一个社区经营工作场所，具有相同兴趣的人们——他们通常来自计算机、加工、技术、科学、数字艺术、电子艺术等领域——能够在这里聚会、社交和互相合作。[②] 作为欧洲最大的计算机黑客俱乐部，20 世纪 90 年代建立的混沌计算机中心（Chaos Computer Club，CCC）是世界上最早的黑客空间之一，到 2009 年，德国、美国的 Hacker Space 都已经超过 100 家。[③]

2007 年 8 月，一群美国黑客在参加德国 CCC 举办的混沌通信夏令营（Chaos Communication Camp）时受到启发，回国后创办了许多类似 Hacker Space 的众创空间，例如 NYC Resistor、HacDC 和 Noisebridge，等等。这些

---

① Chris Gibson, Peter Murphy & Robert Freestone. Employment and Socio - spatial Relations in Australia's Cultural Economy, *Australian Geographer*, 2002. Vol. 33, No. 2, pp. 173 - 189.

② Alan Henry. *How To Find and Get Involved with A Hackerspace*. www. lifehacker. com. au. Retrieved 28 May 2015.

③ Justin Lahart. Tinkering Makes Comeback Amidst Crisis. *The Wall Street Journal*. November 13, 2009.

创客空间在具备黑客空间原有功能的基础上，与创客文化有了更为紧密的结合。作为当代一种亚文化形态，创客文化在一开始并不具有实用、商业的目的，创客主要从自身兴趣出发，对机器人、电子产品、3D 打印、数控工具应用等领域进行个性化创造与开发。此时创立的 Noisebridge、NYC Resistor、TechShop 等既脱胎于黑客空间，同时也具备了当下创客空间的基本功能，如 TechShop 等已经成为创客空间的代表。2006 年 10 月创立的 TechShop 是全球比较早的商业性众创空间，它采取连锁经营的模式，到 2012 年 10 月，在美国已经拥有 6 家连锁机构，其中 3 家在加利福尼亚，其他 3 家分别位于北卡罗来纳、密歇根和得克萨斯。

在我国，众创空间与孵化器、创客空间之间既有联系又有区别，甚至在某些政策、文章中也存在混用的现象。简言之，众创空间不是简单的一个具体概念形式的符号，也不仅仅是在物理空间基础上进行的房地产建设与租赁，而是在物理空间和创客集聚的基础上，以创新思维为核心、以激发创业活力为目标、辅之以各种创业服务而构建的创业生态系统。目前，众创空间在中国有七种模式，分别为活动聚合型、培训辅导型、媒体驱动型、投资驱动型、地产思维型、产业链服务型、综合创业生态体系型。

二　众创空间的发展历程

北京众创空间起步较早，其发展规模、速度、质量在京津冀经济圈中处于领先地位，集创业活动与辅导、项目路演与孵化、产业链生态体系构建等多种创业服务于一体，具有鲜明的资源整合特色，成为城市转型发展中的重要推动力。

（一）起步阶段

北京众创空间正式起步于 2011 年，此阶段众创空间初步成立，尚未形成一定规模和影响力。2014 年 9 月，李克强总理在夏季达沃斯论坛上，首次提出要掀起“大众创业”“草根创业”的新浪潮，形成“人人创新”“万众创新”的新局面；同年10月，国务院发布《关于加快科技服务业发展的若干意见》。首先，这从理念上说明中国大众对创新的巨大推动力有了充分认识；其次，这些众创空间所具有的简单的运作流程和初步的创新计划，证明北京众创空间已经开始进行创新实践，并需要政策助力其发展，但是数量不多的众创空间以及自身的弱小规模，并不能带动众创空间的迅猛发展，也不能积累自身发展所需的资金。虽然我国第一个众创空间是2010年李大维在上海成立的新车间，但是2011年成立的北京众创空间与上海众创空间一样，都是全球众创网络的重要组成部分。北京众创空间因其在北京拥有超过300个会员，影响人数超过10万人，拥有超过1000平方米的活动场地和300平方米的原型加工基地以及最完备的加工设施与设备，成为亚洲最大的众创空间。①

（二）突破发展阶段

2015年1月，李克强总理主持召开国务院常务会议，提到“众创空间”这一概念；同年2月，科技部发文，指出以构建“众创空间”为载体有效整合资源，集成落实政策，打造新常态下经济发展新引擎，显示出政府对创业和创新的重视及其对中国经济的重要意义。

2015年3月，北京率先启动众创空间的认定工作，对北京众创总部、众创空间等25家创业服务平台进行认定，并授予中关村创业大街“北京市众创空间集聚区”称号；同年5月，由54家众创空间发起成立了北京众创空间联盟。随后，创新创业氛围较为活跃的地区也相继出台支持众创空间发展的相关政策，并相继开展众创空间的认定。目前，北京市科学技术委员会正式发布包括瀚海Plug and Play、C客空间等第二批40家新增“众创空间”创业服务机构名单。至此，北京众创空间已经达到65家，分布在北京海淀区、朝阳区等9个区县。得益于政府的政策支持和北京创意性产业的发展，北京众创空间依然呈现快速增长之势，带动自身创业、创新能力发展

① 北京众创空间官方网站。

的同时也产生了协同效应。此阶段，政策助力众创空间发展成为北京市民热议的话题，对市民的创新意识起到一定的激发作用，并且北京市政府对众创的扶植性政策开始推动全民创业热潮。在这种热潮的推动下，技术和理念都在快速进步，伴随而来的就是我国构建知识型、创新型国家进程的加快。

在发展形式上，各地众创空间表现出不同的创新侧重点，北京因其优越的地理位置和包容的文化氛围，吸引众多创新型人才前来创业，与其他地区相比，良好的技术设备和高度的政策支持也成为北京吸引众多众创空间的重要因素。

与深圳、上海、广州等地相比，北京众创空间更加倾向于科技创新与创业孵化。北京具有150多家各类型孵化机构，50家国家级孵化机构，9000多家入驻企业。目前，中关村创业大街共入孵创业团队400多个，获得融资的团队超过150个。

三　众创空间的发展现状与存在问题

（一）政府助力北京众创空间发展，但存在“政策投机”现象

2015年，我国政府积极出台相关政策助力众创空间创新行为，推动我国众创空间发展。2015年1月李克强总理探访深圳柴火众创空间的新闻，一度刷爆了朋友圈，我国政府相继出台一系列相关政策和指导意见。例如，2015年3月国务院颁发《关于发展众创空间推进大众创新创业的指导意见》，同年6月国务院颁布《关于大力推进大众创业万众创新若干政策措施的意见》等。

虽然与发达国家相比，北京众创空间起步较晚，但是我国政府对北京众创空间及众创运动的支持和保障，成为推动“大众创业、万众创新”的强大力量。政策的助推作用使北京众创空间呈现有阶段、有保障的发展特征。

其一，从规模上看，根据2015年3月全球众创空间维基站点的统计，

国内众创空间共有21家注册网站，其中北京就占据6家。“2015中国众创空间盘点”（TOP 50榜单）中，北京地区的众创空间有17个，占总体的34%，并且国际国内活跃度都有相对的提高，这与政府的政策导向和支持作用密不可分。

其二，从地域上看，政府的政策助力在一定程度上促进了众创空间的地域均衡分布，目前北京众创空间已经达到65家，分布在海淀区、朝阳区等9个区县。北京在均衡自身众创空间地域分布的同时，也通过自身的带动作用，促进了区域创新能力的协调发展，尤其是京津冀地区，从石家庄云创空间与北京创客总部展开的深度合作到天津滨海新区从北京引进的10个众创空间，这都得益于我国政府积极出台相应政策促进众创空间发展，对众创空间等新型孵化机构的各种费用给予适当财政补贴，提供免费高带宽互联网接入服务。

政府的政策支持推动了北京众创空间数量的不断增加，地域分布逐渐走向均衡，而且通过加快发展“互联网+”创业网络体系，建设落实小型企业创新基地，促进北京市创业与创新、创业与就业、线上与线下的互相结合，在一定程度上降低了北京整体的创业门槛和成本。与此同时，北京市政府通过行业白皮书数据的开放共享，使北京众创空间对行业自身有了更为深刻的认识，有助于众创空间进一步创新发展。

自国务院办公厅颁布一系列文件，要求从投融资机制和财政资金等8个方面对“大众创新、万众创业”进行支持以来，北京市也召开了众创空间建设推进会，为企业、创投机构、高校、行业组织等各大社会机构带来了发展众创空间的系列利好政策，主要体现为场地租金补偿、财政资金补贴、企业税收减免、相关创投资金配套以及科技成果转化收益比例提升等诸多显性红利。一部分低成本众创空间和企业也随之建立，同时也带来了一定的问题，部分众创空间的设立并非以创新、创业为出发点，以充分激发创客的创造性、积极推进创新与产业对接为目标，而是着眼于套现政策红利，动用各种手段减少众创空间与政策补贴之间的“剪刀差”，具有明显的“政策投机”倾向。

（二）“孵化”推动创业服务体系日益完善，但注册机制不完善

作为创新创业的土壤，北京拥有一批创新型企业，而支撑北京承载高效创业的就是日趋完善的创新创业服务体系。目前，北京市有150家各类型孵化机构、50家国家级孵化机构、9000多家入驻企业、8000多家创业企业，形成了由科技企业孵化器、知识产权服务、专业咨询和金融互动等环节构成的创业服务体系。[①] 孵化服务网络呈现全方位、多层次的发展趋势。

在2015年3月北京得到授权的11家众创空间中，孵化领域锁定TMT和移动互联网的最多。科技寺、极地国际创新中心、京西创业公社主要集中在TMT领域；乐邦乐成、众创总部集中在移动互联网领域；众创空间主要业务集中在智能硬件与可穿戴设备方面；DRC创艺梦工厂的核心业务为文化创意产业；北大创业孵化营和清华X－lab依托于北京大学和清华大学两所高校，孵化领域的范围较为宽泛。众创空间促进了北京创新创业能力的提升，同时伴随着众创空间数量的增长、孵化能力的进一步提升，北京已是战略性新兴产业的重要培育基地。北京众创空间在“孵化”创新的同时表现出高度的专业化发展特性，形成了一批具有产业特色的创新型园区，扩大了新兴产业的规模。

北京众创空间孵化机构积极对接国际技术、市场等资源，积极提高国际化水平。北京市首个与外方股份合作成立的国际企业孵化器高创天成孵化器，已与39家国外机构建立合作关系，服务国内外科技企业300余家。北京市孵化机构不断探索服务输出和品牌输出，对全国的辐射带动作用不断增强。[②]

北京众创空间“孵化”机制在推动创业服务体系日益完善的同时，也逐渐浮现出一些问题，只有个别获批的机构有工位注册公司的工商服务，多数机构采取与第三方专业机构合作的方式为创业者提供此类服务。这就造成

① 赵永新：《政府助力北京众创空间很给力》，《人民日报》2015年4月7日。

② 赵永新：《政府助力北京众创空间很给力》，《人民日报》2015年4月7日。

创业者的服务责任推脱现象，同时也会影响众创空间自身的服务质量，一旦产生创新成果的纠纷，也不容易通过协商机制来解决。

（三）众创空间初步形成全方位服务的产业链条，但缺乏前期资金支持

北京以其高速发展的资源整合能力以及技术发展水平，通过不断涌现的众创空间，刺激大众创新的热情，鼓舞大众创业的士气，在全社会形成一股创新之风，同时北京以其高端包容的文化内涵，促进众创文化的发展，从而初步形成了全方位、多角度的产业链条。

2014 年，中关村示范区新创办 1.3 万家科技型企业，全市高新技术企业突破 1 万家。在众创空间高孵化能力的带动下，北京全方位服务的产业链条也逐渐完善，作为产业链最关键的一个环节，以中关村创业大街为代表的北京众创空间也在为提高自身的创新孵化能力做出努力。中关村创业大街自 2014 年 6 月开街以来，吸引入驻创业服务机构 21 家，入驻孵化团队 400 多个。

伴随北京创新创业能力的日益增强，北京众创空间自身的创新能力也得到提升，形成投资、平台、培训等一系列特色鲜明的服务模式，涉及移动互联网、教育培训、创意设计、智能硬件等多个领域。

在 2015 年 3 月北京市授牌的 11 家众创空间中，乐邦乐成、北大创业孵化营、清华 X－lab 以免费的形式激发创业者的创业热情，其余众创空间则每月收取 500～1500 元/工位的费用，石景山京西创业公社以每月 500 元/工位为最低，东城区的科技寺则相对较高，其他 5 家大致为每月 1000 元/工位。与其他众创空间不同，DRC 创艺梦工厂则是按面积对创业者进行出租，租金为每月 3 元/平方米。

从创客角度看，在进行创新时负担一定费用必然会加重自身负担，影响创新成果；从众创空间角度看，北京众创空间的运作资金主要靠自筹，通过收取工位租金来获得收入显然不符合实际，按照北京现在的场地租赁金额，工位费远远不足以支撑众创空间的支出，并且在创客进入众创空间进行创业

前期，众创空间所提供的服务暂时难以得到回报，这就很容易造成众创空间的资金链短缺，影响产业链条的完整性。同时，众创空间所孵化项目的科技含量较高，所需设备和资金的金额也很高，缺少资金支持，对项目孵化的完整性和创新性都会产生影响。

四　加快发展众创空间的对策建议

（一）积极推动北京众创空间联盟发展

众创作为推动经济发展的新型生产力已经在欧洲和北美等地区逐步兴起与发展，而北京目前还未能将众创研究作为一个合法的学科建立起来。对于众创的特征、众创平台的搭建与应用、众创空间的运营模式、众创活动的积极作用等的研究，是推动北京经济发展持续有力的力量，因为积极推动众创研究的发展能够加快技术创新的步伐，能够为政策制定提供科学合理的依据，能够帮助众创运动与众创平台形成良好的行业规范，最终为我国“大众创业、万众创新”输送更多优质的人才。

目前，北京众创空间作为创新能力的代表虽然处于蓬勃发展的状态中，但是在联盟机构的完整性以及发展模式方面较欠缺，应为联盟成员发起专题论坛并且定期走访各个理事单位，使其能共同商讨发展模式、进行资源共享和经验借鉴。同时，推动联盟创新创业服务资源开放共享，为草根创业者提供更优质便捷的服务，加强自身文化建设，充分运用自媒体平台，加大对外宣传力度，打出联盟品牌，促进首都创新创业资源向全国辐射。

（二）大力发展北京众创教育

美国在众创教育方面一直走在世界前列，其政府一直积极推进众创教育，引导学生创新，为此美国巴尔的摩市于2013年建立了电子港科技中心，为巴尔的摩公立学校的学生提供众创教育；为促进众创运动在教育界的发展，斯坦福大学还开设了学术奖学金，用来鼓励他们实践并研究众创运动在不同教育领域的应用。

北京在承载众多高等院校的同时，也拥有众多高校人才，所以在推动北京众创发展的过程中，应借鉴美国众创教育的经验，在紧紧抓住自身学术资源优势的同时，积极推进众创文化发展，大力发展众创教育，加强北京各大高校之间的互相合作。这有利于培养学生的创新意识、提升创新实践能力，打破课程或学科边界，有助于树立探索、勇于创新的精神。

（三）助力北京众创空间知识产权保护

由于众创的创意产品基于开源硬件，如果产品流行，就很容易出现山寨产品，而这会抑制众创团队的积极性。因此，健全众创的创新利益保护制度十分重要。北京市政府应出台相关政策保护众创自身的知识产权，建立完善众创空间，培育众创人才队伍；加强北京市场的调查研究，以创新和发展为出发点，充分考虑经济、社会、人口等因素，在此基础上制定全面可执行的发展政策。这有利于形成全民的知识产权保护意识，对北京众创而言能够使其在创新方面有保障，解除自身创新的后顾之忧，能够加快北京众创在各领域进行创新的脚步，从而进一步加快“大众创业、万众创新”的步伐。

（四）建立良好的激励机制

对众创的评价和激励十分重要，例如斯坦福大学为众创教育研究开设的学术奖学金、由公益组织支持的学生众创作品展览等。而在我国对众创的激励体系还处于形成阶段，需要广大教育者和研究者的共同努力，对众创的激励和推广则需要多方共同支持和努力。建立良好的激励机制，可以从以下两个方面进行探索。

一方面，鼓励北京众创空间赢利模式多样化。在国外，政府帮助众创空间进行产品定价，保证众创的合理赢利。在北京，由于众创空间刚刚起步发展，关于赢利方面的举措尚不足以支撑众创的创新与生产，北京应建立一种赢利模式，鼓励众创突破单一的赢利模式，形成自身独特的多样化赢利模式。同时，政府应提供专项资金支持，重点扶持创意性强的众创空间，保证众创有充足的资金来对自己的项目进行共享和完善，并且对资金进行登记，制定资金扶持对象标准，定期对资金使用情况进行登记和调查，从而形成北京独特的众创模式。

另一方面，鼓励北京众创空间的众投行为。使众创空间集合众人之力来帮助实现产品诞生的众投模式，是激发众创创新的新模式。在国外众投已有规模，而且仍在快速发展，在美国已经引起白宫的注意，并做出规划使众投从简单的出资或预购产品转为向公司进行真正的投资。众投模式可以率先解决一个企业的前期资金问题，并且能够聚集更多的力量与创意。北京在积极借鉴他国经验的同时应结合自身实际情况对众投进行正确引导和促进，积极筹建众投机构，加强立法，合理规范众投行为，积极促进北京众创空间与众投机构的密切对接，使北京众创空间凝聚更多的创新型人才。

B.6

2015年北京文化法治化的现状与进展分析

丁琪　王洁*

摘　要： 2015年北京继续加强全国文化中心建设，不断开拓新局面、取得新成就，文化的规范化、制度化、法治化成为文化发展的新趋势与走向。通过加强文化基础设施建设制度化、提升文化权益的法治保障水平、促进京津冀文化执法一体化，推动北京文化的法治化发展。但是，在文化遗产保护、网络文化治理、旅游文化治理等具体的文化建设过程中，仍面临文化管理法律法规存在漏洞、政府和社会法治意识亟须加强的问题。

关键词： 北京　文化　制度化　法治化

文化的发展需要纳入法治化的轨道，文化的繁荣也要求法治提供保障。文化的法治化发展是建设法治国家的重要内容，“十三五”规划指出要在全社会形成良好的法治氛围和法治习惯。2015年北京文化建设继续得到全方位的推进，其中文化法治化建设趋势凸显。北京大力推动文化的法治化发展，不仅是顺应依法治国基本国策、提高城市核心竞争力的基本要求，也是北京文化发展中进一步适应产业结构优化升级的必然路径。

---

* 丁琪，硕士，中国纪检监察学院讲师；王洁，博士，北京市社会科学院副研究员。

一　北京文化法治化建设新进展

（一）文化基础设施建设制度化

文化基础设施是文化发展的重要基础。经过多年努力，北京公共文化服务体系建设在公共文化服务、设施建设、资金保障、人才培养等方面取得显著成绩，四级设施平均覆盖率达到98%，设施总量达到6691个，为加快构建现代公共文化服务体系打下了良好的基础。[①] 文化基础设施建设的法治化体现于其制度化，从制度上保障文化基础设施建设，是推进文化持续发展、创新发展的重要保障。

1. 加强对公共文化发展的支持，明确文化建设的重点目标

公共文化是城市文化的重要内容，体现了城市文化的包容性与服务性，更是城市文化全面均衡发展的重要体现。北京虽是首都城市，但是其公共文化服务体系建设发展还不平衡，基层公共文化服务方面的法规和规定尚不完善。2015年5月5日，北京市通过了“1+3”公共文化政策文件，“1”指《关于进一步加强基层公共文化建设的意见》，“3”指《首都公共文化服务示范区创建方案》《北京市基层公共文化设施建设标准》《北京市基层公共文化设施服务规范》。[②] 该文件的制定在推动公共文化法制化建设，实现基本公共文化服务标准化、均等化、社会化和数字化等层面发挥了积极作用。

“1+3”政策文件的出台与实施，表明北京市在推进文化建设的过程中更加强调公共文化服务体系建设，着重加快基层文化的发展，以制度保障公共文化的法治化、均衡化发展。该文件将公共文化服务体系建设的着力点置于基层，将会对基层公共文化服务有一个明显的改变和提升，群众对基本文化的需求将会得到进一步的满足。

---

① 《本市率先制定“1+3”公共文化政策——基层公共文化服务要标准化》，《北京晨报》2015年6月12日。

② 陈然：《北京出台“1+3”公共文化政策》，《北京文化报》2015年6月5日。

2. 出台行动计划，助推文化产业的转型升级

2015 年 4 月，北京市出台《关于推进文化创意和设计服务与相关产业融合发展行动计划（2015－2020 年）》，提出到 2020 年要培养一批高素质领军人才和具有核心竞争力、辐射力、带动力的重点企业，打造一批具有特色和国际影响力的品牌性企业。[①] 行动计划提出了“十大行动”和“八项保障措施”。行动计划共设计 34 项重点任务，且明确了每一项任务的主责单位，是目前最具体、细致、详尽的行动计划。[②]

（二）加强文化权益的法治保障

1. 出台管理规范，治理文化侵权行为

首先，网络造谣、传谣入刑，净化网络文化环境。2015 年 8 月《中华人民共和国刑法修正案（九）》出台，规定“编造虚假的险情、疫情、灾情、警情，在信息网络或者其他媒体上传播，或者明知是上述虚假信息，故意在信息网络或者其他媒体上传播，严重扰乱社会秩序的，处三年以下有期徒刑、拘役或者管制；造成严重后果的，处三年以上七年以下有期徒刑”。即“网络造谣”“网络传谣”等行为要负刑事责任，这也是对“互联网不是法外之地”的最好诠释。该条文的实施将有利于塑造干净、纯洁的网络文化环境，推动文化的法治化发展。

其次，规范网盘使用，保护文化版权。据北京网络版权监测中心监测数据，云盘侵权问题近半年来有持续上升的趋势，侵权链接数在所有平台侵权量中占比达 20% 以上，监管、规范云盘服务和运营势在必行。[③] 2015 年 10 月，国家版权局出台了《关于规范网盘服务版权秩序的通知》。通知提出对于未经过授权的作品，用户不能上传到网盘，更不能下载、分享。同时，网

① 《北京市人民政府公报》2015 年 4 月 7 日。

② 中国决策案例研究中心：《北京 10 大行动力推文化融合发展》，《领导决策信息》2015 年第 23 期。

③ 王坤宁：《北京局部署云存储空间侵权治理专项行动》，《中国新闻出版广电报》2015 年 9 月 9 日。

盘服务商必须建立管理机制，运用有效技术措施，主动屏蔽、移除侵权作品，防止用户上传、存储并分享他人作品。与此同时，北京市版权局部署了云存储空间侵权治理专项行动，贯彻落实国家版权局“剑网行动”工作总体要求。此项规定的实施，属于电影版权保护的重大利好消息，有益于文化产业的健康发展。

再次，加强立法工作，促进电影产业发展。2015 年 10 月，全国人大常委会首次审议《电影产业促进法（草案)》。当前，虽然我国电影产业飞速发展，但是也存在众多问题，如全链条发育不成熟、盗版侵权、偷漏瞒报票房、衍生品开发不足等。此外，与电影产业发达的国家相比，我国电影产业在金融保险、人才培养、技术支撑等方面存在一定差距。[①] 这些困扰电影产业的问题和瓶颈，亟待通过立法加以规范和解决。该法案有利于市场主体、政府部门等各方找准定位，以法治方式促进电影产业的发展。

最后，出台地域性规章，规范文化活动。2015 年，北京市进一步推进文化法治建设，加快文化立法。积极推进出台《北京工艺美术发展基金管理办法》《北京市地方戏曲院团发展专项扶持资金管理办法》等规章制度[②]，以规范文化活动及资金使用程序，引导各类社会资金共同改善文化产业发展环境。推进文化法制建设，加快文化立法，推动公共文化、非物质文化遗产保护的立法工作，提高依法行政的能力和水平。

2. 加大执法力度，净化网络文化环境

首先，加强对网络文化违法行为的治理。2015 年初，国家互联网信息办公室启动网络空间法治化的“网络敲诈与有偿删帖”专项整治行动。北京市网信办重点抓好属地网站自查整改，积极协调公安机关加强案件办理。整治工作开展以来，百度公司共清理屏蔽 6363 个搜索关键词、联想词，清理 80079 条涉网络敲诈和招揽有偿删帖的信息；360 公司共受理 6142 次相关删帖申诉，针对有效申诉共断开 105459 条相关网页链接，清理屏蔽搜索

① 《用法治夯实电影产业腾飞的基石》，http：//news. xinhuanet. com/politics/2015 - 10/30/c_1116995858. htm，2015 年 11 月 10 日。

② 牛春梅：《北京地方戏曲保护将有专项资金》，《北京日报》2015 年 7 月 30 日。

3374个关键词、联想词。[①] 2015年1月，北京市朝阳区法院审理了北京口碑互动营销策划有限公司有偿删帖案。该公司2012~2013年，多次通过信息网络提供有偿删帖服务，经营额达218200元，涉嫌非法经营。[②]

同时，在2015年的“净网行动”中，首先严查网络文学领域，巡查网站1.16万余家次，立案282起，罚没款166.7万元；协助抓获犯罪嫌疑人4名，清理有害信息20余万条。集中整治移动智能终端传播淫秽色情信息行为，先后对“百度”移动应用客户端“小说”栏目、“陌陌”移动社交产品进行了查处，罚款共计27.02万元。同时，严查网络游戏领域，开展了2次整治网络游戏专项行动，重点打击诱导犯罪和渲染暴力、色情、恐怖活动等违法违规行为。对“酷米网”“游戏网”等20家网站做出了行政处罚，罚款30万元。并且，严查网络视听节目，共清理下线色情淫秽和低俗视频6.7万条、网络剧和微电影97部、综艺节目572个。北京市互联网违法和不良信息举报中心公开的数据表明，2015年1~8月，每月的举报总量约3000件次，而且总体保持不断下降的趋势（见图1）。[③] 这说明经过文化执法部门的执法与治理，北京地区网络文化中的不良信息得到有效控制。

其次，加强文化经营单位自律治理。2015年6月16日，首都文化企业自愿发起成立非营利性的社会团体组织——首都文化产业协会，首批会员达到315家。2015年“优衣库试衣间”“YY直播出事”等不雅视频出现于网络，引发公众大量关注，产生非常恶劣的影响。为此，2015年8月18日北京市文化执法总队联合北京市网络文化协会组织召开网络表演行业自律工作座谈会，12家网络表演企业负责人参加会议并发布《北京网络表演行业自律行动宣言》，共同承诺支持“净网行动”[④]，以道德和法治建设服务社会，创造传播先进文化。

① 《“网络敲诈与有偿删帖”专项整治取得重要进展》，http://www.cac.gov.cn/2015-06/09/c_1115552720.htm。

② 刘洋：《有偿删帖“口碑互动”高管获刑一年半》，《新京报》2015年2月13日。

③ 《北京市聚焦文化市场重点领域　确保“净网”行动取得实效》，http://www.bjwhzf.gov.cn/shdfyw/shdfyw/t20151019_330044.htm。

④ 《北京将建主播黑名单　12家网络表演企业宣言自律》，《法制日报》2015年8月19日。

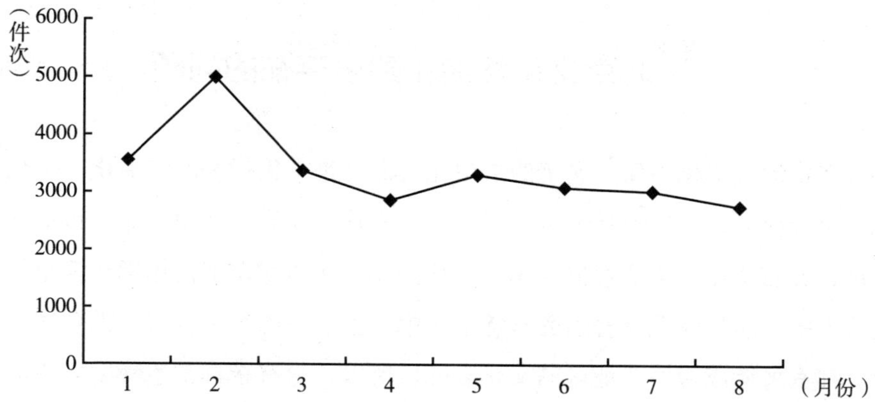

图1　2015 年 1～8 月北京市互联网违法举报数量

（三）加强文化跨区域的执法一体化

文化具有包容性与开放性，一个地区的文化发展不可能隔绝于周边地区。只有与周边地区进行交流吸收，才能实现文化发展的多样性，激发文化发展的活力。与北京相邻的河北、天津等地区的文化也各具特色，其地域文化可以与北京文化互相补充。2015 年 4 月《京津冀协同发展规划纲要》出台后，京津冀加强文化发展区域联动、互补互辅的需要显得越来越迫切。随着京津冀一体化深入推进，北京与河北、天津的强强联合、协同发展，将会有力助推三地区文化的法治化建设。

2015 年 11 月，为全面落实国家京津冀一体化发展战略，北京市、河北省积极研究推动京北地区与承德市联合开展的文化市场管理“扫黄打非”战略合作，净化京津冀文化市场环境。合作内容包括：联防联控依法打击文化市场违法违规行为；确保信息交流渠道畅通，加强情报预警，为意识形态和文化安全保驾护航；加强文化演出交流合作；促进文物保护与利用等方面。[①] 在协议实施的过程中，为稳步推进文化执法的一体化进程，各相关方建立联席会议制度，增强各区域的文化交流。

① 《加强京承地区战略合作　推动京津冀文化执法一体化》，http：//www. bjwhzf. gov. cn/shdfyw/shdfyw/t20151103_ 330248. htm。

二　北京文化法治化建设存在的问题

文化的法治化不仅是文字的法治化，而且是文化行为的法治化。文化建设是全方位的，不仅包括艺术文化、遗产文化等物质性文化，而且包括网络文化、旅游文化、生活习惯等无形文化。文化法治意识不仅体现在特定的文化行为中，而且体现在普通的日常生活中。生活中的每一种行为都会融入社会，都有可能成为一个地区的文化表征，所以，只有在日常生活中以法治思维来处理社会关系，将法治意识嵌入文化行为、融入日常生活中，才能真正推进文化的法治化发展。2015 年，在“十二五”规划的收官阶段，北京市文化建设取得了长足进步。但是作为全国文化中心的北京，在具体文化领域的文化管理、文化行为、文化保护过程中，仍存在诸多需要改进的地方。

首先，在文化遗产的保护上，存在法规不健全、文化遗产保护缺位等问题。比如，《北京市非物质文化遗产保护条例》列入了《北京市地方性法规五年立法规划（2013－2017 年）》，但是迄今仍未出台，导致北京市在保护非物质文化遗产方面存在缺乏法规依据的问题。2015 年 10 月媒体曝出，北京“沿字三号敌台”段古长城多次遭剧组搭景破坏，更为严重的是明长城仅 8% 完好，有些地方甚至破坏古长城，偷盗长城文字砖以修建“新长城”。[①] 这些行为罔顾法律的规定，对于传统文化遗产是一种毁灭性的破坏。同时，政府官方也存在不作为的问题。比如，在文化遗产的保护上，北京市政府的行动仍显滞后，据统计 2015 年北京 200 处园林遗址再不修缮将永久消失。[②] 此外，2015 年北京市人大常委会执法检查发现，北京市有 1094 处园林格局及园林要素尚存古迹，但未被纳入保护范围，随时有遭破坏和永久消失的危险。[③] 比如，作为“燕京八绝”之一的金漆镶嵌，2008 年被列入

---

① 崔毅飞：《长城风貌再遭剧组破坏》，《法制晚报》2015 年 10 月 12 日。

② 王海燕：《北京 200 处园林遗址再不修缮将永久消失》，《北京日报》2015 年 11 月 2 日。

③ 张致宁：《北京市 1094 处园林古迹未纳入保护　随时可能遭破坏》，《北京商报》2015 年 9 月 28 日。

国家级非遗名录，但如今面临工艺传人匮乏的困境，许多有文物和收藏价值的藏品被特卖。[①]

其次，在网络文化发展上，网络中制造谣言、传播谣言、侵犯版权乃至网络犯罪等行为屡禁不止。比如，2015 年 8 月北京警方依法查处 3 名在网上发布售卖“阅兵观礼票”虚假信息的网民。[②] 同时，北京警方查获 360 云盘账号传播淫秽色情信息牟利案。上述行为的存在，扰乱了正常的网络行为，阻碍了网络文化的法治化发展。同时，现有调整规范文化行为的行政法规约束力、执行力不足，难以发挥应有效果。在法律规范与自律协定共同作用下，一些管控功能存在重叠现象，导致规范执行力不足，网络不良文化、虚假文化仍层出不穷。

再次，在旅游文化的建设上，旅游市场乱象丛生，旅游文明指数有待提高。2015 年北京国庆期间仍存在旅游乱象，比如博物馆免费参观票一张卖 5 元[③]、“北京一日游”中导游威胁游客“不许空手上车”[④]。甚至，在 2015 年 10 月，由于存在价格欺诈等问题，作为 5A 级景区的明十三陵景区等被严重警告，全国通报并限期整改。[⑤]

最后，在公共出行文化上，文明出行素质仍需长期培养。2015 年 9 月，北京市交通委开展了“向交通陋习说不”主题宣传活动，发布网友最讨厌的“四大交通陋习”，包括开车变道不打转向灯、乘坐公交地铁不排队等。[⑥] 交通文明是公民素质的组成部分，市民享受工业化带来交通便利的同时，也应遵守交通规则。

---

① 郭佳：《国家级“非遗”金漆镶嵌面临困境》，《北京青年报》2015 年 6 月 12 日。

② 《北京警方查处 3 名网售“阅兵观礼票”虚假信息的网民》，http://legal.people.com.cn/n/2015/0831/c42510-27535605.html。

③ 牛伟坤、孙乐琪：《免费参观票一张卖 5 元》，《北京晚报》2015 年 10 月 7 日。

④ 孙毅：《北京：“一日游”乱象依旧　导游威胁游客不许空手上车》，《北京晚报》2015 年 10 月 21 日。

⑤ 丁玲娜：《山海关被免 5A 级资质　丽江古城被严重警告》，《淮海晚报》2015 年 10 月 10 日。

⑥ 黄海蕾：《北京首发四大交通陋习　乘公交不排队或被电视曝光》，《北京晚报》2015 年 9 月 25 日。

三　北京市文化法治化发展的建议

文化建设不仅依赖于文化消费者，而且有赖文化提供者的创造与引导。比如，政府作为文化的提供者应当提供文化法治化的环境，文化管理法规、文化发展法规应当健全，文化消费市场也应按照法治化的路径有序发展。同时，应大力加强文化系统党员干部的法治思维并提高依法办事能力，严格依法行政，做好文化行政许可工作；做好文化监管工作，积极推进安全生产的法治化、标准化、信息化、社会化建设等。具体而言，还必须从以下几方面加强对具体领域文化的法治化治理。

（一）文化遗产保护法治化

作为历史文化名城，文化遗产是北京市文化的重要组成部分，同时亦是旅游等文化产业的重要基础。但是，在推进北京市文化发展的过程中，加强对文化遗产的保护成为一个亟须解决的问题。

首先，完善法律体系是文化遗产保护的法制前提。[①] 2005 年《国务院关于加强文化遗产保护的通知》提出到 2015 年要基本形成较为完善的文化遗产保护体系，但是现今文化遗产保护立法进程仍相对落后，缺乏“历史文化街区”“大遗址”等方面的专项法规。[②] 从文化遗产保护现状来看，北京市历史悠久，传统文化、技艺和文物繁多，全力推进《北京市非物质文化遗产保护条例》立法工作，完善文化遗产相关领域立法，规范文化遗产的开发与保护是完善文化遗产法律的主要方向。

其次，必须强化民众文化法治意识。文化遗产涉及文学、民俗、古建筑物、古市街、考古遗址、传统聚落、传统音乐、传统技艺等多个领域，文化遗产的搜集与传承甚至法治化发展需要全体社会民众的积极参与。文化遗产

① 魏磊：《少数民族文化遗产保护的法律思考——以新疆为例》，《贵州民族研究》2014 年第 12 期。

② 江胜信：《文化遗产保护亟需法治护航》，《文汇报》2015 年 3 月 12 日。

保护中民众的法治意识体现在遵守文化遗产保护法规，保护旅游景区文化，积极传承非物质文化遗产等。当然，北京市一些地区亦有可借鉴的成功案例，北京东城区对1200多条胡同进行梳理并撰写胡同“编年史”[①]、北京西城区濒危“非遗”公开招徒[②]等做法就值得推广。

（二）网络文化法治化

网络文化的治理是一个新兴的课题，通过几年的努力，北京地区网络文化已经走向法治化。一系列网络管理法规的实施和专项行动的开展，使得网络环境得到了净化。但是每年仍有网络不良文化的传播、网络违法犯罪的出现，因此，网络文化的法治化需要持续推进。

就目前而言，一方面，应当增强立法的科学性并提高执行力。比如《关于规范网盘服务版权秩序的通知》在保护版权的同时，应当充分考虑网盘的共享功能。而网盘服务商加强对侵权内容的审查，难免会涉及用户私人上传的内容，如个人照片、家庭视频、个人文档等，可能就在审查的过程中被窥探。[③] 而2015年11月《电影产业促进法（草案）》提交全国人大常委会审议期间，有委员建议对劣迹艺人应进行有限禁演甚至终身禁演，这引起了巨大的争议。草案中电影被禁内容由电影管理条例中的10项增至13项，从某种角度来说，电影被禁止的内容越来越多。此次草案也未涉及中国的电影分级制度，对于电影审查制度也未明确具体标准。[④] 另外，一些条款缺乏科学性，如“县级人民政府保障农村地区每个村每个月至少放映一场电影”，在人员、设备、资金、影片难以保障的情况下则很难实现。同时，

① 曹政：《北京胡同开写“编年史”1200多条胡同摸清家底》，《北京日报》2015年9月21日。

② 袁艺：《北京西城区濒危非遗首度公开招徒45人顺利结业》，《北京青年报》2015年3月23日。

③ 李含：《网盘成为打击盗版下一“风口”——国家版权局界定“明知”与“应知”规则》，《法治周末》2015年10月27日。

④ 紫萱：《国务院通过〈电影产业促进法（草案）〉对中国电影市场影响》，《中国电影市场》2015年第10期。

持续开展专项行动，推进管理法规的执行，打击网络违法犯罪，净化网络文化环境。

另一方面，加强正面宣传，增强网络参与者的法治意识。有学者认为培育规则文化是我国法治建设的当务之急，必须在全民族培育法治的理性文化，使全体人民牢固树立“法律是定纷止争的实践理性”。[①] 所以，应从校园到机关单位、从个人到群体，将法治文化意识宣传工作全面推进。比如，2015 年 10 月北京市法治文化示范园落户西城，其以建设法治文化示范社区为目标，在社区中设置有法治寓意的艺术物品，寓教于乐，让居民在休闲娱乐中潜移默化地感受法治文化、学习法律知识，从而形成法治习惯。

（三）旅游文化法治化

旅游产业日益成为城市经济的重要组成部分，而旅游文化的法治化则极大地影响了城市文化的法治化。譬如，2015 年十一期间青岛“天价虾”事件，直接毁坏了山东省耗资亿元所打造的旅游文化与形象。2015 年十一期间北京旅游总收入 83.1 亿元，旅游产业不仅成为北京市国民经济的重要组织部分，而且代表着北京市的文化与形象。为了确保旅游文化的法治化发展，必须以法治思维、法治方式来管理旅游市场、引导旅游行为。

首先，应当严格执行现有旅游管理法规，维护旅游市场的法治秩序。比如，严格执行《旅游经营服务不良信息管理办法（试行）》，公布全国旅游经营服务不良信息名单。2015 年 10 月，国家旅游局公布一批全国旅游经营服务不良信息名单，云南、海南、山东的 10 家旅行社和云南、海南、山东、湖南的 7 名导游、旅行社经营人员“榜上有名”[②]。北京明十三陵景区因设施不合理、管理混乱被国家旅游局严重警告。通过上述执法行为，将引导旅行社及旅游经营人员等严格遵守法规，形成法治意识。

---

① 张文显：《法治的文化内涵——法治中国的文化建构》，《吉林大学社会科学学报》2015 年第 4 期。

② 《国家旅游局公布首批旅游经营服务不良信息名单》，http://www.chinanews.com/gn/2015/10-16/7574185.shtml。

其次，加强对旅游经营者合法权益的保护。2015 年 7 月，国家旅游局等三部委印发《关于进一步加强导游劳动权益保障的指导意见》，提出要依法保障导游合法劳动报酬和社会保险权益，并加强导游执业的劳动保护和职业培训。严格执行上述规范，将稳固旅游经营者进行自律的基础。

最后，应该注重培养游客的法治意识，以推动旅游文化的法治化。一方面，加大对旅游文明要求的宣传力度，提高游客的旅游文明素质。另一方面，对游客破坏景点、违反秩序、有损形象等不文明的旅游行为，加大曝光力度甚至建立不诚信档案，以此来规范游客的旅游行为，促进旅游文化的法治化发展。

（四）公共出行文化法治化

公共出行文化是民众在日常生活中外出时所展现出来的文化行为，如遵守交通规则、文明驾车、排队等公交、遵守禁烟规定等。公共出行文化是最基础的文化行为，涉及所有的市民，因而最能够展示一座城市的文化底蕴。如上所述，北京市的公共出行文化还存在诸多不足，交通陋习、吸烟陋习等非法治化的公共出行文化仍存在，必须以法治思维、法治方法来矫正公共出行文化。

一方面，通过科学立法，规范公众出行行为。比如，2015 年 6 月 1 日北京市实施了《北京市控制吸烟条例》，实施 2 个月后北京市室内公共场所、工作场所和公共交通工具的吸烟现象明显减少，公众对该条例的知晓率达 84%，北京餐厅内的吸烟行为大幅度降低，从原来的 38.1% 降低到 14.8%。[①] 所以，通过科学立法，将不文明行为纳入法律规范进行治理，能够起到良好的效果。

另一方面，通过科学引导，培养民众遵守规则的法治意识。市交通委介绍，北京将分四个重点阶段，通过宣传方式逐步改变市民的交通陋习：整治

① 《控烟需坚持政府与社会共治》，《民主与法制时报》2015 年 8 月 16 日。

行车陋习、整治乘坐公共交通陋习、整治停车陋习、整治过马路陋习。[①] 改变不良陋习，不仅可通过对相关规则进行宣传教育，让市民了解交通出行的权利义务；也可以通过电视曝光方式，引导市民告别交通陋习。[②] 当然，最重要的是综合各种手段，让民众从源头上认识不文明行为的危害，对不文明行为说不，从观念上鼓励民众遵守规则，从制度上惩治不守规则行为。

---

① 《乘公交不排队或被电视曝光》，《京华时报》2015 年 9 月 25 日。

② 《破除交通陋习　还得处罚到位》，《法制晚报》2015 年 9 月 25 日。

城市文化与公共文化服务体系

Capital City Culture and Public Services

B.7

北京城市文化多样性的保护与发展

唐 超*

摘 要： 本报告从组织机构、基层文化、品牌塑造、交流传播等方面，梳理北京城市文化多样性的保护与发展现状，探讨目前存在的交流活动缺乏创新、活动主体互动较少、市民参与度有待提高、传播专业人才匮乏和北京特色文化项目稀缺等问题，以相关优秀项目经验为基础提出推动文化多样性保护与发展的对策建议。

关键词： 文化多样性 民族文化 北京

北京作为全国文化中心和国际交往中心，具有丰富的文化多样性。中华

* 唐超，中国民族语文翻译局研究室，博士，主要从事北京文化、民俗学研究。

文化既包括中国经典的传统文化和近现代文化，又有从古至今的民族交往、交流、交融汇集的优秀民族文化。从历史上看，北京自金元建都以来，历经明清、民国至中华人民共和国建立，都是一个鲜明的多民族文化共同繁荣、具有文化多样性特征的城市。今天，作为我国文化“走出去”战略下的国际交往中心，北京又是我国面向世界各国、各民族的窗口，承担着对外传播中华文明的任务，是我国各民族优秀文化交流传播的桥梁纽带。正如费孝通先生所说“各美其美，美人之美，美美与共，天下大同”，在当前全球化时代和现代化进程中，如何保护和发展文化多样性是北京城市及文化发展的重要课题。

一　文化多样性内涵及对北京城市发展的意义

联合国教科文组织《世界文化多样性宣言》第一则“文化多样性——人类的共同遗产”指出：“文化在不同的时代和不同的地方具有各种不同的表现形式。这种多样性的具体表现是构成人类的各群体和各社会的特性所具有的独特性和多样化。”[①] 我国的政治教科书将“文化多样性”定义为民族文化多样性，“文化多样性可以从不同方面理解。就一个国家来说，表现为同一国家内不同民族、不同区域的文化各具特色；就整个世界而言，表现为世界各国文化和世界范围内的不同民族文化各具特色。”[②] 本报告考察的文化多样性也主要是指在城市中生活的不同民族的文化发展，包括本国的民族文化和外来文化。

保护和发展文化多样性不仅是历史文脉传承、文化遗产保护的需要，也是融合、创新和发展的需要。习近平主席出席纪念孔子诞辰2565周年研讨会时，提出了尊重文化多样性的四项原则：“一要维护世界文明多样性，二要尊重各国各民族文明，三要正确进行文明学习借鉴，四要科学对待文化传统。”保护和发展文化多样性是城市发展的需要，2014年，习近平主席在中

---

① UNESCO. *Universal Declaration on Cultural Diversity*, http：//portal. unesco. org.

② 《思想政治3》（必修·文化生活），人民教育出版社，2013。

央民族工作会议上指出，“让城市更好地接纳少数民族群众、让少数民族群众更好地融入城市，切实加强各民族交往交流交融”。

保护和发展文化多样性对北京城市发展有多方面的意义：第一，从历时角度看，北京本身是多民族共建的历史名城，历史文化遗产和资源丰富，亟待开发利用；第二，从共时角度看，北京是首都城市，各省市地方的民族文化不断汇集，大部分已经进入城市居民的日常生活，接受程度较高；第三，从国际交往角度看，北京正在努力建成国际化大都市，常年承担着对外文化交流的任务，民族文化、中外文化互动的活动十分丰富，多种多样的文化活动理应得到地方政府的有效评估和科学监管；第四，为进一步提高中国当代文化的国际影响力，讲好中国故事，传播中国好声音，北京应更加重视利用多种文化资源，考察国际观众的接受习惯，促进中国文化软实力建设。

二　北京市文化多样性保护与发展现状

北京相比我国其他城市具有比较优势，民族文化交流融洽，对外交流平台成熟完善，文化活动频繁，在文化多样性保护与发展方面取得了显著成绩。

（一）政策规划与组织机构逐渐完善

“十二五”以来，北京市重视民族文化事业发展，民族文化资源开发和人才培养，先后实施《北京市“十二五”时期少数民族事业发展规划》，编制《北京市“十三五”时期少数民族事业发展规划》。外籍人口也被纳入城市公共文化服务对象，朝阳区执行“本地城乡居民公共服务重在均衡、流动人口公共文化服务重在公平、外籍人口公共文化服务重在交流、特定群体公共文化服务重在品质、弱势群体公共文化服务重在保障”的服务原则，成为国家公共文化服务示范区建设的重要内容。北京的民族文化交流和对外传播机构建立较早，早在 1995 年 11 月，北京市民族事务委员会就成立了“北京市民族文化交流中心”，2009 年启动了“同心圆”大型志愿服务工程，积累了大量可资借鉴的实践经验，值得注意的项目有北京市民族健身操舞大赛、全国少数民族文艺会演、北京国际古筝音乐节等文化活动，2015 年举办了民族题材纪录片回顾展等专题活动。北京市还设立有民族传统体育协会等专门机构。

（二）基层民族文化资源的保护利用

北京市根据国家《少数民族事业“十二五”规划》要求，对民族村镇进行保护利用，摸清各区县的实际情况，整合统筹资金，进行特色民居保护和改造，保护特色村寨的建筑风格和整体风貌，积极改善少数民族群众的居住条件，推动有文化特色的种养、民族风情旅游、民族手工艺品等产业发展，带动少数民族群众增收，保护和传承北京地区少数民族文化遗产，促进民族团结进步。截至 2015 年底，全市共有 5 个民族乡、123 个民族村，分布在 12 个区县、54 个乡镇（见表 1）。

表 1　北京市民族工作重点街道乡村

单位：个

区县	乡镇	民族村	民族村个数
朝阳	* 常营回族乡	常营一村、常营二村、常营三村、常营四村、常营五村、常营六村、常营七村	11
	孙河乡	康营村	
	黑庄户乡	万子营东村、万子营西村	
	管庄乡	西会村	
海淀	四季青镇	门头村	1
门头沟	妙峰山镇	陇驾庄村	1
房山	窦店镇	窦店村	15
	拱辰街道	常庄村	
	西潞街道	固村	
	良乡镇	富庄村、黑古台村、东石羊村、鲁村	
	长沟镇	东甘池村、黄元井村	
	周口店镇	辛庄村、新街村	
	青龙湖镇	大马村	
	大石窝镇	高庄村	
	长阳镇	北广阳城村	
	韩村河镇	二龙岗村	

续表

区县	乡镇	民族村	民族村个数
通州	* 于家务回族乡	于家务村	5
	张家湾镇	张家湾村、张家湾镇村、枣林庄村	
	马驹桥镇	北门口村	
顺义	天竺镇	杨二营村	5
	北石槽镇	寺上村	
	后沙峪镇	回民营村	
	高丽营镇	七村	
	牛栏山镇	安乐村	
昌平	十三陵镇	涧头村	5
	沙河镇	南一村	
	回龙观镇	定福皇庄村	
	阳坊镇	西贯市村	
	东小口镇	小辛庄村	
大兴	西红门镇	西红门三村、西红门五村、九村、西红门十一村、西红门四村、团河北村、团河南村	19
	瀛海镇	南宫村	
	黄村镇	狼各庄西村、狼各庄东村	
	庞各庄镇	薛营村	
	安定镇	东白塔村、佟营村	
	礼贤镇	礼贤一村、礼贤二村、礼贤三村、田营村	
	榆垡镇	留士庄村、崔营村	
平谷	大华山镇	东辛撞村	1
怀柔	* 喇叭沟门满族乡	帽山村、四道穴村、西府营村、喇叭沟门村、中榆树店村、苗营村、官帽山村、大甸子村、东岔村、对角沟门村、胡营村、孙栅子村、上台子村	36
	* 长哨营满族乡	后沟村、八道河村、西沟村、二道河村、遥岭村、老沟门村、榆树湾村、古洞沟村、大地村、杨树湾村、三岔口村、七道河村、长哨营村、老西沟村、七道梁村	
	汤河口镇	汤河口村、小梁前村、古石沟门村、东黄梁村、银河沟村	
	北房镇	大周各庄村	
	杨宋镇	张各庄村、太平庄村	

续表

区县	乡镇	民族村	民族村个数
密云	*檀营满族蒙古族乡		10
	古北口镇	河西村、古北口村	
	太师屯镇	大漕村、桑园村、太师庄村	
	西田各庄镇	韩各庄村	
	河南寨镇	提辖庄村、陈各庄村	
	穆家峪镇	北穆家峪村	
	密云镇	长安村	
延庆	井庄镇	王仲营村、冯家庙村、南老君堂	14
	康庄镇	东官坊村、大营村	
	永宁镇	新华营村、吴坊营村、东灰岭村、南张庄村	
	延庆镇	南辛堡村、小营村	
	大庄科乡	大庄科村、小庄科村、慈母川村	

注：带"*"的乡为民族乡，其中密云县檀营满族蒙古族乡不辖民族村。参见北京市民族事务委员会网站，http：//www. bjethnic. gov. cn/minzu/zhjs/mzjx/index. shtml。

从表1可知，"十二五"期间北京市重点建设的少数民族乡村主要集中于怀柔、大兴、房山、延庆、密云等郊区县。市政府就保护和发展民族文化开展了大量工作，取得了很好的成绩，例如怀柔区中榆树店村等12个少数民族村成为"北京市美丽乡村重点建设村"，于家务回族乡和喇叭沟门满族乡被评为"北京新农村建设先进乡镇和山区发展先进乡镇"，房山区窦店村、顺义区回民营村、密云县古北口村和延庆县慈母川村4个村成为国家民委首批"中国少数民族特色村寨"，等等。

北京市少数民族事业"十二五"规划支持民族文化特色鲜明的综合性博物馆和专题博物馆建设。目前，拥有一批国家级、市级民族文化的公共文化服务设施，包括北京民族博物馆、北京民俗艺术馆、民族服饰博物馆、中华民族园、民俗数字博物馆等，对民族文化资源的宣传和保护利用起到了很大作用。

（三）文化多样性与群众文体活动相结合

群众文体活动是我国公共文化服务体系建设的重要内容，对于塑造良好的社会风气、促进社会认同和文化认同、协调社会关系有着重要作用。北京根据国家少数民族事业规划要求，举办了一系列少数民族文化体育活动，依托重大节庆、体育活动和民间民族文化资源，广泛开展体现文化多样性的群众文化体育活动，开展传统文化展演评奖。

北京打造了一批各民族优秀文化总结经验交流和对外推广的平台。2015年4月，北京成功举办第五届北京国际电影节民族电影展，通过流动的数字电影放映车在全市进行公益放映，同时在市政府网站“首都之窗”进行虚拟影院放映。民族电影展一共展映新中国成立以来的120部优秀民族题材电影，涉及40个民族，全面反映了少数民族历史文化和当代少数民族生活。5月9日，在北京中华民族博物院举办“美丽北京·多彩节日”——56民族团结公益行活动，以“手足相亲、守望相助”“践行公益、服务社会”为主题，开展民族医药健康义诊、民族大联欢、法律咨询热线、就业入学指导、少数民族科技文化成就展、传统体育嘉年华、民族歌舞展演、特色食品展卖等多项活动，有20多个少数民族的近3000人参加。9月25日至11月30日，举办“在祖国的怀抱中——新疆维吾尔自治区成立六十周年成就展”，驻京各单位代表和市民集体参观。

北京市一直重视民族民俗传统体育文化的保护、传承和开发，将多民族体育活动与历史名城建设结合起来，开展多项新颖健康的市民文化活动。2015年，北京举办了“北京市第十届民族健身操舞决赛”，在“第十届全国少数民族传统体育运动会”中获得4个一等奖、11个二等奖、14个三等奖和体育道德风尚奖，并与东道主鄂尔多斯市合作举办了民族电影展，流动放映、运动员村展映电影共计700余场次，吸引观众5万余人。北京市还开展了绫球、珍珠球、冰蹴球等具有民族文化特色的体育活动，其中冰蹴球项目为北京冬奥会举办营造热烈氛围，扩大了冰雪活动的群众基础。

（四）文化多样性与创意产业发展相结合

文化多样性保护与文化创新能力是相辅相成的关系，创新是为了更好的保护。如果没有文化创新的能力，就不可能正确地保护传统文化。国家

《少数民族事业“十二五”规划》指出，应充分发挥少数民族文化资源优势，积极推动少数民族文化产业发展，增强少数民族文化影响力。近年来，北京市积极探索具有民族文化特色的创意产业之路，挖掘利用北京丰富多样的民族文化资源，打造了一系列特色鲜明的品牌文化项目及精品文化活动，推动具有民族文化内涵的乡村经济和特色商品发展。

北京在影视出版等文化创意产业领域融入文化多样性。北京国际图书博览会、国际化多终端新媒体影视传播开放平台、“亚马逊中国书店”、中国文化与汉语对外传播、电视剧译制和系列纪录片《寻踪马可波罗：从历史走入现代》等项目都是通过文化创意产业推广和传播民族文化、进行中外文化交流的新平台。

文化多样性也为农林牧渔、服务行业注入了文化创意色彩。北京连续举办8届清真美食文化节，2015年美食节的活动主题是“宣传民族政策、促进民族团结、拉动清真消费”，活动时间一个月。开斋节当天，清真美食售卖活动牛街主会场和3个分会场共吸引34万人次，销售额达61.2万元。其中，牛街主会场组织22家清真老字号和民营知名品牌现场售卖清真特色小吃，共计15万人次参观选购。北京少数民族乡村以“新三起来”为总抓手，在市农林科学院蔬菜研究中心等机构帮助下，注重科技促农、特色化发展。

（五）以世界文化多样性打造新的文化品牌

北京市推进建设对外文化交流传播阵地，立足传统文化，讲好中国故事，深入实施我国文化“走出去”工程，做好世界文化多样性城市的文化品牌建设。

北京有许多体现文化多样性的城市文化品牌。北京电视台每年的《环球春晚》实现了全球联动、各国各民族演员参与表演，是我国重要的体现文化多样性的大型综艺性文艺晚会。每年春节期间，在北京朝阳公园和石景山游乐园举办的“洋庙会”活动，将中国民俗文化和西洋文化融合在一起，北京市民可在传统节日期间了解外国文化、美食、服饰和文艺表演，也为在京的各国友人提供了中外文化交流的平台，得到了中外人民的喜爱。北京还结合“丝绸之路经济带”“21 世纪海上丝绸之路”建设，拓展对外文化交流活动，积极创造新颖的文化品牌，积极组织“北京之夜”等特色文化活动，形成宣传北京城市文化多样性的重要文化品牌。

北京与世界上其他文化多样性程度较高的城市开展交流合作。2015 年，北京举办了中法文化年的许多重要活动，如“北京—斯特拉斯堡圣诞集市”。北京市政府新闻办公室和北京市文化局在英国首都伦敦举办了“魅力北京·激情冬奥”图片展和“北京之夜”文艺会演，这是两个具有文化多样性特点的世界性大国首都的文化交流，也是奥运城市在后奥运时代的文化互动。

北京市重视在京外国友人的文化宣传作用，2015 年 4 月，由北京市人民对外友好协会主办第六届“外国友人眼中的和谐北京”摄影文化活动。六年来，活动组委会先后以“外国人看北京照北京”“外国友人眼中的人文北京”“外国友人眼中的绿色北京”“外国友人眼中的北京精神”“外国友人眼中的美丽北京”“外国友人眼中的百姓中国梦”为主题，为外国友人组织摄影文化活动，共有近 80 个国家近千名摄影爱好者先后投来 22000 多张摄影作品，这项活动对在京外国人了解北京文化、传播北京精神起到了重要作用。此外，在北京天桥艺术中心举办“相聚北京——2015 中外朋友迎新年专场演出”活动。

三　北京市文化多样性保护与发展的现存问题

目前，我国的文化多样性保护与发展还主要停留在国家层面，北京市文化多样性的保护与发展虽然取得了一定成绩，但与伦敦、巴黎、纽约等国际大城市相比还存在差距，没有把文化多样性当作城市文化政策的一个主要目标，文化交流项目和社会团体参与程度较低，对相关资源的整合、开发和管理也存在着不足。

（一）文化多样性活动缺乏形式创新

体现城市文化多样性的文化活动，应当建立在文化项目开发和文化品牌建设的基础上，通过交流活动和对外传播方式促进文化多样性的创新和发展。北京目前体现文化多样性的对外传播和交流活动的文化产品和文化项目还比较老套，缺少文化创意企业的参与，交流活动主要集中于公众讲座、图片展览、书籍出版和电影电视制作等群众文体活动。未能形成以传统文化为基础、文化多样性资源开发为核心的文化创意产业，对其他文化多样性资源同样丰富的国际化大都市的了解、研究水平也不够深入。

（二）文化多样性活动的参与主体互动较少

北京不仅有历史传承下来的丰富多彩的城市传统民俗文化，而且在京的中央单位、国家级民族单位、高校和民族学习班相对集中，此外，驻华大使馆和各国文化交流中心资源相对其他城市异常丰富。目前，北京市各单位举办的活动相对地方也较为丰富，但是由于中央单位与地方单位的行政区隔，还未能达成中央和地方资源共享、交流、合作的局面。北京市举办的市级活动还未能与中央单位相统一，中央单位对北京市级单位举办的活动参与和支持力度不够。此外，驻华大使馆和各国文化交流中心举办的文化交流活动宣传力度较小，未能与北京市基层单位和市民群体开展互动。北京文化多样性的活动主体在世界上也较多元丰富，但是各级、各方面的活动主体的互动性较弱，未能形成多元互动的局面。

（三）文化多样性活动的参与度有待提高

到2020年，北京市常住人口总量计划将控制在2300万人以内，如此庞大的人口资源在保护和发展城市文化多样性的过程中将会发挥巨大的作用。目前，北京市文化多样性项目和产品还未被广大市民普遍接受，导致在这一过程中市民群体主动参与保护的互动性较弱，参与的积极性有待提高，方式方法有待改进。特别应注意到在新媒体和信息时代，每一位市民通过手机和网络都在一定范围内形成“自媒体”，北京市民在外出旅游和接待外国友人的过程中，都在积极介绍和传播北京的城市文化和形象。如何提升市民群体的参与热情，引导市民群体在外出旅游和涉外接待的过程中传播“正能量”，打通从民间基层开启的宣传渠道，将是北京城市文化多样性保护和发展的关键。

（四）交流、传播和服务的专业人才匮乏

可以预见的是，在京的外籍人士参与北京城市文化多样性的交流和对外传播活动将日益增加，越来越多的外国游客来京旅游或工作，也会有更多的文化团体到国外参加文体表演和非遗项目展示活动。如何确切地向国外观众传播北京的多元文化特点，增加文化翻译和文化交流，积极培养能够掌握少数民族语言文字和多种外语的专业人才将是重中之重。“美丽北京·多彩节日”——56 民族团结公益行活动的开幕式上，举行了“少数民族语言翻译通志愿者证书”颁发仪式，赠送《新疆来京少数民族群众服务手册》，以少数民族语言介绍和传递北京的城市文化。服务手册采用维吾尔文和汉文双语编写，内容包括日常生活指南、相关政策法规、首都文明守则等，少数民族务工人员代表看到专门为他们编写的这本服务手册感到很温暖。但由于北京缺少民族地区语言和汉语的专业翻译团队和人才储备，类似的活动和服务还比较有限。在越来越多的少数民族融入北京的过程中，亟须培养掌握多种外语和少数民族语言文字的传播人才。

（五）文化多样性的地方特色项目稀缺

北京城市文化多样性的保护和发展，既要吸收全国各地各民族的文化资源，借鉴世界各国的文化项目经验，又要在文化创新的过程中整合形成具有北京地方特色的文化项目和产品。目前，具有北京特色的文化项目还较为稀缺，下一步可考虑围绕 2022 年冬奥会进行项目开发。例如，冰蹴球是民族体育项目，来源于历史上什刹海冰上“蹋鞠”游戏。项目挖掘人赵书先生认为，冰蹴球属于现代民族体育，兼具竞技性和娱乐性，符合现代体育推广条件，是一项难得的独具中国特色的民族体育。

四　北京文化多样性保护与发展的对策建议

（一）进一步加强央地多元合作

北京市文化多样性保护与发展应建立中央单位、地方单位、民间团体、高校和企业的合作机制。充分利用传统经典文化和少数民族文化资源在北京集中的优势，积极建立海外中国文化中心，将海外中国文化中心平台作为推介北京市优秀文艺作品的窗口，举办宣传北京文化的演出、展览展示等活动，成为中外文化的交流平台、文化产品的展示平台、文化贸易的推广平台。北京已经有一些好的案例，例如北京民族电影展在国家民委文宣司、北京市民族事务委员会、北京市新闻出版广电局指导下，由多家单位共同举办，与北京国际电影节同步发展。经过六年发展，影展已成为民族电影交流、合作的重要窗口和纽带，得到了全球电影节的高度关注和民族题材电影的广泛参与。这些都是值得借鉴推广的经验。

（二）进一步加强中外文化机构合作

北京市文化多样性保护与发展应推动在京外国文化机构与北京文化单位的合作。广泛参考国际上的成功经验，注意文化接受国家民众的接受程度和文化习惯。法国文化中心、德国歌德学院、西班牙塞万提斯学院、俄罗斯文化中心、日本文化中心、意大利驻华大使馆文化处等机构，大多利用免费电影、展览和讲座及图书馆等方式宣传本国语言和文化，而各国的使馆文化处负责政府层级的文化交流项目，维护和促进双边文化协议。北京的文化单位应积极与之互动交流，打造一批面向社会大众、更亲民地体现文化多样性的公共文化空间，使北京市民能够更容易地享受到原汁原味的文化盛宴。

（三）注重城市农村协调发展

北京文化多样性保护与发展应注意城市和农村协调发展，促进京城、京畿和京郊协同共建。重视民族村本地社会文化的传承发展，促进农村民俗文化与城市休闲文化的良性互动。现代化和全球化下的城市休闲文化与北京农村地区传统民族民俗文化，一起构成北京城市文化多样性发展的核心和引擎，是北京建设国际化的文化多样性城市的内在动力，应积极建设文化创意产业的孵化器和基地。促使北京城市居民和各国友人积极参加农村民俗体验式旅游，参与少数民族特色村寨的建筑风格和整体风貌的认识和保护，通过文化旅游和农家乐的方式改善少数民族群众的居住条件和环境，支持发展民族特色旅游。

（四）传统媒体与新自媒体相结合

北京市文化多样性保护与发展应多从传统媒体宣传为主转向新媒体和自媒体，参与媒体导向管理。实施“互联网＋”行动计划，发展分享经济和国家大数据战略，利用自媒时代传播主体多元化的渠道优势，积极扩展文化活动的深度。官方媒体宏观调控，主导顶层设计；微观民间独立自主，鼓励人文交流。鼓励交流文化项目参与主体和观众客体的积极互动，对外传播优秀中华文化时不仅注重国家层面的交流，而且注重开展民众之间的交流、交往，开发传统城市文化和少数民族文化，引导民众通过自媒体的方式，使用微信和微博等渠道积极宣传文化正能量，注意研究文化接受方国家民众的传播习惯。

综上所述，北京城市文化多样性的保护和发展具有天然优势，民族文化遗产源远流长，基层少数民族乡村资源丰富，城市文化传播机构来源多样，人才队伍的国际化程度高。同时，北京又在全球化和现代化进程中面临新的挑战和问题。文化多样性的资源和相关人才的挖掘、整合、开发、管理及推广，最终都应该落实到具体文化项目和管理中，应积极培育既了解传统文化和少数民族文化，又有国际化眼光和掌握先进方法的专业人才。

B.8
北京文化创意特色街区：从产业融合到社会形态融合

董鸿英*

摘　要： 产业发展与“社会形态”的结合是文化创意产业发展模式的高级形态，“社会形态”模式下文化创意产业园区的运作，既是一项经济活动，也是一项文化活动和社会活动。以特色街区带动人文更新和社会发展，使文化创意产业的发展与“在地”社区生活形态相结合，是北京文化产业发展的新兴模式。北京天坛—天桥演艺功能区、北京老字号品牌文化推广功能区、南锣鼓巷历史文化街区、未来文化城功能区等特色街区的规划、构建和模式深化，正在推动北京旅游经济与“在地”生活的融合、文化产业与社会形态的融合。

关键词： 文化产业　特色街区　产业融合　社会形态

纵观世界产业集群理论与实践发展，产业集群的发展理念逐步从“成果转化”“产业集聚”“功能拓展”向“生活形态”过渡，以文化为引导、用文化创风尚、实现文化创意的“生活化”和日常生活的“文化化”，是国际国内文化创意产业深化发展的探索方向。构造具有浓郁北京文化特色的价值观、生活方式、生活空间、感官接触和行为体系，使京味文化真正深入本

---

* 董鸿英，文学博士，清华大学国家文化产业研究中心博士后，主要研究方向为传媒经济学、媒介融合、文化创意产业。

地居民和外来游客的行为、情感和认知，并内化为人们自发性的文化认同，这已成为北京特色街区打造和文化创意产业发展的重要考量。

一 特色街区发展模式探析

后现代社会，在城市文化产业及文化形象的竞争中，需要城市进一步凸显自身的城市特质，并顺应社会文化发展的潮流。如上海在石库门建筑旧区基础上发展的新天地、田子坊，成都在古街基础上复兴的锦里、宽窄巷子，杭州充满南宋遗韵的清河坊、南宋御街，福州人文荟萃的历史文化名街三坊七巷等特色街区逐步成为各个城市的文化地标。不难发现，国内外城市纷纷探索文化创意产业融入“社会形态”，以经济、文化、社会的融合发展为立意，以文化创意产业参与城市新社区、新街区和新生活方式的构建，开拓文化创意产业与社会经济的整体发展模式。这种发展模式主要是基于以下几个方面：将城市的产业转型发展与后工业化、新经济的潮流更紧密地结合；将文化创意产业与城市化（城镇化、打造文化型城市、都市更新）结合起来；将文化创意产业与城市生态保护相结合，发挥其人文和美学价值；尊重城市的历史文脉，保护和发掘城市的差异性、不可替代性；注重文化创意产业与社会生活形态、居民生活方式的融合；强调文化创意产业对传统产业的价值渗透和附加值提升。

产业发展与“社会形态”的结合是其发展模式的高级形态。“社会形态”模式下文化创意产业园区的运作，既是一项经济活动，也是一项文化活动和社会活动，它能够影响日常生活，进而改变人们的生活形态和社会的组织形态。以特色街区、文化创意小镇、人文社区带动人文更新和社会发展，使文化创意产业的发展与“在地”社区生活形态相结合，将是文化创意产业未来发展的独特模式。

“社会形态”指的是社会经济与物质基础、上层建筑与社会活动二者同时构成的社会模式。它建立在一定的生产力基础上，是经济基础和上层建筑的统一体，也是社会经济结构、政治结构、文化结构的统一体。融入社会形态的文化创意产业发展模式通过全面关注、美化和改造人的生活环境和生活模式，对所在地区的产业链、价值链、生态链注入文化内涵，培养当地独具特色的生产生活习惯、休闲消费习惯和社会结构，使人们获得舒适、惬意、愉悦的文化沉浸体验，创造风格化、体系化的生活方式和社会形态。近年来，关注文化创意产业的“生态”与“生活”内涵是台湾创意文化园区的重要特征，文化创意产业园区的“在地化”深受重视，其在相关政策与实践层面取得了显著成果，树立了以文化创意集聚区的规划建设带动城市更新与社区发展的典范。与工业经济的产业集群（Industrial Clusters）相比，文化园区（Cultural Quarters）作为文化产业的集群，其发展意义更为多元，是将艺术与文化生产、文化消费、城市空间联结起来的一个发展策略。通过在强调地方性的文化创意产业聚集地上，传递社区生活品位与生活价值，挖掘当地社会文化的底蕴，构成台湾创意文化园区的重要基因。

纵观国内外的特色街区，其街区建筑的根本在于改变或营造城市与人之间的社会关系。除了环境规划与设计，软性的叙事技巧与故事营销也非常重要。只是建筑营造、环境设计与叙事技巧所着眼的核心，是对于“在地”生活场景的追寻与再现。根据凯文 · 林奇（Kevin Lyncy）基于对城市空间认知研究所开创的“城市意象”理论，可读性、可意象性是理想城市的重要标志。路径、边界、区域、节点、标志物等是形成人们对城市总体意象的主要元素。“因此以路径为骨架和边界限定，以具有同质性的建筑区域所构成的街区，是体现城市建筑特色的最主要单元，不妨称之为城市的特色街区。”① 城市特色街区的构建有不同形式，包括旧城保护、更新利用，例如“整旧如旧”的北京南锣鼓巷历史文化保护街区；新建街区、特色再现，例如在保留原有街巷格局基础上拆旧建新的苏州桐芳巷。

对历史文脉的保护与发掘是文化创意特色街区建设所共同追求的神韵所在。挪威建筑历史和理论学家诺伯格 · 舒尔茨（Norberg Schuls）提出“场所精神”（Genius Loci）理论：场所精神是一种历史延续、当地的精神，给

① 侯正华：《形与神——城市特色街区的四种模式》，《城市规划汇刊》2003 年第 2 期。

人以心理上的认同感，是地方守护神。特色街区最终实现的是城市街巷物理空间与人的结构的对应关系，即城市空间与当地人所认同的日常生活行为的结构一致性。而这种内在结构实际上是市民生活中文化濡染、习得、互动的结果。所以，城市空间与生活行为结构上的一致性，表明了特色街区是一个有机生命体。尤其是当代城市中的居民街区和商业街区，保护并延续其空间类型所体现的这种场所精神，也就是在延续城市的文化特色。

显然，这与文化创意产业的核心内容也是一致的，正如台湾文化创意学界对于文化创意产业的精简定义："文化创意产业是为让经验变成愉悦记忆的产业。"① 在文化创意产业的运作中强调市场机制，使创意文化与商业结合，人文、体验、美感、故事等文化价值与商业价值相结合，是文化创意产业与城市融合发展的要义之一。

二　北京特色街区实践发展

北京作为全国文化中心和国际交往中心，科教文化资源丰富，各类创意人才荟萃，文化供需市场繁荣，文化创意产业的基础条件较好。目前，随着文化创意产业在全市经济结构中的比重提升以及产业本身的转型与升级，文化创意产业对产业基础的支撑条件和发育程度提出了进一步的要求。在整合原有文化创意产业集聚区的基础上，2014 年北京提出构建"文化创意产业功能区"的规划。"功能区"的建设核心，不是空间的聚集，而是形成产业链、组织协调、内生发展动力的集合。以特色街区的建设为依托，实现北京城市特色文化的深耕活化与产业融合发展，已经成为北京文化创意产业规划的重要考量。

（一）特色街区凸显京味文化

北京在系统梳理区县文化创意产业发展现状和条件的基础上，正在形成

① 林采霖：《台湾文化创意产业的在地化理念》，北京第三届文化创新国际论坛，2015 年 6 月。

文化科技融合、文化金融融合“两条主线带动、七大板块支撑”的功能区产业发展体系。七大板块中的文化艺术和文化休闲两大板块，将重点发展天坛—天桥核心演艺功能区、戏曲文化艺术功能区、北京老字号品牌文化推广功能区等具有浓郁“在地”特色和京味文化的创意产业集群。

作为彰显北京市文化艺术氛围、促进首都文化艺术消费的重要依托，文化艺术板块重在挖掘北京市的历史文化资源、艺术人才资源以及人才培养资源；充分遵循文化艺术创作本身的规律和市场规律，推动上中下游全产业链的形成，为文化艺术创作、展示与交流提供产业化的平台，培育文化消费市场，发挥产业集聚效应。其中，天坛—天桥核心演艺功能区着力发展文艺演出、演艺交流，培育优秀演出剧目，建设特色剧场、特色街区，形成演艺产业的聚集；戏曲文化艺术功能区主要积极构建包括戏曲、演艺、教育、展示、体验、衍生品在内的产业体系，创新传统艺术推广传承的形式；798时尚创意功能区主要发展艺术工作室、孵化器、现代设计、创意工坊、展示交易、展览培训、文化艺术服务等，成为现代艺术的汇聚中心；老字号品牌文化推广功能区以北京老字号溯源工程和年轻化工程为基础，加强文化企业与老字号的协作，引导建设一批老字号品牌保护挖掘弘扬推广文化产业基地，打造集文、商、旅于一身的文化功能区；未来文化城功能区以魔术之都、国家大马戏院为龙头项目，构建海鶄落新都市中心和昌平京北文化中心，形成与未来科技城相呼应的北京未来文化城。

北京作为我国首善之地、文化中心，强调人居环境、生活美学与文化氛围的营造，与文化创意产业的后工业化气质具有天然的统一性。打造北京特色街区、创意社区，推动北京文化创意产业从成果转化、产业集聚、功能拓展向塑造新的“社会形态”发展，有利于实现文化创意产业与地方社会、经济、人文、环境发展的有机融合，以文化创意带动城市生产发展和生活方式的转变。这一“社会形态”发展模式需要具备以下两点。

第一，风格化。将历史文化资源优势成功转化为新经济时代城市的竞争优势。让文化创意产业进一步融入城市生态和城市历史的保护、开发与利用，并以文化创意带动城市的环保时尚，促进城市的环境美化，增强城市的文化自觉意识。在生态环境和历史风貌保护的基础上，构造具有鲜明、浓郁京味特色的生活、商业和工作空间，传递“以人为本、品质生活”的价值观念，使北京的生态环境和独特的人文环境进一步融入创意阶层、本地居民及外来游客的情感和认知。

第二，生活化。将行政、教育、医疗、休闲、娱乐、养老等配套设施和服务植入文化创意特色街区，实现并不断提升文化创意街区的社会功能；使北京“在地”文化开掘、地方意象塑造、人文社区再造与地方经济振兴有机结合起来，进一步增强北京文化创意产业的人文精神与地方色彩；以文化为内核，把创造有风格的社会、有特色的社区与文化创意产业发展联系起来，将文化创意产业的生产空间与城市自发性的生活空间、活动空间结合起来，转化为文化的消费和体验空间。发挥文化创意对区域整体生活环境的提升作用，进一步提升北京人民的生活美感、时尚感、品质感以及对生活的敏感度，使文化生产融入社会形态。

（二）特色街区的时尚潮流化

从北京文化创意产业现有的发展水平和阶段来看，北京文化创意产业的“十三五”发展，不应仅是量上的增加，更应把模式探索放在显要位置来审慎考虑。在特色街区建设中，北京市着力探析“互联网 +”“文化创意 +”潮流涌动的方向，充分重视信息化、数字化、全球化对文化产业的驱动作用，结合都市更新、旧城改造推动传统业态的改造与升级，提速特色街区新兴业态的发展。

第一，历史文化街区链接当代生活。将特色街区传统文化与当代社会价值观、审美取向和生活方式相链接，使京味文化进一步贴近现代人的生活与文化消费需求。这就要求：转换话语方式，更加生动有趣；能体现普世价值，更有国际色彩；关注当代人的精神世界，更具人文关怀。以北京中心城区的南锣鼓巷为例，南锣鼓巷依托原有的历史风貌和胡同肌理，在政府引导和市场自发调节下，形成了一个文化创意产业集聚区。基于所在区位的文化特色，南锣鼓巷的创意产业店铺分为戏剧类、民俗类、创意体验类、酒吧餐饮类。戏剧类产业依托中央戏剧学院，以中戏剧场、蓬蒿剧场等符合当代青年人审美趣味的小剧场形式在特色街区中不断发展。民俗类产业在创意人才的支撑下将民间艺术与现实物品、历史与现代结合起来，形成了人才支撑模式。而酒吧餐饮类产业在“过客”“咂摸”等知名龙头企业的带动下快速发展，形成了现代时尚街区的独特风格。

第二，文化创意产业的“互联网+”。利用北京互联网经济的先发优势，使信息通信、软件技术和互联网平台与传统产业进行深度融合，促进传统文化创意产业与现代生活和审美需求的紧密对接，进一步催生特色街区文化创意产业的“互联网+”生态系统。强调文化创意产业的全民参与，培育和发展文化创意产业的文化创意社区、众创空间、咖啡工场、孵化平台，鼓励和发挥极客、创客等的文化创造力和市场开拓力。同时，以“互联网+文化创意”为驱动和引领，更新社会形态，发挥互联网对社会资源配置的优化作用和集成作用，将互联网和文化创意的创新成果应用于经济、社会各领域，全面提升全社会的创新力和生产力，形成更加广泛的以互联网为基础设施和实现手段、以文化创意为创新推动和价值附加的经济新形态。

（三）重视文化消费市场培育

发展文化创意产业需要平衡生产供给和市场消费之间的关系。生产供给倚重于土地、劳动力、资本等生产要素，着眼于将可支配资源转变为物质产品或服务的过程；而市场消费是再生产过程中的一个重要环节，需要关注社会发展水平、消费群体、消费规模、消费阶段等因素。长期以来，文化创意领域生产供给方面所获得的政策关注是大大高于市场消费的，国家和地方的政策引导与支持更多的是放在产业链的环节上。推动文化创意产业的市场发展，健全相关市场要素配置，应该投注比以往更多的关注力在消费端市场的培育上。因为生产层面上的产出无法直接进入消费，它们需要市场消化和转换，有些不能为市场所接受的东西将成为一种生产消耗，培育文化创意市场的着力点应该放到终端消费层面上加以考虑。

北京市以培育消费主体、引导消费习惯、优化人文环境、营造整体氛围为立意，采取了一系列措施，起到了培育文化消费市场、激励文化消费行为、培育新的消费增长点的作用。这从消费端对特色街区文化演艺、文化休闲产业的发展予以助推。

第一，培育消费主体、引导消费习惯。北京作为六朝古都，具有崇文尚艺的文化传统，自古以来，无论是本地居民还是外来游客对北京的文化消费均构成有力的支撑。“十二五”期间，北京进一步巩固和扩大消费端的市场规模，培育和发展多层次、多领域的文化消费群体，在培育消费主体上采取了包括“北京惠民文化消费季”等有效措施。未来的文化消费主体是多样化的，既有政府、集团购买的消费形态，也有群体、组织、家庭和个人购买的形态。需要对不同的消费群体加以研究和培育，尤其是相比于集团消费和政府消费，对个体消费和家庭消费的挖掘需要加强。在对不同特征消费主体的研究基础上，有效地引导和塑造北京的文化消费习惯，提升文化消费频次、拉开文化消费层次，实现中西交融、南北并存、本土与外来相辉映、传统文化和现代文化相碰撞，形成多元而活跃的文化消费市场。

第二，优化人文环境、营造整体氛围。文化消费市场的培育是一项整体工程，需要强化和优化支撑北京文化创意产业特色街区发展的人文环境和城市氛围。结合北京独特的自然与人居环境，进一步打造北京鲜明的文化创意城市特色。这方面，英国、法国等欧美国家提供了很好的实践范例，包括免费开放博物馆、画廊等文化设施以及数字化文化档案；开设社区学堂，通过教育培训支持公民的创意生活，扩大市民接触创意的机会；设立电影节、音乐节、时装节、设计节、游戏节等市民文化节日，营造创意城市氛围；提供软硬件支持，吸引创意阶层，着力将特色街区发展演变为集生产、居住和时尚消费于一体的优质人文社区。

三　关于打造特色街区的政策建议

要实现产业发展与社会形态相融合的文化创意特色街区，应加大政策创新力度，以新方法、新举措支撑北京特色街区新形态、新主体、新模式、新环境和新渠道的搭建。在文化体制改革创新、人才体制机制创新、文化创意金融服务创新等方面加强探索，在全国率先走出文化创意产业特色街区发展的新路径，实现新突破。

第一，加强顶层规划，健全政策体系。针对北京“十三五”文化创意产业发展的目标和要求，建立跨学科、跨领域、跨行业的综合性战略体系。站在全市利益上，而不只是考虑某一部门、行业、局部、地区的利益，进一步推进文化体制改革。这不只是文化单位的体制改革，还是消除阻碍文化生产力发展的体制机制障碍，为特色街区的建设发展铺平道路。加强市区两级之间的统筹协调；进一步明确文化创意产业发展导向，完善在原创产品、研发创新、投资创业、人才激励、人才引进等方面的产业政策和管理保障机制。积极创建文化创意产业与其他产业融合发展的机制与平台，加快建立特色街区文化创意产业各门类间公开透明的政策引导平台，促进各种要素在产业间的合理流动和优化配置。相关管理部门之间要打破传统的业务界限，主动加强沟通，形成有效对接，相互纳入各自的统筹发展规划体系。

第二，大资本与个体创意阶层的有效结合。特色街区的整体营造和重点项目建设需要大资本的介入，同时也要吸引众多创意阶层的参与，因为文化创意的生产主要是源于个人的创意、技巧与才华。鼓励特色街区文化创意产业与相关产业间沿着产业链上下游进行纵向整合，鼓励不同门类产业间通过品牌、资本、平台、市场等形式进行横向联动。鼓励特色街区各产业间通过经济联系和行业规律构建产业共同体，通过并购、重组等资本运作方式或业务联合、多元化拓展等形式，实现不同门类的有机融合，促进产业生态的协调发展。同时，要积极创造有益于从事文化内容创作、制作与传播的创意阶层集聚的社区环境。根据理查德·佛罗里达（Richard Florida）相关理论，创意阶层一般具有显著的创新精神，重视工作独创性、个人意愿的表达，并有着不断创新的渴求。包容性与多样性是创意阶层价值观的基本标志，如果特色街区失去了多样性和包容性，就失去了创意生长的土壤。

第三，求取创意特色与商业化之间的平衡。特色街区需要政府和市场的协同参与，仅依靠市场，则会面临过度商业化的窘境。一个明显的例子就是内城中心作为旅游目的地的特色街区，店铺租金随着地价飙升迅速上涨，形成对小型文化创意企业的挤出效应。发展特色街区，应坚持市场主导，鼓励社会参与，设立扶持政策，发挥行业协会作用，多种所有制共同发展，构建政府、市场和社会共同参与的良好发展格局。鼓励拥有先进技术和自主知识产权、具有较强发展实力和国际竞争力的文化产业领军企业引领特色街区的创新发展；同时，鼓励促进中小微文化创意企业向“专、精、特、新”方向发展，优化创新创业环境，充分发挥中小微文化企业推动产业发展、激发创造活力、保持文化多样化和吸纳就业等方面的积极作用；积极培育新的文化消费热点，扩大消费领域，拓展文化产品流通渠道和交易平台。

第四，提升文化叙事技巧，塑造本地生活形态。深入开展本地生活形态研究，深入洞察本地居民和目标消费群体的价值取向、文化需求和行为模式；邀请国内外文化、社会学、美学等领域的学者专家，就京味文化的理论基础、理念设计、体系发展、模式创新等方面进行深入探讨和论证，由内而外地架构京味文化的日常审美和文化价值体系；进行京味文化日常生活形态设计，在北京城乡建设、公共空间、人居环境、生产环境、礼仪节庆等各个方面进行“在地”文化生活设计，对区域内的行游、餐饮、休闲、购物等消费环节进行目的地文化生活设计；深入挖掘对象群体的精神文化需求，创造性地开发和提供具有本地风格特色的京味文化产品、文化服务；开展百年老店观光工场、戏剧实景演出、传统节事节庆等创意文化活动，拓展京味文化与文学、音乐、美术、休闲运动等多个领域的深度融合。

综上，基于产业的实践探索、突破与发展，辅以学界的理论引导、梳理与提炼，廓清北京文化创意产业的独特模式，使之以与时俱进的理念认知和实践方法，在全国乃至世界范围内树立典范，是北京文化创意产业相对于中国其他城市的不同定位与使命。在新时期的城市竞争力较量中，承载城市文化过去、现在与未来的特色街区成为城市文化创意产业发展的重要着眼点。特色街区是体现地域特色、本土生活形态的城市文化活样本，在更新改造的基础上，使之焕发更大的生机与活力，是北京文化创意产业的市场化发展要求，也是扩张北京城市品牌与提高国际影响力的重要实践方向。

B.9
2015年北京公共文化服务体系建设现状分析

陈　镭*

摘　要： 本报告梳理了2015年北京公共文化服务体系建设的新进展，比较分析北京市新的基层公共文化服务设施建设标准、服务规范与“十二五”时期试行的标准、规范有何异同，探讨新形势下北京现代公共文化服务体系建设所面临的主要问题，并提出相应的对策建议。

关键词： 北京　基层公共文化服务　公共文化服务体系

2015年是“十二五”规划的收官之年，同时又是深化改革、加快构建现代公共文化服务体系的一年。北京公共文化服务体系建设取得阶段性成就，根据中央新出台的《关于加快构建现代公共文化服务体系的意见》（以下简称《意见》）制定了与经济社会发展水平相适应、具有北京特色的实施标准，出台公共文化服务“1+3”政策，并推出一系列加快公共文化服务体系建设的举措。面对新形势和《意见》提出的更加细致的要求，北京市公共文化服务需要加强基层设施建设，解决服务效能、规范管理等方面的问题。

一　北京公共文化服务体系建设新进展

目前，北京四级公共文化服务体系覆盖率达98%，公共文化设施共

---

* 陈镭，博士，北京市社会科学院文化研究所助理研究员。

6691 个，全市共有基层群众文艺团队 9204 支，注册文化志愿者 3.27 万人，文化志愿团体 311 家。相比过去几年，2015 年北京在公共文化服务政策、公共文化服务示范区建设等方面有明显突破。

（一）率先出台“1 +3”公共文化服务政策

2015 年初，中央以改革的思维对未来一段时间内的国家公共文化服务体系建设进行部署：中办、国办印发了《关于加快构建现代公共文化服务体系的意见》，国办还印发《关于做好政府向社会力量购买公共文化服务工作的意见》。北京市在全国率先出台地方性省级实施文件《北京市人民政府关于进一步加强基层公共文化建设的意见》，总体目标是到2020 年，北京率先完成国家指导标准的公共文化服务达标任务，充分实现基层文化服务的标准化、均等化、社会化和数字化，基本建成均衡发展、供给丰富、服务高效、保障有力的现代公共文化服务体系，进一步彰显北京作为全国文化中心的示范作用，使市民基本文化需求得到有效满足，文化素养和文明素质得到明显提升。

为支撑意见的实施，北京市又相继出台三大文件。《北京市基层公共文化设施建设标准》（以下简称《建设标准》）首次提出“2 + X”的设施建设模式：基层文化设施应包括至少一个室内多功能厅和一个室外文化广场，“X”可以是图书室、展览室、排练室、电影厅等，满足市民不同文化需求，服务内容扩大至20 个大类。《北京市基层公共文化设施服务规范》（以下简称《服务规范》）在服务内容、服务时间、服务设备、服务人员、设施环境、运营保障、激励监督等方面做出了详细规定。《首都公共文化服务示范区创建方案》在《建设标准》和《服务规范》基础上提出一些创建指标和评定标准，如区县、乡镇（街道）、行政村（社区）三级设施建设要达 100%，利用率不得低于 70% 等，将不同的设施建设、服务状况评定为“优秀”“达标”“未达标”。此外，2015 年北京还进行了“十三五”时期公共文化事业发展规划等文件的编制工作。

（二）全面推进公共文化服务示范区建设

公共文化服务示范区建设有利于平台搭建、机制创新和形成合力，带动了北京公共文化服务工作，也是北京落实城市功能定位的体现，发挥了全国文化中心的示范引领作用。2015 年出台的《首都公共文化服务示范区创建方案》分 7 个方面 40 项 93 个指标对公共文化服务建设做出规定，保持了国内先进水平，其中还包括一批首都特色指标。从 2016 年至 2020 年，北京每年将创建不超过 3 个示范区县。

此前，北京积极开展国家公共文化服务体系示范区建设，每两年为一个周期：朝阳区 2011 年获全国首批国家公共文化服务体系示范区创建资格，东城区 2013 年获第二批，海淀区 2015 年获得第三批国家公共文化服务体系示范区创建资格，这些示范区都为我国公共文化服务体系建设提供了宝贵经验。

（三）建设北京特色公共文化空间

新建的北京特色大型公共文化设施——天桥艺术中心历时近四年终于完工开幕，中心包含 1600 座大剧场、1000 座中剧场、400 座小剧场、300 座多功能剧场各一个，适用于不同类型的演出。天桥艺术中心坐落在老北京传统民间演艺区，拥有深厚历史文化背景，未来将在商演之外提供各类公益活动和艺术体验互动服务。

2015 年，北京还尝试整合利用历史文化资源，借助社会力量拓展基层公共文化空间。西城区砖塔胡同是元、明、清三代戏曲活动的中心，周边有万松老人塔，西城区以免租金形式将万松老人塔院落租给民营书店正阳书局，共同建设了非营利性的“北京砖读空间”，类似的公共阅读空间还有宣阳驿站等。地安门南面的雁翅楼景观复建之后，开办了古籍书店。安徽会馆、湖广会馆等也被打造成戏曲文化展示、体验、传承的旅游体验区。

（四）推动公共文化服务的跨区域合作

北京市贯彻落实《京津冀协同发展纲要》，在 2015 年推动了京津冀地区公共文化服务的共建共享。京津冀的 11 家单位在东城区共同签署合作协议书，成立“京津冀公共文化服务示范走廊”发展联盟，其中有 3 家单位是“国家公共文化服务体系示范区”，将发挥公共文化服务的示范引领作用，朝阳区是首个轮值主席，负责组织工作。发展联盟将在文艺展演、非遗展示、干部挂职、经验交流等方面开展深度交流合作，打造共有文化品牌，实现优势文化资源的整合利用。现阶段开展的主要是公益演出和展演活动，京津冀三地联合举办了非物质文化遗产大展暨传统手工艺作品设计大赛。2015 年，京津冀三地还在北京签署《京津冀演艺领域深化合作协议》，成立京津冀演艺联盟。三地公共图书馆在石家庄签署合作协议，成立京津冀图书馆联盟，未来将实现三地图书馆的异地互借。

（五）以公共文化服务培育和促进文化消费

中央《关于加快构建现代公共文化服务体系的意见》指出，“培育和促进文化消费”是现代公共文化服务体系的重要功能和任务。北京市历来重视文化消费培育，“北京惠民文化消费季”创新了公共文化供给方式，已成功举办三届。消费季的消费人次从第一届的 2654. 3 万增至第三届的 4857. 4 万，成交额从 52. 3 亿元增至 112. 1 亿元。第三届截至 2015 年 12 月 31 日，累计发放 241 万张文化惠民卡，累计签约 2219 家商户。2015 年，全市有 31 个剧场申报惠民低价票演出补贴项目，比上年增长 24%。在培育和促进戏剧文化消费的同时，这些活动和措施一定程度上带动了相关餐饮娱乐、周边产业的发展。

二　北京基层公共文化服务设施建设标准和服务规范的变化

在全国落实《关于加快构建现代公共文化服务体系的意见》的各地方实施方案中，北京市政策的主要特点在于抓住“基层”，上海、广东、天津、河北、江苏、浙江等地区都对基本公共文化服务实施标准进行了相应规定，但没有像北京市这样紧扣“基层公共文化服务”主题。北京基层公共文化服务标准化一直走在全国前列，于2007年、2011年分别开始试行基层公共文化设施建设标准和服务规范。2015年正式出台的文件建立在原有框架基础上，根据加快构建现代公共文化服务体系的新要求，对服务内容、统筹范围等做出了明确规定，为全国基层综合性文化服务中心建设试点等创建工作提供了经验。

把《北京市基层公共文化设施建设标准（试行)》(2007年)、《北京市基层公共文化设施服务规范（试行)》(2011年）与2015年的新指标对比可以发现一些异同，其中有明确的指标数据变化（见表1)。基层公共文化设施建设的建筑标准变化不大，乡镇综合文化中心、行政村综合文化室、街道综合文化中心的要求不变，只有社区综合文化室新增规定，服务人口在2000人（含）以下时，建筑面积都必须大于等于200平方米。建筑结构、建筑选址、设施功能等方面变化也不大，新指标把基层公共文化服务的种类细化，逐一列出。

有较大变化的是乡镇（街道）图书馆、行政村（社区）图书室（含益民书屋）的建设水平，各种指标均有提升。除这两项政策规定的内容外，《首都公共文化服务示范区创建方案》还提出乡镇街道人均到馆次数达0.5次以上，室外活动场地大于600平方米，设置1对篮球架和2座乒乓球台。服务规范方面，广播影视服务、群众性文体活动、公益演出的数量和频度都有了明确规定或明显提升，随着数字和网络技术的广泛应用，基层公共文化数字资源的要求也被明确，服务半径为步行15分钟。

新政策的一大突出特征是强调优化资源配置、共建共享，这也是《关于加快构建现代公共文化服务体系的意见》相关原则的体现。《建设标准》提出“应充分盘活现有设施存量，整合各类设施资源，提高设施资源使用效率。在保障设施便利性和规模、功能不减少的情况下，可通过整合各类设施和改扩建方式，共建共享文化设施”。《服务规范》规定，鼓励以政府购买的方式建有文化设施，每次签订合同年限不得低于5年。由政府投资装修改造的设施，到期后在同等条件下，公共文化服务机构优先租赁和购买。还可以跨越乡镇、街道行政区域的划分，设置区域级综合文化中心。

表 1　北京基层公共文化设施建设标准、服务规范与试行版对比

项目 \ 版本	《建设标准》(2015)、《服务规范》(2015)	《北京市基层公共文化设施建设标准(试行)》(2007)、《北京市基层公共文化设施服务规范(试行)》(2011)
设施功能基本模式	“2+X”模式:1个多功能活动厅、1个户外文化广场,“X”是设有图书室(数字阅览室和信息厅)、展览室、辅导培训室、排练室、电影厅和健身室等	主要功能区(多功能活动厅、演出排练室、辅导培训室、图书信息厅/室、展厅、健身娱乐厅室)、配套功能区、室外文体活动场地
提供的服务和文化产品	广播、上网、影视、书报、政府信息公开,文艺创作、文艺辅导、培训、演出排练、文化活动、体育健身,接受党员教育、校外教育(自习)、老年大学教育、科学技术和卫生保健,欣赏文艺演出、文艺作品、展览展示等20个大类	演出排练、辅导培训、图书信息、展览、健身娱乐
社区综合文化活动室	常住人口<2000人(含),设施建筑面积≥200平方米	服务人口在1000人(含)至2000人(含)之间,设施建筑面积≥200平方米。服务人口<1000人,设施建筑面积<200平方米
乡镇(街道)图书馆	不少于1.2万册(不含电子图书),人均年新增图书藏量不少于0.08册,总藏书量不低于1万册,报纸杂志不少于50种,年新增图书不低于100种。流转配送周期每季度不低于1次,年流转不少于4次;年流转配送不少于藏量的1/3	藏书量不低于5000册,报纸杂志不少于50种。每年应对藏书量的30%进行流转、补充或更新
行政村(社区)图书室(含益民书屋)	藏书量不少于3000册,报纸杂志不低于25种,可供借阅的实用图书不低于1200种、1500册,年新增图书不低于60种。至少提供五类报纸(党报、三农、科普、文化生活、健康文摘),每日更新不少于2份。流转配送周期每季度不少于1次,年流转不少于4次;年流转配送不低于藏量的1/3	藏书量不低于2000册,报纸杂志不少于30种。每年应对藏书量的30%进行流转、补充或更新
服务半径	应以步行15分钟为服务半径	未明确
广播服务	通过直播卫星提供不低于17套广播节目,通过无线模拟提供不低于6套节目,通过数字音频提供不低于15套节目	未明确

续表

项目 \ 版本	《建设标准》(2015)、《服务规范》(2015)	《北京市基层公共文化设施建设标准(试行)》(2007)、《北京市基层公共文化设施服务规范(试行)》(2011)
影视服务	通过直播卫星提供25套节目,通过地面数字电视提供不低于15套节目,未完成无线数字化转换的地区,提供不低于5套节目,每个行政村每月免费观看1场数字电影,新片比例不少于1/3(院线上映不超过两年)	全年放映数字电影不少于10场次
群众性文体活动	每月开展免费活动(如文化体育活动、展览展示、放映数字电影、辅导培训读书活动等)分别不低于1次,全年分别不低于12次;每月各类公益教育讲座不低于1次,全年不低于50次(社区、行政村综合文化室活动最低数量减半)	各文化服务机构每月开展的重点文艺活动不低于2次,全年不低于24次;每月开展的文化、科技、教育等各类讲座不低于1次,全年不低于12次
公益演出	每年每个乡镇(街道)免费文艺演出不低于5场,每个行政村(社区)不低于2场	
数字资源	应建设公共电子阅览室;网络电视、数字电视、手机电视等综合入户率达50%,图书馆电子阅览室数字资源量达4TB,整合数字资源不少于6TB	未明确

注：由于设施建设标准和服务规范指标有交叉、互补的部分，合在一起做比较。

三　北京公共文化服务体系建设的现存问题

（一）基层公共文化服务的标准化建设存在压力

区域发展不平衡是北京公共文化服务体系建设的主要问题之一，许多远郊区县、城乡接合部、人口稠密的大型居住社区，都缺乏足够的与人口规模相匹配的公共文化设施，而现有公共文化设施的利用率也亟待提高。如回龙观、东小口、西三旗等地区都没有公共图书馆、文化活动中心，无法满足新增城市人口、流动人口的公共文化需求。“十三五”时期，《北京市基层公共文化设施建设标准》《北京市基层公共文化设施服务规范》《首都公共文化服务示范区创建方案》都提出了许多新的指标，把北京公共文化服务体系建设推向新高度，但部分区县乡镇达标存在一定难度。《首都公共文化服务示范区创建方案》提出70%的设施利用率、乡镇街道图书馆人均到馆次数0.5次以上等指标，这些指标都对基层公共文化服务提出了新的要求。《建设标准》要求常住人口超过4.5万的街道和乡镇，配建的文化服务设施分别不能低于2000平方米和3000平方米等，这些规定虽然是沿用试行版的旧例，但在“十二五”时期不是所有地区都能达标。

（二）基层公共文化服务建设资金投入不足

基层文化财政投入不足同样是困扰北京公共文化服务体系建设的老问题，区县政府往往只能保证文化职能部门的基本运行，缺乏足够的基础设施建设资金和活动资金。有的地区基层文化部门甚至专业人员编制都不能保证，无法应对日益增长的公共文化服务需求。有的地区由政府文化资金投入创办了有地方特色的大型文化活动，但由于后续资金不足、市场化程度不高，往往热闹了一两届就偃旗息鼓或缩减规模，路越走越窄。新的公共文化服务政策强调了保障工作，《北京市基层公共文化设施建设标准》要求区县、乡镇（街道办事处）各级政府将文化设施建设纳入同级城乡建设规划，根据地方发展水平、人口结构、环境条件以及公共文化事业发展需要，制定相应的文化设施建设规划，合理规划公共文化设施的数量、种类和规模，列入同级政府基础设施固定资产投资计划。但是如何提供有效保障，保证公共文化服务资金投入仍然是困扰基层文化部门的大问题。

（三）公共文化服务效能和服务水平有待提高

北京市十一次党代会提出“推动首都公共文化设施建设和服务质量达到世界先进水平”，这一发展目标也写入《首都公共文化服务示范区创建方案》。尽管存在公共文化设施分布不合理、区域不平衡的现象，北京市公共文化设施建设整体来看水平较高，拥有一批世界级、国家级的大型公共文化设施，相比之下文化服务的效能和水平却较为滞后，提供的文化产品和服务不够多样化，还需要加强文化设施的有效利用。2015 年 12 月，在上海发布的“中国 31 个省市自治区公共文化服务指数”排名显示，北京的公共文化服务综合指数（总量）和公共文化产品综合指数（总量）等排名未能进入前列，综合指数人均数据虽然排在第二，但与第一名的上海有明显差距。[①] 北京提出在“十三五”时期建立完善公共图书、文化活动、公益演出“三个配送体系”，将各类文化资源纳入配送网络，然而要实现以市民需求为导向，把文化惠民服务与基层群众日常文化生活有效对接，把“送文化”真正变成“菜单式”“订单式”服务仍存在一定难度。

（四）传统公益性文化单位面临创新和竞争压力

2011 年，中央《关于深化文化体制改革推动社会主义文化大发展大繁荣若干重大问题的决定》对公共文化服务体系的基本定义是：“以保障人民群众基本文化权益、满足基本文化需求为目的，以政府为主导，以公共财政为支撑，以公益性文化单位为骨干，向全社会提供的公共文化设施、产品、服务以及制度体系的总称”。而 2015 年发布的《关于加快构建现代公共文化服务体系的意见》在需要坚持的基本原则中继续强调“政府主导”，却没有提到“以公益性文化单位为骨干”，而是提出“坚持社会参与”，要求政府进一步简政放权，减少行政审批，引入市场竞争机制，激发各类社会主体参与公共文化服务建设的积极性，提供多样化的文化服务和产品。这一变化意味着公共文化服务供给中将出现更多的市场机制，传统、过去充当公共文化服务主体的公益性文化事业单位在未来将面临民营机构的竞争，必须进一步加大公益性文化事业单位改革力度。

---

① 中国社会科学网，http：//mil. cssn. cn/gd/gd_ rwhd/gd_ zxjl_ 1650/201512/t20151208_ 2754715_ 1. shtml。

四 北京构建现代公共文化服务体系的对策建议

（一）纳入政府绩效考核，加大保障力度

要加大公共文化服务保障力度，首先是要把公共文化服务纳入政府重要议事日程、纳入经济社会发展规划、纳入财政保障、纳入政府绩效考核、纳入科学发展考核体系中。《关于加快构建现代公共文化服务体系的意见》也要求完善公共文化服务评价工作机制，以提高公共文化效能为导向，科学制定政府的公共文化服务考核指标，并作为当前考核评价领导干部政绩的重要内容。其次是要加强政府与社会资本的合作。仅仅依靠政府财政资金支持、单一的资金投入机制，很难解决公共文化服务的保障问题，即使是北京这样的大都市也很难满足阶层文化建设资金的缺口。只有扩大资金来源渠道，多元投入、共同发展才能推动文化事业和文化产业协调发展。

（二）建立完善绩效评估和监督反馈机制

传统的配送文化的服务模式，要真正实现公共文化服务的供需对接，就必须充分尊重市民的文化选择权和参与权，调查研究市民实际需要，为群众提供更多的选择机会。要建立相关的绩效评估和监督反馈机制，确保群众对公共文化服务不满意情况进行问责、提出质询、要求改进等权利。例如北京街头造价昂贵的自助图书馆、自动借书机利用率不高，是由于有关部门回应的该地区民众阅读需求不高，还是由于这种借书设备的服务内容、服务地点需要调整，这都需要进行及时反馈和研究。①

（三）盘活现有资源，推动文化服务共建共享

中央《关于加快构建现代公共文化服务体系的意见》提出了“坚持共

① 《自助图书馆使用率低引质疑》，《新京报》2014 年 8 月 25 日。

建共享”的基本原则：加强公共文化服务的统筹管理，建立协同机制，明确责任，优化资源配置，尽量做到物尽其用、人尽其才，发挥整体优势，提升综合效益。北京地区土地价格昂贵、基层文化建设资金有限，尤其是城区范围很难觅得合适的公共文化用地。只有尽量盘活现有设施存量，整合各类设施资源，提高设施资源利用率，才能缓解基层公共文化服务压力。在保障设施便利性和规模、功能不减少的情况下，尽可能通过整合各类设施和改扩建方式，甚至可跨乡镇、街道行政区域，进行文化资源的共建共享。在疏解非首都核心功能、进行拆迁腾退和街道改造的城市建设过程中，要充分考虑公共文化服务的需求。北京的朝阳、东城两个国家公共文化服务示范区在这方面有许多成功案例，例如团结湖街道的社区文化中心是由朝阳区房管局管理的一处锅炉房改造而成的，原本是“煤改电”工程实施后闲置下来的设施，与产权单位、周边居民等协商后，由区财政投资实施改造，是值得借鉴推广的经验。

（四）进一步推动社会力量参与公共文化服务建设

社会力量是公共文化服务建设的生力军，能够延伸到社会各个角落，补充公益性事业单位服务的不足，提供精细化、多样化的服务。《关于加快构建现代公共文化服务体系的意见》强调，公共文化服务体系建设要“引入市场机制，激发各类社会主体参与公共文化服务建设的积极性，提供多样化的产品和服务，增强发展活力”，2015 年国务院办公厅还发布了《关于做好政府向社会力量购买公共文化服务工作的意见》，这些政策的出台为各种社会力量参与公共文化服务建设提供了前所未有的机遇。社会力量的介入有利于缓解政府压力，社会力量竞争也将大大提高公共服务的运作效率，刺激传统公益性事业单位深化改革，提高服务效能。著名民营书店“正阳书局”本来位于玉器古玩市场的廊房二条，由于房租等问题告别了老店，搬到西四的万松老人塔院落，后者由西城区文委以免租金方式提供给正阳书局使用，成为西城区独创的“北京砖读空间”。在网络购书成为主流消费模式、民营书店纷纷倒闭的今天，民营的正阳书局转变成复合型阅读空间，既能继续经营发展又能帮助西城区文化部门盘活现有资源，转变公共文化服务方式，是非常值得借鉴的创新经验。

（五）强化具有北京特色的公共文化服务品牌

公共文化服务品牌化有利于吸引区域内的民众参与共建，共同维护品牌形象，既传承城市文脉、增强文化认同感，又减少了公共文化服务建设成本。同时，品牌化文化活动也大大提升了区域文化竞争力。北京市基层文化活动、群众文化活动中有很多传统项目、常规项目，公共文化服务设施中也有一批明星级博物馆、美术馆、图书馆，但在基层公共文化服务中还缺少有北京特色、北京风格的公共文化空间和服务项目，特别是传统“送文化”模式之外真正受市民欢迎、自觉维护的公共文化品牌。

B.10

2015年北京市公共文化服务的网络化建设与发展分析

张 凯*

摘 要: 2015年，北京市继续推进公共文化服务网络化建设，在政策规划制定、文化共享工程建设以及博物馆和图书馆数字化建设中取得很大的进步，但也存在着建设主体单一、资源建设创新性不足、服务形式单一等问题。因此，引入多元主体参与建设，立足公众需求建设资源并提供服务，是今后北京市公共文化服务网络化建设的有效途径。

关键词: 公共文化服务 网络化 数字化 文化资源

2015年，北京市立足城市定位，全面深化改革创新，圆满完成了“十二五”规划确定的各项主要目标任务。在公共文化服务体系建设方面，2015年北京市继续加大网络化建设力度，努力打通公共文化服务“最后一公里”。

一 北京市公共文化服务体系网络化建设概况

长期以来，公共文化服务体系建设一直都是北京市塑造文化之都的重要

* 张凯，博士，北京市社会科学院文化研究所助理研究员，研究方向为文化研究。

内容。2015 年，北京市积极利用网络化资源建设和服务推进公共文化服务体系建设，在制度设计、共享工程建设以及博物馆和图书馆数字化建设方面取得了许多成就，具体如下。

（一）合理制定政策规划推进公共文化服务体系网络化建设

2015 年，北京市继续推进公共文化服务体系网络化建设步伐，积极发挥政府在政策制定、资金支持以及建设指导等方面的作用，在公共文化服务体系网络化资源及基础设施建设方面发挥着重要的作用。

1. “1 +3”公共文化政策合理布局公共文化服务体系建设

2015 年 1 月，中办、国办印发了《关于加快构建现代公共文化服务体系的意见》，提出到2020 年，基本建成覆盖城乡、便捷高效、保基本、促公平的现代公共文化服务体系。在服务具体措施方面，要求加快推进公共文化服务数字化建设，结合“宽带中国”“智慧城市”等一批国家重大信息工程建设，加快推进公共文化机构数字化建设，统筹实施数字图书馆博物馆建设、全国文化信息资源共享等，构建标准统一、互联互通的公共数字文化服务网络，大力开发和提高数字资源的供给，真正实现“一站式”服务。为贯彻落实中央相关政策，北京市政府于 5 月颁布了的“1 + 3”公共文化政策，包括《北京市人民政府关于进一步加强基层公共文化建设的意见》（以下简称《意见》）、《首都公共文化服务示范区创建方案》、《北京市基层公共文化设施建设标准》和《北京市基层公共文化设施服务规范》，为公共文化服务体系网络化建设提供指导。

新颁布的《意见》，按照北京建设国际一流的和谐宜居之都的要求，积极推进公共文化服务体系建设。文化服务均等化、便利化能够大大提升居民的生活水平和幸福感，是北京塑造自身文化形象的重要支撑，网络化建设能够大大提升文化服务的快捷度。因此，《意见》从三个方面推动网络化建设：一是提升信息化服务水平，主要涉及公共文化基础设施中网络化设备的建设，包括公共电子阅览室、有线电视双向网络、公共数字文化服务网络在全国范围内的互联互通等；二是搭建数字服务平台，利用基层公共文化服务云系统建设探索各种公共文化服务机构（包括图书馆、博物馆、美术馆、文化馆等）以及数字文化社区等重点项目在服务上的统筹，更好地协调全市数字文化资源的流通；三是加快数字资源库建设，加大各种公共文化服务机构在数字资源方面的建设力度，根据群众的文化需要建立公共文化数字资源的采集、整合和评估机制，建设市一级公共文化服务信息平台。同时，《北京市基层公共文化设施建设标准》和《北京市基层公共文化设施服务规范》的制定实施，也为基础设施网络化建设提供了政策保障，要求所有公共文化机构免费提供无线服务，方便市民免费获取数字文化资源。在基层乡镇街道图书馆中，电子阅览室所拥有的数字资源应达4TB，整合数字资源不低于6TB。“1+3”公共文化政策是首个落实中央相关政策的地方性法规，充分体现了北京市政府对公共文化服务体系建设的重视，而其中多项有关文化服务数字化、网络化的规定，更是在基础设施、资源整合以及服务方面做出明确的规定，对未来北京市公共文化服务网络化发展有着重要的指导作用。

2. 制定发展规划推动网络化建设

2015年是《北京市“十二五”时期人文北京发展建设规划》（以下简称《规划》）的收官之年。在过去的五年中，北京市按照规划的要求，在公共文化服务体系建设方面取得了很大的成就。网络化建设方面，电信网、广播电视网、互联网的“三网融合”逐步推进，基层文化站、图书馆的电子阅览室建设以及数字资源建设也取得很大的成绩。在实际工作中，“数字北京”建设任务顺利完成，互联网普及率达到72.2%。2014年，首都图书馆联盟开放几十个数据库资源，推出的移动阅读等服务也受到广大市民的欢迎；档案馆文献数字化工作更是在2013年底便实现了“十二五”规划目标，北京市及区县档案馆共完成对纸质档案的文献数字化1.5亿页，其中北京市档案馆的馆藏纸质档案已经有70%完成了数字化，区县档案馆纸质档案文献平均有33%完成了数字化，而西城、石景山、朝阳、昌平等区的档案文献数字化率则超过了50%。2014年，北京数字档案馆开始兴建，其充分利用最新的“云计算”技术和电子档案凭证性保障技术建设覆盖全市档案馆及档案进馆单位的档案资源管理与共享网络，从而可以更好地对档案进行管理并提供更好的数字服务。

基础设施建设是公共文化服务网络化建设的基础和先决条件，没有更完备更体系化的基础设施网络，网络化服务则无从谈起。北京市历来重视公共文化服务的基础设施建设，1998 年底便组织制定了《首都信息化1998－2010年发展规划（纲要)》，大力推动北京市信息网络建设。2013 年，北京市颁布《宽带北京行动计划（2013－2015 年)》，要求建成国内领先、国际先进的信息基础设施，提升北京的网络技术水平和服务能力，以此拉动北京的经济增长和社会文化服务发展。在这些规划的指导下，2015 年，北京地区各大网络营运商根据相关要求，不仅扩大了北京地区的网络覆盖面，同时还进行免费提速、资费下调。截至 2015 年 12 月 31 日，北京联通在北京区域的 50～100M 光纤宽带覆盖率已经达 94%，房山、密云、顺义等郊区的光纤也已接入，全面迈入“全光网络时代”。此外，为了吸引更多的社会力量和资本投入网络化建设，加快信息网络基础设施建设，提高其业务服务水平，2015 年北京市全面放开民营宽带接入网业务牌照申请，依法成立的民营公司只要注册资本金不低于 2000 万元、拥有跨省互联网接入服务业务许可证（经营范围含北京地区）或北京地区互联网接入服务业务许可证、三年以上合格运营经验以及不少于 20 人的企业技术和管理人员与三个月的北京市社保，便可申请。民营资本的加入可以加快北京市网络化基础设施建设的步伐，能够提供更多更好的网络化技术支持和服务形式，提高网络化服务的水平。

2015 年也是“十三五”规划的开局之年，根据北京市委颁布的《中共北京市委关于制定北京市国民经济和社会发展第十三个五年规划的建议》，北京市将继续加强文化中心建设，完善公共文化服务体系，利用先进的信息网络技术平台推送数字文化资源。

（二）文化信息资源共享工程持续推进

文化信息资源共享工程 2002 年实施以来，一直致力于采用最新信息技术，对各种优秀的文化资源进行数字化，借助网络平台整合各种资源加工和服务机构，将其推送到全国各地，力图建设一个不受任何时空限制的网络体系和传播渠道，克服基础设施建设中环境和资源的限制，最大范围地为公众提供文化服务。“文化共享工程北京市分中心”成立以来，全面落实工程的建设任务和目标，在全市大力推进文化资源的全民共享。

1. 文化信息资源共享工程服务体系建设成绩显著

文化信息资源共享工程建设包含网络基础设施、数字化资源加工以及资源推送入户等多个环节，是一套复杂的体系化工程。建设不仅需要各级政府财政的有力支持，同时也需要在实际工作中步步推进，将各个环节紧密结合在一起，构成设施完备、资源丰富、服务便捷的体系化工程。

第一，基础设施建设方面，基础设施是资源推送的基础。2015 年，北京市不断加强对原有社区文化站等空间的升级改造，提高了数字化服务的能力，北京市按照《全国文化信息资源共享工程“十二五”规划纲要》的要求，财政上积极支持文化信息资源共享工程建设，街道、乡镇每个站点投入 1 万元，村基层点投入 1000 元，支中心维护费每个 120 万元/年，继续完成共享工程建设的各项目标，扎实推进网络平台设施和文化资源建设，努力实现文化资源服务的网络化和便利化，共建成文化共享工程站点 4295 个，率先实现“村村通”。

第二，资源内容建设方面，数字化文化资源是公共文化服务体系网络化建设的核心，只有将各种文化资源进行数字化加工，以文字、图片、视频等多种呈现方式上传到网络，才可以更好地满足用户需求。北京市立足本市的文化资源优势，通过资源自建或购买等形式不断充实数字资源库。继 2014 年建成“《北京城的春节庙会》专题片”后，2015 年又推出“《首图讲坛》微讲座”，内容涉及“乡土讲堂”“文化艺术”“健康课堂”等，将已有的讲座进行数字化加工放在网页上，用户可以通过互联网在家中阅览。除此之外，北京市花费约 143 万元，向北京世纪读秀技术有限公司续订“读秀知识库”，购买中文图书元数据 415 万余条。

2. 借助网络化资源创新服务形式

文化信息资源共享工程是创新公共文化服务体系架构的重要补充，是广大市民享受文化成果的重要途径。2015 年，北京市文化信息资源共享工程的建设在充实原有网络平台架构的同时，不断加快信息化建设的步伐，建设各种网络平台和数字化服务设施，创新服务形态，充分利用文化信息资源共享工程本身的资源推出多样化的服务。

“数字文化社区”工程建设力图借助现有的有线网络电视将丰富的文化资源引入社区的文化服务站点，充分利用歌华有线数字媒体等公司的技术和网络平台，并结合各种互联网技术和设施，整合利用图书馆、艺术院团等各种资源向用户提供服务。2012 年，首个“数字文化社区”网络设施在潘家园街道图书馆建成后，北京市在全市范围内不断推进社区建设，2015 年又新建 300 个数字文化社区，充分协调利用有线电视及互联网、共享工程平台，通过机顶盒将大约 300 万册图书、7000 种期刊、2 万场文化讲座等数字文化资源分享给市民，人们在社区文化室就能浏览各种文化资源。东城区通过与文化部公共文化发展中心合作，共同推动高清数字电视交互服务平台建设，先成为通过有线电视网络推广文化信息资源共享工程的首批试点地区，建成后东城区居民只要通过电视便能欣赏共享工程 5000 多个小时的资源节目。与此同时，北京市通过购买的方式积极推进“数字文化社区”的基础设施保障工作，2015 年向北京歌华有线数字媒体有限公司购买内容传输服务，利用其有线电视网络、IP over DVB 传输技术传输 IP 数据，定时将共享工程中的数据资源，向已经建设完成的 4116 个市级、区县、基层服务共享工程服务站推送，让所有人能更快速便捷地获取服务。

文化信息资源共享工程体系的不断完善和多样化服务的不断创新，使北京市基层文化服务有了长足的进步。2015 年，北京市文化信息资源共享工程建设的努力将科技的最新发展与文化服务的实践相结合，推陈出新、创新产品，立足专业化、多样化的建设和服务模式，大大丰富了北京市民的文化生活。

（三）博物馆网络化建设持续推进

博物馆是收集、展示、保护人类优秀文化遗产的空间，它通过召集各种专业人员对文化遗产进行研究、整理，一方面可以对这些珍贵的文化记忆进行保护，另一方面也通过开放展览让更多的市民了解、欣赏优秀的文化资源，丰富群众的文化生活，是现代社会重要的文化宣传空间和教育机构。网络化时代，信息科技的发展使博物馆的建设发展有了更加多样化的选择，它可以对各种文化资源进行数字化加工，以更加多样化的形式为公众服务。截至2015年，北京地区已经建成172座博物馆，数量位居世界第二。为了更好地发挥博物馆功能，北京市十分重视博物馆网络化建设，将其当作一项重要的文化惠民工程。2015年6月，第六届北京市数字博物馆研讨会于北京联合大学召开，北京数字科普协会、首都博物馆联盟、北京博物馆学会等多个机构共同主办，吸引了科技、艺术、互联网、教育、设计等多个领域300多人参加，本次会议的主题为“推进公共文化服务——博物馆的信息化之路”，分“让文物活起来——博物馆的数字化创意”“记得住乡愁——文化遗产数字化及保护”“共享利用新常态——博物馆资源数字化开发与共享利用”“移动导览进万家——新兴媒体助力博物馆的传播与服务”“走进博物馆——博物馆的文化旅游价值挖掘与利用”五个议题探讨博物馆数字化建设和服务。在实践中，2015年北京市博物馆网络化建设同样成果斐然，其主要集中以下几个方面。

1. 博物馆网络化平台建设继续延伸

网络化平台建设是博物馆数字化的重要支撑，是公众平等共享博物馆数字资源的空间，通过对一个或多个博物馆网络平台进行开发，可以更好地统筹、展示和推送博物馆数字文化资源，为公众提供更便捷、更顺畅的文化信息获取渠道。2015年，北京市博物馆网络化平台在完善各种博物馆网页建设的同时，也顺应当前移动设备发展的趋势，推出各种更为便利快捷的掌上服务，网络化平台建设进一步延伸。故宫博物院继2013年制作《胤禛美人图》iPad应用后，2015年又相继推出《韩熙载夜宴图》《每日故宫》

《清代皇帝服饰》三个App应用（见表1），利用先进的信息技术打造更为立体、多元的文化展示形式，可以让用户随时获取馆藏信息的同时，也能通过视频、语音、文字详细了解相关藏品的历史、专业知识等丰富的文化内容。2015年11月，北京自然博物馆移动终端系统项目招标成功，由万达信息股份有限公司负责对其中的无线定位系统、移动智能终端系统以及数字资源进行研发，项目完成后将大大增强自然博物馆数字资源的丰富性，也更便于公众浏览欣赏其馆藏文化资源。微信是近两年兴起的网络沟通平台，微信公众号能够为企业、政府、机构以及个人提供信息发布和共享的空间。2015年，北京市许多博物馆也先后建立自己的微信公众号，其中包括国家博物馆、故宫博物院、首都博物馆、中国钱币博物馆、中国园林博物馆、北京老爷车博物馆等（见表2），通过微信发布博物馆最新动态和展览信息，更加便利公众。

表1　2015年北京地区博物馆已建App统计

博物馆	App名称
故宫博物院	《胤禛美人图》
	《紫禁城祥瑞》
	《皇帝的一天》
	《韩熙载夜宴图》
	《每日故宫》
	《故宫陶瓷馆》
	《清代皇帝服饰》
国家博物馆	《文博任我行》
	《中国国家博物馆展览简讯》
	《中国国家博物馆之中国古代瓷器艺术》
	《中国国家博物馆之中国古代玉器艺术》
	《中国国家博物馆之中国古代佛造像艺术》
国家典籍博物馆	《国家典籍博物馆》
首都图书馆	《首都图书馆》
北京鲁迅博物馆	《北京鲁迅博物馆》

表 2　2015 年北京地区主要博物馆已建微信公众号统计

博物馆	微信公众号	博物馆	微信公众号
国家博物馆	ichnmuseum	中国园林博物馆	gardensmuseum
首都博物馆	capitalmuseum	中国钱币博物馆	zhongqian2009
故宫博物院	bjbwg1	北京汽车博物馆	beijing_aoto_museum
北京艺术博物馆	bjyibo	北京老爷车博物馆	bilaoyeche

2. 创新完善实体博物馆数字化设施

利用数字化技术完善传统博物馆的服务形态，也是博物馆网络化建设的重要内容，其主要内容包括采用最新的数字化和多媒体技术对藏品的相关信息进行加工，从而建构一个包含 3D 影像展示、视听媒体播放等多种展示模式的全新文化服务形态。在此，人们不仅可以观看实物，而且可以从多个角度欣赏和了解相关知识。2015 年 12 月 22 日，故宫端门数字博物馆开馆试运行，这是故宫博物院借助最新的数字信息技术开创的新型数字博物馆空间，其首个数字常设展以“故宫是座博物馆”为主题，下设三个部分，包括数字沙盘展示区，讲述“从紫禁城到博物院”；数字文物互动区，其内容为“紫禁集萃·故宫藏珍”；虚拟现实剧场“紫禁城·天子的宫殿”，观众在此可以身临其境地体验到博物馆的历史沿革以及丰富的文化底蕴，体验到数字化技术带来的全新文化享受。位于海淀区的北京银河空间美术馆，2015 年在网络化建设方面也有了新的进展，该馆采用最新的 3D 技术对馆藏的 8 件珐琅器精品进行数字化加工，人们可以在大屏幕上欣赏到展品的所有细节，配备的语音解说同时能够为观众详细介绍展品的所有相关信息。怀柔区的北京老爷车博物馆互动体验区 2015 年也开始了招标建设，预计投入 257 万元，委托北京千松科技发展有限公司开发建设户外全媒体科普视窗、科普互动导览系统、多功能全息投影系统、多类型数字化主题展区、科普短片制作、3D 立体展品模型等，建成后将大大提高博物馆的服务能力和水平。

3. 博物馆数字化资源不断充实

数字化资源是对博物馆实体资源的有效补充。在博物馆网络化建设过程中，数字化资源是对已有馆藏资源的深度揭示和开发，是对隐藏在实物背后文化信息的多元化揭示。其中，多媒体技术的快速发展为数字化加工提供多样选择，人们可以采用视频、语音、图片、文字等多种媒介展示和介绍文物，公众不仅可以远距离通过网络欣赏这些文化资源，同时也能够更加了解藏品背后深厚的文化底蕴。2014 年底 2015 年初，国家博物馆设计完成的数字化《乾隆南巡图》长卷正式对公众开放，它利用高新数字化技术对之前的绢本和纸本《乾隆南巡图》进行加工，制作了包括动态影像、动画、电影等多种形式的文化资源。公众可以更全面地了解相关的历史知识和画作本身的细节内容。另外，“数字圆明园”复原工程在 2015 年也取得很大进展，目前已经完成圆明园 90% 景区的复原工作，项目组以最精细、精确的技术力争完全再现圆明园昔日的胜景，工程完成后，公众可以身临其境地感受这座“万园之园”的光辉景象。北京市大学博物馆 2015 年数字化建设也有最新进展，中国人民大学博物馆和信息资源管理学院联合开发“数字家书”项目，在对自身馆藏家书进行数字化的同时，也面向全社会征集家书数字化资源，最终形成一个资源齐备、管理科学、服务便利的家书数据库，通过网页、App 等途径为公众提供服务。

2015 年，北京市博物馆网络化建设更加注重前瞻性和体验性，在不断完善已有的网页建设和数字信息传送的同时，立足信息科技的最新发展动向，通过对移动设备网络化平台的研究和建设，以更加符合当前公众阅读习惯的方式开展数字化服务，使博物馆的社会影响力和文化覆盖面有了长足的进步。而各种博物馆数字体验区的建设则丰富了实体博物馆的服务形式，人们不仅可以“观”文物，而且可以“看、听、摸”文物背后整个的文化空间，丰富了公众的文化生活。

（四）图书馆网络化服务能力不断提高

图书馆是市民享受基本公共文化服务的重要空间，也是公共文化服务体系建设中必不可少的关键环节。在网络化时代，图书馆的数字化建设已经成为突破传统图书馆服务空间、延伸服务网络的必然选择。据统计，2014 年北京市居民的数字阅读率为 78. 18%，相较于 2013 年增加 30. 95 个百分点，已经有越来越多的市民习惯了数字化阅读模式。在这一趋势下，北京市2015年大力推进图书馆网络化建设，积极拓展已有的图书馆数字化服务网络，充实数字化资源，不断创新和开拓新兴网络化服务模式，取得了许多成果。

1. 数字化网络体系不断延伸

图书馆网络平台建设能够为公众提供更为便利的图书阅览、讲座培训以及视频播放服务，是基层公共文化建设的重要环节。近年来，北京市着力打造各级图书馆数字化站点，通过对一卡通服务平台、自助借还机等设施的建设，不断拓展图书馆网络服务途径。2014年，建成图书馆一卡通服务网点171个，全市多个地区实现了图书通借通还。在此基础上，2015年伴随京津冀一体化的进程，首都图书馆与天津图书馆、河北省图书馆联合召开座谈会，成立京津冀图书馆联盟，力图在三个地区实现借阅证一卡通，扩大图书通借通还的服务范围。2015年1月，京港地铁和国家图书馆共同创意建成地铁图书馆——“M地铁·图书馆”，市民只需要扫描车厢内的二维码便可免费阅读国家图书馆所上传的电子书资源，借助这一方式，图书馆进一步将服务拓展到地铁这样的公共设施中，让市民在乘坐公共交通工具之时也可随时获取服务，延伸了图书馆的网络空间。另外，自助借还机的建设也有新的发展，朝阳区2015年已安装125个，居民基本实现在社区附近借还书，借还机中的书如果60天无人借阅就会自动下架，完全按照周围读者的需求更新资源，与此同时，网上预约借书平台的开通，让市民可以通过电话指定需要的图书，由专门的工作人员送到离其最近的自助借还机中。东城区正式开通“书香东城全民阅读平台”（http://sxdc.chineseall.cn），为东城区居民免费发放30万张阅读卡，以期为市民提供更好的阅读服务。目前，该平台已上传10万种数字图书、3万种有声图书、3500种数字期刊、23万种中小学试卷、2万多种中小学课件、50万分钟以上的教育教学视频及几十万分钟影视剧节目。这些资源可通过电脑、手机等设备免费阅览，真正为市民提供了一个24小时随时访问的“私人数字图书馆”。

2. 数字化资源进一步充实

不同于传统的图书馆纸质资源，图书馆数字资源能够为读者提供远程电子书阅览、视频观看等服务。在图书馆数字资源建设中，除了图书的数字化，图书馆越来越重视音乐、视频等数字资源库的建设。北京市历来重视通过图书馆数字化资源建设满足市民的文化需求，2015 年进一步充实了图书馆的数字化资源。首都图书馆积极建设“市民学习空间”，该平台基于首都图书馆的图书、期刊、视频等数字资源，通过整合各种学习类资源内容为市民提供各种相关的学习资料，同时也举办各种学习课程以及讲座，便于市民线下接受学习指导，目前已开通“大学课堂”“学习考试”“艺术休闲”“特色资源”“兴趣小组”等栏目，市民通过北京市公共图书馆联合读者卡就可远程浏览这些资源。另外，首都图书馆还通过购买的形式扩充自身的数字资源内容，投入 95 万余元向北京世纪超星信息技术发展有限责任公司、同方知网（北京）技术有限公司等企业购买移动课堂、电子书、移动学术资源等，不断提高自身的资源服务能力。怀柔区图书馆于年内购买了“蔚秀报告厅视频讲座”“中国法律学习平台”“中华连环画”三个数字资源库，能够为到馆读者提供各类高校优质讲座视频、法律信息资源以及数字化连环画，市民可到馆通过网络访问。

3. 公共电子阅览室建设持续推进

公共电子阅览室是网络化时代基层文化服务的重要设施，能够将数字化服务延伸到最基层的社区、街道、乡镇、村庄，最大限度地便利公众享受数字文化资源，其是对实体图书馆的有效补充，尤其是在网络设施匮乏的地区，公共电子阅览室的建设就显得更加重要。自 2010 年北京市筹备建立公共电子阅览室以来，经过几年的发展，北京市已经基本形成覆盖全市的公共电子阅览室体系。2015 年，首都图书馆采用招标的方式购买公共电子阅览室设备与数字资源，包括公共文化一体机、电子书借阅系统、数字有声读物、数字有声图书馆等，总投入达 388 万余元。这些设备和资源正式建成投入使用后，北京市的公共电子阅览室服务能力将得到进一步提升。朝阳区 2015 年初便推出“公共电子阅览室全覆盖工程”，通过科学计算和布置，将投入约 1260 万元专项资金，用于 2015 年度区内约 350 个设备落后的社区、村庄阅览室的数字化改造升级，提高阅览室的数字化服务能力和水平，可以就近为周围居民提供数字化服务，争取于2015年实现朝阳区公共电子阅览室的全覆盖。

作为市民获取公共文化资源的重要阵地，图书馆早已是北京市提升公共文化服务水平的着力点。特别是在近几年的建设中，北京市数字图书馆的投入力度不断加大，并伴随着“数字图书馆推广工程”的实施，公共文化服务水平得到很大提升。2015年，北京市图书馆网络化建设更加注重网点建设、末端建设，注重深入社区甚至家庭的“最后一公里”，通过网络化突破传统图书馆的服务局限，让市民能够最便捷地获取丰富的数字资源。

二 北京市公共文化服务网络化建设与发展中存在的问题

2015年，北京市通过对公共文化服务设施及资源的网络化建设，扩大了公共文化服务的覆盖范围，充实了公共文化服务的数字资源，也更加能够满足市民多样化的文化需求。网络化建设和服务顺应了时代的要求，也符合现代人文化生活的节奏和规律，是推动公共文化服务均等化、便利化的重要手段。北京市公共文化服务网络化建设已经取得很大的进展，也为北京市民的文化生活提供了更丰富的内容和更便利的条件，但总结起来，目前建设过程中仍然存在许多问题。

（一）建设主体单一，社会参与建设度较低

不可否认，为公众提供无差别、平等化的公共文化服务是现代政府的一项重要职能，但在实际操作中，为了满足公众多样化的文化需求，为了让社会文化生活更加丰富，政府更需要各种社会实体的参与。2015年，北京市公共文化服务网络化设施、资源的建设基本是在政府主导下进行的，虽然可以在资金、规划上有所保障，但建设形式和资源、服务的多样性略显不足。无论是共享工程建设，还是博物馆、图书馆资源及服务的建设，大多数还是沿袭若干年以来的布置进行，尤其是在资源建设和服务创新方

面，仍然存在更新速度较慢、个性化资源不足、利用率较低等问题。社会公众在资源、服务方面的需求并非仅靠设施或系统的升级就可满足，许多公共电子阅览室建成之后鲜有人访问、数字图书馆体验区成为面子工程、网站访问量较少等问题仍然存在。文化服务最终还是要落到社会需求中，政府在重视文化建设的同时，应给社会实体（如企业、公益组织、个体）更多的参与机会，在资金、政策、空间上给予更多的支持，这将更有益于公共文化服务体系建设。

（二）网络资源更新较慢，自建资源创新性不足

网络资源是网络化服务的重中之重，多样化的网络资源能够更好地满足公众的文化需求，体现公共文化服务建设的最终目的。北京市历来重视网络资源的建设，通过自建、购买、合作共建等多种方式不断充实各类各级公共文化服务设施的资源库，以期不断满足公众日益增长的多样化文化需求。但在具体的实践中我们也可以看到，共享工程北京站网页的数字资源内容更新速度较慢，许多资源内容在2013年之后就鲜有更新，一些服务于农民、农民工、残疾人等弱势群体的资源更是停留在初建时的状态，不利于实现公共文化平等均享的初衷。同时，博物馆及图书馆的数字资源建设多为购买资源，其本身丰富的馆藏资源并未得到充分的数字化开发。尤其是在图书馆数字化建设中，当前世界许多大型图书馆早已将自身馆藏数字化并在图书馆网页上开放共享，而北京市几大公共图书馆的文化资源数字化建设却尚未充分展开。而且，在现有的数字资源建设中，博物馆、图书馆已经开发了针对儿童、老年人等群体的特色资源库，但其中的内容更新速度较慢，创新性略显不足。

（三）服务形式单一，互动性服务内容较少

网络化为文化服务带来了很多便利，也使文化服务的资源和类型有了更为多样的选择。在公共文化服务体系建设中，文化资源的网络化顺应了时代的要求，也能够更快更好地为公众提供文化资源服务，是一种新型的文化服

务模式。北京市在网络化资源建设中，能够不断充实已有的数字资源，尽可能全方位、多层次地满足各个社会和文化阶层的需求，在资源多样化和个性化建设方面也做了许多有益的尝试，但在具体的服务中，网络资源服务大多还局限在单一的数据推送中，并没有于服务本身尝试更多的形式。网络的发展已经进入大数据时代，这一时期最重要的特质是用户的需求能够在网络世界得到充分的展示和满足，相应地，公共文化服务建设也应当顺应这一趋势，变单一的网页和数据库资源推送为用户参与互动式的个性化服务。这就要求公共文化事业单位能够更深入地了解公众的文化需求，根据资源的访问量和使用情况实时更新。就此方面而言，共享工程、博物馆和图书馆的数字资源建设仍然还有很大的提升空间。

三　北京市公共文化服务网络化建设与发展的对策与建议

（一）引入多元建设主体，吸引更多的社会力量参与

文化服务最终是要满足市民的文化需求，因此，在公共文化服务网络化建设过程中，公众应成为一切规划和设计的核心。目前，北京市公共文化服务体系建设的主体是文化事业单位，它有稳定的财政资金支持，有详细的政策规划，更有坚定的执行力。所以，一直以来，所有城市的公共文化服务都以政府为主导，但与此同时，由于公众文化需求的多样化，充分借助各种社会力量参与公共文化建设，已经成为越来越多城市的选择。因此，在北京市公共文化服务网络化建设中，可以尝试寻求与各种网络公司或文化公益单位合作，政府提供财政和政策支持，将具体的建设及服务任务交给更了解公众需求的市场，政府提供引导和监督。这一方面可以减轻政府的压力，吸引更多的社会资金投入公共文化服务建设，形成全民共建共享的文化服务新格局；另一方面也可以丰富社会生活，充分发掘和满足公众多样化的文化需求。

（二）发掘自身资源优势，整合社会资源

博物馆和图书馆有着丰富的文化资源，是公众了解和学习我国文化历史的重要宝库。目前在网络化建设中，这些资源还尚未得到充分的开发利用。博物馆和图书馆可充分借助政府以及市场力量，优先发掘自身的资源优势，通过数字化技术加工和推送文化资源，更好地利用自身资源优势为公众服务。首先，充分利用北京市本身的文化资源推进网络化资源建设和服务，形成“北京文化资源数据库”，整合所有北京市相关的文化内容，从而更好地宣传北京市的文化底蕴，打造北京文化之都的形象，更加符合北京的城市定位。其次，网络化服务重在数字资源建设，音频、视频以及3D影像等新型数字化建设模式已经有所尝试，今后可以加大此方面的建设力度，充分发挥数字化资源在多媒体方面的优势，更好地为公众服务。最后，数字化目前已经是各个文化单位或文化企业广泛采用的技术，其开发了大量图书、视频等数字资源，公共文化服务体系建设可以尝试以合作共建的形式与这些单位合作，共同推动各类文化资源的数字化，节省开发成本，优化资源结构，丰富资源内容。

（三）创新服务形式，拓展新的服务渠道

服务是公共文化服务体系建设的最终环节，也是真正实现建设宗旨和目标的时刻。北京市为了更好地利用网络化为公众提供文化服务，在积极推动数字资源建设的同时，也不断尝试新的服务形式和内容。不过，目前来看，共享工程、博物馆和图书馆的网络化服务，仍然多采用单向的数字资源推送，服务的平台也多基于传统的网页形式。但网络设备的更新换代，改变了人们以往在家利用电脑、电视等设备接收资源的习惯，智能手机、平板电脑以及笔记本电脑等移动终端，微博、微信等社交软件以及手机App等智能软件等，已经成为人们浏览信息、获取各种数字化资源的主要途径。在此趋势下，网络化服务应当变“在家接受服务”为“随时随地接受服务”，更多地开发利用新型网络工具推送资源。另外，应转变服务形式，积极探索互动式服务新形式，根据公众实时反馈调整服务方式，以公众最满意的方式提供服务。

B.11
美国重要城市博物馆与北京博物馆服务比较分析

肖 庆*

摘 要: 本报告分析纽约等美国重要城市的博物馆在城市发展中的作用，分析其管理体制的理念与模式、服务现状和成功经验，比较美国重要城市博物馆与北京博物馆服务现状的差异，以其成功经验为基础，提出优化北京博物馆服务的对策建议。

关键词: 博物馆 公共文化服务 城市文化

美国的博物馆以其丰富的藏品、深厚的文化内涵、个性化服务以及广泛的教育传播，在社会生活中占据重要地位，堪称文化的宝库、知识的源泉，在提高公民素质、促进经济发展、推动社会进步等方面发挥着积极作用。纽约大都会博物馆（The Metropolitan Museum of Art）、波士顿艺术博物馆（Museum of Fine Art Boston）、芝加哥艺术馆（Art Institute of Chicago）等都成为当地文化坐标，代表着城市乃至国家的形象。本报告通过分析美国重要城市的博物馆服务现状，并与北京的博物馆服务进行比较，探讨其成功经验对北京公共文化服务的启示。

---

* 肖庆，博士，中国艺术研究院文化发展战略研究中心副研究员。

一 博物馆对美国城市发展的重要作用

（一）为公众提供丰富的文化服务

根据美国博物馆联合会的统计资料，每年参观美国博物馆的观众达8.5亿人次，超过大型体育赛事和主题公园的总参观人次（4.8亿人次）。[①] 可以说，参观博物馆已成为美国人生活的重要组成部分。为了确保各种收入水平的民众都能获得高质量的文化服务，美国37%的博物馆是免费或建议入场费的，几乎所有的博物馆都提供折扣门票或安排免费入场时间。[②] 博物馆为市民提供的诸多文化服务中，还包括促进就业的培训项目、帮助自闭症儿童的活动、针对英语为第二语言的人群的服务、针对阿尔茨海默氏症或其他认知障碍的老年人的项目等。[③]

（二）经济社会发展的引擎

美国博物馆雇员超过40万人，每年为美国经济贡献210亿美元。[④] 政府在支持文化艺术的过程中发现一条规律，每投资1美元在博物馆和其他文化机构，会得到7美元税收收入。[⑤] 博物馆在城市经济社会发展中扮演着重要角色。纽约大都会博物馆报告显示，该馆2014年4～11月举办的4场大型艺术展给纽约市带来7.53亿美元的消费。如果从直接税收的角度统计，大都会博物馆吸引外地游客产生的花销达到7530万美元。这些游客中79%来自纽约五大城区之外，其中70%的人会选择在纽约住宿，平均住宿6.3

① Institute of Museums and Library Services Study，https：//www.imls.gov/.

② American Alliance of Museums ‘Annual Condition of Museums and the Economy’ Study（2013）.

③ American Alliance of Museums ‘Museums On Call’ Report（2013）.

④ AAM Financial Information Survey.

⑤ Americans for the Arts ‘Arts and Economic Prosperity IV’（2012）.

天，外地参观者平均每人花费 1122 美元，其中 746 美元用于住宿、观光、娱乐、门票和交通，346 美元用于购物。[①]

（三）城市的文化坐标

美国博物馆通过举办公众教育和文化交流活动，直接或间接推动和促进所在城市的文化发展，以其巨大的文化附加值带动相关产业发展，使该地区增值，提高城市的竞争力。在美国《商业周刊》对“最佳城市”的评比中，权重最大的指标即“休闲娱乐设施（包括博物馆）的密度，其次是教育指标和经济指标”[②]。美国 74% 的博物馆坐落于城市[③]，位于乡村地区的博物馆也拥有便捷的旅行车可供游客乘坐，并有强大的在线网络资源和丰富的文化商品可供游客访问和选择。大都会博物馆是纽约市的最佳景点之一，2014 年的游客里有 53% 表示参观博物馆展览是他们到纽约旅游的关键因素之一。[④]

（四）学校的亲密合作伙伴

美国博物馆每年花费超过 20 亿美元用于开展公众教育活动，许多大型博物馆将其教育预算的 3/4 用于服务公立教育系统中从幼儿园到十二年级的学生。[⑤] 博物馆已经成为美国小学生到研究生名副其实的第二课堂。正是由于对教育的重视，美国博物馆已经被视为“儿童最重要的教育资源之一和最值得信赖的信息资源之一”。博物馆的教学计划涉及数学、科学、艺术、文学、语言艺术、历史、公民与政府、经济、金融知识、地理和社会研究等方面。博物馆网站还提供多样化的在线社区，可以为教师、家长、学生和一般公众提供可信赖的信息。据统计，每年博物馆的网站资源约有 5500 万的访问量来自在校学生。[⑥]

---

① http：//www. metmuseum. org/about – the – museum/press – room/news/2014/economic – impact.

② http：//www. businessweek. com/slideshows/2012 – 09 – 26/americas – 50 – best – cities.

③ Institute of Museum and Library Services ‘Museum Universe Data File’（2014）.

④ http：//www. metmuseum. org/about – the – museum/press – room/news/2014/economic – impact.

⑤ American Alliance of Museums ‘Museum Financial Information Survey’（2009）.

⑥ American Alliance of Museums ‘Museum Financial Information Survey’（2009）.

（五）保存和研究历史文化

美国博物馆保存和保护了超过十亿件藏品[1]，为了帮助公众更好地了解文化多样性，美国博物馆每年投入1.6亿美元在130多个国家开展超过2600项研究课题[2]，涉及物种繁殖、栖息地保护、公共教育、文物保护等众多领域。博物馆延续着城市历史文脉，纽约市立博物馆收藏了从荷兰殖民时代至今的约300万件文物，艾利斯岛移民博物馆、贫民房屋博物馆等也都保存和展示着纽约地区的历史文化。

二　美国博物馆管理体制的理念模式

政府在美国文化艺术管理中扮演的是"提供便利者"角色[3]，这一角色和美国的文化传统、经济自由主义及其具备宗教精神的慈善事业有深刻联系。美国政府对给予艺术机构、艺术家的私人捐赠和赞助等实行免税，以实现对文化艺术事业的支持，直接的国家拨款和对艺术进行扶持的法律法规不多。在行政体制上，美国没有统管全国文化事业的行政部门，目前有三个由议会立法设立的政府代理机构，代表政府行使部分职能：美国国家艺术基金会，其职能是向艺术家、文艺团体提供财政和技术援助，帮助他们发展艺术，保护美国的文化艺术传统；美国国家人文基金会，其职能是对人文社会科学方面的各种研究、教育和社会活动给予资金支持；国家博物馆图书馆学会，其职能是专门负责对博物馆和图书馆的资助。这些机构虽隶属联邦政府机构序列，但只有计划协调和财政资助职能，并无行政管辖权。

美国公共文化服务的运行模式是：如果社会能自发形成文化需求并通过市场加以满足，国家就不宜干预；不能自发形成需求而需要干预的，由国家委托专业组织操作，国家并不直接介入。美国政府对艺术的拨款是通过半独

① Heritage Health Index（2004）.

② Association of Zoos and Aquariums.

③ Peter Duelund, *The Nordic Culture Model*, Copenhagen Nordic Cultural Institute 2003.

立的艺术委员会进行的，以使公共艺术政策不受政客嗜好的影响。哈里·希尔曼－沙特朗（Harry Hillman－Chartrand）和克莱尔·麦考伊（Claire McCaughey）对这个体系的解释如下："政府决定提供支持的总金额，但不决定哪些机构或艺术家应该获得这些支持。委员会成员由政府指定，理事们肩负着完成其捐款划拨的责任，并且不受执政当局的日常利益影响。通常，委员会根据经过一套评估体系检验的专业艺术家的建议，来制定拨款决策。随着该社会的艺术形式和风格的变化，这些政策也会趋向于动态发展。"①

美国的博物馆和图书馆服务协会将博物馆定义为"一种以基本教育或艺术目的为永久基础的公共或私人的非营利性组织"。在博物馆的运行机制方面，美国博物馆可以分为联邦、州和地方政府管理的公立博物馆和私立博物馆，私立博物馆占60%以上，且有上升趋势。各层级的资助与管理职责清晰，国家与地方之间形成了一种平等合作的伙伴关系。各种类型的非营利性文化艺术基金会或其他相关机构也都有明确的法律规定。各类文化艺术资助与管理机构在各自的法律框架下运行，相互并没有隶属关系。

在文化艺术的资助体系方面，非营利性文化组织可以从联邦、州、城市、基金会、企业以及个人获得大量发展资金。美国政府对文化艺术的直接资助主要体现为对国家艺术基金会、国家人文基金会以及史密森学会等机构的财政拨款上，但直接资助的额度相对较小。政府鼓励社会各界和企业捐助博物馆等社会非营利机构，并颁布了相关法律保护捐赠者利益，例如减免所得税和遗产税等，逐渐使捐助博物馆成为美国的社会风尚和传统。

三 美国重要城市博物馆的公共文化服务经验

（一）纽约大都会博物馆：创造环球文化空间，塑造城市国际形象

位于纽约中央公园的大都会博物馆建于1870年4月13日，自成立以

① Harry Hillman－Chartrand、Claire McCaughey，*The Arm's Length Principle and the Arts：An International Perspective：Past，Present and Future*，转引自海尔布伦《艺术文化经济学》，中国人民大学出版社，2007，第274页。

来就致力于推广民众教育，其使命宣言是：为纽约市缔造并维护一座艺术博物馆和图书馆，鼓励并发展美术研究以及艺术在生产和实际生活中的应用；推动相关主题综合知识的发展，并为这一目的提供普及教育。经过140多年的发展，纽约大都会博物馆已发展成为世界上一座百科全书式的艺术博物馆。在纽约，大都会博物馆不仅因其无与伦比的收藏、宏伟的地标性建筑而闻名于世，而且更重要的是其创造了一座环球文化交流的空间，通过展现人类最伟大的艺术成就教育并激励大众，鼓励用全球化的视角看待人类共同生活的世界。“环球”博物馆的概念源于启蒙运动时期欧洲创立的模式。博物馆的藏品跨越所有文化和时间，可以令观众在看似迥异的历史和传统之间创造出特别的对话，使观众在一次参观中就能真正“周游世界”。

照顾到博物馆大量外国游客的需要，纽约大都会博物馆有英、德、法、意、葡、西、中、日、韩等语种的录音讲解、导览、手册和活动预告资料等，最近发起了一个与观众互动的网络项目“来MET参观，看多元文化”。除了导览以外，配合藏品进行的专家访谈、电影、演讲、音乐会等活动也是博物馆为公众提供的文化服务项目。除周一外，纽约大都会博物馆每天下午免费放映与最新展览有关的各种电影和录像。大都会博物馆馆长托马斯·坎贝尔认为，学术工作是博物馆一切工作的基础——展览、教育活动、出版物、博物馆网站，若无对藏品的理解和诠释，博物馆就和一间托管保护珍宝的仓库并无二致。

为了将观众对于文化艺术的探索从博物馆的有限空间扩展到世界范围内，大都会博物馆发起组织了“与大都会博物馆一同旅游”（Travel with the Met）的项目，由博物馆馆员带领会员在全球各地旅行，将对人类文化艺术探索的触角伸到世界各个角落。2016年，大都会博物馆计划的旅行活动包括参访古巴、印度、中国上海和香港、荷兰、以色列、埃及等28个地方的艺术博物馆、古文化建筑，其中还包含以探索艺术家生平为主题的各种活动，例如从提香（意大利画家）到提埃波罗（意大利画家）。这一项目自1976年创立之初就得到观众的广泛参与，专业艺术馆员的带领可以将观众与艺术、建筑、创意的表达连接在一起，得到人类最高艺术成就的鼓舞，使旅途成为一个学习、观察、思考、探索的过程。

（二）芝加哥艺术馆：贴近城市社区，创新公共文化服务方式

2014 年被 TripAdvisor 评为“全球最佳博物馆”的芝加哥艺术馆是旅行者到这座城市后的必去之处，艺术馆门口盘踞的青铜狮子雕像已经成为芝加哥的城市标志。走进这座世界知名的艺术馆中，不仅可以欣赏到除巴黎以外数量最多的印象派收藏品，还可以在气势恢宏的现代馆内感受当代艺术的魅力。作为城市文化坐标的芝加哥艺术馆与市民的生活紧紧联系在一起。芝加哥的华人社区是北美最大的中国城之一，芝加哥艺术馆在 2016 年 2 月 8 日至 2 月 22 日准备了一系列庆祝中国农历新年的活动。

①艺术馆新增加 25 件作品的中文语音导览，中国新年期间，在周末推出全程普通话的中文讲解；②为庆祝中国新年展出寓意丰富的猴卷，在展厅的通道里展出包括刺绣在内的特展；③艺术馆餐厅在 2016 年 2 月 1 日至 2 月 29 日提供面条和炒菜，还有多种具有地方特色的中国饮食；④会员休息室将以中国新年装饰为特色，并提供乌龙茶；⑤邀请中国艺术家徐冰到艺术馆进行公开演讲；⑥专门为新年特别装饰了中国传统房间供游客参观游览。

芝加哥艺术馆的网站还专门开设了中文的官方微博和微信公众号，提供了中文语音导览地图、免费应用和展品要览。

为了给残障人士提供走进艺术的机会，艺术馆积极创新服务方式，开发了“触摸套装”为视力有障碍的观众提供一种体验艺术的新方法。“触摸套装”主要包括根据艺术馆藏品制作的手持式瓷砖，通过瓷砖清晰的纹理再现了艺术作品的成分和形态，使视力残障人士可以通过指尖来触摸艺术品。每一个瓷砖都放在一个便于携带的卡槽里，包括一张彩色照片、一张打印类型的描述和一本针对每件作品的盲文说明书。这些针对视力残障人士的服务都是免费的，由迈尔和罗斯柴尔德基金会慷慨赞助。

在伊丽莎白·莫尔斯慈善信托基金的赞助下，芝加哥艺术馆还设立了伊丽莎白·莫尔斯触摸画廊，不仅为视觉受损的游客提供服务，还可以让所有

参观者有机会通过触摸艺术品感受艺术的丰富内涵。通常在艺术馆内的参观者不得触摸绘画和雕塑，以保护艺术品免受损坏，而在这个画廊，作品被仔细地用一种保护蜡处理，参观者可以触摸艺术品仔细辨别艺术品的形式、温度和质地，通常这些细节是视觉所感受不到的。

（三）费城艺术博物馆："社区伙伴计划"创造城市文化共享平台

成立于1876年的费城艺术博物馆是美国最大的美术馆之一，其希腊神庙式的建筑风格、珍贵而丰富的藏品吸引着全世界的游客，不愧为费城最具代表性的文化景观。

费城艺术博物馆以发现和培养观众的创造性精神为己任，致力于帮助观众提高艺术鉴赏能力，为生活在这座城市的人们带来高质量的艺术享受，同时也将吸引更多的游客来到费城作为博物馆的战略愿景。为了更好地连接观众与博物馆，费城艺术博物馆的教育事业部与多家文化、教育和社会服务机构建立合作伙伴关系，吸引不同的受众，为城市创造了一个文化共享平台。

第一，与城市社区共同合作提供艺术项目、自定义课程和展览计划。自1997年开始，费城艺术博物馆与本市54个图书馆分馆在暑期合作发起阅读计划，鼓励公众免费参观博物馆，并为本市两所大学的学生提供实习机会，在图书馆中还提供免费的艺术工作室，让参与者在共享空间中享受文化艺术的滋养。此外，费城艺术博物馆与费城儿童医院合作提供一个为期3个月的为艾滋病毒呈阳性的青少年培训多媒体课程的文化项目，帮助他们寻求在城市中的认同感和归属感。在每年的马丁·路德·金日与"全球公民计划组织"建立为青年服务的项目。

第二，服务于青少年的高中素描俱乐部与少年大使活动计划。针对费城十所公立学校，由博物馆开办的素描俱乐部着力于培养学生的视觉或图形艺术能力，在为期8周的活动计划中，由专业艺术家帮助学生熟悉博物馆的收藏品，提高视觉鉴赏能力，并组织学生围绕特定的艺术主题，如建筑、景观、轮廓图或人的形象进行讨论。少年大使活动计划针对费城当地14～19岁的青少年，组织他们与策展人、教育工作者和其他博物馆员工共同策划展览方案，提高青少年的创造力和领导能力。

第三，艺术合作伙伴计划。邀请六名艺术家参与费城六所中学的艺术教学，由专业的艺术家进入学校和课堂，与老师和学生一起设计和执行艺术课程计划，并辅导学生关于博物馆画廊的参观鉴赏活动。该计划还为学生提供了一个在博物馆中展览自己作品的机会。

第四，青少年媒体计划。博物馆通过这一计划为青少年在视觉艺术方面提供一个独特的训练机会，让学生与专业电影人一起学习摄影技术、表演练习、剧本创作和电影剪辑，围绕社会问题进行电影作品创作，一旦作品完成，可以在社区放映，还会由博物馆收藏。

（四）波士顿艺术博物馆：打造学习品牌，助力城市文化教育发展

筹建于1870年的波士顿艺术博物馆于美国建国100周年日（1876年7月4日）向公众开放。波士顿艺术博物馆既是外地游客向往的景点，又是本市居民经常光顾的地方。

波士顿艺术博物馆为公众提供了丰富多样的艺术教育项目，涉及室内艺术、电影、音乐、表演艺术等，为满足不同背景、不同年龄层次的受众需要，开设了儿童和家庭项目、青少年项目、学校项目和社区项目，将教师、家长和博物馆的教育者连接在一起，设计出符合不同需求的定制访问。

博物馆作为没有围墙的学校，是教育的重要场所之一。波士顿艺术博物馆致力于提供资源和服务激发市民终身学习的热情以及支持继续学习的过程。如果博物馆能够将资源与学校课程相结合，学生的经验会变得更加丰富和深入。波士顿艺术博物馆非常重视并加强与学校之间的互补合作，为学校提供丰富多样的藏品和人力资源，配合学校推动各个层次的文化教育活动。博物馆设有名目繁多的教育项目，观众可以选择自己感兴趣的课程。博物馆和学校之间良好的合作关系需要两者之间形成正式、稳定的制度性关系并进行广泛传播。[①] 波士

① Hirzy, E（Ed）. *True Needs, True Partners: Museums and Schools Transforming Education.* Washington. DC: Institute of Museum and Library Services, 1996.

顿当地的中小学与艺术博物馆紧密联合，把参观博物馆纳入学校的教学计划。波士顿公立学校的教学材料中，也有很多基于博物馆永久收藏的艺术品内容，资源包括全彩色复制的艺术作品、背景资料、海报、PPT 等，鼓励老师在课堂上使用博物馆的资源，在视觉艺术的熏陶中提升学生的文化修养。

四　美国重要城市博物馆与北京市博物馆服务的比较

北京公共文化服务体系建设近年来取得显著成绩，博物馆事业更是快速发展，截至 2015 年底，北京地区注册博物馆达到 171 座，拥有包括中国国家博物馆、首都博物馆、中国人民抗日战争纪念馆在内的 12 家国家一级博物馆，在全国各省市中排名首位。北京博物馆的数量超过美国主要城市，也超过了马德里、柏林，仅次于伦敦，已经成为全球拥有博物馆数量第二多的城市。[①] 北京博物馆在参与主体、管理模式、服务效能、服务种类等方面与美国重要城市的博物馆存在差异，某些环节存在较大差距，发展水平还有待提高。

（一）参与主体

民办博物馆是美国博物馆的主体，只有 30% 是各级政府、社团、学校办的博物馆。而北京的博物馆体系以公共财政为支撑，以政府举办的公益性文化事业单位为主体。虽然近年来北京民办博物馆数量快速增长，但在运行状况、发展规模、服务水平方面与纽约等美国重要城市的私立博物馆不可同日而语，没有出现纽约大都会博物馆这样具有重要影响力的博物馆。同时，美国城市的博物馆除政府资助和免退税外，主要接受基金会、企业和私人的捐助，社会捐赠成为经费主要来源。而我国虽然也有捐赠制度，但还没有专为调整文物、艺术品捐赠行为而设立的法律法规，对捐赠者的回报如税收优惠制度不甚明确。参与主体相对单一，以国有博物馆为主体，这是我国市场

① 《北京博物馆数量世界第二　已超过纽约》，《北京晚报》2014 年 12 月 2 日。

经济尚不完善、公民社会尚未发育健全的产物，也为政府财政带来巨大压力。北京国有博物馆每年的建设运营资金有限，给征集藏品、服务升级等工作带来困难。2008 年开始，北京市每年的文物征集专项经费额度增加到 1 亿元，而 2015 年纽约大都会博物馆仅从华裔金融家、慈善家唐骝千一人手里就收到了 1500 万美元捐助用于其亚洲馆建设。

（二）管理运营

美国城市的博物馆主要通过董事会、理事会制度进行管理。董事会主要成员（含名誉董事）可以为博物馆带来捐助，包括专业人士在内的社会各界精英共同参与管理。《纽约大都会艺术博物馆章程》规定，纽约市为博物馆建设运营提供资助，纽约市市长、市议会发言人、市审计长、文化事务专员在董事会都有席位，但不直接参与管理。董事会下设馆长和总经理，馆长主要负责行政、收藏与展览业务、艺术品保护、教育活动、展览项目等工作，总经理负责处理财务、商业、法律、人事、设施建设等方面的事务。我国博物馆行政化色彩浓厚，例如故宫博物院为副部级事业单位。行政化程度过高不利于国有博物馆参与市场竞争、优化服务。根据十八届三中全会《关于全面深化改革若干重大问题的决定》，国有图书馆、博物馆需建立法人治理结构、理事会制度，但目前北京市乃至全国的博物馆管理制度改革、“去行政化”推进缓慢，只有观复博物馆等少数民办博物馆实行了理事会制度。

（三）服务效能

与美国重要城市的博物馆相比，北京博物馆的服务效能还需提高。以纽约市最大的大都会博物馆为例，该馆占地面积是故宫博物院的 1/9，展出面积却是故宫的两倍。大都会博物馆一个财政年（2014～2015 年）参观游客为 630 万人次，无固定门票（自由捐助），财政年收入 6.32 亿美元，其中政府赞助 1800 万美元、私人捐款 2.59 亿美元、其他收入 3.55 亿美元。故宫博物院主要依靠政府财政支持，2015 年全年参观总人数为 1506 万人次，是前者的两倍多，2014 年的门票收入为 6 亿多元，其他文创收入 9 亿元。

北京的博物馆对公众的影响力还有很大提升空间。一些重要的文博展览在推出之前，没有多方宣传，使得应者寥寥。受众调查与反馈是提升公共文化服务质量的重要方式。博物馆根据受众反馈结果可以细分服务对象，并依据不同类别进行项目设计，使文化服务满足不同人群的需要。目前，北京博物馆的文化服务中普遍缺乏针对不同受众进行的定制项目，这也是博物馆不能广泛吸引受众、不能有效提升文化服务质量的主要原因。此外，北京市属博物馆普遍存在文物基础薄弱、藏品质量较低、缺少精品文物的状况，又由于近年来文物拍卖行业迅猛发展，文物交易价格不断攀升，国有博物馆要增加文物精品、提高馆藏质量十分困难。①

（四）服务种类

与美国重要城市的博物馆相比，北京的博物馆主要着力点是收藏、保管和研究，而社会教育、就业培训、特色服务等方面的职能没有得到充分发挥，博物馆对自身的角色定位和主动服务意识还需要增强。在博物馆与学校合作方面，我国政府出台了一系列促进博物馆纳入国民教育体系的相关法规和政策措施，例如《文物保护法》《义务教育法》《爱国主义教育实施纲要》《博物馆管理办法》等法律法规对深化博物馆的教育、服务功能提出了一系列规定。2015 年，《博物馆条例》正式出台并实施，再次强调了博物馆的教育和服务职能。目前，北京初步建立了中小学生定期参观博物馆的机制，推进北京地区博物馆青少年教育试点工作，总体来看，在校学生利用博物馆的程度还有待提高，也需要做好课程调整、组织管理、安全保障等一系列工作。

五　对提升北京市博物馆服务水平的启示

北京市国有博物馆要提升文化服务水平，必须进一步深化文化体制改

① 李学军：《关于博物馆文物征集工作的实践与探讨》，《北京文博文丛》2014 年第 2 期。

革，试行董事会制度、理事会制度，建立法人治理结构，完善绩效考核机制，吸纳社会群众、专业人士参与管理。除逐步推进体制改革外，北京博物馆还应借鉴国外优秀博物馆的管理经验，做好以下几方面工作，较快地优化博物馆日常服务。

（一）全方位利用和开发博物馆的馆藏资源，塑造北京国际化大都市形象

要使博物馆成为“生动的百科全书”，成为人们日常休闲、学习的好去处，需要博物馆充分利用馆藏资源，策划多种活动，引起观众的兴趣，将越来越多的人吸引到博物馆来。围绕展览举行的各种主题音乐会、电影节、艺术表演、美食活动、演讲与诗歌朗诵等公益性文化休闲活动都是吸引受众来博物馆参观学习的生动方式。此外，博物馆内的餐馆、酒吧、咖啡厅、纪念品店等不仅可以为观众提供文化娱乐和休闲服务，也是宣传博物馆文化、塑造城市国际形象的一个窗口，美味的食物或具有文化内涵的工艺品、书籍等不仅可以满足游客的多方面需求，推广博物馆的教育和文化理念，还可以提高城市的文化影响力。

为了塑造北京国际化大都市的形象，照顾外国游客的需要，博物馆服务应当注意保护和发展世界文化多样性，提供多语种的录音讲解、导览、手册和活动预告资料等。针对观众的不同需求，不仅提供由普通讲解员介绍的普及性文化知识，也应有专业人员为需要深度了解背景知识的游客提供更加细致的讲解。此外，每一次展览之后，博物馆可以推出与展览主题内容相关的多种文化商品，随着商品的流通，文化产品所承载的艺术精神和文化内涵也随之得到广泛的传播。

（二）与学校紧密合作，促进北京文化教育事业的发展

北京应当积极建立博物馆和学校合作的长效机制，把博物馆的教育服务纳入中小学教育的课程体系，激发博物馆在社会教育方面的潜能。1984 年，美国博物馆界名著《新世纪的博物馆》对博物馆的教育意义描述如下：“如

果典藏品是博物馆的心脏，教育就是博物馆的灵魂”。美国博物馆学会设有教育委员会（The Committee of Education），专门针对博物馆的教育水平和教育原则进行研究探讨，每年设立项目，组织区域性会议，讨论各个地区博物馆的教育水平和道德标准。博物馆学者Hirzy在其著作《真实的需要，真实的伙伴：博物馆和学校改变教育》中列出了博物馆和学校合作所需要的条件：①得到学校和博物馆领导的认同；②建立博物馆工作人员和学校教职工之间的联系；③了解学校对课程的需要，州和地方的教育改革标准；④寻找合作的领域，明确对方的期望和要达到的目标；⑤了解和适应博物馆和学校之间不同的组织文化和结构；⑥经过详细的计划过程后设立现实具体的目标；⑦配备充足的人力和财力资源；⑧明确不同人员的角色和职责；⑨进行有效对话和开放式交流；⑩给教师提供真实有用的价值；⑪鼓励弹性发展、创造性和进行试验；⑫寻求家长和社区的支持。[①]

应当借鉴美国博物馆与中小学合作发展的策略，推动北京市博物馆资源支持课程实施和学生学习的探索，真正实现博物馆教育与学校教育的有效衔接。

（三）充分利用新科技，创新城市公共文化服务方式

随着信息科技和数字技术的发展，当前博物馆服务正在走向网络化、移动化。新技术不仅可以用于展示博物馆的藏品，还可以用于教育公众、服务公众。目前，北京博物馆建立了内容丰富、功能多样的网站，设立了多媒体展示区域和虚拟体验区。在此基础上，还应当借鉴美国博物馆的经验，在网站设立一些教育栏目，提供信息与资料服务，如网上在线课程、线上学习游戏、信息和咨询、在线互动服务等。此外，移动设备信息服务也是利用新技术提高服务水平的重要方式。博物馆的导览服务正在走向移动化，据统计，美国近一半的博物馆向观众提供移动设备信息服务。增长速度最快的移动平

---

① Hirzy, E (Ed). *True Needs, True Partners: Museums and Schools Transforming Education.* Washington. DC: Institute of Museum and Library Services, 1996.

台为智能手机应用程序。服务网络化、移动化可以扩大博物馆影响，吸引更多的市民走进博物馆或在家享受服务。

利用各种新技术，还可以更好地为残障人士提供文化服务，例如可以为盲人提供移动设备，利用诗歌或者音乐引导他们的艺术之旅，让他们在动人的乐声中体会艺术品的美。通过这些新科技提供的文化服务，不仅能让残障人士走进艺术，而且更重要的是使其感受到社会温暖的关怀。

（四）重视受众调查与反馈，提高城市公共文化服务质量

借鉴美国主要城市博物馆的服务方式，改变以往单一“送文化”的公共文化服务供给模式，对受众进行细分，根据不同需求提供专门服务。例如，芝加哥艺术馆根据受众调查结果，常年开展5个项目：①针对17岁以下的在校学生，艺术馆有专人负责制订详细的教育计划，负责组织学生团体参观，在展厅上课或进行课外活动，艺术馆编辑、印刷海报和参观手册等各种宣传、教学资料发送到学校。②针对学校教师的服务项目，提供明信片、彩色卡片、挂图、教室手册等教学工具和信息资源。③针对青少年的项目，为青少年提供课程、工作坊、实验室。④针对家庭的项目，为有3～12岁孩子的家庭制作相应的参观手册，举办讲座，指导家长如何给孩子讲解艺术品和如何带孩子玩耍。⑤针对成人的项目，负责18岁以上成人的教育活动。其不但为本科生、研究生提供可计算学分的选修课，还举办各类讲座，把资料送到企业、医院、养老院等机构。公共文化服务的调查反馈机制可以提高市民参与程度，能够形成专业的服务内容，实现博物馆服务与公众需求的有效对接。

文化创意产业与文化经济

Culture Creative Industries and Culture Economy

B.12

北京文化创意产业十年发展分析报告

梅松 廖旻 周峥*

摘 要： 2005～2015年，是北京文化创意产业发展史上最重要的十年。本报告从发展脉络、总体情况、集聚区和企业四个方面回顾了十年来文化创意产业取得的巨大成就，总结十年发展经验，指出其中的不足，并结合文创产业促进体系建设十年的经验，提出进一步完善产业促进体系的建议。

关键词： 北京 文化创意产业 十年发展 文创产业促进体系

北京是全国文化中心。长期以来，市委、市政府高度重视文化建设。

* 梅松，经济学博士，北京市文化创意产业促进中心主任；廖旻，硕士，北京市文化创意产业促进中心产业发展部副部长；周峥，硕士，北京市文化创意产业促进中心产业发展部部长。

2005 年底，北京率先做出大力发展文化创意产业的重大战略决策，把文化创意产业作为战略性新兴产业纳入国民经济和社会发展总体规划。十年来，文化创意产业一直以“跑步前进”的态势快速发展，从起步期进入繁荣期，已成为仅次于金融业的第二大支柱产业。

一　北京市文创产业十年发展回顾

（一）文创产业发展历史脉络

1. 起步期（2005 ~2010年）

2005 年底，北京市做出大力发展文化创意产业的战略决策，提出“文化创意产业”的概念。2006 年，北京市文化创意产业领导小组成立，由此，北京全面进入推进文化创意产业发展的新时期。同年，北京市文化创意产业分类标准公布，明确了文化创意产业九大领域；12 月，认定了首批 10 个市级文化创意产业集聚区。2009 年，文化创意产业实现增加值 1497. 8 亿元，占全市 GDP 的 12. 6%，提前实现了“十一五”规划提出的占 GDP 12% 的目标。2010 年，习近平同志在京调研时提出“努力把北京打造成国际活动聚集之都、世界高端企业总部聚集之都、世界高端人才聚集之都、中国特色社会主义先进文化之都、和谐宜居之都”，充分体现“人文北京、科技北京、绿色北京”的要求。北京文化创意产业顺应时代发展要求，积极承担起为实施文化创新、科技创新“双轮驱动”战略和建设先进文化之都提供有力支撑的重要使命。到 2010 年末，文化创意产业增加值已达 1697. 7 亿元，占 GDP 的 12. 03%。

2. 繁荣期（2011 ~2015年）

2011 年，《中共中央关于深化文化体制改革推动社会主义文化大发展大繁荣若干重大问题的决定》，确立了建设社会主义文化强国的宏伟目标，提出新形势下推进文化体制改革的指导思想、重要方针、目标任务和政策举措。同年 12 月，北京通过《关于发挥文化中心作用加快建设中国特色社会主义先进文化之都的意见》，标志着文化创意产业由此进入繁荣发展期。党的十八大以来，北京深入贯彻实施中央关于深化文化体制改革、推动文化创新、建设社会主义文化强国的一系列要求，围绕“全国政治中心、全国文化中心、国际交往中心、科技创新中心”的战略定位，加快发展文化创意产业。

（二）文创产业十年发展成就

1. 产业规模持续扩大，文创大军不断壮大

十年来，北京出台并实施了一系列加快发展文化创意产业的政策措施。截至2014年末，全市规模以上文化创意产业法人单位实现收入超1.1万亿元，占全市GDP的比重由2006年的10.14%增长至2014年的13.25%，增长动力迅猛（见图1）。目前，文化创意产业已发展成为北京市仅次于金融业的第二大支柱产业。

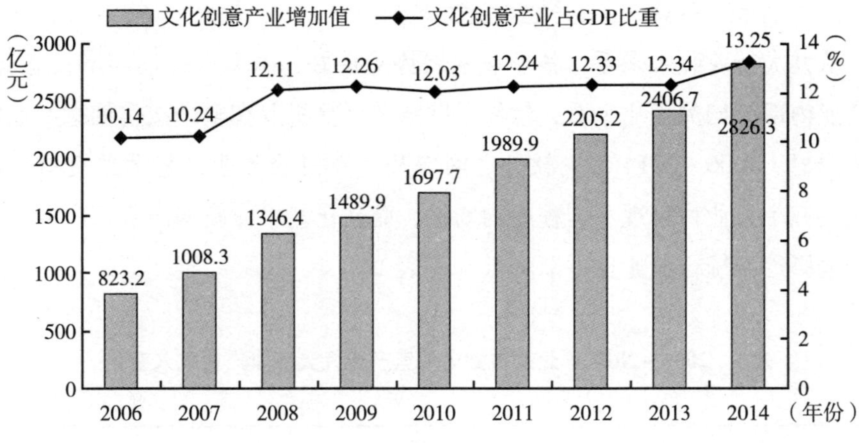

图1　2006~2014年北京市文化创意产业规模

资料来源：北京市统计局：《北京市统计年鉴2014》。

文化创意产业属于智力密集型产业，产值增加也带动就业增加。2014年末，全市共有文化创意产业从业人员191.6万人，较2006年增加102.1万人（见图2），占全市第三产业就业人数的21.42%，占全市就业人数的

16.56%。十年来，文化创意产业就业人数稳步增长，就业形势持续向好，优化了北京的就业结构。

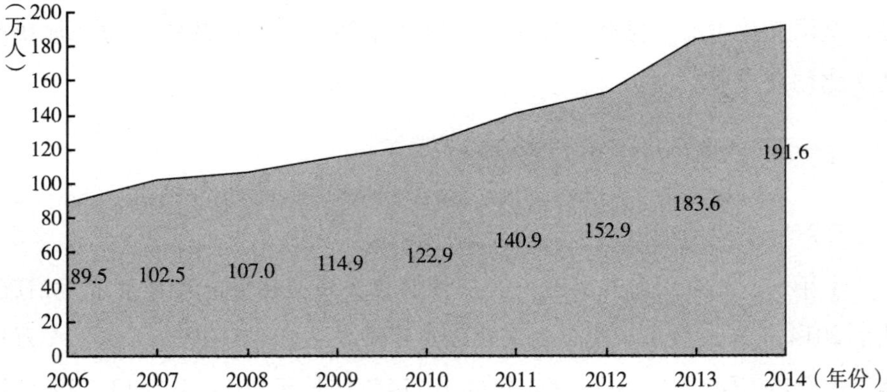

图2　2006~2014年北京市文化创意产业从业人员平均人数变化

资料来源：北京市统计局：《北京市统计年鉴2014》。

2. 行业发展各具特色，产业融合步伐加快

从九大行业收入来看，各行业发展势头良好，基本保持逐年增长态势；从产业内部结构的变化来看，软件、网络及计算机业在整个文化创意产业中优势明显。2006~2014年，软件、网络及计算机服务业，艺术品交易和广告会展三个行业均呈现不同程度的增长，而文化艺术，新闻出版，广播、电视、电影等传统行业比重逐渐降低（见表1）。

表1　2006~2014年北京市文化创意产业九大行业产业收入变化

单位：亿元

项目 \ 年份	2006	2007	2008	2009	2010	2011	2012	2013	2014
文化创意产业	3614.8	4601.6	5439.6	5985.7	7442.3	9012.2	10313.6	12377.4	13982.1
文化艺术	69.3	81.3	124.7	144.5	139.0	217.0	237.0	349.5	410.1
新闻出版	426.2	474.5	543.7	565.8	620.3	755.6	883.0	973.7	1034.8
广播、电视、电影	243.4	295.1	404.3	437.3	491.1	553.5	680.3	771.9	859.4
软件、网络及计算机服务	1183.4	1620.7	2059.0	2297.0	2816.3	3342.5	3888.1	4587.7	5380.0

续表

项目 \ 年份	2006	2007	2008	2009	2010	2011	2012	2013	2014
广告会展	390.8	492.9	738.8	777.0	971.7	1154.9	1256.8	1646.4	1835.0
艺术品交易	59.4	102.7	126.5	131.2	354.0	492.2	705.6	1056.2	1094.5
设计服务	328.4	417.0	244.8	245.3	343.9	369.9	443.0	536.3	576.1
旅游、休闲娱乐	300.1	374.0	417.5	440.7	458.4	706.6	849.0	984.3	1054.7
其他辅助服务	613.8	743.4	780.3	946.9	1247.6	1420.0	1370.8	1471.4	1737.5

资料来源：北京市统计局：《北京市统计年鉴》（2007～2015）。

总体来说，文化创意产业各行业经过十年发展，逐渐形成了自己的优势地位和行业规模，形成了以软件、网络及计算机服务为主，文化艺术、新闻出版、设计服务、广告会展和艺术品交易等在国内领先的发展格局，文化创意产业向专业化、精细化、特色化发展。

3. 集聚区星罗棋布，示范带动功能增强

自2006年起，全市共认定市级文化创意产业集聚区30个，涵盖了16个区县和文化创意产业九大领域。各集聚区产业辐射带动效应较为明显，有力地推动了城市的创新转型。其中，CBD国际传媒产业集聚区、798艺术园区等品牌的国内外影响力不断扩大。

4. 龙头企业领跑全国，国企民企并肩发展

从2008年第一届至2014年第六届中国“文创企业30强”，北京文创企业入围数量一直占据绝对优势。其中，文化艺术企业入围19家次，占总数的35.8%，全部为国有企业；广播影视企业入围18家次，占总数的34%，其中国有企业16家次；新闻出版企业入围10家次，占总数的18.9%，全部为国有企业；文化新业态企业入围6家次，占总数的11.3%，全部为民营企业（见表2）。

5. 文化消费持续增长，文化贸易不断扩大

近年，北京市城镇居民教育文化娱乐服务消费水平不断提高。2014年，北京市城镇居民人均教育文化娱乐服务支出已达4170元，较2006年有较大增长（见图3）。

表 2　2008 ~ 2014 年全国“文创企业 30 强”中北京企业入围情况

单位：次

序号	企业名称	行业	性质	入围次数
1	中国对外文化集团公司	文化艺术	国有	6
2	中国国际电视总公司	广播影视	国有	6
3	中国出版集团公司	新闻出版	国有	6
4	中国电影集团公司	广播影视	国有	6
5	保利文化集团公司	文化艺术	国有	6
6	中国教育出版传媒集团公司	新闻出版	国有	4
7	完美世界(北京)网络技术公司	文化新业态	民营	4
8	北京歌华有线电视网络股份公司	广播影视	国有	3
9	北京演艺集团公司	文化艺术	国有	3
10	中国东方演艺集团公司	文化艺术	国有	2
11	北京畅游时代数码技术公司	文化新业态	民营	2
12	北京万达文创产业集团	广播影视	民营	2
13	北京儿童艺术剧院股份有限公司	文化艺术	国有	1
14	天创国际演艺制作交流有限公司	文化艺术	国有	1
15	北京北广传媒集团有限公司	广播影视	国有	1

资料来源：《光明日报》。

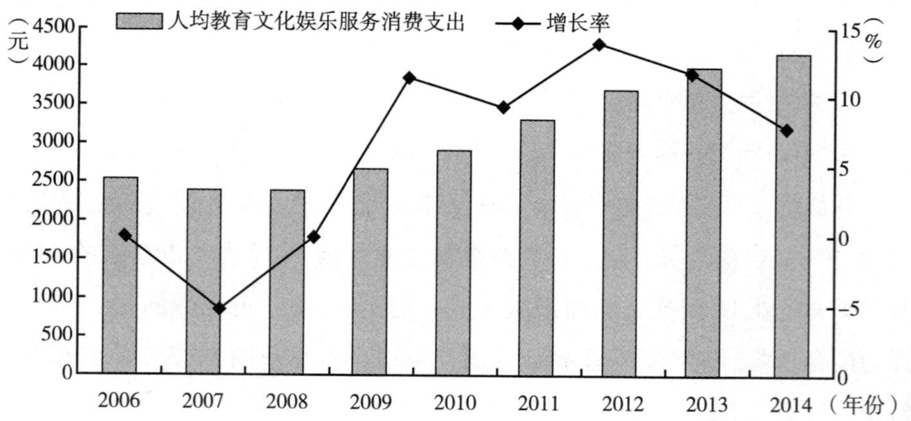

图 3　2006 ~ 2014 年北京市城镇居民教育文化娱乐服务消费变化

同时，北京市文化贸易也一直保持较快增长态势。2013 年，全市核心文化产品进出口总额为 9.1 亿美元（见图 4），核心文化服务进出口总额为 26.2 亿美元。2013 ~ 2014 年国家文化出口重点企业（项目）中有 60 家企业、37 个项目被列入。北京市国家文化出口重点企业和项目数全国最多，一批具有国际影响力的外向型文化企业已经形成。

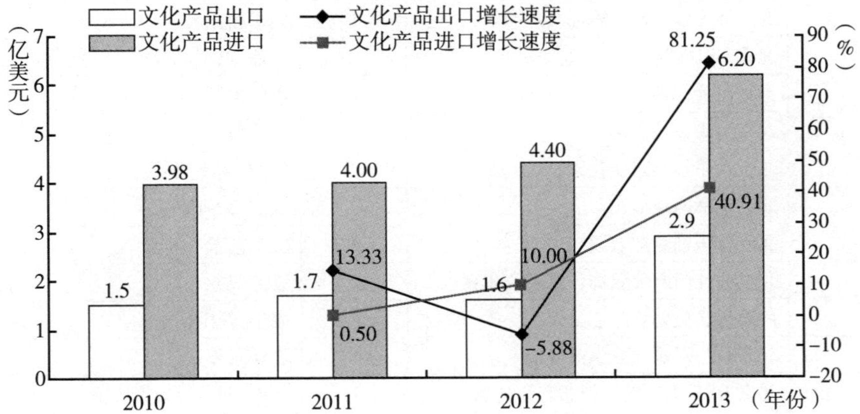

图 4　2010～2013 年北京市核心文化产品进出口情况

（三）文创产业集聚区发展情况

1. 集聚区发展现状

截至 2013 年底，30 家市级集聚区内的 742 家规模以上文化创意产业法人单位，共实现收入 1407.8 亿元，从业人员达到 14.8 万人，经济效益不断提高且就业规模不断扩大。北京各批次创意产业集聚区地区分布及主要涉及行业如表 3 所示。

表 3　北京各批次创意产业集聚区地区分布及主要涉及行业

所属区县	集聚区名称	批次	主要涉及行业
西　城	琉璃厂历史文化创意产业园区	2	艺术品交易
	前门传统文化产业集聚区	2	文化艺术
东　城	中关村科技园区雍和园	1	软件、网络及计算机服务
海　淀	中关村创意产业先导基地	1	软件、网络及计算机服务
	中关村软件园	1	软件、网络及计算机服务
	清华科技园	2	软件、网络及计算机服务

续表

所属区县	集聚区名称	批次	主要涉及行业
朝　阳	北京798艺术区	1	文化艺术
	北京潘家园古玩艺术品交易园区	1	艺术品交易
	北京CBD国际传媒产业集聚区	2	广播、电视、电影
	惠通时代广场	2	新闻出版
	北京时尚设计广场	2	设计服务
	北京欢乐谷生态文化园	2	旅游、休闲娱乐
	北京奥林匹克公园	3	旅游、休闲娱乐
	北京音乐创意产业园	4	文化艺术
丰　台	北京大红门服装服饰创意产业集聚区	2	设计服务
	卢沟桥文化创意产业集聚区	4	旅游、休闲娱乐
石景山	北京数字娱乐产业示范基地	1	设计服务
	北京DRC工业设计创意产业基地	1	软件、网络及计算机服务
	中国动漫游戏城	3	软件、网络及计算机服务
大　兴	国家新媒体产业基地	1	新闻出版
通　州	宋庄原创艺术与卡通产业集聚区	1	文化艺术
	北京出版发行物流中心	2	新闻出版
顺　义	顺义国展产业园	2	广告会展
昌　平	十三陵明文化创意产业集聚区	4	旅游、休闲娱乐
延　庆	八达岭长城文化旅游产业集聚区	4	旅游、休闲娱乐
门头沟	斋堂古村落古道文化旅游产业集聚区	4	旅游、休闲娱乐
怀　柔	中国（怀柔）影视基地	1	广播、电视、电影
平　谷	中国乐谷－首都音乐文化创意产业集聚区	4	文化艺术
密　云	北京古北口国际旅游休闲谷产业集聚区	4	旅游、休闲娱乐
房　山	北京（房山）历史文化旅游集聚区	2	旅游、休闲娱乐

2. 集聚区发展特点

建设产业集聚区，成为北京发展文化创意产业的主要模式。从经济地理的视角来看，北京文化创意产业经历了高新产业园区、文化创意基地和文化创意产业集聚区三个阶段，并呈现其特有的发展特点。

（1）集聚特点

一是地理集聚。在一个区域汇集了大量文化创意企业，如围绕中关村创意产业先导基地形成的主题文化广场。二是产业关联。如中央电视台和北京电视台周围形成的近千家广告代理、电视制作、策划、印刷等相关文化创意类公司，形成了拓展性极强的文化创意产业链。三是产业同类。围绕中关村软件园形成软件经营、电子信息等产业。

（2）分布特点

一是首都功能核心区和城市功能拓展区成为主要集聚区域。从地区分布来看，30个市级集聚区主要集中在东城、西城、朝阳和海淀等城区，其中朝阳区最多（8个），涵盖原创艺术、艺术品交易、广播影视、新闻出版、设计服务、旅游休闲等行业。

二是涵盖远郊，实现均衡协调发展。北京在认定集聚区时，注重各区县产业发展的平衡性，11个远郊区县均实现至少建有一个特色文化创意产业集聚区，既保证了各区的协调发展，也在不同程度上带动了当地相关产业的发展。目前，远郊区县的集聚区主要集中在生态涵养旅游娱乐相关行业，将文化创意产业与历史古迹、自然风光相结合，不仅提高了旅游收入，而且提高了旅游附加值，为旅游业指引了新的发展方向。

三是龙头企业成为产业集聚的核心动力。北京CBD国际传媒产业集聚区，在中央电视台、北京广播电视台、凤凰卫视等影响力强、覆盖面广、专业化程度高的领先传媒平台入驻后，形成了强大的辐射效应，对配套企业起到带动作用，其产业链上下游企业已经在此处形成了初步的聚集形态。还有中国（怀柔）影视基地，由中影集团旗下的20多家公司构成，遍布影视制片、拍摄制作、交易发行、营销策划、影视旅游和后衍生品等影视全产业链。同时，在中影集团的品牌影响下，又吸引了相关配套企业在此集聚。此外，高校、科研机构与集聚区形成相互依托的互促关系。在30个集聚区中，有14个是与高校紧密相邻的，特别是研发设计类集聚区的分布与高校等科研教育机构的分布呈现很强的相关性。

（四）文创企业发展情况

1. 文创企业规模

2014年底，北京全市文化创意企业已达17.1万家，规模以上法人单位实现收入11029亿元。全市平均每天有超过77家文创企业作为“新生力量”加入进来。

2. 北京文创企业发展特点

（1）小微文化企业占据主体

在全市文创企业中，小微文化企业发挥了巨大作用。根据北京市第三次全国经济普查主要数据公报，截至2013年底，北京小微文化创意企业数量占全市文化创意企业总量的96.6%，达到14.1万家；从业人员占全市的47.1%；资产总额占全市的42.8%。2014年，全市新增2.9万家文化及相关产业企业，同比增长53.1%，其中小微企业占大多数。

（2）民营企业发挥主力军作用

北京市文促中心开展的相关调查显示，70.69%的受访企业为民营（含个体）企业，15.17%为国有企业，合资及外资企业较少，分别为3.45%及3.10%。北京市第三次经济普查显示，2013年，全市共有14.29万家内资文化创意产业法人单位，占全市文化创意产业法人单位的77.6%，从业人员152.9万人；1297家港澳台商投资文化创意产业法人单位，占全市文化创意产业法人单位的7.6%，从业人员10.9万人；1960家外商投资文化创意产业法人单位，占全市文化创意产业法人单位的14.8%，从业人员19.8万人。

（3）创意研发为主营业务

北京市文促中心的调查显示，文化创意企业经营活动最多的是计算机软件服务，设计创意和动漫网游则分别为18%和16%，三大行业主营业务技术含量高，创意研发是主营业务，处于产业链前端。

（4）多数企业发展较稳定

2013年，我国工商部门曾对2000年以来新设企业的营业状态展开企业生存周期的调研，分析结果指出，我国文化类企业平均寿命为5.67年，生存危险期在企业创立后第2年。北京市文促中心的调查显示，超一半文创企业为创办5年以上的企业，创办3年以下的占25.77%，创办1年以下的仅占9.62%。由此可以看出，北京文创企业发展较为稳定，企业成长及经营状况较好。

(5) 精品创作活跃

北京文创企业高度重视精品内容创作与生产。通过发挥原创性强的优势，在文艺演出、新闻出版、广播影视、动漫游戏等领域，涌现了一大批经济效益和社会效益俱佳的精品力作，获得了“五个一”工程奖、华表奖、国家动漫精品工程等各类奖项，其中不少产品远销海外，受到好评，如时代华语在美国出版的系列图书、华录百纳出品的影视剧、完美世界自主研发的网络游戏等。

（五）文创产业十年发展中存在的不足

1. 各行业发展不够平衡

在九个行业中，软件、网络及计算机服务业和广告会展业实现收入占全市文化创意产业总收入的比重达到52%，其他七个行业仅占48%。

2. 文化市场体系有待完善

目前，文化管理各部门相互沟通协调不够，对文化资源和文化市场的统筹不够，市场配置资源的基础性作用未得到充分发挥，发展文化创意产业的资金、信息、人力等受行政关系、专业划分的限制，对提高资源配置效率产生不利影响。

3. 文创产业集聚区参差不齐

集聚区发展中的问题主要有以下三点：一是缺乏专业的管理机构和人才队伍，集聚区品牌定位、园区规划、形象设计、运营管理等方面缺乏专门的机构和人才进行打造。二是大部分集聚区仍没有形成完整的产业链条，产品的有效差异性小，整体竞争能力差。三是与国际知名文化产业园区的品牌影响力相比，明显不足。

4. 文创企业国际竞争力较弱

北京虽然已涌现一批全国知名的文创企业，但在知名度、整体数量、规模等方面，仍不足以与发达国家抗衡，整体实力有待进一步提高。

二　文化创意产业十年发展经验总结

通过梳理文化创意产业十年发展的成就，可以总结出以下五条经验。

1. 重视通过政策和资金两手共同推动产业发展

自2006年市政府发布《北京市促进文化创意产业发展的若干政策》以来，共发布与文化创意产业相关的政策和规划近50个，涵盖了综合政策、行业政策、规划类政策、财税政策、投融资政策、贸易政策、人才政策、集聚区政策和知识产权政策，初步形成了一套较为完善的政策体系。此外，自2005年开始，分别设立每年5亿元的文化创意产业发展专项资金和三年共5亿元的文化创意产业集聚区发展专项资金，2012年又开始设立文化创新发展专项资金。财政资金的大力投入对文化创意产业过去十年的发展发挥了不可估量的带动作用。

2. 尊重市场机制的基础地位

过去十年，北京一直坚持“政府引导、市场主导、企业主体”的指导思想，在尊重产业发展规律和市场机制的前提下，通过政策、资金的引领和示范带动作用，激发企业的创新创造活力，努力营造适宜的发展环境，推动产业健康快速发展。

3. 立足优势发展文创特色产业

北京既是全国文化中心，也是全国科技教育资源和人才最密集的地区。十年来，北京立足自身特点和优势，着力深化文化体制改革，释放改革红利，同时大力推动文化与科技、金融、旅游等相关行业融合发展，突出内容为王，培育了一批在国内具有一定优势和鲜明特色的龙头企业，文艺演出、新闻出版、广播影视、动漫游戏、广告会展、艺术品交易等行业竞争力在全国均位居前列。

4. 打造特色鲜明的文创产业集聚区

十年来，北京以市场机制为基础、政府规划为引导，形成一批特色鲜明的文创产业聚集区，成为城市转型升级的重要驱动力。中关村创意产业先导基地聚集了新浪、百度、搜狐等百余家文化科技企业；北京数字娱乐产业示范基地成为全市动漫游戏产业积聚的重要基地，产值占全市半壁江山；798艺术区方圆1平方公里，现集聚了100多家文化艺术机构，被美国《时代周刊》评为全球22个城市艺术中心之一；CBD－定福庄传媒走廊成为全市首个收入破千亿元的文创产业集聚区；国家广告产业园、中国出版创意产业园、怀柔影视基地、国家新媒体产业基地等国家级文创产业集聚区的品牌价值和聚集效应，提升了北京文化创意产业的整体竞争力。

5. 重视实施国际化发展战略

十年来，北京高度重视文化“走出去”“引进来”，创办北京文博会、北京国际电影节、国际设计周、国际图书节等国际交流合作平台，定期举办京港、京台、京澳文创产业会展活动。在一系列政策措施的带动下，北京文化产品和服务出口规模日益扩大、途径日趋多样，形成了以自主知识产权产品出口、合资合作、海外资产并购以及海外设立分支机构等方式构成的文化“走出去”格局。

三　产业促进体系十年建设经验总结

1. 建立强有力的组织领导体系，加大统筹指导力度

北京在全国最先建立了促进文化创意产业发展的组织领导体系。2006年4月，成立了以市委市政府主要领导挂帅、21个委办局参与的文化创意产业领导小组。同年11月，成立北京市文化创意产业促进中心，作为领导小组及办公室专门从事推动文化创意产业发展工作的常设机构。自此以后的短短几年里，各区县也根据各自实际，纷纷成立文创产业管理或促进机构，基本形成了市区两级紧密互动、协调推进的工作格局。2012年，市委、市政府决定成立北京市国有文化资产监督管理办公室，既负责全市国有文化资产监管，又统筹全市文化创意产业发展，加大了产业促进工作力度。

2. 以改革为动力，统筹文化事业和文化创意产业发展

北京重视关注现实和潜在需求，鼓励改善并提高政府提供公共文化服务的方式、质量和水平，创造有利于文化创意产业发展的环境和条件。为推动产业发展，北京市按照中央要求，完成了文化体制改革阶段目标，同时改革财政投入方式，建立起包括担保补助、补贴等在内的文化投融资服务体系，发挥财政资金的杠杆效应，为产业快速发展注入资本力量。

3. 发挥政府投资的带动作用，撬动社会资本投资

在产业发展初期，政府的资金扶持必不可少。北京在加大政府投入的同时，充分发挥市场对文化资源和文化资本的基础配置作用，制定政策吸引和带动社会资本、金融资本进入文创产业，实现投资主体多元化。目前，除了文化创意产业发展专项资金外，还建立了市场化运营的文创产业基金和创业投资引导基金，并逐步形成了“投、融、贷、保、孵”环环相扣、彼此支撑的格局。

4. 建立健全服务体系，搭建政府与企业的桥梁

文创产业的持续健康发展离不开“四有”：有人才、有资金、有产业、有服务保障。文化创意产业服务体系的打造要最大限度地发挥市场化的作用，借助平台公司进行企业化建设与运营。在企业对搭建文化创意产业公共服务平台希望得到哪些方面服务的排名中，产业政策解读排在第一位，说明政府在政策出台后，政策的传播和解读尚未完全做到企业周知，在这方面需要进一步加大力度。其次是优惠政策申报，大量文创企业是中小微企业，融资困难限制了企业发展，需要政府在金融资本进入、融资渠道开拓上下功夫。另外是公共环境及配套，尤其是对交易平台服务的需求较高，要发挥集聚区效应，政府应搭建平台。

5. 实施投资、出口、消费和创意“四轮驱动”，增强产业发展动力

十年来，北京从弥补文化市场失灵、加快文化产业发展的角度，从投资、出口、消费和创意等多个方面加强对产业发展薄弱环节的扶持。其一，面向社会、不分所有制广泛征集文化产业项目；其二，建立文化与金融对接

工作机制；其三，制定文化产品和服务的政策；其四，探索降低票价、发放文化消费券等；其五，支持文化创新，抵制模仿和复制。

四　进一步完善文创产业发展的建议

1. 加快政府职能转变，提升宏观管理能力

进一步理顺政府、市场和社会之间的关系，将充分发挥市场在资源配置中的决定性作用与更好地发挥政府作用有机结合。明确政府政策调节、市场监管、社会管理和公共服务的职能，变“微观管理”为“宏观管理”，加快实现由“办文化”向“管文化”的转变，使政府能集中精力进行文化事业、文化产业的宏观管理，建立以文化事业和文化创意产业发展规划为指导的宏观调控体系，完善奖惩、监督、保障等机制，完善国有文化资产管理体制，切实加强对国有文化资产的监督管理。改进管理方式，创新管理方法，进一步提高文化宏观管理水平。

2. 密切市级部门协作，构建全市“一盘棋”的促进机制

在市文化改革和发展领导小组的统一领导下，由市委宣传部抓总，市文资办联手市文促中心，会同市发改委、市科委、市经济信息化委、市商务委、市文化局、市旅游委、市新闻出版广电局、市文物局、市财政局、市地税局、市工商局、市金融局、市知识产权局等行业委办局做好全市文创产业工作的顶层设计、统筹协调、整体推进、督促落实，构建全市“一盘棋”的文创产业促进机制。聘请园区、产业、政策等领域有关专家，组成专家委员会，为促进工作提供决策支持。市文资办和市文促中心会同市级各相关行业主管部门，共同研究制定促进文化创意产业发展的有关创新政策。

3. 健全市区联动机制，充分调动各区积极性

一是建立市区联动机制。加强市区互动，在规划制定、项目布局等方面强化统筹和分类指导。市级规划在前期研究和制定过程中应充分征求区县意见，强化项目统筹，并及时指导区县根据市级规划确定的发展目标、发展思

路和主要任务制定本区的规划和行动计划，避免出现上下脱节甚至相互矛盾的现象。二是建立城郊结对互促机制。发挥城区在产业、信息、人才、资金等方面的优势，结对帮扶密云、平谷、门头沟、房山等区县，在产业发展、公共服务、生态建设和城市功能疏解等领域开展“一对一”互助合作。双方可探索实施完全托管、实体管理等多种产业基地共建模式，在园区管理、公共服务资源共享、人才交流等方面深化合作。在土地流转、财政税收、投资收益等方面，建立各区之间的共享分配机制，促进生产要素在符合产业规划前提下，实现各行政区域之间的自由流动配置。三是北京市在文化领域进一步简政放权，尽量将审批权下放到区，市级审批项目努力实现“一站式”服务。

4. 促进平台建设，满足文创企业的发展需求

应重点从两方面促进平台建设发展：一方面，通过直接注资形式，完善现有平台的服务功能，如在艺术品交易平台建设方面，除交易拍卖环节外，积极拓展制作、鉴定、估值等关联业务，形成立体化平台服务模式；另一方面，对于评估、创业服务等新兴平台类企业，可以通过控股方式，以股权投资、项目合作、技术支持等形式，引入社会资本共同参与平台建设。

5. 完善行业组织服务体系，发挥第三方机构作用

一是支持行业协会参与更多的行业服务管理。加大政府引导力度，在行业管理、政策制定、新兴服务拓展等方面为行业协会提供更多的发展空间。如通过政府购买服务的方式委托行业协会开展行业统计分析、非强制性行业标准制定、行业政策制定、行业性相关研究和规划等基础性行业管理工作，并支付相应费用。二是大力扶持新兴行业组织发展。重点促进产业联盟、市场联盟、文化产业商会以及一些公益性专业团体等文化类新兴行业组织发展，从资金、项目、用地、政府采购等方面加大政府支持力度，鼓励新兴行业组织积极拓展各类服务功能，提升在专业行业领域中的带动力和影响力。

6. 创新投入方式，充分带动社会投资

完善细化各种资助手段，综合运用财税等多种方式有针对性和创新性、切实地为文创企业提供各项优惠政策。在依靠财政投入的同时，还要充分鼓励和调动各种社会资金和各方积极力量，逐步形成多种经济成分、多种经营方式、多层次、多渠道、多体制办文化的新格局。

B.13

北京市文化创意产业创新创业调查报告

吴锡俊　周 末*

摘　要：在国家大力发展文创产业及“大众创新、万众创业”的双重背景下，北京文创领域的创新创业发展迅猛，成为创新驱动发展方式转变的重要支撑。首都文创领域创新创业呈现明显的阶段性特征，创业团队呈专业化、低龄化趋势；移动互联网及技术应用成为最大风口，众创空间成为重要的物理载体，政府支持主要集中在投融资服务等，但同时也存在政策缺失、资金获取难且渠道单一、内容创新滞后、人才制约等问题。推动文创领域双创可持续发展，必须从改善支持环境系统着手，从制度和操作两个层面共同发力，融于其中又立于其外，形成具有中国特色、首都特点的文创发展之路。

关键词：创新创业　文化创意产业　文化消费　众创空间　北京

一　北京文创产业创新创业现状及特征

近年来，首都文化领域涌现以3W咖啡、SmarTots、六人行等为代表的创新创业企业，其中以海淀区为首的软件、网络及计算机服务行业，以朝阳区为首的广告会展、艺术设计行业的创新创业企业发展势头强劲。本课题组针对首都文化领域的创新创业情况，从创新创业的关键环节，包括空间选

---

* 吴锡俊，博士，北京市文化创意产业促进中心副主任；周末，北京蓝色智慧管理咨询中心。

择、团队结构及素养等诸多角度，面向全市文化领域的创新创业企业展开调查，总共发放问卷530份，回收问卷356份，有效问卷272份。

（一）发展现状

1. 创新创业的行业结构

创新创业繁荣度存在结构性差异。调研显示，从整体来看，创新创业涉及文化艺术，广告会展，软件、网络及计算机服务，旅游、休闲娱乐等领域，基本实现了文创全行业发展。但创新创业的繁荣程度存在结构性差异，集中于创新成果市场转化能力强的行业：软件、网络及计算机服务，文化艺术和广告会展等领域创新创业占比超过五成，分别占22.06%、21.61%及11.03%，艺术品交易、设计服务、新闻出版等专业性强、经验要求程度高的行业创新创业占比仅在5%左右，分别占1.81%、6.15%及5.41%（见图1）。

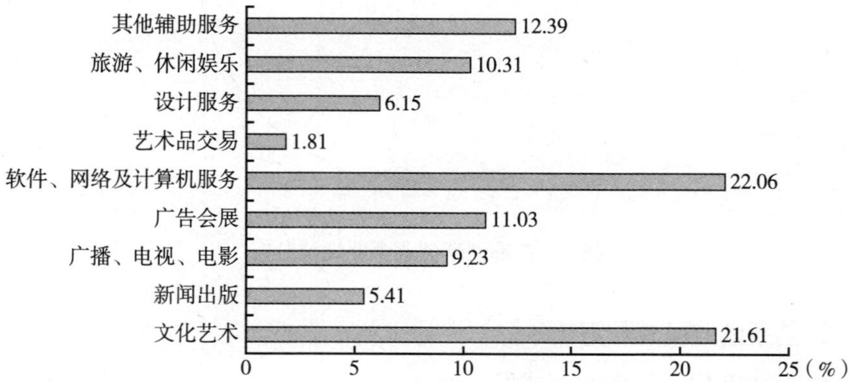

图1 创新创业行业分布

2. 创新创业的空间布局

文创产业创新创业企业普遍集中在海淀区和朝阳区。调研显示，在创业方面，超过80%的创新创业企业注册在东城、西城、朝阳和海淀。[①] 其中，

① 来自海淀区和朝阳区工商局统计注册数据。

2014 年海淀区中关村新创办科技型企业就突破 1 万家，朝阳区 2014 年新增文化创意企业 7996 家，两区每年的创新创业企业数量远超其他区县（见图 2）。① 在创新方面，海淀区和朝阳区的专利申请和授权量实现了年均 10% 以上的增长。创新创业空间布局与全市文化创意产业的空间布局整体趋同②：海淀区和朝阳区的文创企业总量及企业注册资本分别占全市总量的 49.9% 和 57.3%。

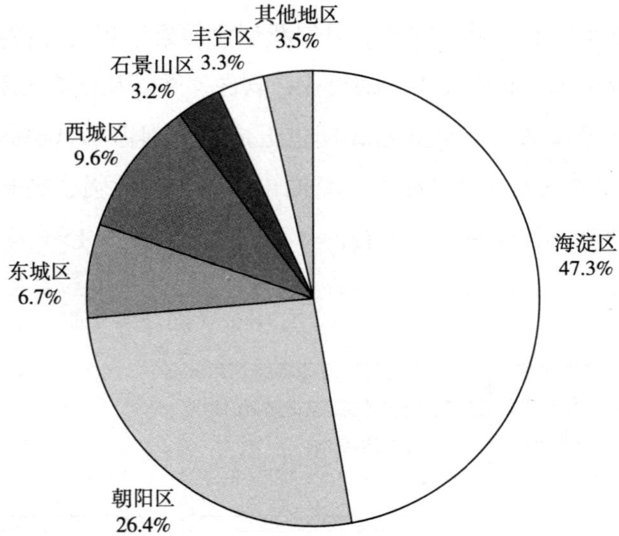

图 2　首都创新创业企业地域分布

3. 创新创业模式及方式

（1）创新模式和创业模式发生变化

"源创新"③ 逐渐成为创新的主要切入点。"源创新"是以客户需求为核心进行技术创新和产品服务创新，其突出表现在解决信息不对称和提供便

① 来自朝阳区和海淀区专利局 2014 年统计数据。

② 来自朝阳区和海淀区文促中心统计数据。

③ 源创新是以客户为核心的一种创新，是基于新理念和新生态系统的创新。与之相对的是"流创新"，即以产品为核心，停留在产品、流程和成本层面的创新。

利服务的商业模式创新。北京文化领域涌现猫眼电影[①]、爱星迹[②]等典型代表，这类创新不断挖掘并解决了用户痛点，形成用户黏性和品牌效应，是现阶段传统产业创新的主要切入点。

“天使投资+合伙人制”成为主流创业模式。调查显示，80%的初创型企业得到天使投资，并采取了合伙人制度构建公司。首先，北京地区天使投资额居全国之首[③]，能够在资金、管理、资源渠道等方面为初创型企业提供帮助。其次，合伙人制度既能够在前期提供资金和人力资本，也能够最大限度地调动团队的创造力和执行力。

（2）企业创新方式呈现阶段性特征

不同发展阶段的企业创新方式有所不同。自主研发是企业初创期的主要创新方式，调研显示，其中52%的创新成果来自于团队研发。进入成长期，创新人才的跨界交流及合作开发是企业创新的主要方式。在成熟期，企业重组或并购、委托开发及专利购买成为创新的主要方式（见图3）。

4. 创新创业团队组建

（1）价值实现成为创业主要驱动力

调研结果显示，超过七成的民众把创业当成价值实现的一个途径，6%的人是基于兴趣创业（见图4），与前几个阶段不同，创业已经基本跨越“生存+财富”的阶段，而是迈向了“生活+价值”的阶段，成为更高层次的价值追求。

（2）志向相同与技能互补成为团队组建基础

调查结果显示，创新创业团队组建方式中，超过四成的团队是由具有不同才能的人聚集组建的，近20%的创新创业团队是由有兴趣的合伙人自发

---

① 猫眼电影是中国最大的电影票分销商，全国每5张电影票里有1张是由猫眼销售的，用户可以在猫眼电影上查询电影资讯，预选座位下单支付，到电影院现场再使用出票机打印电影票，无须在电影院排队购票。

② 爱星迹是以一系列面向明星粉丝的移动应用，它通过明星独立App和综合App为粉丝提供资讯和交流的平台，并通过电商和游戏实现商业化，已获得1000万美元的B轮融资。

③ 根据清科数据，2008～2013年北京地区天使投资总额达到18.4亿元，居全国之首。仅2015年上半年北京就发生348起天使投资，投资额达2.7亿元。

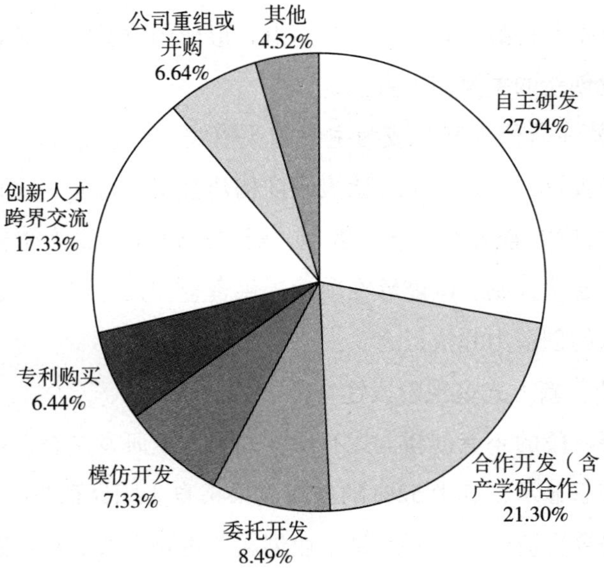

图3　文化领域创新方式构成（多选题）

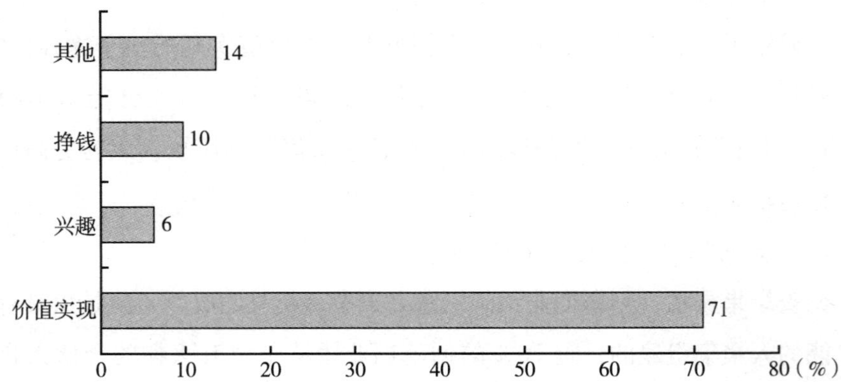

图4　创新创业的主要动机

组建的，超过28%的团队由领导者自行招募，其余是由母公司委派等其他方式组建的（见图5）。基于技能互补与志同道合的组建方式更加理性和成熟，提高了创新创业项目的可行性与可操作性。

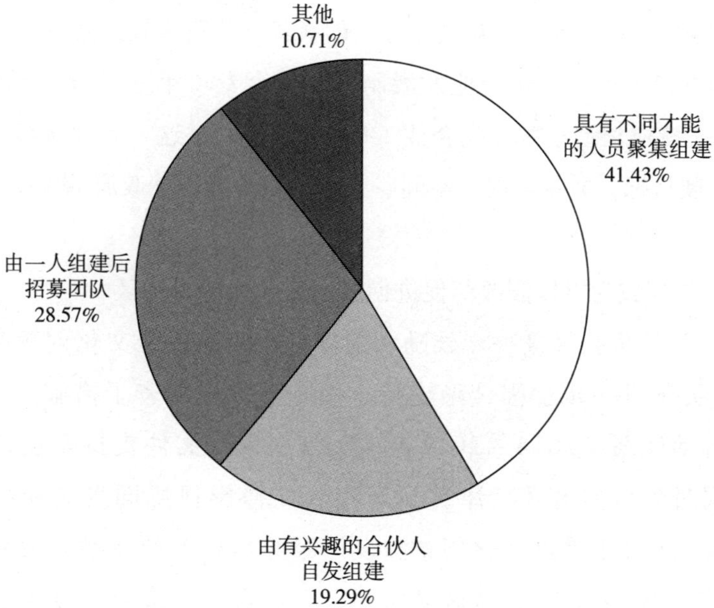

图5　团队组建方式构成

5. 创新创业的资金来源

创业企业初始资金来源单一。个人储蓄和亲友借款是创业第一桶金的主要来源，近九成的创新创业企业依靠自有资金起家，20.96%的企业获得了银行贷款，创业之初能拿到外部投资（风险投资和天使投资）的企业占比约15%。

6. 创新创业的政策环境

（1）中央层面高度重视创新创业

最高领导人高度重视创新创业。习近平总书记在2014年中央经济工作会议上强调，市场要活、创新要实、政策要宽，营造有利于大众创业、市场主体创新的政策制度环境。2015年政府工作报告中大篇幅聚焦创新创业，提出要大力推进“大众创业、万众创新”，使之成为新常态下经济发展新引擎。

中央政策频繁出台。2015年以来，国务院办公厅先后印发《关于大力支持小微文化企业发展的实施意见》《关于发展众创空间推进大众创新创业的指导意见》《关于推进大众创业万众创新若干政策措施的意见》等一系列政策，为支持中小微文化企业发展制定了首个专项年度工作计划方案——《2015年扶持成长型小微文化企业工作方案》。通过这一系列政策确立了创新创业发展目标，并从金融、空间、人才等多方面明确政府的支持方向和支持力度。

（2）首都成为以体制改革促进创新创业的先行示范区

北京市下发了《进一步鼓励和引导民间资本投资文化创意产业若干政策》《关于进一步加强金融支持小微企业发展的若干措施》《北京技术创新行动计划（2014－2017年）》等一系列文件支持文创产业创新创业，同时先后推出《京津冀新闻出版广播影视协同发展新战略框架合作协议》《关于推进文化创意和设计服务与相关产业融合发展行动计划（2015－2020年）》，从区域协同、产业融合等多个角度全面推进首都文化体制改革，以文化体制改革促进创新创业的先行示范作用十分明显。

（二）发展特征

1. 创新创业将成为经济发展新动力，众创空间成重要创业载体

创新创业将成为经济发展新趋势。众创空间是适应互联网时代创新创业特点的新型创业服务机构，通过市场化机制、专业化服务和资本化途径构建低成本、便利化、全要素、开放式的新型创业服务模式，成为创新创业企业的首选。目前，北京市共有25家政府授牌的众创空间（见表1），其中中关村创业大街运营一年左右孵化创业企业超过400家，获得融资的企业超过200家，平均每家企业融资500万元，总融资额超过10亿元。[①]

① 中关村管委会微信平台发布。

表1　北京市科委授牌众创空间名录

众创空间	名称	所在区域
北京市众创空间（首批）	创客空间	海淀区
	创客总部	海淀区
	北大创业孵化营	海淀区
	科技寺	东城区
	融创空间	朝阳区
	乐邦乐成	海淀区
	DRC 创艺梦工厂	西城区
	东方嘉诚	东城区
	京西创业公社	石景山区
	清华 X - lab	海淀区
	极地国际创新中心	朝阳区
众创空间集聚区内众创空间	36 氪	海淀区
	亚杰汇	海淀区
	Binggo 咖啡	海淀区
	3W 咖啡	海淀区
	北京大学创业训练营	海淀区
	IC 咖啡	海淀区
	创业家	海淀区
	车库咖啡	海淀区
	天使汇	海淀区
	飞马旅	海淀区
	联想之星	海淀区
	硬创邦	海淀区
	虫洞之家	海淀区
	因果树	海淀区

2. 文化消费需求进一步升级，移动互联网技术为产业链创新助力

文化消费市场潜力巨大。一方面，北京文化消费占家庭总支出比重由2012年的10.3%提高到2014年的11.3%，文化消费市场潜力巨大。北京市人均GDP过万美元后，消费结构出现重大变化，文化消费进入爆发增长期，2014年人均服务型消费支出增长超过15%，文化消费已成为北京经济的新增长点。[①] 另一方面，世界对中国的关注将为中华文化产品和服务带来巨大

① 来自北京市统计局数据。

的市场需求，中国元素受到国际国内高度重视，文创产业的发展将带领文化领域的创新创业迈入新时代。

移动互联网技术为文化产业链各环节创新带来全新契机。在内容生产方面，网络文化内容与传统文娱内容制作产生了深度融合。网络小说、网络节目、网络自制剧、根植于网络小说的电影和电视剧制作等成为文化产业内容生产的新模式。在传播渠道方面，手机、PC、平板电脑和智能电视实现了创造性地合一，拓宽了文化内容的传播渠道。在营销模式方面，实现了以培养用户黏性为核心的粉丝经济和创新营销的融合，增加了个性化生产和消费，提升了文化消费的满意度。

3. 政策环境进一步完善，投融资服务成政府支持的主要方向

首都文创政策重点转向服务创业企业。近年来，北京相继出台了各类文化创意产业政策、规划文件，在工作机制、规划引导、政策支撑、公共服务等方面不断改进，为促进文化创意产业创新创业搭建了卓有成效的发展平台。在金融支持、知识产权保护等方面的政策支持奠定了初创企业发展的基础。

投融资服务成为政府主要支持方向。打造“投融保贷孵”体系，为企业提供多样化投融资服务。与商业银行展开合作，创新金融产业，极大地改善了文创产业中小微企业间接融资环境①：北京各区县文创产业相关部门及产业联盟与民生银行②、北京银行③、浦发银行④等中资银行开展战略合作，

---

① 人行银管部：截至2014年6月末，北京市中资银行文化创意产业人民币贷款余额（不含票据融资）767.9亿元，同比增长30.2%，上半年累计发放贷款448.1亿元，同比增长36.1%。

② 北京国际版权交易中心与民生银行签订协议，利用民生银行的文创风险补偿基金产品及北京国际版权交易中心的版贷通产品，为文创企业提供20亿元的融资服务，是国内首个无担保、无抵押、低利率的文化创意产业专项融资基金。此外，版权交易中心还与平安银行签订协议，在未来5年内每年为文创企业提供不少于80亿元的信贷支持，重点支持优质文化创意企业、北京市文化创意产业集聚区和重点文化创意项目集群建设。

③ 北京银行与朝阳区文化创意产业发展中心签署文化金融战略合作协议，在未来三年内为北京CBD－定福庄国际传媒走廊等文化创意产业功能区、集聚区内的重点项目建设及辖区内的文化创意企业提供200亿元意向性授信。

④ 浦发银行北京分行与首都版权产业联盟签署战略合作协议，以版权价值为核心，共同打造“版权产业创新金融服务平台”。

从担保、抵押、利率等多方面减轻企业融资负担。专项资金与投资基金相结合，提升企业“造血”能力：除了利用文创资金对优秀企业进行奖励和贷款贴息，北京市文资办成立了文化投资发展集团，以政府资金引导社会资本投资文化产业，优化文化企业融资环境。

4. 规模变化阶段性特征凸显，创新创业企业市值提速放缓

公司规模变化阶段性特征凸显。从初创期到成长期，文化创意企业规模扩张较快，营业收入从几十万元增长到上千万元，团队人数成倍增长。从成长期到成熟期，由于创意行业的产品服务难以标准化，不具备大规模复制能力，公司的团队建设和业务规模化速度逐步放缓。

5. 创新活力进一步释放，创业团队低龄化和专业化发展

年轻的职业创业者引领创新创业潮流。调查结果显示，80 后创业者正成为中坚力量（见图6），在校大学生创业比例持续增加，随着大众创业的推进，年轻创业者比例将进一步提升。

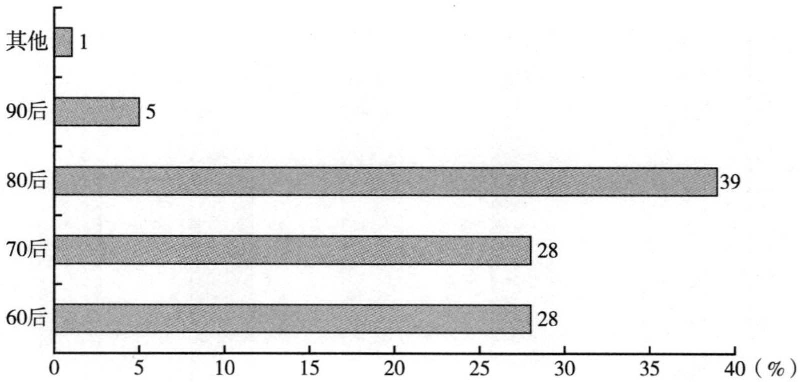

图 6　文创产业创新创业主力军

职业创业者成为首都文创产业创新创业的领头人。受访的 90 后、85 后创业者中 100% 都在学生时代创业或参与创业，创业过程中的技能和管理训练显著提升了创业者的综合素质。麦客 CRM 创始人李卉、今日头条创始人张一鸣、美团网创始人王兴等都是“未毕业、先创业”的典型，由兴趣引导进入行业，通过实践充分发挥自己的专长、不断积累资源和经验，提升了再次创业的成功率。

二　北京文创产业创新创业的短板

虽然经过不懈努力，北京已经成为中国最适合创新创业的城市之一，但是在发展建设过程中依然面临不少问题，服务供给和创新创业发展需求不匹配的矛盾比较突出，创新创业所面临的困难和提出的需求仍需加强重视。

（一）创新创业专项政策缺失

一方面，政策扶持重点依然围绕资金、土地和劳动力等传统要素的投入，作为核心要素的智力、技术创新和知识产权保护投入亟待加大。北京尚未出台专门针对文创产业创新创业的政策措施。另一方面，调查显示，82%以上的企业表示现有的创业服务需要进一步提升，其中知识产权服务和法律咨询服务等成为企业最迫切需要的创业服务（见图7）。

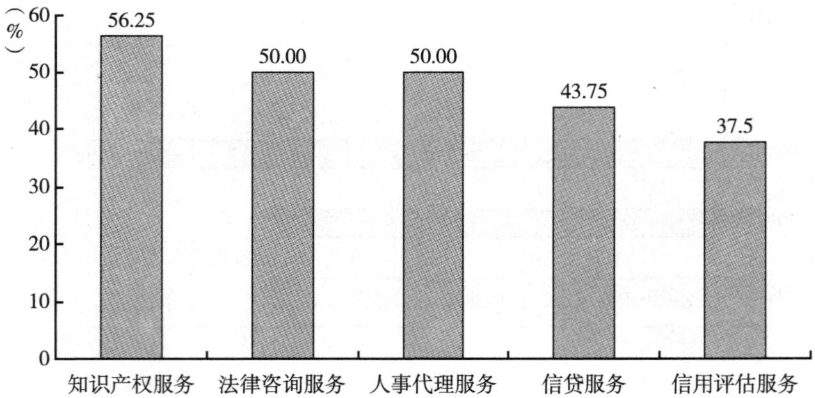

图7　企业最需要的创业服务

（二）创新创业外部资金渠道单一

1. 创业启动资金主要来源于自有资金

总体来看，目前首都文化领域创业企业启动资金超过60%来自于自有资金，采用外部融资的企业比例不到20%。这主要是基于三方面的原因：首先，国有商业银行贷款利率不高，但是审批流程过长，股份制银行贷款较快，但长期贷款的成本太高；其次，股权融资和众筹存在系统性风险，担保机制和行业规则尚未健全；最后，大型商业银行为文化领域的创新创业推出了一些融资产品，但对于现金流、资产转化的限制依然存在，融资门槛并没有降低。调查显示，创业企业仍然需要政府提供的创业贷款担保和扶持资金（见图8）。

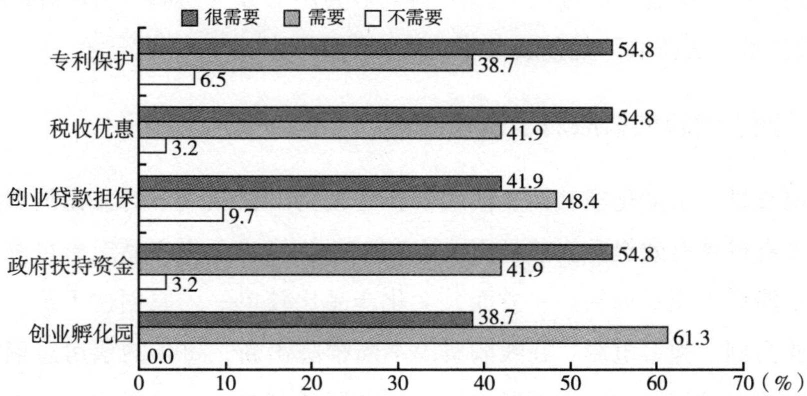

图8　企业政府扶持需求

2. 创新资金来源渠道比较单一

首都文化领域企业创新资金来源比较单一，以自有资金为主，银行贷款和政府扶持资金为辅助，筹资渠道仍不畅通。首先，利用自有资金进行创新的企业超过九成，表明企业对创新投入有较高积极性。其次，利用银行贷款进行创新的企业比例下降，银行贷款难度提升。最后，利用政府专项资金支持进行创新的企业比例为24%，但与发达国家[①]的资助力度相比仍有较大差距。

① 在引导企业进行创新的过程中，1956～1967年美国企业总体研发经费中来自政府部门的资金比例一直保持在50%以上。当政府投资的拉动效应逐步放大后，政府投资在企业研发经费中的比例逐步下降。

（三）创新人才缺乏制约企业创新

调查显示，超过90%的企业认为创新人才[①]缺乏是制约企业创新的关键因素。超过35%的企业表示创新人才缺乏已经是影响企业进一步发展扩张的重要原因。60%的企业认为，团队内部问题可以通过培训、交流等方式得到解决，但是创新人才的缺乏很难通过传统方式加以培养。造成此问题的原因较复杂，大公司认为“缺乏鼓励创新的社会环境”是创新人才缺乏的主要原因；中小型公司认为，“创新风险与收益不对称”“知识产权保障不力”“关键技术无法获取”是创新人才缺乏的重要因素。

（四）内容创新滞后于模式创新

调查显示，文化领域商业模式创新比较突出，但线下的文化消费体验却并没有得到有效提升，兼具影响力和商业价值的文化产品乏善可陈，内容创新滞后于模式创新。一方面，文化产品比较单一，原创性不足。以影视行业为例，弹幕电影、在线购票等不断推陈出新，每年的票房总额持续上升，票房过亿元的电影不断增加，但电影类型单一，有影响力、有口碑的作品寥寥无几。另一方面，创意与其他领域的结合不足，文化创意行业与高科技、信息业、制造业的融合程度不高，降低了文化创意产业的商业转化能力。

（五）知识产权保护不足影响品牌价值深度挖掘

文化创意产业的产品创作成本高、投入大，但易复制性特征突出，使得侵权伤害成为文创产业一个重要的问题，严重影响文创企业的长远发展。一方面，文化创意产业知识产权立法缺失，现行的版权法律体系已经跟不上产业发展的版权保护需求。另一方面，知识产权申请流程和侵权诉讼程序烦琐，在文化领域尚没有一套行之有效的知识产权保护方案。同时，创业者专

① 创新人才是指熟练掌握文化要素、产品设计和销售推广的综合型人才或团队。

利保护意识不强。法律不保护创意本身，只保护创意作品，如果创业者没有及时将创意实现，很可能就出现侵权现象。

三　深入推进北京文创产业创新创业的对策建议

（一）加强创业服务，优化文创产业创新创业生态

1. 提升创业孵化专业服务水平

着力发挥传统孵化器在基础设施方面和新型创业服务机构在专业服务方面的互补优势，促进传统孵化器与新型服务机构的深层融合。通过空间补贴、税收优惠等方式鼓励已经运作成熟的新型创业孵化器进入文化创意产业园，从创业宣传、创业者培训、创业项目辅导培训等环节为文化创意产业量身定做孵化服务。引导和鼓励国内资本与境外资本合作设立新型创业孵化平台，引进境外先进的文化创业孵化模式，提升孵化能力。

2. 加强文创产业创新创业专项政策扶持

进一步推动中央有关支持双创和小微文化企业的政策落地；加强文创领域创新创业政策调研和空间调查，研究出台配套的鼓励和支持政策，完善现有政策体系。设立文化创意产业创业基金，引导民间资本向创业企业起步成长的前端延伸，扶持创新创业发展，加强基金使用绩效评价。在确保公平竞争前提下，鼓励对众创空间等孵化机构的软硬件设施给予适当优惠，减轻创业者负担。落实扶持小微企业发展的各项扶持政策，对有突破性成就的创业者及创业团队减免个人所得税。在文创专项资金中，通过项目补贴、房租补贴、奖励等多样化方式，加大对众创空间、文创孵化器和孵化平台等专业创业孵化机构的资金支持力度，减轻企业负担，营造良好的创业氛围。创新企业支持方式和手段。对符合条件的创新创业企业发放创业券，专门用于购买创业服务；加大优质文化产品和服务的采购力度；从社会保障、住房保障、医疗保障等多方面支持优秀创业团队。

3. 建立健全公共服务平台体系

加强创新创业信息资源整合，完善专业化、网络化服务体系，建立创业政策集中发布平台。开设文化领域创新大赛、公益讲坛，支持和鼓励优质文创项目。发挥企业主体作用，鼓励大型文化企业内部创新创业，兼并创新中小企业。

为文创产业创新创业企业提供技术服务。建立科技基础设施、大型科研仪器和专利信息资源向全社会开放的长效机制，充分发挥科技对文化领域的促进作用。依托各个区县现有的优势，充分利用财政资金，推动功能区公共技术实验室建设，打造面向不同行业的公共技术服务平台，例如在顺义区建设创意设计服务平台，在大兴区建设新媒体服务平台等。

发展创新创业区域发展平台。依托中关村国家自主创新示范区、CBD－定福庄国际传媒走廊，打造具有全球影响力的文化创新创业中心，推动创业企业集聚发展。

4. 优化文创产业创新创业工作机制

建立多主体的联动工作机制。研究制定文创产业创新创业企业与属地街巷的联动机制。创新文创产业创新创业服务模式。探索建立对文创产业创新创业企业的管理模式，建立以政府、社会组织、企业法人等不同性质单位为主体的开放合作机制；提升对相关企业发展运营的宏观把握能力，对接全国经济普查和地方统计，摸清底数，建立文创产业创新创业企业数据库，完善统计分析，提供决策参考。

（二）深化体制改革，鼓励文化产品多元发展

1. 深化文化领域体制机制改革

深化体制机制改革，推动文化产品内容审查制度的调整与变革，鼓励多元文化产品发展，创造宽松的创意氛围。首先，有节奏、分阶段地推动内容审查制度向分类分级的灵活管理模式转变，鼓励基层和民间的创造性。其次，继续放宽行业准入，盘活现有文化基础设施，深化文化领域国企改革，积极引导民间资本参与。

2. 提升文化消费整体水平

一方面，提升公民文化素质，将具有发展潜力的文化产品纳入消费扶持范围，提升文化产品的商业发展能力。另一方面，以供给侧结构性改革为基础，通过市场之手调整供给和需求之间的关系。提升传统行业的文化体验内涵和人文内涵，依托制造业、服务业等提高设计水平，加强用户参与，提升产品的消费吸引力。

3. 提升首都文化产业国际竞争力

积极培育具有全产业链综合能力的大型文化企业，创造各种条件推动文化企业“走出去”，力求实现文明互鉴。支持文化企业到境外开拓市场，鼓励企业通过并购、国际合作等进入国际市场，增强国际对中国文化产品的认同。

（三）实施人才战略，建设文化人才高地

1. 加大高层次文创人才和管理人才的引进力度

创新人才引进体制机制。继续推进人力资源市场对外开放，放宽高级人才进京落户条件。发挥留学人才领军作用，在配偶就业、子女入学等方面完善相关措施。积极引入国外创新创业资源，强化海外科技人才离岸创业基地建设。

2. 加强文化领域创新型人才的全面培养

建立健全文化领域创新型人才培养机制。加强创新创业知识普及教育，将创业精神培育和创业素质教育纳入首都高校教育体系，加强创业实训体系建设。鼓励众创空间以免费或低价的方式向文化领域从业者开放创新创业培训服务。引导和鼓励创业导师为创业提供帮助，加强对创业失败者的支持与援助，不断增强其创业信心与创业能力。

3. 完善文创产业创新创业人才激励机制

完善中小文化企业上市的股权激励机制，调动创业企业积极性。建立文化领域创新型创业人才奖励办法，按照其经济社会贡献一次性给予不同等级的创新创业人才奖金，并视情况予以子女入学、配偶安置、医疗服务等相关优惠政策。

（四）优化资本市场，完善文创产业投融资机制

1. 建立文创企业信用评价体系

加快文创企业信用评价体系和无形资产评估体系建设，完善信用担保体系，鼓励银行等金融机构开展针对创新创业文创企业的产品创新和服务创新，提供一站式、系统化金融服务。

2. 完善丰富融资渠道

支持创业企业上市或发行票据融资，支持文化企业股权质押融资，丰富完善创业担保贷款政策。引导和鼓励众筹融资平台规范发展，拓展融资渠道。完善知识产权估值、质押和流转体系，支持知识产权金融发展。

（五）重视知识产权，健全文化领域知识产权保护体系

1. 建立和完善知识产权保护制度

加大对反复侵权、恶意侵权等行为的处罚力度，探索与文化企业相关的知识产品保护制度。完善权利人维权体制机制，加强行政调解等非诉讼纠纷解决途径的探索。

2. 积极推进知识产权交易

首先，统一中介管理机构，实现信息资源的共享和优化配置，促进产权交易市场合理有序的竞争，并在竞争中逐步完善交易市场。其次，建立完善的技术创新产权评估机构，制定一套专业评估程序，并配置专业人员。最后，建立知识产权的监管机构，出台相关的法律、法规，以保证知识产权在应用过程中不受损以及评估中的准确性。

3. 树立企业产权保护意识

一方面，鼓励文化创意企业积极登记专利、著作权、商标等知识产权，将产权意识贯穿从创意资源的开发利用到创意产品生产、销售及产业链的全过程，预防产权纠纷。另一方面，确保文化创意企业能够了解和利用知识产权的使用与限制制度，在创意形成后，加快创意实现，将其表现为各种形态和类型的作品，以取得法律上的保护。

B.14

北京市文化创意产业财政税收政策研究

廖昊 梅松 蔡秀云*

摘 要: 2005年以来，北京文化创意产业以年均17%的速度快速发展，已成为首都经济的重要支柱。文化创意产业作为战略性新兴产业，其发展与财政和税收政策密切相关。本报告通过分析北京文化创意产业财源税源和税收贡献情况，梳理文化创意产业财税现状和支持文化创意产业发展的财政税收政策，并针对存在的问题，提出巩固优势税源、发展新兴税源、加强支持政策体系建设等对策措施。

关键词: 北京 文化创意产业 财税政策 财税政策研究

2005年以来，北京文化创意产业以年均17%的速度快速发展，现已成为首都重要的支柱产业。作为战略性新兴产业，文化创意产业的发展离不开财政和税收政策的支持。在财政支持方面，北京率先在全国设立了每年5亿元的文化创意产业发展专项资金和三年共5亿元的文化创意产业集聚区发展专项资金；2012年统筹设立了文化创新发展专项资金。财政资金的大力投入对文化创意产业过去十年的发展发挥了极其重要的带动作用。在税收政策方面，北京认真实施国家有关文化体制改革的税收优惠政策和动漫企业税收优惠政策，积极稳妥地推进“营改增”试点，努力降低文化创意企业的税收负担，取得了良好效果。

* 廖昊，硕士，北京市文化创意产业促进中心产业发展部副部长；梅松，经济学博士，北京市文化创意产业促进中心主任；蔡秀云，教授，首都经济贸易大学公共财政研究中心主任。

一 北京文化创意产业财税现状

（一）文化创意产业财源税源发展现状

1. 税源规模不断扩大

文化创意企业的数量逐年增加，2009 年以来均呈较快增长态势。截至 2014 年末，开业纳税人达 19.41 万户，比 2009 年的 10.37 万户增加 9.04 万户，增幅高达 87.2%，并且全市文创企业正以平均每天超 77 家的速度持续增长。2014 年底，全市文化创意企业注册资本达 4338.5 亿元，规模以上法人单位实现收入 11029 亿元。

2. 非公经济增速平稳

2014 年，非公经济是税源数量的绝对主力，股份制和私营两大类企业占比长期维持在 80% 及以上。其中，私营企业的数量更加庞大，平均 66204 家，占全部文化创意产业纳税人平均数的近 50%。2014 年，文化创意产业功能区非公及混合所有制经济文创法人单位实现收入 6734 亿元。从登记注册类型看，港澳台商投资企业发展较快，2014 年实现收入 888.1 亿元、利润 192.5 亿元，比 2013 年分别增长 16.2% 和 30.9%。2008 ~2014 年，北京入选全国文创企业 30 强“文化新业态”类的文创企业共计 6 家次，全部为民营企业。

3. 文化贸易快速发展

“十一五”以来，北京市文化企业不断拓展海外业务，对外文化贸易和国际合作呈迅猛发展态势。2013 年，北京文化产品进出口总额达 9.1 亿美元，其中进口 6.2 亿美元，较 2012 年增长 81.25%，出口 2.9 亿元，较 2012 年增长 40.91%。这使文化贸易的税源规模不断扩大，文化贸易的税源质量不断提高。

（二）文化创意产业税收贡献概况

1. 总体税收贡献持续平稳增长

文化创意产业的总体税收贡献持续平稳增长，但略低于其产值贡献。

2012 年，北京市文化创意产业税收占财政收入的比重突破 10%，达到 10.12%。2013 年以来，受“营改增”结构性减税的影响，税收贡献率略有降低，预计随着文化创意企业有更好的条件加大投入、加速发展，其税收贡献率将逐渐恢复并有所提高。

表 1　2013 年各区县规模以上文化创意产业税收占财政收入的比重

单位：%

区县	文化创意产业税收占财政收入比重	区县	文化创意产业税收占财政收入比重
全市	8.27	通州区	1.36
首都核心功能区	16.66	顺义区	3.07
东城区	31.41	昌平区	5.63
西城区	10.01	大兴区	1.22
城市功能拓展区	32.40	生态涵养发展区	2.33
朝阳区	15.40	门头沟区	0.61
丰台区	10.28	怀柔区	4.25
石景山区	22.40	平谷区	3.59
海淀区	70.96	密云县	1.70
城市发展新区	2.34	延庆县	2.82
房山区	1.31		

资料来源：北京市统计局网站。

由表 1 可知，东城、石景山、朝阳、海淀四大城区文化创意产业的税收贡献在全市的占比均高居榜首。截至 2014 年，四区文化创意产业的全市贡献仍达到 80% 以上。在各区县中，海淀区规模以上文化创意产业税收收入占区财政收入的比重达到 85.57%，位居全市之首，东城区、石景山区紧随其后。城市发展新区和生态涵养发展区文化创意产业税收收入占财政收入的比重远低于首都核心功能区和城市功能拓展区。

2. 软件、网络及计算机服务税收贡献突出

在经济增加值方面软件、网络及计算机服务贡献名列前茅的同时，在税

收贡献方面亦处于领先位置，税收贡献率平均为30%左右，低于其产值贡献率。近年来，新闻出版业受到文化体制改革等集中优惠的影响，税收贡献持续走低，截至2014年税收贡献占比为8.6%，同样低于其9%的平均产值占比。广告会展业因为整体享受的税收优惠政策较少，税收贡献平均维持在8.1%左右，略高于其7.6%的产值贡献。

3. 股份制和外资企业税收贡献占比高

从税款贡献情况来看，股份制、外资（含港澳台）企业的税收贡献占比高，维持在60%及以上，而税源规模最大的私营企业，税收贡献占比不足20%。

4. 个人所得税税收贡献增速快

通过朝阳区、通州区和石景山区增值税以外各税种税收变化情况可以看出，文化创意产业所缴纳的个人所得税一直保持较高占比，并且相比于其他税种增长率稳定且较高，体现出文化创意产业是人才密集的产业。

二　促进文创产业发展的财税政策现状及问题

（一）文创产业税收政策现状分析

北京支持文创产业发展的税收政策包括两类：一类是国务院和相关部委制定、发布、实施的支持文创产业发展的政策法规；另一类是我国现行相关税收法规中规定的支持文创产业发展的优惠政策。

1. 政府相关部门支持文创产业发展的税收政策

目前，国务院及相关部委、北京市各部门支持文创产业发展的政策共计70余项，其中涉及文创产业发展的税收政策也有几十项，涉及营业税、增值税等多个税种，涉及经营性事业单位、各类文化创意企业。

2. 现行税制支持文创产业发展的税收政策

我国现行税制在支持文创产业发展方面的激励措施在现行的主要税种中

均有体现。在现行文创产业税收优惠政策中，企业所得税是扶持文创产业发展政策中税收优惠力度最大的税种，涉及生产、销售、进出口等多个环节，如增值税、营业税、企业所得税、城镇土地使用税、个人所得税、关税、房产税、车船使用税等。可以说，北京市规定的九大类文化创意产业相关的现有税收政策中，既有按文化创意“行业类别”给予的税收优惠，也有按“经济主体类别”给予的税收优惠，同时，还有按照经济主体“创新内容和创新性质”给予的税收优惠。这些政策在促进北京文创产业发展的过程中发挥了积极作用。

3. 文创产业财政支持力度分析

2006～2010年，北京市文化创意产业专项资金投入共约25亿元，支持了600多个项目，有效带动了社会资本投入。2012～2015年，北京每年统筹100亿元资金用于支持文化创新发展。2006～2012年，北京市文化事业费占财政支出的比重和人均文化事业费整体不断增长，北京在全国范围内仍处于领先地位（见表2）。但是相比于外国，文化事业费的支出仍然过少，如2014年韩国政府文化相关预算占国家财政总预算的1.49%。

表2　北京市文化事业费占财政支出的比重及全国排名

单位：%，元

年份	文化事业费占财政支出的比重	占比全国排名	北京市人均文化事业费	全国排名
2006	0.49	10	40.36	2
2007	0.77	2	77.75	1
2008	0.76	2	87.40	1
2009	0.60	4	79.24	2
2010	0.60	2	82.44	1
2011	0.55	3	88.71	2
2012	0.62	2	110.55	2

资料来源：《中国文化文物统计年鉴》。

关于财政的直接支持，通过文化部门所属机构的财政拨款可以发现，北京的财政直接拨款一直处于稳步上升的过程中。而2012年艺术表演团体的财政拨款出现了大幅度上涨，这主要是由于北京市出台了多项有关舞台表演和低票价补贴的财政支持政策，也使得艺术团体剧目和观看艺术表演的群众都大幅度增长（见图1）。可见，财政支持极大地推动了文化创意产业的发展。

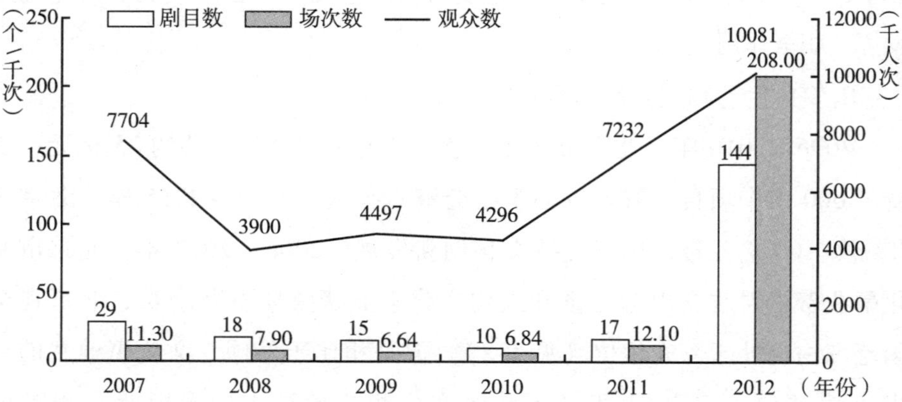

图1　2007～2012年艺术表演团体剧目、场次和观众数

资料来源：《中国文化文物统计年鉴》。

（二）财税政策问题分析

虽然北京市文化创意产业的财税支持框架已经建立，并切实取得了一定的成效，但仍然存在一系列问题。

1. 财政资金申请条件和程序有待进一步完善

自2006年北京决定对文化创意产业发展给予财政资金支持以来，有关责任部门制定了一系列专项资金管理使用办法，在资金申报、评审等预算管理环节进行了细化。专项资金的投入有效激发了文化创意产业的发展活力。但是，财政支持资金的申请条件过于严格，特别是小微企业申请有一定难度。同时，程序复杂，需要办理多重手续。根据北京市文化创意产业促进中心的相关调研，超半数的受访企业认为，繁杂的程序耗费过多的精力（见图2）。

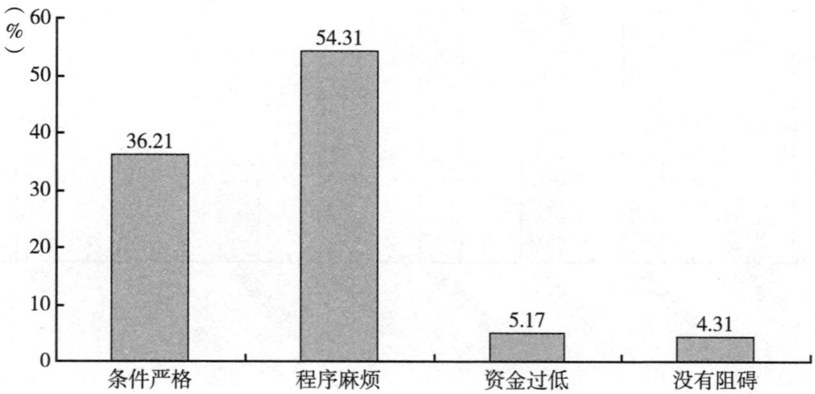

图2　调研企业对财政支持政策的评价

2. 税制不健全影响税收支持政策的效力

现行文化创意产业的税收优惠激励政策总体来说不成体系，临时性税收优惠较多，现行的税收政策主要集中在以下三个通知：《关于支持文化企业发展若干税收政策问题的通知》《关于文化体制改革中经营性文化事业单位转制为企业的若干税收优惠政策的通知》《关于继续执行宣传文化增值税和营业税优惠政策的通知》。现行财税政策立法层次不高，还较多停留在部委层面，缺乏国家立法。关于税收优惠的规定也较为宽泛，政策调节手段以直接减税为主，方法相对单一，从行业或产业层面推动文化创意产业快速发展的税收优惠政策仍然相对缺乏。

3. 文化创意产业财税优惠政策覆盖面较窄

问卷调查显示，小微企业接受财税支持的比例低于文创行业的平均数，在小微企业中，财税支持政策覆盖面偏窄（见图3）。同时，在被调查企业提出的政策建议中，放宽政策受惠范围也排在第一位（见图4）。

4. 文化创意人才税收激励不够

目前，我国文化创意产业从业人员能够享受到的税收优惠只是包括

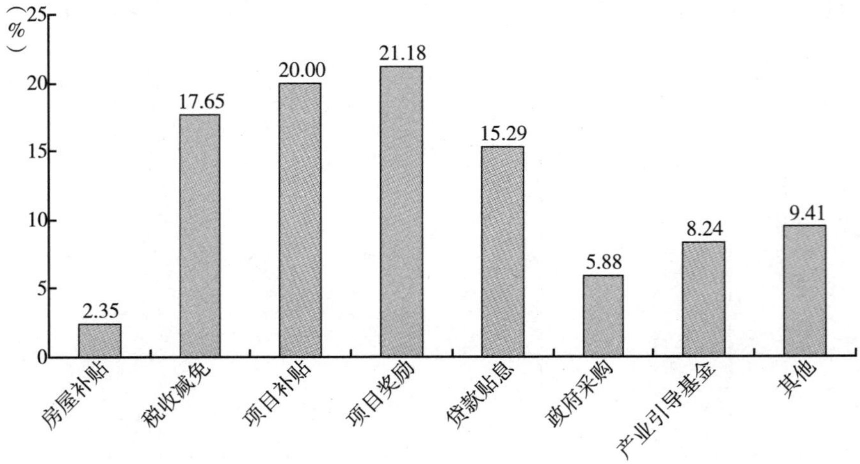

图 3　小微企业中接受财税支持的占比

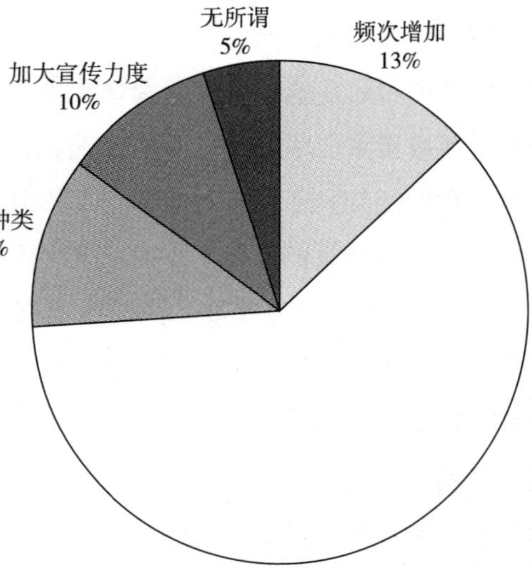

图 4　调研企业对完善文创产业财税政策的建议

稿酬的个人所得税减征 30%。而文化创意产业的从业者，如艺术家、设计师、作家等收入波动性大，现行的税收政策没有顾及行业的收入特点。

三　完善文化创意产业财税政策的建议

（一）总体要求

1. 扩规模，即巩固优势税源，发展新兴税源

巩固加强软件、网络及计算机服务和新闻出版等传统优势文化行业税源建设。同时，更加关注新兴税源建设。深入总结中关村科技园区的成功经验，加大对创意设计、动漫游戏、新媒体、会展及艺术品等新兴文化创意产业的税源培植力度。

2. 提质量，即提高税源质量，打造特色园区

强化文化创意产业研发创新的税收激励政策，促进文化创意企业借助科学技术对文化进行创造和提升，以知识产权形式开发高附加值产品，满足消费者需求。同时，充分发挥税收政策对功能区、产业园区发展的推动作用，通过将同一类税收政策在特定园区汇集或者给予特定园区内文化企业或企业从业人员税收减免等方式推进园区差异化和特色化发展。

3. 体系化，即加强政策体系建设，拓宽企业受惠面

一方面，要着力改变目前税收优惠政策无序存在于各税种中，不利于政策效应整体呈现的现状，从完善政策体系出发，梳理并建立清晰和完善的文化创意产业财税支持体系；另一方面，要拓宽现有文创企业受惠面，并严格控制其他各项补贴及优惠资金的申请、使用和管理，防止税基侵蚀，注重对财政资金使用效率和效果的分析，使其真正发挥作用。

（二）具体措施

1. 完善文化创意产业财政投入政策

重点是加大政府财政支持力度，优化资金支持方式，同时建立长效的绩效评审机制，切实提高资金使用效率；充分发挥政府资金引导作用，完善文创产业投融资平台，撬动民间资本加快进入文创产业；完善文创产业政府采

购制度，以更多低价优质的文创产品和服务，满足人民群众日益增长的精神文化需求。

2. 强化税收的政策导向作用

一方面，要实行长期优惠税率，对鼓励和扶持发展的文化企业实行长期税率征收。另一方面，实行差别税率，加大对高新技术企业在研发等重点环节的税收支持力度。

3. 加大优惠力度，完善税收优惠体系

清理和落实现有的优惠政策，充分运用各种财税优惠手段，运用优惠税率、税收减免、出口退税、税收扣除、税收抵免、税收递延等方式，推动文化创意产业发展。北京市现行税收优惠政策以税额式优惠为主，改变这种优惠方式，以税基式优惠为主，税额减免、优惠税率为辅。

4. 加强针对文创人才的财税政策支持

对文化创意人才培养的财政投入及税收支持力度应进一步加大，鼓励个人进行教育投资，加大教育和培训的力度。对高端文创人才在研究成果转让和技术服务等层面取得的收入在一定期限内予以减免，适当提高科研开发人员技术成果奖励个人所得税的免税额度，鼓励科研创新。

B.15

2015年北京文化政策与文化创意产业发展报告

王巨川*

摘　要：　2015年，在国家主体文化政策的指导方针引领下，北京针对地方文化特色，结合产业结构调整的契机，陆续出台有针对性、目的性和实效性的文化政策及产业规划意见，以“创新驱动、示范带动、项目拉动、要素联动、产业互动”为突出要素，大力促进地方文化的挖掘与保护，推动文化产业的调整、优化、升级与发展。

关键词：　文化政策　文化创意产业　北京

文化作为一个民族的精神命脉和创造源泉，正伴随着中国文化大发展的战略目标日益鲜活起来，文化对社会发展的积极促进作用及其重要性正在我国深化改革的方方面面凸显出来。北京处于中国政治、经济、文化的核心位置，在国家主体文化政策的指导方针引领下，针对地方文化特色并结合产业结构调整的契机，出台了一系列有针对性、目的性和实效性的文化政策，以此推动区域性文化创意产业的发展。总体来看，2015年北京文化发展核心以“创新驱动、示范带动、项目拉动、要素联动、产业互动”为突出要素，大力促进地方文化的挖掘与保护，推动文化产业的调整、优化、升级与发展。

---

* 王巨川，中国艺术研究院文化发展战略研究中心副研究员，主要从事文化产业政策研究。

一　确定文化发展战略目标，以政策为导向，为北京市文化产业创新发展保驾护航

北京市文化政策的制定与实施一直紧紧围绕在中央文化领域核心价值观、思想政策方针的框架中稳步发展。2015 年 1 月 23 日，北京市第十四届人民代表大会第三次会议的《北京市人民政府工作报告》，明确了北京在 2015 年文化领域工作的发展目标，在“深入贯彻落实党的十八大、十八届三中和四中全会、中央经济工作会议精神，深入学习贯彻习近平总书记系列重要讲话和对北京工作的重要指示精神”基础上，提出了“深入实施创新驱动发展战略”。其中包含了四个方面的总体发展目标，即“加快全国科技创新中心建设”“提升首都文化软实力”“厚植创业创新文化”“加强文化遗产保护开发”。[①]

第一，文化创新是北京文化创意产业发展的重要核心。创新是中国近年改革发展的核心驱动力，习近平主席在党的十八大以来的不同阶段都提出了“创新”的思想观点，比如在主持召开中央财经领导小组第七次会议时指出“创新始终是推动一个国家、一个民族向前发展的重要力量。我国是一个发展中大国，必须把创新驱动发展战略实施好。”2015 年 10 月 26 日至 29 日召开的十八届五中全会更是明确提出：“坚持创新发展，必须把创新摆在国家发展全局的核心位置，不断推进理论创新、制度创新、科技创新、文化创新等各方面创新，让创新贯穿党和国家一切工作，让创新在全社会蔚然成风。”

北京市作为中国的政治、经济、文化中心，“文化创新”是 2015 年文化发展的核心工作，也是未来北京文化发展的工作重点。因此，《北京市人民政府工作报告》明确指出“要立足全国文化中心、科技创新中心的定位，持续推进体制机制改革，促进科技文化创新不断取得新突破”。2015 年 11

① 《北京市人民政府工作报告》《北京市政府工作公报》。

月25日闭幕的中国共产党北京市第十一届委员会第八次全体会议通过了《中共北京市委关于制定北京市国民经济和社会发展第十三个五年规划的建议》。该建议明确把北京的未来发展定位在“科技创新中心”和“全国文化中心”上，这两个“中心”将是北京城市文化发展的“双轮驱动”。文化与科技的融合，是建立在“创新”基础上的，可以培育新兴业态和新的经济增长点，是增加文化产业核心竞争力的重要途径。北京独有的政治中心功能，使之成为先进文化的引领和导向，为文化中心的建设提供了强有力的根基，也对文化中心建设提出了更高的要求。在文化创新发展的理念下，将极大提高北京创建国际交往中心的地位，为发展文化多样性、促进文化“走出去”提供了保障，使北京成为国际文化交流的中心。

第二，文化软实力越来越成为世界各国制定文化战略和国家战略的一个重要参照系。早在2013年，习近平总书记在主持中央政治局集体学习时就明确指出提高国家文化软实力的重要性，是关系国家“两个一百年”奋斗目标、中华民族伟大复兴中国梦实现的精神核心。如何提升国家文化软实力？如何使文化软实力成为政治、经济发展的促动力？这些成为国家政治层面、学术领域和区域融合的重要议题。可以看到，提高国家文化软实力的伟大战略思想，不仅关系我国文化建设的未来发展目标，也是我国积极建设和谐世界战略思想的重要组成部分，更是实现中华民族伟大复兴的重要前提。

在习近平总书记的思想指导和以社会主义核心价值观为精神文化核心的指引下，北京市近年来一直把“提升首都文化软实力”纳入文化建设的工作体系中，2015年更是取得了卓有成效的收获。我们知道，文化软实力不仅是民族发展的核心，也是城市发展的重要手段。同时，文化软实力不是口头或思想中的理念，而是表现在城市文化空间和大众文化生活的方方面面，唯有提升城市公共文化服务的水平，提高公众文化素质，才能切实提高具有社会主义特色的文化软实力。2015年6月，北京市人民政府正式发布《关于进一步加强基层公共文化建设的意见》，其中以提升北京文化软实力为核心思想，对加快北京现代公共文化服务体系建设，推动北京基本公共文化服务实现标准化、均等化、社会化和数字化，保障人民群众基本文化权益和推动人民群众提升文化素质做出了全面部署。其中，明确提出了提升北京文化软实力的重点工作方向，即“构建现代公共文化服务体系”“加强优秀传统文化保护、传承与发展”“全面推进文化体制机制创新”“完善文化投融资体系，支持北京文化产权交易中心建设发展，培育多层次文化产品和要素市场”。在意见的指导下，北京市加大“城市文明”与“市民文明”宣传力度，积极发挥“北京榜样”和道德模范的作用。积极推动公共文化服务体系建设，大力推动北京文化软实力的提升，同时，以此为契机加快文化“走出去”的步伐，增强北京文化的国际影响力。

第三，以国家政策为导向，以首都地位为依托，率先落实开展“大众创新、万众创业”活动。“双创”战略思想是国家文化创意产业发展的一个战略性目标。

早在国务院办公厅发布《关于发展众创空间推进大众创新创业的指导意见》之前，北京市人民政府就率先在 2015 年 1 月发布了《北京市人民政府关于大力推进大众创业万众创新的实施意见》，在这份意见中，北京依据国家文化产业发展规划和首都文化产业发展形势，提出了北京市关于“双创”的目标，即到 2017 年，率先建成创新创业要素聚集、服务专业、布局优化的国家级新兴产业“双创”示范基地，在产业核心技术和关键环节涌现一批创新创业企业，形成一批服务体系完善、发展成效明显的众创空间，并在此基础上，将“双创”目标与“京津冀”协同发展目标相关联，初步形成京津冀协同创新、互利共赢的局面，使北京成为全国高端创新创业的核心区与发源地。可以看到，北京的“双创”活动为国家文化创意产业的政策引导提供了可资借鉴的实例，在北京“双创”活动实施的两个月后，国务院办公厅于 2015 年 3 月发布《关于发展众创空间推进大众创新创业的指导意见》。意见中重点提出了八项任务：加快构建众创空间，降低创新创业门槛，鼓励科技人员和大学生创业，支持创新创业公共服务，加强财政资金引导，完善创业投融资机制，丰富创新创业活动，营造创新创业文化空间。同时，为保障指导意见的顺利实施，国务院在 6 月又发布了《国务院关于大力推进大众创业万众创新若干政策措施的意见》，该意见从创新体制机制、优化财税政策、搞活金融市场、扩大创业投资、发展创业服务、建设创业创新平台、激发创造活力、拓展城乡创业渠道八个领域提出了具体政策措施。

第四，城市文化发展与文化创意产业提升离不开人才的引入与培养。2015 年，北京在国家政策的支持下，针对北京市文化与创意产业发展目标，积极推进人才特区建设，从政府各部门的顶层设计到科研院所及高校，稳步落实“千人计划”和“海聚工程”，实施“四个一批”文化人才培养工程，完善创新人才评价与激励机制，让创新人才愿意来、留得住。鼓励创新型与专业性孵化器的发展，加大中介机构和社会组织的培育力度，构建覆盖创新全链条的服务体系。

同时，实现北京文化发展的目标和任务，必然离不开人才的培养。作为全国重要的政治、经济、文化中心，北京市有着众多高等学府、科研院所，同样也有着丰富的人才资源储备。2015 年，北京依托国家人才教育目标和文化产业需要，将丰富的人才机构充分地调动起来，积极投入科研资金，在高校、科研机构进行文化发展的相关学科建设，用系统化的方式进行相关领域的人才培养。

第五，积极落实非物质文化遗产保护工作，推进非物质文化保护法制化建设。北京市是一座积聚着千年历史的文化古城，同时又是一座紧随现代化发展的文化新城，文化遗产保护与现代文化融合等多年来一直是历届政府工作中重要的一环。

习近平总书记曾多次表达对城市建设中文化遗产保护的重视。2014 年 2 月 24 日，习近平深入北京调研考察时明确指出：历史文化是城市的灵魂，要像爱惜自己的生命一样保护好城市历史文化遗产。北京是世界著名古都，丰富的历史文化遗产是一张“金名片”，传承保护好这份宝贵的历史文化遗产是首都的职责，要本着对历史负责、对人民负责的精神，传承历史文脉，处理好城市改造开发和历史文化遗产保护利用的关系，切实做到在保护中开发、在发展中保护。[①] 两年来，北京市政府在习近平总书记的思想指导下，

① http：//news. xinhuanet. com/politics/2014 -02/26/c_ 119519301. htm.

结合中央的政策精神，在优秀传统文化保护、传承与发展方面做了积极的努力。特别是2015年以来，北京充分发挥全国文化风向标的带头作用，引领先进文化发展方向，充分盘活首都文化资源，积极实施历史文化名城的整体保护工作，为传承中华民族优秀文化遗产做出了积极的贡献。2015年，北京在做好“三山五园”、长城文化带、周口店遗址等历史文化遗产保护和利用的同时，积极投入资金、组织力量加强历史文化保护区的修缮整治和改造更新工作，切实保护好北京历史文化名城这张“金名片”。为了更好地实施“文化北京”发展战略，北京市政府在《中华人民共和国文物保护法》的基础上，针对破坏、损害及买卖文物的违法、违规行为特别出台了一系列法规政策，如《北京市文物行业行政处罚裁量基准》（2015年4月）、《北京市文物行业违法行为处罚裁量权基准表》（2015年11月）等，极大地规范和治理了行业及个人对历史文化遗产的破坏行为。

二 大力推动文化创意产业发展，全面建设公共服务平台

文化产业和公共服务是一个城市经济与民生发展程度的两个重要标尺。前者是考量城市经济能力的风向标，后者则是城市民生幸福指数的衡量标准。2015年，北京市政府依据《2015年政府工作报告》和《中共北京市委关于制定北京市国民经济和社会发展第十三个五年规划的建议》的规划目标，大力发展文化创意产业并全面建设公共服务平台，为城市经济发展和民生幸福指数提升增添驱动力。

首先，大力发展文化创意产业，巩固北京经济桥头堡地位。

2014年8月，文化部、财政部联合印发的《关于推动特色文化产业发展的指导意见》，首次在国家层面明确了我国特色文化产业发展的原则、目标、任务与政策保障。2015年之后，北京市政府认真落实中央精神，在综合发展的宗旨下巩固了文化产业的支柱性产业地位，有力地促进了社会主义先进文化之都与文化中心城市建设，加快了产业结构升级和经济发展方式转

变。随着宏观经济“新常态”的发展态势，2014～2015 年北京文化创意产业发展在深化调整与复杂环境中，在产业结构、产业规模、空间集聚与政策创新等方面均处于较高的起点。首先是产业规模持续增加。2014 年，北京市规模以上文化企业总收入超过 1.1 万亿元，增加值约 2794.3 亿元，占全市 GDP 比重达到 9.5%，延续了 2004 年以来年均增长率达 17.1% 的快速发展势头（见表 1）。其次是空间集聚效应凸显。其中，CBD 国际传媒产业集聚区、中关村创意产业先导基地、798 艺术区等形成了较大的国际影响力。最后是政策创新引领全国。北京市委、市政府及相关部门出台“1＋X”政策体系，涉及知识财政、税收、金融、产权、文化市场和人才等多个方面。

表 1　2014 年北京文化创意产业收入及从业人数统计

单位：亿元，万人

项目	收入	从业人员
合计	11029.0	109.7
文化艺术	189.9	3.7
新闻出版	792.5	10.0
广播、电视、电影	771.2	4.8
软件、网络及计算机服务	4346.6	56.3
广告会展	1214.3	6.6
艺术品交易	973.6	1.2
设计服务	428.8	9.7
旅游、休闲娱乐	972.2	9.0
其他辅助服务	1339.9	8.5

资料来源：北京市统计局。

2014～2015 年的北京文化创意产业发展，进入由改革迈向创新的关键时期。随着文化体制改革的全面完成和信息技术、动漫游戏等行业的快速发展，北京文化创意产业在未来面临创新发展的机遇。2015 年 1～8 月，北京文化创意产业总产值合计 7000 亿元，同比增长 5.1%；从业人数 113.6 万人，同比增长 1.1%（见表 2）。

表2　2015年1~8月北京文化创意产业及从业人数统计

项目	收入合计(亿元)	同比增长(%)	从业人数(万人)	同比增长(%)
文化艺术	131.3	1.0	3.7	-2.1
新闻出版	429.2	-3.1	9.8	-2.7
广播、电视、电影	471.5	5.6	5.1	0.6
软件、网络及计算机服务	2802.5	10.0	60.7	3.0
广告会展	790.5	-3.6	6.5	-4.2
艺术品交易	462.4	-7.1	1.2	-0.2
设计服务	233.5	-6.5	9.7	0.0
旅游、休闲娱乐	624.2	13.3	8.4	2.8
其他辅助服务	1054.9	7.3	8.5	-1.4

资料来源：北京市统计局、国家统计局北京调查总队。

综合来看，文化创意产业日益成为北京经济发展的支柱产业，这不仅体现在文化企业、从业人员以及创造产值的数量方面，而且更体现在北京文化创意产业逐年强化的文化质量、文化特色和文化资源方面，由此逐渐形成了具有北京文化底蕴的新型文化业态，激发了文化创意产业的创新性和鲜活力。

其次，建设公共服务体系平台，提高城市文化幸福指数。

为深入贯彻落实中共中央办公厅、国务院办公厅《关于加快构建现代公共文化服务体系的意见》，北京市率先制定了贯彻中央两办文件的地方性省级实施意见——《北京市人民政府关于进一步加强基层公共文化建设的意见》（京政发〔2015〕28号，以下简称《意见》）《首都公共文化服务示范区创建方案》《北京市基层公共文化设施建设标准》《北京市基层公共文化设施服务规范》等“1+3”公共文化政策文件（以下简称“1+3”文件）。在上述文件政策中，“1+3”文件对北京公共服务体系的建设起到了积极而重要的推动作用，“1+3”文件是一个有机整体：“1”是《意见》，“3”是《首都公共文化服务示范区创建方案》《北京市基层公共文化设施建设标准》《北京市基层公共文化设施服务规范》。“1”是统领，“3”是对“1”的有力支撑，对加强基层公共文化建设、加强公共文化法制化建设和完善公共文化服务体系制度设计起到了重要作用。

同时，积极推动市民文化的发展，如《北京市文化局关于征集北京市民营美术馆奖励扶持项目的通知》《北京市优秀群众文化项目扶持办法（试行）》等。这些政策、方案、文件对加快构建本市现代公共文化服务体系，激发基层文化活力，丰富群众文化生活，推动基本公共文化服务实现社会化、均等化、标准化和数字化，保障人民群众基本文化权益做出全面部署。

三 立足于“文化中心”与“科技中心”战略目标的文化创意产业发展问题与建议

随着文化政策的不断完善和文化创意产业的快速发展，政策落地与产业调整之间、创新能力与创造质量之间必然也会出现这样或那样的问题，比如政策落后于产业的快速发展、文化改革落后于文化市场发展、区域间的协同发展效应较低等，这都需要政府及各个部门之间统筹协调。在未来的北京文化产业发展中，仍有诸多问题和矛盾需要解决，以保证北京文化发展的协调性。

第一，历史遗产的保护、传承与文化产业开发的关系。在以往城市化改造“大跃进”时期，历史遗产的保护、传承与产业开发似乎是一对不可调和的矛盾，这种观念曾经对城市造成不可恢复的毁灭性灾难和“血淋淋”的精神创伤。因而，在今天以文化发展为民族立国之根本、以文化提升为城市塑造之核心的社会进程中，对历史文化遗产的保护、传承已经是一个民族、一座城市文明的标志。如何“处理好城市改造开发和历史文化遗产保护利用的关系，切实做到在保护中开发、在发展中保护”，是当前考量的重要问题之一。笔者认为，在这种关系的处理中，首先要进行有实效的顶层设计，建立统一协调的专家智库，通过专家智库对历史文化资源进行科学的价值评估，对值得保护的文化资源进行整体保护，对适合产业开发的区域进行合理有序开发；其次要引入其他国家有益的保护、传承经验，强化文化保护监督机构的责任，在历史文化遗产保护、传承与产业开发中切实做到调研分析的深入细致、实施步骤的科学规划。

第二，在多维度文化创意产业发展中，人才的培养和智库的建设是文化发展的重要基础。为了进一步增强首都文化软实力，推动北京优秀历史文化遗产和文化价值观走向世界，为首都经济社会发展营造良好的国际环境，迫切需要加强具有中国特色的新型智库建设，在首都的公共外交和文化互鉴中发挥更大的作用，以不断提升北京的国际影响力和国际话语权。在这种要求下，只有立足于首都各个高校和研究机构中高端人才、知识精英的资源优势，把高端人才、知识精英的资源优势开发出来，才能将完善的知识理论体系输送到新鲜的人才中。在这一过程中，要加强产学研合作，将理论与实践进行充分融合，使高校培养出的人才更适合社会发展的需要。这样，才能紧紧牵住人才建设工程的“牛鼻子”，使文化发展突破现实瓶颈。

第三，充分发挥高端智库的作用，推动北京文化发展走向高端化、科技化和创新化。党的十八大以来，习近平总书记高度重视智库建设，对智库建设多次做出批示。2015 年 1 月，中办、国办发布《关于加强中国特色新型智库建设的意见》，为各地的智库建设提供了指导，明确了中国智库的建设发展方向。北京在京津冀协同发展的大趋势下发布了《京津冀协同发展规划纲要》，纲要指出，将北京建设成为国际性智库集聚地。那么，如何结合首都文化形态、地方政策以及各种优势资源，建设既具有中国特色又适合地方发展的国际性智库集聚地，则是需要我们认真思考和调研的。笔者认为，作为国家首都的北京智库建设，要在以下几个方面进行深入研究。首先是建设具有政策研究、决策咨询、政策评估、理论引导、启迪民智、影响社会舆论、提供社会服务等方面的“全功能”智库；其次是搭建在研究领域、选题、成果、人员以及资金等方面能够统筹、协调的智库体系；最后是建立具有开放性的智库基金管理、风控机制，创新专业化智库基金机构，研究购买智库服务的管理办法。

第四，积极利用互联网文化平台，创新互联网文化管理手段，提升首都文化软实力，增强首都文化的国际影响力。随着中国互联网的快速发展，以“网感”“迭代”“社群”等为显著特征的内容生成和传播渠道使文化形态发生了全新的变化，由此形成了独特的“互联网新文化”（即“网生文化”），与传统文化内容共同构成现代社会文化系统。在城市文化发展的各个要素中，特别是在文化创意产业的生产与传播中，互联网越来越成为积极而重要的支持渠道。因此，在建设首都文化中心的过程中，如何利用互联网平台打造和传播具有特色的首都文化？如何在国家政策的指导下制定适合首都互联网文化发展的制度？如何尽量缩小传统文化与互联网文化之间的监管差距，从而使传统文化传播渠道与互联网文化传播渠道相互融合、相互配合？这些都是需要政府部门、科研机构、专业人才认真调研和切实考量的。

第五，以“京津冀”协同发展的区域间文化合作，共创具有区域特色的文化发展蓝图。早在2014年8月，京津冀三地即共同签署《京津冀三地文化领域协同发展战略框架协议》。规划的出台为京津冀文化协同发展提供了指导框架，也为未来其他区域性文化协同发展提供了规范性的指导政策。2015年4月30日，中共中央政治局召开会议，审议通过《京津冀协同发展规划纲要》，规划纲要明确了区域整体定位及三省市定位，除此之外，还确定京津冀协同发展的近期、中期和远期目标，既有顶层设计纲要，也有实施方案细则和路线图。细则包括环保一体化细则、交通一体化细则和产业一体化细则。以国家为主导的“京津冀”协同发展模式为北京文化创意产业提供了更加广阔的发展空间和优化机遇，在“共同利益的一般意识”基础上的各种不同等级的区域之间的合作与发展和加快推动特色文化产业跨区域互动，正成为京津冀三地经济转型发展的增长点。

总之，2015年，在国家顶层设计的大规划和大目标战略中，北京市文化发展从战略布局阶段迈入了实施阶段，不论是文化政策的积极出台，还是文化产业的更新、调整与优化，都取得了实质性的成效，为2016年的文化发展打下了夯实的基础。

B.16
2015年北京文化财政金融创新现状分析

何群　孙晔*

摘　要：2015年北京市文化财政金融创新，主要表现在政府财政支持力度持续加大、小微文化企业信贷支持体系不断完善、文化产业基金的专业化程度提升、互联网文化金融迅速发展、同业并购和跨界并购共同发展等方面。这一系列创新促进了北京文化创意产业的快速发展，但同时也存在着文化消费层次低和缺口大、互联网文化金融亟待规范化、文化产业投资基金的筹资渠道较为狭窄、文化企业的并购风险日益显现等问题。对此，北京市应该供需并重、提振居民文化消费，拓宽文化产业投资基金筹资渠道，促进互联网文化金融规范化，积极引导、降低并购风险。

关键词：北京　文化创意产业　文化金融

2015年，北京市在文化创意产业领域，不断加大财政支持力度、加强金融对于文化创意产业的支持、促进资本市场与文化创意产业的对接，推动了北京文化创意产业的快速发展。2015年上半年，北京市文化创意产业增加值比重为13%，与年度目标基本持平，城镇居民人均文化娱乐支出增长率达到13%，文化、体育和娱乐业收入增长18.1%，展现出良好的发展态

* 何群，博士，中央财经大学文化与传媒学院教授、硕士生导师，研究方向为文化产业；孙晔，中央财经大学文化与传媒学院硕士研究生。

势和巨大的发展潜力。[①] 与此同时，2015 年 1 ~ 11 月，北京市文创产业收入达到 10198 亿元，同比增长 6.3%，[②] 彰显出文化创意产业资本市场给产业发展带来的巨大活力。

一 北京市文化财政金融的创新

2015 年，北京市文化财政金融创新，主要体现在政府财政支持力度持续加大、小微文化企业信贷支持体系不断完善、文化产业基金的专业化程度提升、互联网文化金融迅速发展、同业并购和跨界并购共同发展等方面。

（一）政府财政支持力度持续加大

1. 财政预算投入加大

从《关于北京市 2014 年预算执行情况和 2015 年预算草案的报告》来看，2015 年北京市对于文化创意产业的财政投入主要分为两个部分：一方面，安排相关产业提质增效资金 98.4 亿元，主要用于支持旅游产业项目落地，落实中小企业担保代偿等政策，搭建体育产业发展投资平台，推动文化创意产业项目建设，促进生活性服务业、特色商业及网络零售业发展；另一方面，投入文保区及文化事业资金 81.0 亿元，主要用于“村村通”有线广播、“三馆一站”免费开放、群众文化活动中心以及体育生活化社区建设，支持珍贵文物保护、文物藏品征集。[③] 这两个数据加起来，比 2013 年北京市文化体育与传媒支出的 97.1 亿元和 2014 年北京市文化体育与传媒支出的 97.7 亿元要高出很多。

从各个政府部门的投入来看，北京市文化局支出预算 13.39 亿元，比 2014 年的 12.08 亿元增长 10.84%，除了基本支出外，还包括公共文化体系

---

① 卢扬、郑蕊：《北京将推“8·8”惠民文化消费主题日》，《北京商报》2015 年 7 月 31 日。

② 资料来源：北京市统计局。

③ 《关于北京市 2014 年预算执行情况和 2015 年预算草案的报告》，《北京日报》2015 年 2 月 9 日。

建设经费、舞台艺术创作与生产经费和对外文化交流活动经费等；北京市新闻出版广电局2015年支出8.7亿元，比2014年的6.0亿元增长45%，主要用于确保正确舆论导向、积极推动产业转型升级、引导数字出版等新业态健康发展；北京市国有文化资产监督管理办公室（以下简称文资办）基本支出预算批复2047.07万元，占总支出预算的1.63%，比2014年的1706.40万元增加340.67万元，增长19.96%。此外，项目支出预算批复12.35亿元，比2014年的20.71亿元减少8.36亿元，下降40.37%，主要原因是北京市文化投资发展集团注册资金减少，预算支出主要用于加强政府监管文化资产、创新文化金融监管、巩固文化消费等。[①]

从资金使用来看，北京市对财政投入资金的使用日趋合理。2015年之前，北京市文化产业发展专项资金在设立上存在单纯追求GDP的倾向，在使用上出现“先有钱，再找事”的现象。2015年，北京市积极寻求改变文化创意产业发展资金的使用方式，希望采用“以事定钱”的方式，逐步引入市场化运作机制，建立有效的监督管理、绩效考核和定期评价退出机制，从而提升资金的使用效率。

2. 促进文化消费的力度加大

从北京市文化消费的数据来看，2015年上半年北京市城镇居民人均文化娱乐支出同比增长13%，高于年度预期目标3个百分点；全市居民人均教育和文化娱乐支出为1593元，同比增长11.5%，文化消费在全市服务性消费内部结构中已位居第三。[②] 相关消费政策的颁布和消费平台的搭建，是政府着力重构北京市文化消费新生态的重要举措。

2015年2月，北京市人民政府正式印发《关于促进文化消费的意见》（以下简称《意见》）。作为全国首部专门针对文化消费的省级地方政策，《意见》围绕“市场主导，政府推动”“需求引领，创新驱动”“融合发展，产业联动”“资源共享，辐射带动”四项原则，提出了加强文化消费供给、

---

① 《市级部门预算公开专栏》，资料来源于首都之窗。

② 佟彤：《文化消费奠定民众文化品位》，《北京晨报》2015年8月27日。

培育文化消费理念、引导文化消费行为、丰富文化消费业态、拓展文化消费空间五个方面的重点任务，并且通过一系列有力的扶持政策和保障措施作为支撑。①

北京市文资办首次举办“8·8惠民文化消费主题日”活动。本次活动以“乐享文化·互联生活”为主题，充分利用“互联网+”思维，将各个活动在线上线下全面展开。数据显示，该项活动总计千万元的优惠券共发放490余万张，有125.16万人次访问活动官方微信平台北京文惠卡公众号。在线下活动的现场，向市民发送近5万份“文化大礼包”。另外，参与线上活动的电商平台在当日实现销售额总计4317.47万元，线下活动门店的日消费额则同比增加10%。该项活动的展开是在促进首都文化消费方面进行的又一次有益探索，促进了北京市民的文化消费。

在此基础上，8月11日，由北京市文资办、市文化局、市新闻出版广电局、市文物局等单位主办的第三届北京惠民文化消费季启动，自启动以来，十大展销板块、十大专项活动和十六个区县活动相继展开。截至9月9日，已有近106万人次参与，超过32万人次直接消费，线下成交额达8376.27万元；线上超过264万人次消费，成交额达3.65亿元，总计4.48亿元。② 本届文化消费季比上年延长一个月的时间，增加了活动的数量，提升了北京市民的文化消费意识，进一步促进了文化消费行为。

3. 继续搭建洽商平台

2015年，北京市继续在政府的主导下，举办大型文化创意产业相关活动，搭建文化创意产业洽商平台，促进北京文化创意产业不断发展。

为了贯彻《国务院关于推进文化创意和设计服务与相关产业融合发展的若干意见》精神，北京市在2015年5月印发了《北京市关于推进文化创意和设计服务与相关产业融合发展行动计划（2015-2020年）》（以下简称

① 《北京颁行新策促进文化消费》，中国经济网，http://www.ce.cn/culture/gd/201502/05/t20150205_4524520.shtml，2015年2月5日。

② 《第三届北京惠民文化消费季交易金额突破4亿元》，人民网，http://bj.people.com.cn/n/2015/0924/c372699-26517217.html，2015年9月24日。

《行动计划》)，促进文化创意和设计服务与相关产业融合发展。在《行动计划》推动下，由北京市文资办主办、中国国际贸易促进委员会北京分会协办的2015北京－米兰文化创意设计高端推介会，于2015年5月29日在意大利米兰举行。此次推介会以“共寻机遇、创意未来”为主题,[①] 通过与意大利相关企业进行深度交流，以推介、洽谈等多种形式寻求合作机会。2015年10月，由北京市文资办主办，首都文化产业协会、北京市海淀区文化创意产业协会协办的2015年北京市文化融合发展项目合作推介会召开。共有21家企业进行了项目推介，签约项目22个，签约项目资金总额达到11.25亿元，推动文化创意产业与互联网相结合，促进了文化创意产业与其他产业的融合发展。

（二）小微文化企业信贷支持体系不断完善

在《关于2015年小微企业金融服务工作的指导意见》的推动下，北京市政府积极引导金融机构支持文化产业发展。2015年，北京银行、中国工商银行北京分行等在政府的引导下，扩展文化创意产业相关的贷款业务，推动小微文化企业与资本的对接。

一方面，各大银行纷纷加大针对小微文化企业的授信。在文博会开幕式当天，北京银行和北京市新闻出版广电局联合签署了支持文化创意产业发展暨银企战略合作协议。北京银行新增设西单银行、阜城支行、上地支行、清华园支行为文化创意特色支行，提供适合文化企业的特色贷款项目。朝阳区人民政府与北京银行正式签订《关于国家文化产业创新实验区文化金融服务全面战略合作协议》。根据此项协议，未来5年内北京银行将向实验区提供不少于1000亿元的意向性授信，全面支持实验区范围内文化企业的升级发展。[②] 在实验区设立专营机构，形成“1＋1＋10＋N”金融服务体系，即

① 《2015北京－米兰文化创意设计高端推介会在米兰成功举办》，北京市国有文化资产监督管理办公室网站，http：//www.bjwzb.gov.cn/index.html？Para＝662，11。

② 杜燕：《内地首个国家文化产业创新实验区获千亿元授信》，《中国文化报》2015年10月10日。

设立1个实验区文化金融服务中心，运用“1000”亿元授信支持，通过10个系列文创产品，与N个金融机构合作。北京银行还为大望路支行、红星支行授牌“北京银行国家文化产业创新实验区金融服务中心”，创新推出了文创普惠贷产品。“文创普惠贷”重点支持在国家文化产业创新实验区内注册企业、国家级及省市级文创产业集聚区内文创企业、各地文创重点孵化器内文创企业、各级文创主管部门重点扶持的文创名单企业。“文创普惠贷”具有六大特点：一是普惠支持，最少提供10万元贷款；二是期限灵活，最长2年授信贷款支持；三是模式多样，可提供单笔或授信融资；四是审批高效，采取打分卡制表单审批；五是放款快捷，网银自主提款随借随还；六是担保创新，信用反担保为企业增信。①

此外，光大银行北京文创园小微支行于2015年10月28日正式成立。北京文创园小微支行主要面向文化创新工场及文创产业园内的入驻企业，创新推出适合文创类小微企业特点的金融产品，实现金融与文化产业的有效对接。中国工商银行北京分行2015年上半年发放各项融资余额近300亿元，与首都文化产业协会的多家企业建立了合作关系，行业涵盖广播电视、新闻出版、动漫、演艺、文化经纪、影视制作、文化旅游等多个领域。中国工商银行北京分行承诺为北京重点文化项目投资提供意向性授信近500亿元，助力文化创意企业创新发展。

另一方面，北京加快建设与信贷相匹配的服务体系，不断完善信贷体系。为了解决文化创意企业信用难以评价、融资难的问题。2015年4月，北京国际版权交易中心与大公国际信用评级集团合作启动文创产业信用体系战略，双方将建立以文创企业为主体，集市场化综合评价信息、行政管理信息和第三方专业评价信息为一体的信用信息服务平台。这是全国首个文创产业信用体系服务平台。② 同时，由于文创企业存在规模较小、普遍缺乏固定资产、抵押资产不足的问题，为解决这一难题，石景山区共出资3000万元，

① 付连英：《北京银行推出文创普惠贷产品》，《国际商报》2015年11月5日。

② 《全国首个文创信用体系服务平台在朝阳启动》，朝阳区文明办，http：//www.bjcywm.gov.cn/rdxw/t20150520_669457.asp。

率先设立文化创意企业贷款风险补偿金机制。通过此举，文化创意产业发展专项资金具备了化解银行风险的功能，旨在用政策红利鼓励企业进行创新发展，支持文创企业做大、做强，为文化金融创新发展提供一条全新的途径。① 中国工商银行北京分行与首都文化产业协会联手组建首家为文化创意企业提供专业金融服务的俱乐部——“文荟行”，为俱乐部成员企业的发展提供专业的金融服务支持，促进文化创意产业发展与金融创新的深度合作。

（三）文化产业基金的专业化程度提升

如果说2014年北京文化创意产业投资基金经历了快速增长的时期，那么2015年北京文化创意产业基金则以其明确定位和国际化特点，呈现向专业化发展的趋势。

一方面，新成立的文化创意产业基金的市场定位更加明确。7月16日，光大证券与北京市文化投资发展集团共同设立、国内单项规模最大的文化产业发展基金——北京文资光大文创产业基金，该基金规模约300亿元，投资重点为支持京津冀地区文化产权交易平台、文创产业功能区等领域的建设发展。11月9日，我国首支国家资金引导的知识产权股权基金——国知智慧知识产权股权基金正式发布。该基金的主发起方为北京国之专利预警咨询中心，由国家知识产权局专利局专利审查协作北京中心设立。国知智慧知识产权股权基金首期规模达1亿元，主要投资拟挂牌新三板的企业。其中，北京国之专利预警咨询中心出资500万元，吸引社会资本9500万元参与，形成1∶20的引导效应，助力专利创新和企业知识产权保护，最大限度地发挥政府资金的引导作用。②

另一方面，中外合作文化产业基金使文化创意产业基金日趋国际化。习近平主席访英期间，由中国北京中泽文化产业有限公司、普罗派乐文化传媒（北京）有限公司与英国PAIRSTECH资本管理公司及VARSCLE资本管理有

① 董城：《北京石景山区建立文化创意企业贷款风险补偿资金机制》，《光明日报》2015年11月2日。

② 《国内首支国家资金引导知识产权股权基金正式发布》，《创新时代》2015年第11期。

限公司共同创建的首个中英电影电视投资基金达成备忘录。该基金预计在2016年之前首先投入5000万英镑作为种子基金，中英双方投资者各占50%，并通过与中英两国的战略投资者及联合制作伙伴合作，按基金发展计划在2020年前可增至15亿英镑。[①] 11月3日，由中国电影基金会和北京市国有文化资产监督管理办公室等共同发起的北京文资华夏影视文化产业投资基金与法国WILD BUNCH公司宣布共同成立中欧电影基金。中欧电影基金将重点推进投资中欧合拍及中国与国际合拍的其他电影项目。该基金的规模为1亿欧元（约7亿元），未来五年内，计划投资不少于10部作品。中外合作文化产业基金将加强北京文化创意产业的对外交流，促进文化创意产品进出口贸易的发展。

（四）互联网文化金融迅速发展

2015年是“互联网+”快速发展的一年，互联网与各个产业相融合在整个经济中掀起变革，其中“互联网+”文化成为北京经济增长新模式。随着互联网金融的快速发展，北京市文化众筹项目涵盖领域越来越广泛，拓宽了北京市文化企业的融资渠道。此外，P2P网贷平台切入文化产权融资垂直细分领域，为资本进入北京文化创意产业领域打造了一个更加便捷的平台。

一方面，北京市政府积极引导各种众筹平台与文化创意产业相结合。2015年11月18日，由北京市金融局指导举办、北京梅牡众筹文化有限公司主办、北京华人天地影视策划股份有限公司承办以及深圳市众投邦股份有限公司支持举办的梅牡众筹平台上线。梅牡众筹是以影视剧为主、其他文化产业为辅的专业垂直型优先收益权众筹服务平台。该平台通过优选高成长、高回报的影视等文化项目，进行全方位的风险评估和控制，采取投前调研、投后监管的运营模式，为影视剧及其他文化项目提供专业的投融

① 李陈士、戴军：《中英电影电视投资基金即将问世》，《光明日报》2015年10月24日。

资服务。[①] 此外，娱乐宝、百度百发、京东众筹等把持着流量和用户的互联网巨头，也纷纷涉足影视众筹领域。他们借着影视众筹的热度，预售影视周边产品，然后将众筹的资金投入保险或理财产品，获取收益再分给投资者约定的利润点。

另一方面，越来越多的 P2P 平台关注文化产权业务。大部分 P2P 平台采用与第三方签订战略合作协议的方式开展业务。目前，全国涉及文化产权业务的 P2P 平台共 12 家，位于北京地区的占 7 家。北京市涉及文化产权业务的平台如表 1 所示。

表 1　北京市涉及文化产权业务的平台

平台	专注细分领域	产品类型	产品名称
手投网	是	邮币卡	天天盈、月月盈、打新宝
艺投金融	是	玉器、字画等藏品	艺利宝、艺投保
艺金所	是	字画等藏品	艺术金
爱钱帮	否	影视	娱乐帮
爱投资	否	字画等藏品	艺术金
百泉贷	否	邮币卡	邮币贷
艺融网	否	字画等藏品	火种计划

资料来源：高丽秀：《P2P 资产扩容至文化产权领域》，中国网，2015 年 10 月 22 日。

（五）同业并购和跨界并购共同发展

2015 年上半年，文化产业市场投融资及并购事件共有 83 起，除去未披露资金的 27 起，涉及金额约 234.24 亿元。主要涉及 IT、旅游、广告、游戏动漫、文化传播、影视、传媒、教育 8 个行业，其中传媒、教育及旅游是热点领域。其中投融资事件 59 起，涉及金额约 93.94 亿元，并购事件 24 起，

① 《众筹玩转影视业　共赢共创新佳作》，光明网，http：//economy.gmw.cn/2015－11/20/content_ 17798915.htm。

涉及金额约 140.30 亿元（见表 2）。[①] 北京文化创意产业的投融资呈现两方面特征：一方面，基于 IP 变现概念股的发展，越来越多北京的公司出于市场管理的意愿并购持有优质 IP 的文化公司，使得影视行业并购持续升温；另一方面，传媒业在 2015 年成为并购高发区，在线教育和旅游开始受到资本青睐。

表 2　2015 年北京文化创意产业并购事件（部分）

收购方	被收购方	所属行业	价格	收购资产	并购完成时间
宝诚投资	乐淘网络	网络游戏	8.1 亿元	100% 股权	2015 年 1 月 12 日
朗姿股份	联众	网络游戏	11.93 亿港元	28.90% 股权	未公开
蓝色光标	多盟智胜网络	广告创意	6.8 亿元	95% 股权	2015 年 6 月 8 日
百度	星美控股	电影放映	4000 万港元	3.46% 股权	未公开
光线传媒	龙视传媒	电影制作与发行	2650 万美元	25% 股权	2015 年 6 月 29 日
光线传媒	网票通	B2C	1.3 亿元	68.55% 股权	2015 年 7 月 12 日
掌趣科技	哔哩哔哩	网络视频	1223 万元	0.71% 股权	2015 年 8 月 27 日
中国广电	中国有线	有线广播电视传输服务	非公开	10.99% 股权	2015 年 10 月 20 日
掌趣科技	大神圈文化	电影制作与发行	5100 万元	15.14% 股权	2015 年 11 月 3 日
腾讯	知乎	网络社区	非公开	非公开	2015 年 11 月 3 日

注：2015 年北京文化创意产业并购事件是指并购方或者被并购方为北京文化企业的并购事件。
资料来源：清科私募通。

在 2015 年北京文化创意企业的并购中，同业并购和跨界并购并存。在同业并购中，文化创意企业通过横向并购扩大市场份额、扩大企业规模，有利于提高行业集中度，形成具有强大影响力的新企业。对文化产业链的上下游进行纵向并购的同业并购有利于文化企业内容和渠道的双向延伸以及内容向周边衍生产品的延伸，加快文化创意企业对于产业链的布局。继 2015 年 6 月 29 日，北京光线传媒以 1.65 亿元收购龙视传媒 25% 的股权。2015 年 7 月，光线传媒发布一揽子投资公告，拟收购拥有网票网、捷通无限、光威影业，并与上海嘉印文化共同设立“光印影业”，与田晓鹏、梁辉、林中伦、

① 《中经观察：2015 年上半年文化产业投融资并购　传媒是高发区》，中国经济网，http：//www.ce.cn/culture/gd/201506/26/t20150626_ 5766752.shtml。

刘伟共同设立“十月文化”。光线传媒通过横向、纵向并购和一系列投资，布局以影视制作与发行为核心的娱乐产业。文化创意企业的跨界并购主要指面临产业升级的传统企业并购高投资、高回报的文化创意企业。跨界并购对于传统行业而言是转型升级、寻找新的利润增长点的重要形式；对于文化创意产业而言，有利于吸引资金注入、拓宽企业融资渠道，促进文化创意产业快速发展。

二 北京市文化财政金融创新存在的问题

2015 年，北京市文化财政金融不断创新与发展，促进了北京文化创意产业的繁荣。但是，繁荣背后一些问题也凸显出来：文化消费层次低、缺口大，互联网文化金融亟待规范化，文化产业投资基金的筹资渠道较为狭窄，文化企业的并购风险日益显现等。这些问题一定程度上也制约着北京文化创意产业的发展。

（一）文化消费缺口大、层次低

2015 年是北京市文化消费快速发展的一年，根据“文化中国：中国文化产业指数暨拉动城乡居民文化消费试点项目阶段成果”发布会公布的数据，北京在文化消费能力和文化消费综合指数的指标排名中，均居首位；第三届北京惠民文化消费季消费总额破百亿元。但 2015 年 8 月发布的《2014 年北京市文化消费指数研究报告》显示，目前北京市文化消费占总消费的比重约为 15%，消费缺口在 1378 亿元左右。根据发达国家文化消费占总消费 30% 左右进行估算，北京文化服务消费与文化产品消费的潜在消费量在 2280 亿元左右。[①] 北京市文化消费显示出层次低和缺口大的问题。

从消费人群来分析，北京市民的整体消费意愿明显上升。无论是货币支出还是时间支出，消费者的支出意愿都呈现大幅度增长趋势，但是文化消费

① 李丹丹：《报告称北京文化消费缺口近 1400 亿》，《新京报》2015 年 8 月 19 日。

人群主要集中在18~26岁。由于闲暇时间不足，北京文化消费主力军的消费行为受到严重制约。对比而言，闲暇时间充裕的儿童、老年人，文化消费意识薄弱、消费水平较低、消费能力不足等原因制约着其文化消费行为。闲暇时间与消费能力、消费水平的缺位是北京文化消费缺口的一个原因。

从消费结构来看，北京市文化消费结构失衡。虽然北京市政府通过“地坛书市”“阅读季”等活动带动了市民的教育型文化消费。但是从数据来看，北京市娱乐型文化消费占比63.6%，教育型文化消费所占比重不足娱乐型消费的一半。文化消费结构的失衡导致文化产品供给的失衡，娱乐型文化消费品供给过多，教育型文化消费品则偏少。结构的失衡和供给的失衡使得北京市文化消费层次低。

从文化消费环境来看，北京市文化消费的一个重要特点就是政府主导性强，但是文化消费缺乏整体的规划，文化消费政策不完善。截至目前，北京市仅仅出台了一个关于文化消费的政策——《北京市人民政府关于促进文化消费的意见》。此外，文化消费市场处于发展时期，文化场所和设施数量不足、配套不齐、功能不全等问题抑制了居民文化消费。

（二）互联网文化金融亟待规范化

随着互联网的发展，互联网金融以其门槛低、融资快的特点，吸引了许多小微文化创意企业通过互联网进行融资。虽然互联网金融与文化创意产业相结合的模式成为文化创意企业新的融资渠道，但是互联网文化金融的发展也存在许多问题，亟待规范化。

首先，互联网文化金融缺乏专门性的法律法规和完善的监管体系。尽管2015年7月，央行等十部委发布了《关于互联网金融健康发展的指导意见》，但该意见针对的是整个互联网金融体系的行政性指导框架，并不是针对互联网文化金融的专门性文件。由于互联网金融自身法律定位不明确，加上文化创意产业准入边界模糊，缺乏专门性的法律指导会使互联网文化金融界定更加模糊，制约其发展。虽然2014年北京市金融工作局上线了首都金融安全检测平台，集合互联网舆情和群众举报等数据，成为互联网文化金融监管体系的亮点。但其仅仅是检测和预警，对于防范互联网文化金融带来的风险和规范互联网文化金融是不够的。由此可见，互联网文化金融无论是在制度层面上，还是在监管体系层面上都亟待规范化。

其次，知识产权保护难度大。创意是文化创意产业的核心竞争力，保护创意是保证文化创意产业健康发展的重要前提。文化创意产业项目在互联网平台进行融资的一个重要难题就是对于知识产权的保护。以众筹为例，文化项目为了吸引投资者，不得不在众筹网站上公布其创意，此时文化项目往往面临被复制、盗版的风险。由于知识产权保护的是创意的表达形式，而非创意本身，文化项目的侵权难以界定。加上我国知识产权维权成本高、维权难，文化项目不愿通过互联网平台进行融资，这也是制约互联网文化金融发展的一个重要原因。

最后，文化项目与融资出现错位。虽然在互联网平台进行融资是小微文化企业融资的一个新渠道，但是由于资本更倾向于流向风险较小的项目，对于文化创意产业领域而言，有保障的文化项目往往并不缺乏资金的支持，在互联网平台进行融资只不过是其营销的手段。如大制作的影视作品并不缺乏资金的支持，采用众筹的方式融资是因为它想凭借明星的影响力吸引眼球，进行宣传和营销。小众化的影视作品通过传统方式融资难，希望通过众筹获得资金支持。但由于其可依托的“粉丝”较少，普通投资者考虑投资收益不倾向于选择该类产品，因此即使在互联网平台下它也依然会出现融资难的问题。有资金保障的文化项目易融资，真正需要融资的文化项目融资难，这种错位局面是互联网文化金融发展不可忽略的问题。

（三）文化产业投资基金的筹资渠道较为狭窄

2015年，北京市文化产业投资基金无论是在规模还是在种类上都有了新的发展。但是政府的强势主导和投资环境的不完善，一定程度上会影响文化产业投资基金向利好方向发展。

目前，北京文化产业基金的资金主要来自政府财政、全国社保基金和国有企业等，民营资金较少。资金来源渠道相对狭窄，资金规模受到限制。政府财政资金大多用于文化引导，仅对文化产业基金发挥引导示范的作用；全国社保基金由于保障资金的属性，追求稳定、低风险的收益，因此这两类资金很难对文化产业基金进行大规模的投资。民营资本由于自身资金规模的限制和收益目标的功利性，往往也难以进行稳定、大规模的投资。[①] 然而，文化产业投资基金作为市场化的产物，只有采用市场化和专业化运作方式，才能更好地适应文化产业的投资特性。

文化产业投资基金筹资渠道较为狭窄，主要原因在于文化产业投资环境的不完善。这种不完善首先表现在缺乏明确的法律法规。目前，《证券投资基金法》是专门针对产业投资基金的相关法案。但是，文化创意产业有其自身的特殊性，一般法案很难适用文创产业。法律制度的缺失使得文化产业基金在资金的募集、退出机制等方面受到了制度性的制约。同时，投资对象的单一也是投资环境不完善的一个重要表现。文化产业投资基金的投资主要集中在影视娱乐和游戏两个领域，同质化问题明显。北京文资华夏基金的投资主要集中在影视领域，2015 年北京文资华夏基金与欧洲发行和制片公司 WILD BUNCH 设立的中欧电影基金的投资主要集中在电影行业。其他文化产业领域受到现行投资政策和文化行业相关政策的限制，很少成为文化产业投资基金的重要投资对象。同样，跨国文化产业基金——中英电影基金也是集中于电影、电视领域的投资。

（四）文化企业的并购风险日益显现

截至 2015 年 6 月，文化创意产业并购热度不断降温，2 月仅有 3 家公司进行并购承租，4 月并未发生文化创意产业并购行为。对比 2013 年的并购热，资本开始逐渐回归理性，出现这种现象的一个重要原因就是文化企业并购所带来的一系列问题或风险开始显现出来。

首先，文化创意企业估值偏高导致其市场风险增大。文化创意产业的重

① 张爱军、邵二郎：《我国文化产业基金发展困境及政策选择》，《青年记者》2014 年第 16 期。

要特征是其轻资产性和产品不稳定性，这两个特征增加了文化创意企业评估的难度。由于文化创意产业的资产大多为无形资产，未来具有较高的赢利能力，因此在评估的过程中会出现价格偏高的情况。以北京欢瑞世纪、金英马、北京中视精彩、北京华海影视为例，并购估值增值率分别高达439.74%、300%、634%、815.97%。但这些被并购企业的整体资产和利润创造力还远达不到被收购的价格，也就是说，目前影视产业并购存在相当大的泡沫。企业发生并购后，合并企业的股价在短期内可能上涨，但是文化产品的不稳定性使得文化创意产业未来收益的不确定性增加，导致市场风险增大。

其次，文化创意企业并购后面临较大的经营风险。由于并购尤其是跨界并购的双方在业务类型、社会背景方面存在较大差异，并购后双方难以达成共识将不利于企业今后的发展。2014年，主营家电配套的禾盛新材以21862.5万元收购了老牌电视剧、电影制作公司——北京金英马26.5%的股权。北京金英马原本承诺2014～2016年扣非后净利润分别为1亿元、1.35亿元、1.69亿元，但最终业绩难以达标，使得禾盛新材出现首次亏损，确认投资减值损失高达1.5亿元。[①] 跨界并购的双方在并购后，由于资源禀赋、企业文化、经营理念等方面的差异，资源整合、人际沟通等非常重要，否则经营风险会显著增加。

最后，文化创意产业主要依靠的是创意人才的会聚，然而跨界并购所导致的高人才流失率现象屡见不鲜。对并购后的文化企业而言，怎样吸引稀缺的文化创意人才，并在短时间内实现能岗匹配，是一个需要重点解决的紧迫问题。

三 解决北京市文化财政金融创新问题的对策

（一）供需并重，提振居民文化消费

文化消费是推动文化创意产业发展、拉动经济增长的重要手段。解决北

① 《2015上半年影视业上市公司并购案超30件》，《北京商报》2015年7月3日。

京市文化消费问题需要整体提高居民收入，重视文化产品供给和需求的平衡，提振居民文化消费。

提高居民收入，扩大文化消费人群是促进文化消费的重要前提。文化消费品属于弹性需求，只有在收入满足刚性需求的基础上，居民才会选择进行文化消费。因此，整体而言，北京市应提高居民收入、完善社会保障制度，在满足居民基本生活需求的基础上实现文化消费。对不同消费人群采取不同的措施：对于文化消费水平高、意识强的消费者，通过开展节省时间的线上消费活动促进文化消费；对于文化消费意识较为薄弱、消费水平较低的消费者，通过发放惠民优惠卡、打折扣等形式改变消费行为。

平衡文化产品供求关系。文化消费结构的失衡引发文化产品供给和需求的失衡，以影视制作公司为例，北京市现存2000多家影视制作公司，每年生产上万集电视剧，但是由于“一剧两星”和电视台数量有限，每年仅有一半的剧集能够播放。面对供给过剩，北京市政府在利用互联网平台、拓宽播放渠道的同时，还应该适度限制产品供给。对于消费不足的教育型文化产品，政府可以采取现金补贴、激励评价等形式对居民购买教育型文化产品进行直接补贴，增加该类文化产品的消费需求。

优化文化市场环境。北京市政府应该做到丰富文化市场体系，加强对文化市场的监督管理，增加文化消费场所，加快文化设施建设并完善相关配套设施，以健康、繁荣的文化市场，满足人们的文化消费需求，提振文化消费。

（二）促进互联网文化金融规范化

虽然北京市互联网文化金融发展很快，但由于我国互联网文化金融整体还处于起步阶段，规范化、专业化程度还很低。北京市应该从法律环境、知识产权保护、文化项目与文化资金匹配等方面逐步推动互联网文化金融走向规范化、专业化。

加强立法与引导行业自律相结合。2015 年 7 月，央行等十部委联合发布《关于互联网金融健康发展的指导意见》，该意见对互联网金融的模式和定义做了界定，并指出各类模式所遵循的法律制度。从法律来看，该意见的提出对于互联网文化金融的发展有着重大的意义。但是从性质而言，该意见仅仅为行政性、方向性的指导框架。北京市应该在此基础上，立足于互联网、文化与金融的深度结合，做到以下几点。

第一，制定专门针对互联网文化金融的相关法规，从制度层面上对文化发展进行互联网融资支持。同时，北京市网贷协会应该进一步吸纳协会成员，继续实行产品登记制度，完善信息披露，加强行业自律。

第二，设立临时专利申请制度，缩短专利审核时间。在传统专利制度申请周期过长的情况下，北京市可以借鉴美国的经验，设立临时专利申请制度。这种制度可以缩短临时专利申请的时间，从而为互联网金融平台上的文化创意项目提供制度保障，为被剽窃的文化创意产业项目维权提供有力支持。此外，互联网金融平台有责任协助文化创意产业项目保护其知识产权，对于在平台上进行融资的文化创意产业项目进行严格审核，拒绝盗版侵权的项目进入平台。同时发挥消费者的监督作用，设立消费者监督、投诉的维权平台。

第三，鼓励对小微文化创意企业及项目进行投资。为了纠正互联网文化金融出现的错位，北京市应该发挥其引导作用，对给小微文化企业项目融资的机构实行税收优惠、激励政策，鼓励对小微文化创意产业项目进行投资。对有资金依托的大型文化创意产业项目提高互联网融资的门槛，减少大型项目对小微文化创意项目的排除，减少其利用众筹平台营销文化项目的行为。

（三）拓宽文化产业投资基金筹资渠道

2015 年，北京市文化产业投资基金发展迅速，但总体上仍然处于初步发展阶段。文化产业投资基金作为文化创意企业进行融资的重要渠道，解决文创投资基金出现的问题有利于促进文创投资基金的长远发展，完善文化创意产业投融资机制。

完善文化产业投资基金的投资环境是解决文化产业投资基金筹资渠道狭窄的重要前提。在法律层面，关于投资基金的法律属于证券法律法规的一部分，对文化创意产业投资基金的适用性弱。北京市政府应该出台相关法规，将文化产业基金纳入法制化管理的轨道，理顺文化产业基金资金募集与管理机制以及退出机制。完善税收制度，对文化产业投资基金投资小微文化企业予以税收优惠。

为了解决文化产业投资基金筹资渠道狭窄的问题，北京市应当适度拓宽融资渠道，吸引有实力的社会投资者进入文化产业投资基金，实现多元化的资金募集。放宽税收优惠的适用政策，将文化产业投资基金纳入税收优惠的体系，调动文化产业投资基金的积极性。完善退出机制。加快完善主板、中小板、创业板、新三板以及产权交易市场、股权交易中心等多层次的资本市场，畅通文化产业投资基金退出路径。[①] 同时，北京市政府还需要引导文化产业投资基金与商业银行、保险公司、信托投资公司合作，完善文化创意产业投融资体系。

（四）积极引导，降低并购风险

对于文化创意企业的并购问题，北京市应当积极引导文化创意企业正确认识并购的影响。对于同业并购来说，虽然并购可以提高行业集中度，延伸业务范围，实现产业链上中下游的融合，催生综合性文化集团。但是，无论是对文化创意企业自身而言，还是从整个文化创意产业来看，不实施差异化竞争将不利于长远发展。对于跨界并购而言，文化创意企业通过被传统企业并购的方式获得资金，可能会丧失其文化特性甚至文化创造力。对传统产业而言，对文化创意企业进行并购是基于文化创意产业赢利快、为新的利润增长点的特点。但是，利润增长背后隐藏着文化创意产业不稳定性带来的风险和并购双方的运营风险。北京市政府应该积极引导、建立有效沟通机制，引导文化创意企业遵循不盲目跟风的原则，理性对待，谨慎并购。

---

① 《2014 新增文化产业基金 51 支　移动互联网投资炙热》，中国经济网，http：//www.ce.cn/culture/gd/201412/30/t20141230_ 4230756.shtml。

对于文化创意企业并购后的人才流失问题，北京市力促培养更多的文化创意产业人才。虽然2015年，北京市文资办成立了北京文创双高人才发展中心，举办了北京市文化创意产业高级人才研修班，进行跨界并购的传统行业的管理人员也可以参与其中，但未来北京市还应加大力度，搭建文创领域的专业化人力资源服务平台，更好地为文化创意企业服务。

总体来看，2015年是北京市文化消费日趋增长、突出解决中小微文化企业融资难问题、互联网金融发展迅速、企业并购渐归理性的一年，是北京市财政金融领域对文化创意产业不断加大支持力度、加强服务意识的一年。

B.17

京津冀一体化战略中北京旅游发展报告*

荆艳峰　陆跃祥　刘 敏**

摘　要： 本报告回顾了“十二五”期间北京旅游发展成就，分析了京津冀一体化战略中北京旅游市场的环境变化和发展现状，总结2015年北京旅游发展亮点，并提出京津冀旅游协同发展的相关对策建议。

关键词： 北京　京津冀一体化　旅游　协同发展

2015年是北京旅游发展“十二五”规划的收官之年，也是“十三五”规划的谋划之年。在旅游大众化发展背景下，“区域一体化”“产业融合”“互联网＋旅游＋投资”“提质、增效、升级”是本年度旅游发展的关键词。作为具有巨大带动作用的战略性支柱产业，旅游产业不仅成为北京经济新常态下不容忽视的增长点，而且成为提升居民生活品质的民生工程。

一　“十二五”期间北京旅游发展成就

（一）旅游经济规模稳步扩张

“十二五”期间，北京旅游产业在面临国际金融危机和国内消费潜能下

* 本报告是北京市社会科学基金重点项目“北京旅游服务贸易竞争力提升研究”（15JGA032）的研究成果。

** 荆艳峰，博士，北京联合大学旅游学院副教授，研究方向为旅游经济；陆跃祥，北京师范大学经济与工商管理学院教授；刘敏，北京联合大学旅游学院副教授。

行的双重压力下，仍然逆势而上，呈现较为理想的发展态势，旅游业经济总量稳步扩张，成为经济新常态下扩内需、调结构、惠民生、保增长、保稳定的重要力量。到 2014 年，旅游餐饮和购物金额达 2142 亿元，同比增长 4.8%，占全市社会消费品零售额的比重为 23.5%。旅游特征产业完成投资额 614.9 亿元，同比增长 1.2%，占全社会固定资产投资的比重为 8.1%。[①]

1. 接待旅游总人数逐年稳定增长

“十二五”时期，北京市接待旅游总人数从 2011 年的每年 2.00 亿人次，扩张为 2015 年的 2.73 亿人次，累计增长率为 36.5%，呈现较为稳定的阶梯形增长态势（见图 1）。

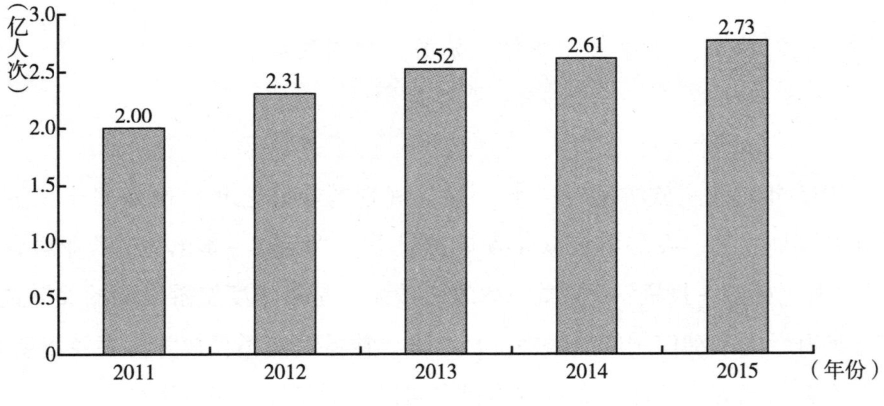

图 1　“十二五”期间各年份北京市接待旅游总人数

从各年份增长速度来看，能够体现出整体经济增长调速和经济结构调整对于旅游出行的影响，在“十二五”期间呈现了一定的波动。

2. 旅游总收入保持持续增长

五年来，北京市旅游总收入从 2011 年的 3216.2 亿元增长到 2015 年的 4616 亿元，高于接待旅游人数的增长率（见图 2）。说明北京市人均旅游消费在“十二五”期间有一定程度的提升。这一方面可以归因于游客的消费

① 《2014 年北京旅游业概况》，北京旅游发展委员会网站，http：//www.bjta.gov.cn/xxgk/tjxx/372299.htm。

能力提高、消费观念更新、消费能级提升，另一方面也归因于北京旅游产品不断创新和旅游服务的“提质增效”。

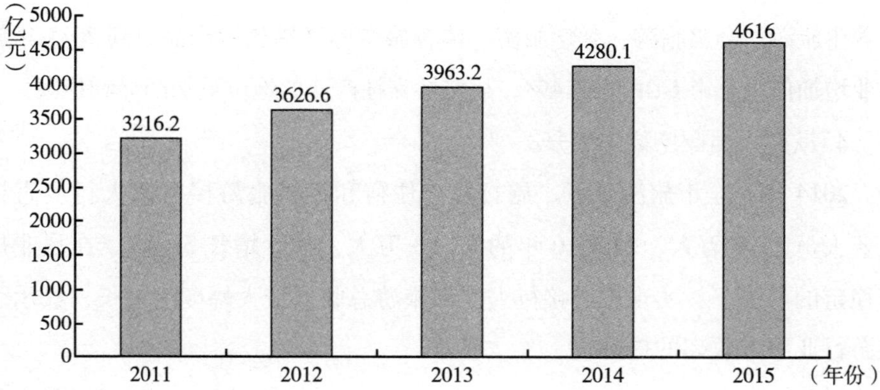

图2　“十二五”期间各年份北京市旅游总收入

与此同时，需要关注的是“十二五”期间北京市旅游总收入的增长速度进入了逐渐下滑的通道，这与近年来经济整体发展调速呈一定的相关度。从图3可以看到，北京市旅游总收入的下滑速度比同期GDP下滑速度快，显示旅游仍是消费弹性较大的产业。

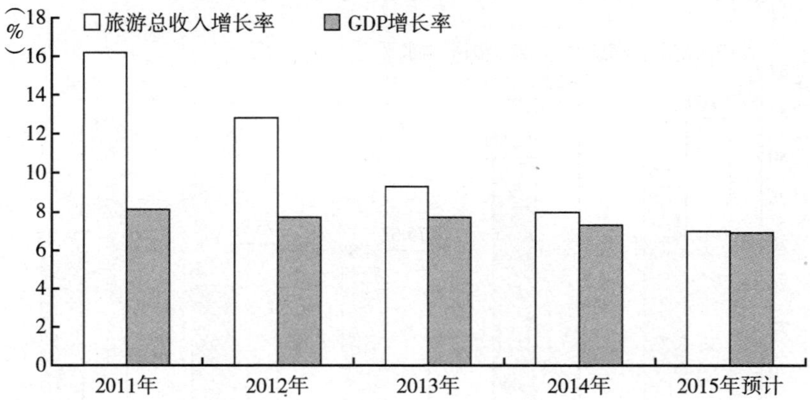

图3　“十二五”期间各年份北京市旅游总收入与GDP增长率比较

3. 旅游业增加值占 GDP 比重增加

2011 年北京市旅游收入占全市 GDP 的比重为7%，“十二五”期间，北京市积极挖掘文化旅游资源，开发具有北京地域特色的京味文化主题旅游和中医养生旅游、会奖旅游、修学旅游、体育旅游等高端旅游产品，到 2015 年旅游业增加值占全市 GDP 的 7.4%，战略性支柱产业的地位更加凸显和稳固。

4. 从业人员保持稳中有升

2014 年，全市旅游景点、旅行社、住宿和乡村旅游接待四大行业直接从业人员 35.9 万人，较 2010 年的 33.93 万人，累计增长 5.8%。在从业规模稳定的前提下，实现旅游接待人次和旅游总收入较大幅度的增长，显示了旅游行业服务效率的提升。

（二）旅游业提质增效成果明显

1. 游客满意度高于全国平均水平

根据中国旅游研究院每年发布的游客满意度报告，北京市游客满意度在“十二五”期间基本保持“比较满意”，个别年份满意度有所下降，但均高于全国游客满意度平均水平（见图 4）。门票居高不下、旅游购物性价比不高、低价旅游团和非法一日游是影响满意度提高的主要因素。

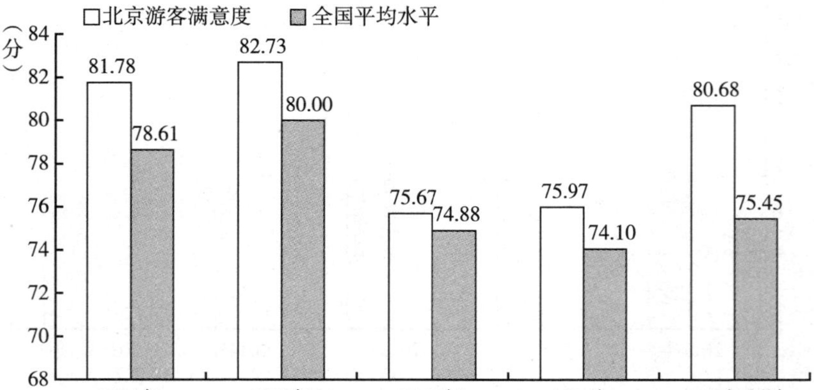

图 4　“十二五”期间北京游客满意度与全国平均水平对比

2. 人均旅游消费水平大幅度提高

2014 年入境游客在京人均花费 1078 美元，较 2010 年的 1029 美元，累计增长 4.76%，主要商品集中在茶叶、丝绸和中草药等传统产品中；2014 年国内游客人均花费 2324 元，较 2011 年的 1902 元，累计增长 22.19%；而 2014 年本市居民在京游人均花费 364 元，较 2011 年的 300 元，累计增长 21.33%。尽管面临诸多发展的不利因素，北京接待游客人均花费还是有不同程度的提高。特别是国内游客和本市居民旅游支出增加迅速。这在一定程度上归因于国内旅游产品创新和京郊民俗旅游及各种主题旅游不断推陈出新，为吸纳居民旅游消费提供了更多的选择。

（三）旅游产品和消费结构实现优化

1. 旅游产品结构不断优化

“十二五”期间，旅游业和其他产业不断融合创新。乡村旅游推广了休闲农庄、采摘篱园、民族风苑、山水人家、生态渔村、乡村酒店、葡萄酒庄、养生山吧、国际驿站、汽车营地 10 种新业态。2014 年 10 月，京郊旅游发展大会发布《京郊旅游发展纲要（2015－2020 年）》，开始实施旅游休闲步道建设和传统村落建设两个“五年行动计划”，努力构建以观光旅游为基础、休闲度假为主导、新型业态为特色的京郊旅游产品体系。根据北京市统计局数据，截至 2014 年底，北京共有乡村旅游接待 1.7 万户，较 2011 年的 1.5 万户累计增长了 13.3%；从业人员 6.9 万人，较 2011 年的 6.4 万人累计增长 7.8%；接待乡村旅游人数达 3825.4 万人次，较 2011 年的 3511.8 万人次累计增长 8.93%；乡村旅游收入为 36.2 亿元，较 2011 年的 30.4 亿元累计增长 19.1%。目前，北京共有市级民俗村 207 个、市级民俗户 9970 个、特色沟域 17 条、特色业态 390 家。截至 2015 年第三季度，京郊旅游接待规模为 2961 万人，实现旅游收入 28.29 亿元。[①] 2015 年 9 月首届中国乡

① 《2014 年北京旅游业发展概况》，北京旅游发展委员会网站，http://www.bjta.gov.cn/xxgk/tjxx/372299.htm。

村旅游发展论坛在京举办，京郊旅游成为全国各地可以借鉴的发展模式。此外，旅游业与文化创意产业、中医业、商业、金融保险业等的融合也有了长足发展。生态农业、观光农业、科技旅游、工业旅游、文化旅游、体育旅游等旅游新业态、新产品进一步延伸了产业链，优化了产业结构。商务旅游、会议会展、都市休闲、研学旅行、房车营地等现代多元化的主题旅游和旅游化产品推陈出新，丰富了旅游市场，也显示了“旅游+”的融合力和带动力。

2. 旅游消费结构不断优化

国内游客的消费构成发生了较大变化。其中，购物、住宿，特别是餐饮消费有巨大提高（见图5）。主要原因是美食资源与旅游资源不断创新整合，美食旅游产品推陈出新，旅游美食真人秀节目的大力宣传，“吃在北京”品牌深入人心。同时，“北京礼物”经过多年精心打造和经营，已经成为北京旅游购物的新风向。这些都显示了旅游消费结构的不断优化。

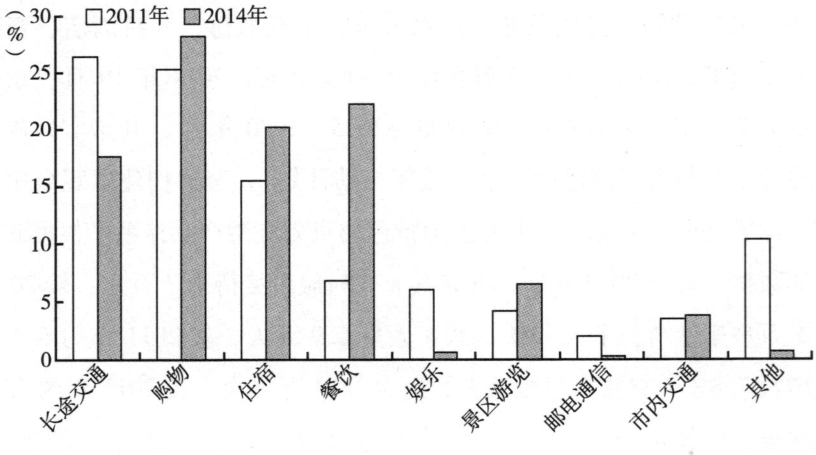

图5　2011年与2014年国内来京游客旅游消费构成对比

（四）旅游创新不断加强

1. 旅游政策制度创新

2013年，《中华人民共和国旅游法》通过并实施，《国民旅游休闲纲要

(2013—2020年)》公布并落实；2014年，《关于促进旅游业改革发展的若干意见》出台，《北京市旅游管理条例》立法论证，标准化建设工作经过试点和推广，已经成为规范市场活动的有效途径。

2. 区域旅游一体化创新

“9+10”区域旅游合作有实质性进展，市场机制在整合区域优势旅游资源、共同拓展市场和提升协同品牌等方面发挥决定性作用；京沪高铁旅游联盟成立并开展合作；京津冀旅游协同发展健全工作机制、三地旅游资源交易平台、京津冀协同发展规划等相继完善和出台；中国世界遗产旅游推广联盟成立并与国内32个城市联合打造世界遗产城市的旅游品牌；中国冰雪旅游联盟成立并向全球推广冰雪旅游产品。区域旅游一体化形式和运作有全方位创新。

（五）旅游管理体制和服务平台改革不断深化

1. 进行旅游体制改革

2011年，北京市委市政府设立旅游发展委员会，并纳入市政府组成部门，成立联席会议，每年有10亿元专项资金促进旅游产业发展。

2. 加强旅游管理服务平台建设

北京旅游资源交易平台建成并获得中国旅游业改革发展创新奖；首都旅游产业运行监测调度中心的建成投用有效提升了旅游管理精细化和旅游服务便利化水平，获得了全国旅游管理示范项目、“中国智慧城市智慧旅游示范工程奖”、“中国旅游公共服务项目TOP 10”大奖首位，并于2014年被全国信息技术标准化委员会评为“年度中国智慧城市十大解决方案”。

3. 成立国际性旅游组织

2012年9月，世界旅游城市联合会（WTCF）在北京宣告成立。目前，已成立了专家委员会、民航服务分会、旅游服务分会和媒体合作分会四个分支机构，会员总数已达151个。

4. 推进旅游公共服务建设

智慧旅游城市建设、旅游集散体系建设、旅游咨询服务体系建设和旅游志愿者队伍建设等不断完成和实施，提高了旅游公共服务能力。开展国家旅游综合改革试点工作，延庆县成为全国旅游改革综合示范县。

（六）促进入境市场政策不断创新

2012 年，北京市旅游发展委员会与北京 Visa 签署合作备忘录，改善入境旅游致富环境；自 2013 年始，北京又对 51 个国家持有第三国签证和机票的外国人实行“72 小时过境免签”政策，同时开展了针对重要客源市场的高端旅游资源和会议奖励旅游资源的推介活动。2015 年 7 月 1 日，面向境外旅客实施购物离境退税政策。以上措施对北京市建设世界城市、树立城市形象、拓展入境市场、扩大国际交往起到了积极的促进作用。

综上，“十二五”期间，北京旅游无论是量还是质，都得到全面提升，旅游业在支柱产业和国民满意度两个方面的建设都取得了理想的成绩。

二　北京旅游市场发展环境的新变化

（一）政策环境变化

1.《京津冀协同发展规划纲要》和北京非首都功能疏解工作落实

2015 年 4 月 30 日，中共中央政治局审议通过《京津冀协同发展规划纲要》，京津冀协同发展迎来实质发展期。与此同时，北京非首都功能疏解也在不断推进。京津冀地区富集优良的旅游资源，旅游协同发展在推进区域旅游联动、推动公共服务衔接、促进生态可持续发展方面有重要的战略意义。因此，旅游一体化发展成为京津冀一体化的先试先行战略，深层次地服务于京津冀协同发展全局。

2. 离境退税政策落地

离境退税政策，是指境外旅客在离境口岸离境时，对其在退税商店购买的退税物品退还增值税的政策。国际上广泛实施的离境退税政策在操作流程、运营模式、监管途径等多个方面为北京提供了可供借鉴的成熟模式和通用做法。

2014 年 8 月，国务院《关于促进旅游业改革发展的若干意见》（国发〔2014〕31 号）提出，扩大旅游购物消费，完善境外旅客购物离境退税政策。2015 年 7 月 1 日起，北京市作为首批城市之一，面向境外旅客率先实施了购物离境退税政策。根据市商务委网站公示的名单，北京市目前已向市国税局备案的境外旅客购物离境退税商店达 8696 家。

境外旅客购物离境退税政策的实施，将有力推动北京国际化大都市的建设，有效刺激旅游消费，增加就业机会，促进旅游业转型发展，拉动首都经济增长，同时，有利于促进“北京礼物”等民族品牌、传统老字号的发展，优化旅游服务环境，促进入境游发展。截至 2015 年 11 月 10 日，北京市单笔退税商品销售额超过 10 万元的已达 11 笔，最大单笔退税商品销售额高达 89.87 万元。①

3. 景区限流实施

自 2015 年 4 月 1 日起，国家旅游局制定的《景区最大承载量核定导则》正式实施。基于此，北京市属公园划定最佳容量和最大承载量，而且制定更高标准的扩容疏导措施。当在园人数达到最大承载量的 80% 时，公园采取增加现场疏导人员、减缓售票速度、开辟单行线路、临时封闭热点景区或疏导游客“只出不进”的方式，以限制客流量，保证游客在园安全。

限流措施的实行对于保障游客安全舒适、保护文物环境、营造更好的旅游环境和秩序有积极意义。但真正做到游客有效分流，还需完善带薪休假制度、提升网络门票预售数量、开放更多免费景区、依靠多样化旅游消费摆脱门票经济依赖性等措施。

（二）产业环境变化

1. 智慧旅游建设成果显著

2015 年初，国家旅游局发布《关于促进智慧旅游发展的指导意见》，明

① 《北京旅游人数五年增长超过五成》，北京旅游发展委员会网站，http：//www. visitbeijing. com. cn/news/n215184821. html。

确指出，到2016年，建设一批智慧旅游企业、智慧旅游景区和智慧旅游城市，建成国家智慧旅游公共服务网络和平台。目前，北京旅游网、“i游北京”、首都旅游产业调度平台及北京A级景区自助导游软件系统和虚拟旅游平台的建设和运行，都走在了全国前列。2015年初，北京获得“年度智慧旅游城市”称号。此外，北京还成立了智慧旅游工作小组，健全了智慧旅游工作机制，构建了智慧旅游顶层设计和旅游业态智慧旅游建设规范，并整合全市旅游公共资源，建立了旅游公共信息平台和网络，旅游产业调度和投融资平台取得了较大的成果。未来，智慧旅游建设工作进入深水区，基础设施和服务等方面的工作将进一步深入开展。

2. 产业融合不断深化

在产业融合方面，北京旅游在2015年出现了新的发展。

首先，保险和旅游产业的融合开启了新纪元。2015年，与旅行相关的保险保障产品、游客出险救援服务等新的融合产品不断创新。随着特种旅游、银发旅游和高端定制旅游产品对规避意外风险需求的增加，旅游和保险产业深入融合有了一定的市场基础，与旅游相关的细分化保险产品及出险救援服务有待进一步完善和丰富。

其次，金融与旅游融合发展也有了实质性的进展。2014年10月，全国首个旅游类融资担保体系——京郊旅游融资担保服务体系建成。一年来，该体系陆续推出“星级民俗保”等特色担保产品，截至2015年10月31日，京郊旅游融资担保服务体系批准项目222个，批准金额30088万元，融资规模近2.2亿元，担保支持范围涵盖了房山、门头沟、昌平、密云、通州、顺义、怀柔、延庆、大兴、平谷、朝阳11个区县，有力地促进了京郊旅游的发展与建设。[①] 今后，该体系还将引导和支持京郊民俗旅游和特色旅游新业态发展，使旅游托管资金能够更好地发挥杠杆撬动作用，对京郊旅游产业的转型升级形成更大的促进作用。

---

① 《北京市旅游发展委员会召开金融推动京郊旅游发展交流会》，北京市融资担保业协会网站，http：//www.bjrd.org.cn/hydt/c12－a1061.html。

3. 公共服务平台建设稳步推进

2015 年，北京荣膺“大学生最爱目的地 TOP10”第一名、“最佳亲子游目的地 TOP10”第四名和“国内最佳旅游城市 TOP10”第七名三项大奖，这说明北京旅游综合服务体系受到游客肯定。本年度，中国旅游志愿者队伍正式成立；122 座厕所完成提升改造工程；乡村旅游统计方法取得创新成果；北京市旅游行业信用信息网上线运行，旅游基础设施建设稳步推进，网络虚假旅游信息整治手段推陈出新。

（三）自然环境改变

2015 年，北京市共发布两次雾霾红色预警，同时实行中小学停课和单双号限行政策。大气环境状况及媒体（特别是外媒）对北京自然环境的描述，都在一定程度上影响了北京旅游业发展，是北京市入境旅游人数减少的原因之一。

（四）技术环境变化

大数据时代下，“互联网 + 旅游 + 资本”不断创新融合。2015 年 9 月，国家旅游局发布《关于实施“旅游 + 互联网”行动计划的通知》，明确到 2020 年实现旅游业与互联网全面融合，互联网成为我国旅游业创新发展的主要动力和重要支撑，在线旅游投资占全国旅游直接投资的比重为 15%，在线旅游消费支出占国民旅游消费支出 20% 的发展目标。[①] 这将有力地推动在线旅游业的快速发展和壮大。

同年，“国家旅游局数据中心”揭牌成立。其核心职能是负责旅游行业统计和经济核算工作，目标是成为国家级旅游统计工作平台、旅游数据分析平台、相关产业引导平台、涉旅决策支持平台和国际交流合作平台。

① 《旅游局：到 2020 年在线旅游消费占国民旅游消费 20%》，中国新闻网，http：//www.chinanews. com/gn/2015/09 －22/7538243. shtml。

三 2015年北京旅游市场发展状况

2015 年，北京旅游业充分显示了其拉动区域经济增长的重要作用。仅旅游购物和餐饮消费预计就达 2300 亿元，占市场零售额的 22.4%。“吃在北京”和“北京礼物”作为首都旅游发展的新引擎，不仅挖掘了首都地域文化底蕴，而且成为极具特色的旅游新品牌。

（一）旅游市场发展现状

2015 年以来，北京市旅游消费和投资规模持续扩大。1～3 季度，北京旅游业接待游客总人数 2.04 亿人次，同比增长 5.2%；实现旅游总收入 3435 亿元，同比增长 8.8%。旅游特征产业累计完成投资 403.1 亿元，同比增长 6.3%，占全社会固定资产投资的比重为 7.4%，同比提高 0.1 个百分点。虽然旅游接待量的增速有所回落，但旅游总收入的增速不断提高，反映出北京旅游业整体效能的优化。

1. 出境旅游市场继续火爆

从全国出境旅游市场来看，2013 年，我国已经成为世界第一大客源国。2014 年，我国出境人次首次过亿，达到 1.07 亿人次，同比增长 18%。截至 2015 年 1 月，共有 52 个国家和地区对持普通护照的中国公民个人因私前往实施免签、落地签证政策。

北京市 2015 年出境旅游市场持续升温，出境旅游人数又创新高。根据北京市旅游委官方网站公布的信息，2015 年 1～3 季度，北京市 401 家旅行社拥有出境经营许可权，共组织出境旅游人数 4114554 人次，同比增长 36.6%，大大高于 2014 年同比增长 19.5% 的水平。出境市场火爆，缘于居民可支配收入不断提高、居民文化休闲消费增加、出境旅游产品不断丰富以及旅游目的地国家签证手续简化等因素。

出境游主要前往地前 5 位分别是泰国（731607 人次）、日本（661013 人次）、韩国（509463 人次）、法国（312722 人次）、瑞士（254141 人次）。

主要前往地中，出境旅游人数同比增长速度最快的有泰国（同比增长145%）、日本（同比增长112.6%）和瑞士（同比增长41.1%）；人数同比负增长的有中国香港（-20.9%）和韩国（-6.4%），主要原因是香港自由行承载力争议及相关行动和韩国MERS疫情暴发。

目前，北京出境旅游市场的主要特征有：一是正在由数量扩张转向结构优化，长线游、特色主题旅游和高端定制旅游所占比重逐步提高；二是出境游的形式和内容向差异化和定制化趋势转变；三是“互联网+旅游”的形式在出境游特别是自由行中占据主体地位；四是随着赴日旅游的不断升温，出境首站选择日本的游客首次超越泰国，日本成为最热门的出境首选地。

2. 入境旅游市场持续下降

在国际经济增长低迷、欧美经济体消费能力受限的环境下，北京市采取了一系列行之有效的促进措施，如境外旅客离境退税政策、促进各产业与旅游融合发展、开发特色定制旅游产品、整合京津冀会奖旅游资源、开展联合市场推广等，基本保证了北京入境旅游市场份额没有出现大的滑坡。

据北京市旅游发展委员会网站公布的信息，2015年1~11月，北京市累计接待入境过夜游客391.2万人次，同比减少1.6%。其中，接待外国人333.8万人次，减少1.9%；港澳台同胞57.4万人次，增长0.7%。从洲际客源市场累计信息看，接待亚洲游客（不含港澳台）122.5万人次，同比增长2.7%；接待欧洲客源100.6万人次，同比增长-5.8%；接待美洲客源86.5万人次，同比增长-2.9%；接待大洋洲客源15.3万人次，同比增长-6%；接待非洲客源8.2万人次，同比增长-1.2%。从主要客源国情况看，日韩入境游客数量持续稳步增长，美国入境游客数量降幅逐步收窄。前五位分别为：美国65.4万人次，同比增长-3.4%；韩国38.3万人次，同比增长7.5%；中国香港32.1万人次，同比增长2.2%；欧洲其他国家24.2万人次，同比增长-6.4%；日本23.9万人次，增长4.6%。从增长情况看，客源增长最快的5个国家分别是菲律宾（24%）、缅甸（20.4%）、印度（17.2%）、法国（13.8%）、越南（11.8%）。增速最低的分别为朝鲜（－29.6%）、俄罗斯（－26.4%）、蒙古（－18.5%）、大洋洲其他国家（－18.3%）和瑞典（－15.4%）。①

（二）高端定制旅游发展现状

以“一带一路”为契机，北京高端旅游市场不断推陈出新，目前已经形成中医养生游、体育赛事旅游、展览节庆旅游、精品文博旅游等系列产品。

中医养生旅游产品开发和市场推广不断深化。2015 年，在中医产品旅游化、旅游产品中医主题特色化方向上取得了良好效果。通过买家测试活动，了解顾客需求，不断精准定位，开辟老年市场和亲子游、修学游、奖励旅游市场，同时加强内容设计、流线设计，加强支持系统建设，形成一批中医养生文化旅游示范产品。同时，结合京津冀协同发展趋势，不断将京津冀中医养生的特色旅游产品融入，积极拓展海外入境市场。未来，在专业的中医文化融入、中医文化宣传和中医文化服务等方面还有提升的空间，中医养生旅游的产品、安全和服务标准及规范、公共服务平台以及新的养生旅游新业态建设方面还需不断完善。

会奖旅游市场保持稳定，全球排位上升。由于入境游下滑等因素影响，在经历 2012 年、2013 年排名连续下滑之后，北京市加大了政策扶持力度和市场推广力度，提升了北京会奖旅游业发展水平，推动北京旅游高端化发展进程。根据国际会议与奖励旅游权威组织——国际大会与会议协会（ICCA）2015 年发布的数据，在 2014 年接待国际会议数量的全球城市排名中，北京接待国际会议总量为 104 场次（中国总计 332 场次），较 2013 年降低 1 场次，排名第 14 位，较 2013 年的第 18 位上升 4 名，居中国首位、亚洲第 2 位（仅次于新加坡），远高于其他中国内地城市。在第八届中国会议产业大会会奖之星 MICE Star 颁奖典礼上，北京凭借优质的会奖旅游软硬件资源荣获 2015 年最佳国际会奖目的地。

① 《我市 2015 年 1～11 月接待入境旅游者情况》，北京旅游发展委员会网站，http：//www.bjta.gov.cn/xxgk/tjxx/rjlyzqk/379321.htm。

“北京礼物”完成了品牌创立的阶段性任务。近年来，“北京礼物”品牌推出了八大系列2000余款产品，在颐和园、北海公园等重点景区，王府井、前门大街等商业街区以及北京站等交通枢纽都开设了“北京礼物”专卖店，不仅提升了北京旅游商品的研发、设计、营销水平，也为入境游客提供了更加便利、规范的旅游购物选择。对培育旅游消费新热点、拉动旅游消费新需求、形成旅游消费新市场、构建旅游消费新体系发挥了积极的推动作用。

体育旅游与冰雪旅游成为北京旅游市场的新宠。“看中网、游北京”是市旅游委打造的以体育赛事观赛为特色的高端定制旅游产品。随着北京携手张家口联合举办2022年冬奥会，北京、张家口联合发布2014～2015年度冬季冰雪旅游产品，更多的京津冀游客开始投身到冬季冰雪运动中，密云、延庆、怀柔等郊区县纷纷推出冬季旅游项目，带动了冬季旅游的发展。

此外，休闲步道建设工作有序推进。北京市旅游发展委员会也完成了《北京旅游休闲步道总体规划及试点方案研究》，规划步道总长度3000公里，推动了市民旅游休闲方式的转变。

四　2015年北京旅游发展亮点及新举措

（一）区域联动取得突破性进展

1. 一体化工作平台是基础

创新工作机制是旅游协同发展的保障。2014年以来，京津冀三地旅游部门按照“协同发展、旅游先行”的原则，建立了“京津冀旅游协同发展工作协调机制”。确定旅游“四个一体化”（即组织一体化、市场一体化、管理一体化和协调一体化）的发展目标。

京津冀旅游投融资服务平台启动。2015年6月，京津冀旅游协同发展第四次工作会议暨旅游产业投融资项目推介会在京举行。三地共有200个旅游产业投融资项目正式亮相，总投资金额约为1200亿元，其中，重点包装推介项目20个、重点参展项目60个，现场签约及重点推介项目投资金额累计近500亿元，项目的资源优势明显，投资回报潜力巨大。一体化的旅游投融资服务平台对促进京津冀旅游深度合作、推动京津冀旅游协同发展具有重要意义。

2. 旅游区域信息化是关键

2015 年，京津冀旅游一体化建设在信息化合作方面也进行了有益的尝试。8 月，京承旅游信息化合作签约，将进一步在旅游网站和新媒体建设、旅游信息化人才培训和旅游产业监测等信息化建设领域加强协作，加强区域旅游资源整合，进行一体化宣传。此外，京津冀旅游电子商务平台也正在搭建中。

3. 一体化宣传是入手点

三地多次联合开展一体化旅游市场推广活动，开发了红色旅游线路、骑游线路、冰雪旅游线路，实现了“一本书（京津冀旅游最新路书）、一张图（京津冀旅游手绘地图电子版）、一张网（官方网站的京津冀旅游板块）”的联合营销。2015 年，首届京津冀红色旅游联展开幕；京津冀旅游年卡继续发行；京津冀游客河北名镇名村首游式举行，“京东旅游休闲示范区”被纳入京津冀旅游一体化重点项目。各种联合宣传和资源配置工作有序展开。

4. 标准化建设是制度规范

三地研究制定了《京津冀旅游标准体系（2015 -2017 年）》《京津冀旅游直通车服务规范》和智慧旅游系列标准。

（二）旅游行业信用信息网上线运行

针对近年来在线旅游发展的市场乱象，北京市推出旅游信用信息网，建立旅游行业信誉公示体系及“黑白名单”政策和机制，力争 2016 年底前与市工商局企业信用信息网进行对接，实现纳入全市企业信用信息系统的目标。信用信息网的建设将有助于增强旅游经营者和消费者的信用意识，为全行业信用监管创造良好环境，对行业良性发展具有重要推动作用。

（三）三个“联盟”在京成立

2015 年 10 月，由北京牵头的“中国世界遗产旅游推广联盟”成立，首批会员 32 个。联盟的成立对推广世界遗产旅游品牌、展示国际化城市风貌、共享旅游资源品牌、增强文化与旅游深度融合、促进中国世界遗产保护与发展具有积极意义。12 月，“京沪高铁旅游推广联盟”成立。联盟由京沪高铁沿线的北京、上海、天津、河北、山东、安徽、江苏、浙江八个省（市）及沿线各地旅游局（委）共同发起。联盟秉承资源共享、市场共拓、品牌共创的原则，通过资源整合和联合营销，对提高中国旅游品牌和目的地影响力具有重要意义。12 月，“中国冰雪旅游推广联盟”成立。黑龙江、北京、河北、内蒙古、辽宁、吉林等省（区、市）为联盟成员。申办 2022 年冬奥会带来了冰雪旅游新的市场发展机遇。联盟成员加强旅游市场合作开发，培育冰雪旅游客群，推动实现中国冰雪旅游产业的转型升级，合力打造具有世界影响力的中国冰雪旅游品牌。

（四）获得大型国际会议举办权

2015 年，北京获得 2020 年世界休闲大会举办权，成功申办 2022 年冬奥会，这些都将在未来进一步带动北京旅游休闲基础设施建设，推动体育与旅游、休闲与旅游的进一步融合，也将为北京发展会奖旅游产业注入新的活力。

五　京津冀旅游协同发展的问题及建议

京津冀一体化是未来北京旅游业发展的必然导向，区域旅游协同发展需要重点解决好四个方面的关系。

（一）定位：错位与共生的关系

创新战略定位是旅游协同发展的工作指导。京津冀地区旅游资源各异，具有很大的互补性。《京津冀协同发展规划纲要》明确规定了三地的战略定位，这为旅游协同发展新的功能定位提供了战略导向。三地旅游业需要精准的顶层战略定位设计，突出错位发展，创新共生机制，推进产业对接，实现优势互补、互利共赢。

（二）协同：竞争与合作的关系

协同是不同之中找共同。在京津冀一体化战略中，尊重各地多方主体不同利益诉求是协同的前提。当前，各自的利益驱动导致竞争关系，而面向未来，共生的环境导致合作关系。协同环境友好化将开创更广阔的市场平台，而竞争的开展是效率提升和要素优化配置的关键。

（三）效率：主导与主体的关系

要实现协同效率提升，构建政府引导、市场主导、社会参与、持续发展的体制机制，鼓励更多的旅游企业参与协同发展是关键。这一方面取决于平台效率，另一方面取决于市场效率。政府是平台效率的主导因素，加强前瞻性的顶层设计是引导市场主体发挥效用的前提。建立适合市场竞争的要素自由流动平台是协同发展的前置工作。交通无障碍、信息无障碍、金融无障碍、投融资无障碍、人才流动无障碍是协同平台的主要方向。市场是配置资源最有效的方式。培育适合于协同平台需要的不同规模、不同竞争层面、不同主题特色的旅游市场主体，是提高协同效率的基础工作。要强化市场机制，突出旅游企业主体地位，发挥市场机制在资源配置和行业转型升级中的基础性作用。

（四）人才：培养与涵养的关系

京津冀地区目前发展梯度差异巨大，旅游人力资源配置极不平衡，这是协同发展的不利因素。人才战略是京津冀协同发展战略的重要组成部分。应力争实现资源规划吸引项目落地，项目运行带动人才流动，发展机会保留人才涵养，职业教育培植人才资源。

京津冀协同发展是北京旅游产业可持续健康发展的保证。在协同发展中，北京将找到进一步发展的依托与机遇，同时，也可以更加精确地凝练自身特色，塑造属于自己的旅游特色与品牌。

B.18

2015年北京惠民文化消费政策报告*

蒋 璐 陈书毅 何建宇 杨景兵**

摘 要： 北京市政府近年来陆续推出一系列促进文化消费的政策。其中，惠民文化消费季和文化惠民卡是最重要的两个品牌项目。2015 年是惠民文化政策实施的第三年，北京市举办第三届惠民文化消费季活动，并继续推行文化惠民卡工程，取得了不少突破，但也存在着一些问题。需要结合惠民文化消费季和文惠卡的经验，进一步完善惠民文化消费政策。

关键词： 惠民文化政策 文化消费 北京文化消费季 文化惠民卡

近年来，北京市将拓展文化消费作为一项重要战略，出台了一系列指导政策和重大举措。北京市提出大力发展文化、娱乐等服务型消费，培育提升文化消费相关业态；积极开拓大众文化消费市场，提供和创造适销对路的文化产品与服务，健全文化产品的营销服务渠道，满足市民群众多层次、多样化的消费需求，北京市充分挖掘文化消费市场潜力，培育新的消费增长点。

"惠民文化消费季"和"文化惠民卡"就是由市文资办牵头策划、旨在培育文化消费市场的品牌项目。2013 年为期两个月的首届惠民文化消费季，累计消费人次达 2654.3 万，直接消费金额达 52.3 亿元。2014 年第二届惠

---

* 本报告为首都师范大学文化研究院"北京市文惠卡研究"部分成果。

** 蒋璐，博士，首都师范大学文化研究院助理研究员；陈书毅，北京市顺义区委宣传部；何建宇，博士，清华大学马克思主义学院副教授；杨景兵，博士，首都师范大学文化研究院助理研究员。

民文化消费季，累计消费人次3772.5万，消费金额101.8亿元。2013年在首届北京惠民文化消费季活动期间，北京文化惠民卡（以下简称“文惠卡”）项目正式启动，截至2015年7月26日，文惠卡申领发放192.4万余张，加盟商户达1947家，产生交易66.1万余笔，交易金额9.1亿余元，累计为消费者节省超过1.2亿元。

2014年12月31日，北京市政府发布《关于促进文化消费的意见》，提出至2020年“文化消费年均增速保持在10%以上，文化消费对全市经济增长的贡献率达到8%以上”。为此，本报告全程跟踪调研2015年第三届惠民文化消费季活动，并对70多家文惠卡合作商户进行问卷调查，最后，针对惠民文化消费政策提出理论思考和政策建议。

一　第三届北京惠民文化消费季

2015年是北京惠民文化消费季举办的第三年，8～11月，市文资办、市文化局、市新闻出版广电局、市文物局主办，市旅游委、市发改委等17个委办局和16个区县政府联合举办了第三届北京惠民文化消费季。本届北京惠民文化消费季包括十大专项活动（见表1）、十大展销板块（见表2），除此之外，16个区县举办了专题活动。

表1　第三届北京惠民文化消费季十大专项活动

活动名称	活动地点
第三届北京惠民文化消费季启动仪式暨2015文化创意产业（北京）研讨会	北京文化创意产业展示中心
2015网上惠民文化消费季	京东商城、当当网、大麦网、遨游网、爱奇艺等网站
2015北京惠民文化消费阅读季	朝阳规划艺术馆、三联书店、西单图书大厦、王府井新华书店等
2015北京惠民文化消费演出季	国家大剧院、中国木偶剧院、中国儿童中心剧院等
2015北京惠民文化消费电影季	华谊兄弟影院、新影联、保利国际影院、金逸影城等
2015北京惠民文物艺术品消费季	首都图书馆、国粹苑艺术品交易中心等

续表

活动名称	活动地点
北京国际商务及会奖旅游展览会	国际会议中心
2015 五棵松体育文化消费季	五棵松万事达中心、HI－PARK 篮球公园
穿阅中塔·3D 中国行 2015 虚拟现实体验展	中塔文化广场
2015 慕尼黑啤酒节—北京之旅	奥林匹克公园观光塔西侧

表 2　第三届北京惠民文化消费季十大展销板块

2015 北京国际旅游商品博览会	2015 北京文化数码产业博览会
2015 金秋艺术月系列展会	2015 动漫游戏嘉年华
2015 北京国际装饰创意设计产业博览会	2015 工艺美术和非遗嘉年华
2015 中国电子商务博览会	2015 原创设计嘉年华
2015 中国民族精品博览会	2015 年中国（北京）国际文创产品交易会

北京惠民文化消费季的举办时间从首届一个半月、第二届两个月，延长到本届三个月，比较前两届消费季，本届消费季在以下几方面有所突破。

（一）拉动消费成效更明显

根据市文资办的统计，截至 11 月 10 日，第三届惠民文化消费季累计消费人次 4857.41 万，消费金额 112.1 亿元。与第二届消费季相比，消费人次增加 1084.92 万，增长 28.8%，消费金额增加 10.3 亿元，增长 10.1%（见图 1）。市文资办相关负责人表示，这意味着第三届北京惠民文化消费季通过进一步挖掘和盘活文化消费资源、加大文化消费新供给、拓展文化消费新空间，有效增强了首都居民文化消费意识和北京文化市场消费活力，实现了经济效益和社会效益双丰收。[①]

（二）品牌活动更富创意

2015 年 8 月 8 日，消费季推出“惠民文化消费主题日”活动，依托移

① 《第三届惠民文化季消费额达 112.1 亿》，《新京报》2015 年 12 月 30 日。

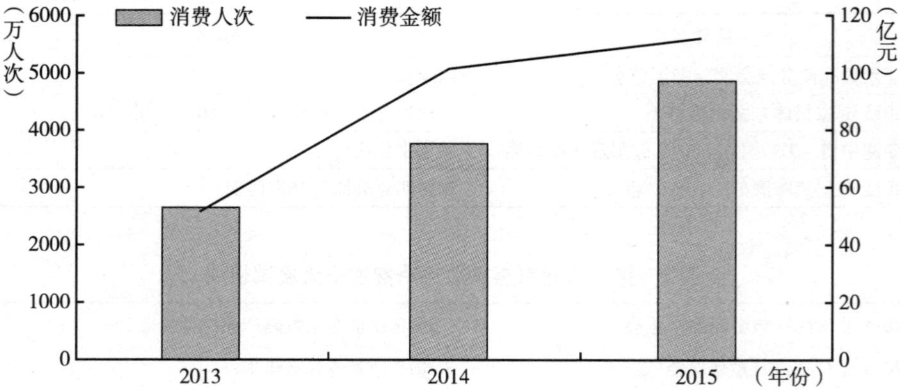

图 1　2013～2015 年北京惠民文化消费季消费统计

动互联网平台和网络社交工具，联合 8 家互联网电商平台、18 个知名商业品牌 300 家门店、全市 500 个邮政报刊亭等，在 8 月 8 日集中开展“线上送优惠、线下领红包”的文化大促销活动。消费季发放各类优惠券 490 余万张，优惠价值总额近千万元，掀起 8 月 8 日当天的文化消费高潮，使消费季活动广为人知。

（三）资源整合更广泛

本届惠民文化消费季在演出季活动中，最大限度地整合了北京演艺、演出市场的剧目资源，加上东城区、海淀区、房山区、大兴区等开展的惠民演出活动，共有包括开心麻花、中国杂技团、梅兰芳大剧院、国家大剧院等在内的 80 余家演艺团体、演出剧场，向消费者提供了 1700 多场优惠折扣观演活动，部分剧院票价低至 2 折。电影季活动向消费者发放 40 万张观影优惠券，在保利国际影城、华谊兄弟影院、金逸影城等 20 余家电影门店可享受折扣票价观影。消费季还搭建了各种平台让京津冀企业广泛参与。

（四）互联网应用更纯熟

整个惠民文化消费季期间，网上消费金额 55.67 亿元，占消费总额的

49.7%。网上惠民文化消费季参与企业创历届新高，京东、当当等19家电商平台参与，网上消费人次达到4145.2万。同时，还举办了电子商务博览会等以电商平台为依托的文化产品展览展示、拍卖活动。惠民文化消费季和文惠卡的网站、App、微信公众号等多个网络平台同时跟进，经过不断改版和完善，实现了信息推送、优惠券领取、消费链接的一站式在线文化服务，让市民文化消费更方便、更快捷。

二　文化惠民与文化消费

（一）以文化惠民推动文化消费

北京文化惠民卡项目，是根据北京市文化消费特点与需求而开发的创新服务产品，是一项公益性和商业性相结合的项目。其着眼于“培养文化消费理念、引领文化消费意愿、激励文化消费行为”，立足“政府激励引导、专业机构运作、资源整合利用、供需有效对接”，旨在通过打造一个综合性的文化产品和服务交易平台，融合惠民、惠企两大功能，在丰富北京市民精神文化生活的同时，实现培育文化消费理念、引领文化消费意愿、激励文化消费行为、培育首都经济新的增长点、打造北京市文化消费亮点和品牌的目标。

文惠卡合作商户涵盖博物馆、图书馆、剧院、教育培训机构、书店、电影院、电商、广告会展、艺术品交易、公园景点、娱乐健身、文化旅游、文化艺术、文化娱乐、运动场馆等诸多类型（见表3）。[①] 凭借一张卡片，文惠卡将消费者与文化企业连接起来，多方受益，撬动了文化产业发展繁荣，是北京市政府在促进文化消费以及建立文化产业发展长效机制方面的创新尝试。

---

① 《2015北京文化消费指南》编委会编《2015北京文化消费指南——北京文惠卡全攻略》，北京出版社，2015。

表 3　北京文惠卡重点合作商户

序号	合作商户	序号	合作商户
1	国家大剧院	16	中国儿童艺术剧院
2	北京人民艺术剧院	17	梅兰芳大剧院
3	民族文化宫大剧院	18	开心麻花
4	中国木偶剧院	19	宽和相声茶园
5	中国杂技团	20	杰睿学校
6	北京音乐厅	21	龙文教育
7	中国儿童中心剧院	22	东方金子塔儿童潜能培训学校
8	北京发行集团	23	新影联·华谊兄弟影院
9	北京三联韬奋书店	24	保利国际影城
10	字里行间书店	25	北京金逸影城
11	大麦网	26	万达国际影城
12	中演票务通	27	新华国际影城
13	网票网	28	北京天文馆
14	北京古玩城	29	国粹苑
15	北京工艺美术博物馆		

（二）文惠卡的运营特点

1. 政府发起，第三方运营

文惠卡由北京市文资办发起，经过公开招投标，委托第三方公司负责运营，包括平台搭建、软件开发、系统运营与维护、市场推广、媒体传播等一系列工作。运营期间，第三方公司按照计划发卡、邀请商户加盟，并与互联网公司合作开发移动终端。据统计，政府前期投入3000余万元，完成了企业与消费者沟通平台的搭建。

2. 企业免费加盟，联合营销

文惠卡项目的推行对于加盟企业来说是一举多得。实际上，文惠卡项目的灵感就来自一些企业代表的提议和做法。文惠卡项目“惠企”的意义就在于企业加盟文惠卡是完全免费的，文惠卡项目无论是终端布设、耗材配送，还是业务培训、运营维护，商户都无须承担任何费用。有意加盟的商户，只要提供营业执照的复印件即可。所以，文惠卡项目一落地就“一呼百应”，得到众多企业的积极响应。

首先，企业加盟文惠卡有利于打破市场界限和行业垄断，统一在文惠卡这一平台上实现整合营销、合作共赢。其次，文惠卡项目在企业与消费者之间建立了稳定、便利、统一的文化消费服务和销售推介平台，从而有利于锁定客户群。而文惠卡通过“优惠+积分”刺激并带动消费者循环消费，从而促进商户的销售额增长。最后，文惠卡本身是一个政府支撑的宣传推广平台，其营销活动、信息服务可以带动商户人气，为企业带来良好的宣传效果。

另外，北京市政府还对加盟商户进行重点扶持，按照商户的有效销售额、销售增幅、服务满意度给予现金奖励，并推荐优质商户申报北京市文化创新发展专项资金。以北京木偶剧院为例，2013 年木偶剧院观众不足 100 万人次，票房收入 3000 余万元，加盟文惠卡后，木偶剧院提供了 6 折优惠，票价下降带来了观众人数的增长和“回头客”的大幅度提升。2014 年，观众达 123.8 万人次，票房收入突破 4500 万元。

3. 公众免费申领，丰富文化生活

文惠卡为北京的公众打开了一扇通往文化消费圣殿的大门，让他们在繁忙的工作之余能够有更好的机会享受精神文化大餐。公众申领文惠卡也是完全免费的，首批文惠卡通过网站、手机客户端和微信在线申领，校园、社区、建筑工地等现场办理，多形式、多渠道发放。凡是北京地区的消费者，只需要提供姓名、身份证号码和手机号码，就可以免费获得。

首先，对于消费者来说，文惠卡是一种实名制的文化消费积分权益卡。北京地区的消费者持文惠卡到签约商户进行文化消费，不仅可以在消费时享受折扣优惠，而且可以获得积分奖励、积分抽奖等多项优惠。其次，文惠卡为消费者提供了更加便捷的消费体验。文惠卡涵盖范围有图书馆、博物馆、影剧院、书店、文化景点、教育培训、电子商务等各类文化消费场所，消费者能够真正实现“一卡在手，千家畅游”。最后，文惠卡项目还定期向消费者推送实时的消费和文化资讯，消费者能够通过电脑、手机等终端设备实时查看文化消费信息。这有利于消费者随时获取信息，极大地方便和激励了大众随时随地进行文化消费。

4. 随时反馈数据，便于行业监测

对文化市场消费结构的掌握是规范推动文化消费的重要依据。文惠卡在刷卡过程中，真实、准确、及时地反馈有效消费数据，为北京文化消费数据库建设提供了有利条件。通过建立文惠卡系统平台，对文化消费数据进行实时收集和统计处理，可以为政府的产业管理与政策制定提供决策支撑和依据，便于对整个文化行业、文化消费市场的发展趋势进行宏观把握。

（三）文惠卡商户调查

为深入了解文惠卡现状，第三届惠民文化消费季期间，课题组向 70 家文惠卡合作商户发放了调查问卷。商户涉及电影院、书店、图书馆、教育培训、文化旅游、娱乐健身、文化艺术、剧院等多个类型（见图 2）。

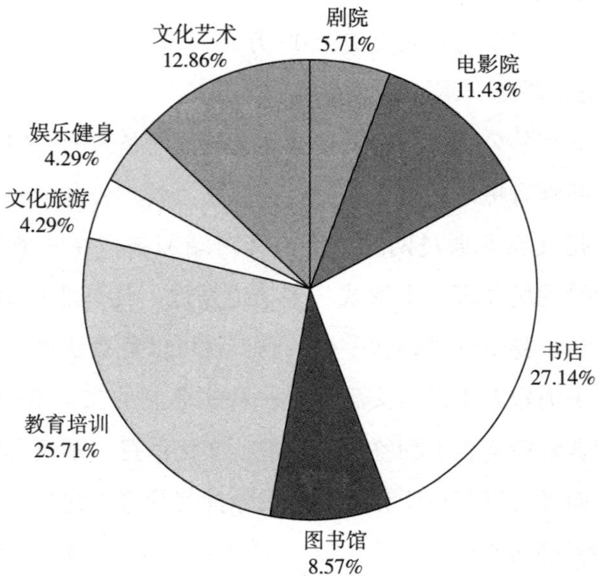

图 2　文惠卡商户类型调查

这些商户的顾客需求普遍较高。仅有 4.29% 的商户认为“顾客很多，基本满负荷运转”，有 75.71% 的商户认为“有一定顾客量，但还需要扩大”，剩余20%的则处于“顾客太少，资源闲置”状态（见图3）。可见，鼓励文化消费、增强文化市场活跃度符合文化企业的迫切需要。

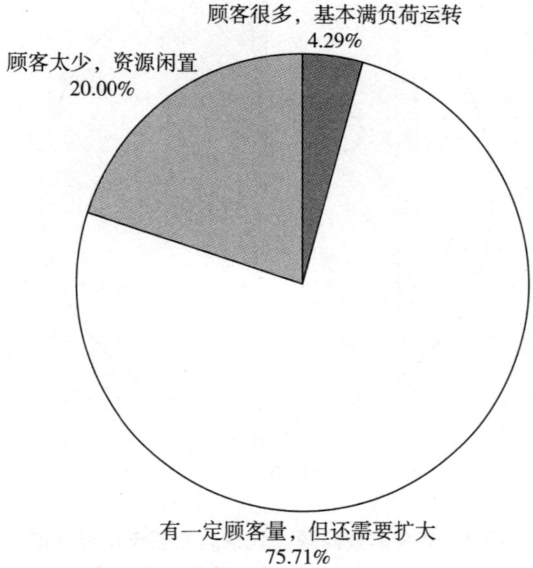

图3　文惠卡商户的顾客需求

商户对文惠卡的效果基本给予肯定。有8.57%的商户认为文惠卡带来顾客量的显著提升，90%认为有一定提升，认为完全没有提升的仅有1.43%（见图4）。商户对整个文惠卡项目的评价也较为正面，有17.14%的商户认为文惠卡“完全符合商户需要，非常成功”，82.86%的商户认为“基本符合商户需要，但有待改进”（见图5）。

就文惠卡给商户带来的收益而言，商户最看重的是通过政府宣传提升知名度，回答“非常看重”的占70%以上，其次是“获得政府表彰”“获取政策信息和资源”。而对于“促销获得利润”，非常看重的商家不足40%（见图6）。可见，相对于经济利益，文惠卡商户更看重政府的宣传平台和政策资源。商户访谈也印证了这一结论。有商户表示，通过文惠卡打折带来的利润空间很有限，但公司因此获得在主流媒体上的展示机会，对未来吸引顾客仍然大有益处。在商户看来，年终的政府奖金评选更意味着一种荣誉，而

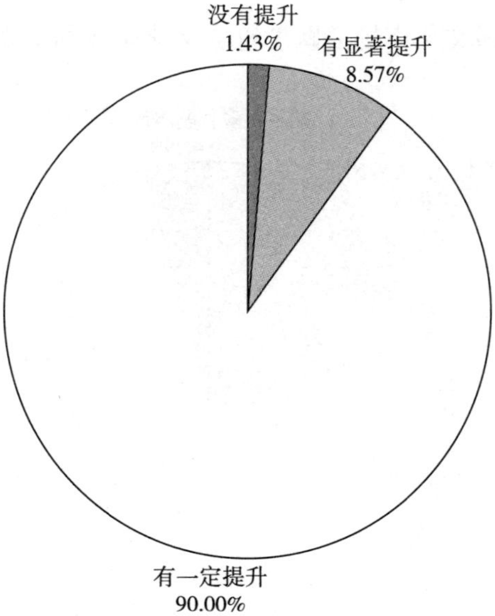

图4　商户调查问题“您认为文惠卡是否促使本单位的顾客量显著提升？”

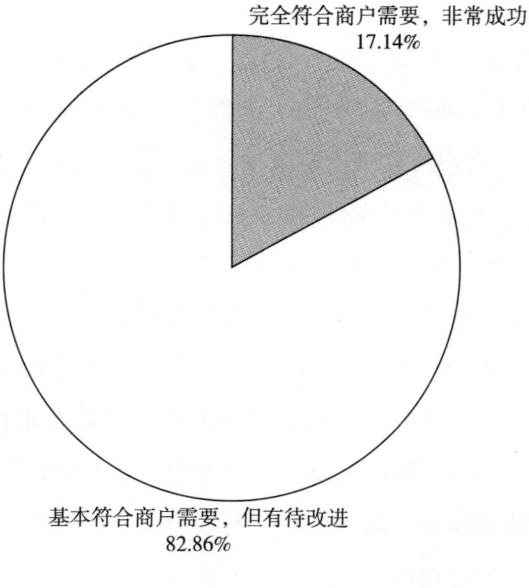

图5　商户调查问题“您如何评价文惠卡项目？”

不仅仅是金钱上的奖励，商户都乐于成为“优秀商户”，获得政府、媒体和公众的关注。

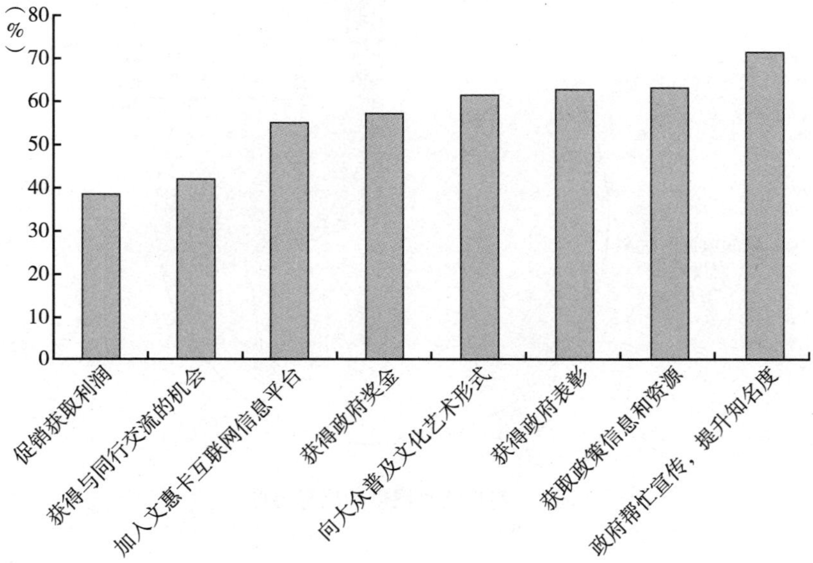

图 6　商户调查问题“就文惠卡给本单位带来的收益，您看重哪些方面?”

作为一项运行时间较短的创新举措，目前文惠卡项目也存在一些阶段性问题。比如部分加盟商户给予的折扣优惠力度不大（见图7），如娱乐健身、电影院、文化旅游等行业，与本身的折扣以及团购的补贴相比，文惠卡没有明显优势；签约门店覆盖范围不均匀，部分区县推广力度不大；文惠卡发放不够精准，使用效率偏低；一些中小加盟商户的交易量少，部分商户配合较差等。存在这些问题的原因在于，文惠卡的品牌打造需经历生存期、发展期、品牌期和维护期等不同阶段，在品牌打造初期，社会认可度相对较低，难以为加盟商户带来流量的显著增加，导致部分商户信心不足。同时，文惠卡在把握市场脉搏上精准度不够，许多细节需要在运行过程中逐步完善，进一步增加与市场的匹配度，更好地赢得消费者信赖，提高文惠卡实际使用效率。

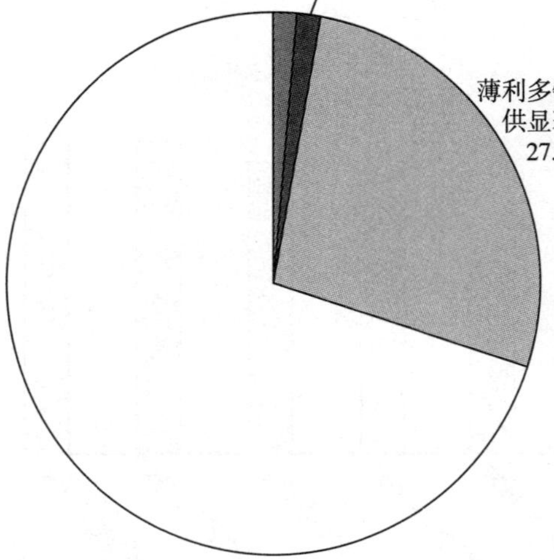

图7　商户能够提供的优惠力度

三　进一步完善惠民文化消费政策的建议

我国文化产业的发展还处在转型起步期，居民的文化消费意识和消费习惯还在形成中，文化消费在居民消费支出中所占比重还很低。政府作为公共利益的代表，不仅可以更积极地发挥对文化产业的规划、引导和培育功能，而且还可以从消费侧入手，通过建立和疏通中介渠道和信息平台等手段，主动引导居民建立健康、理性、主动的文化消费习惯，为文化产业发展与升级提供持续拉动力。

作为北京市政府促进文化消费的一项主动措施，惠民文化消费季和文惠卡的成功推广实施证明了政府在促进文化消费、带动文化产业发展方面完全可以有所作为。但是，作为一项创新尝试，北京惠民文化消费政策也存在一些问题。结合惠民文化消费季和文惠卡的经验，课题组认为可从以下几个方面进一步完善惠民文化消费政策。

（一）加强价值引领功能

文化具有为生活赋予意义的功能，对于价值观引导传播具有重要意义。这使得文化产业具有与一般工业产业和服务产业不同的特点。政府作为公共利益代表者，在关于发展文化产业、促进文化消费的态度上，不能简单地将文化消费等同于一般物质消费，也不能简单地将文化消费和文化产业约化为经济性指标。促进文化消费首先应该明确需要传播和引导什么样的文化消费观念。在我国，符合社会主义核心价值观应该是引导建立文化消费观念、推动文化产业快速发展的首要标准。

惠民文化消费季和文惠卡在利用经济激励手段促进文化消费意识增强和行为建立、促进文化产业发展方面取得了较好效果，同时在挖掘一些优秀文化资源上也产生了明显效益。比如中国木偶剧院借助于文惠卡的推广带动了一批优秀儿童剧目的扩散传播，“宽和相声”利用文惠卡平台推广传统曲艺也取得了良好效果。事实上，越是这种利润低、观众少的文化产品，越需要政府帮助宣传和推广。

政府如何平衡好产业培育者与价值引领者的角色，如何通过消费者行为分析和引导，选择具有价值引领性、公益性的文化产业，通过市场手段与财政支持相结合的方式予以重点支持，都是惠民文化消费政策需要继续探索的问题。在文化信息传播、财政支持等方面，应加大对符合社会主义核心价值和主流文化的文化消费的引导和支持力度，推动优秀传统文化的传承和繁荣。

（二）增强惠民文化消费政策的公益性

根据公开报道数据计算，文惠卡平均单笔消费额超过1300元，相较于北京市人均居民消费支出中每年3000多元的教育文化娱乐服务支出，这是一个非常高的消费。如果数据准确，这表明文惠卡持卡人更集中于高端文化消费，公益性体现不足。

从目前数据看，惠民文化消费季和文惠卡对作为高消费的文化服务和文化产品如何走入平常百姓家，尽可能多地增加最广大居民日常消费中文化消费的比重，所产生的作用并不明显。可以在扩大宣传和发卡覆盖面的基础上，逐步增强文惠卡的身份认证功能，并与社会保障部门等合作，通过共享用户数据，改善并创新对于中低收入群体的文化惠民补贴方式。

（三）找准文惠卡平台定位

文惠卡作为一个由政府主导开发的创新服务产品，其定位是一个公益性和商业性相结合的项目。然而，作为一个消费卡，它扮演了市场中介的角色。从形式上看，文惠卡与携程、大众点评网、大麦网、中票网等市场主体提供的中介服务，以及博物馆通票、公园年票等具有公益性的中介服务之间具有高度相似性。而且，从经济实惠性上比较，文惠卡在一些项目上的优惠并不具有优势。在消费季结束后，网站、公众微信号等更新不及时，信息服务的丰富性、持续性和对持卡人的黏性与商业网站相比也存在很大差距。

文惠卡平台具有市场所不能替代的作用，有助于政府发挥价值引领、行业引导与监管的作用，这方面的作用应该积极开发。但随着文惠卡覆盖商户逐渐增加，文惠卡是否有可能直接成为市场中介者，构成与其他平台的竞争，甚至垄断某些资源，是值得思考的问题。

（四）由消费季向日常消费延伸

目前来看，惠民文化消费政策仍围绕“惠民文化消费季”这个核心项目进行，短时效应明显，然而消费季结束后不能形成长期效应，日常文化消费的潜力仍然没有挖掘出来。文惠卡作为惠民文化消费政策的另一个抓手，虽然着眼于拉动日常消费，但相关数据表明，文惠卡在惠民文化消费季期间形成显著的消费高峰，消费季结束后却难以维持良好表现。

消费季活动时间有限，如何维持消费季的成果，将其延伸到日常消费中，实现文化消费增长常态化，是接下来需要考虑的问题。通过总结消费季、文惠卡的有效经验，惠民文化消费政策应有所扩展，进一步总结文化消费的规律，把握市民消费习惯，有计划地推出一系列促进日常文化消费的特色项目。例如，针对不同群体特点的文化消费，针对公众节假日、学生寒暑假的文化消费，由商户轮流在全年各时段推出特色优惠等。实现文化消费的连续性增长，而不只是在消费季一个时间段突击式增长。

（五）充分利用政府宣传平台

惠民文化消费政策的理念是政府搭台、群众实惠、企业受益。该理念以各主体的经济收益为出发点，政府以少量资本撬动社会资本，群众参与可以享受优惠文化产品，企业参与可以增加收入。然而，通过实地调研笔者发现，企业最看中的并非薄利多销，而是政府宣传平台的公信力、影响力，而消费者重视的则是政府平台产品的信誉度。言外之意，政府发挥的最重要作用不是补贴多少资金、奖励多少钱，而是通过政府的宣传渠道，把真正的好产品推介给消费者。如此之后，买卖双方自然会建立起供求关系，形成文化消费市场的良性互动。

目前，文化消费市场的问题，就在于文化企业与消费者之间缺乏信息沟通，无论是营销环节还是消费习惯环节，主体都无法形成主动性。政府应充分利用宣传平台，如报纸、电视台、网络等平台推荐商户，甚至可以多设立优秀商户的荣誉奖项而不用奖金，将二者沟通过程中缺失的链条连接起来。这样做不但能够解决文化消费市场的根本问题，还能节省政府财政支出，以政府无形资产代替有形资产。

历史文化名城保护与文化交流传播

City Cultural Heritages Preservation and Cultural Communication

B.19
2015年北京历史文化名城保护进展

晏 晨*

摘 要： 2015年，北京历史文化名城保护围绕“十三五”规划制定展开，名城保护的方式和渠道日益多元化，在文化遗产保护规划编制、重点保护工作推进、传统文化活动开展等方面均取得了良好的成效。通过阶段性总结反思，北京历史文化名城保护还需强调名城整体格局保护，继续深化旧城整治，深挖传统文化内涵，实现经济效益和社会效益双效统一，使北京在现代化和国际化进程中彰显古都历史文化底蕴、积极创建魅力文化之都。

关键词： 北京 历史文化名城保护 文化遗产保护

* 晏晨，博士，北京市社会科学院文化研究所助理研究员。

北京历史文化名城保护是城市文化建设的重要内容，2015 年，名城保护伴随着城市发展和整体规划编制进一步深化，专门法规得到落实，传统文化景观风貌突出，传统文化节庆精彩纷呈，历史文化资源保护和传承开展创新实践，同时也存在着制约旧城保护的诸多难题、文化内涵挖掘尚显不够、商业化阻碍等。今后，应结合城市发展整体语境，探索旧城有机整治的有效体制机制，从文化保护和城市发展结合的角度传承城市历史文明、发扬城市文化。

一　历史文化名城保护工作的基本进展

（一）整体保护设计和专项规划进一步明晰

整体规划和专项法规是北京名城保护实践的重要依据，决定着名城保护的实际成效，也积极建构着北京市名城保护的未来方向。2015 年是“十二五”规划实施的最后一年，也是“十三五”规划的展望之年，新时期北京历史文化名城保护整体设计得到推进。北京市规划委积极配合市发改委编制《北京市“十三五”时期历史文化名城保护建设规划》，名城保护将被纳入整体统筹规划，并进一步深化完善专项保护规划，优化名城保护工作的政策氛围，健全制度环境。

专项规划方面，国家层面出台了《中华人民共和国文物保护法修订草案（送审稿）》和《博物馆条例》。12 月，国务院法制办发布《中华人民共和国文物保护法修订草案（送审稿）》，对擅自迁移、拆除不可移动文物的将处以最高 100 万元的罚款，构成犯罪的要依法追究刑事责任，这是以法律形式进一步严格文物执法，严厉打击破坏文物遗产的行为和责任人，为文物保护创造良好的法律环境。《博物馆条例》对鼓励博物馆事业尤其民间博物馆发展起着促进作用，有利于进一步健全博物馆建设、管理、监督制度，吸纳社会力量和社会资本进入博物馆的运营和管理，同时明确了博物馆的教育、研究和欣赏职能，为城市文化延续创造了良好的文化氛围和文化空间。

北京市层面，故宫和圆明园保护规划和工作计划取得重大进展。2015年6月，故宫公布首部《故宫保护总体规划2013～2025》并面向社会广泛征求意见，总体规划以文化遗产价值整体保护为目标，规定了以古代官式建筑、明清宫廷文化、古代艺术精品为遗产价值的三大主题，保护范围也扩展至景山、左祖右社和三海，周边建筑严格控高，大高玄殿、皇史宬等5处明清皇家建筑群被列为保护对象，古建筑总面积达到23万平方米，并规定到2025年故宫开放比例将达82%。这种“大故宫”保护理念将极大地促进遗产的整体保护，总体规划获批后将在执行过程中定期评估论证，并适时修订。秉持世代传承的基本理念，故宫保护以延续皇家文化为主题将文化遗产完整地交给下一代。

圆明园于2015年起正式实施《圆明园遗址考古工作计划（2014－2020年度）》，以后将用3～5年时间逐步开展遗址考古调查、勘探和发掘，以大宫门景区、九州景区等为重点，对整体格局、山形水系进行摸底调研。其中，西洋楼遗址保护工作已经展开，包括对海晏堂蓄水楼加固、调整西洋楼片区游线，今后还将对园内标识统一规划设置并完善公共服务设施，继续优化文物游赏环境。与此同时，卢沟桥、宛平古城、长辛店老镇等地区的保护规划和什刹海历史文化街区保护管理办法编制也已展开。

随着保护体制机制的健全，非物质文化遗产（以下简称非遗）通过目录编制已在代表项目和传承人建设方面稳步推进，但由于非遗表演的市场价值和市场潜力挖掘不够，政府投入依然是非遗传承的主要经费来源，新修订的《北京市非物质文化遗产保护专项资金管理办法》加大了政府引导的资金扶持力度，对社会力量进入的流程、制度进行了完善，将更有力地推动非遗的保护、传承。

（二）物质/非物质文化遗产保护持续深化，保护对象和方式不断扩展

2015年，北京物质文化遗产保护和修缮工作持续开展，借助文物展览、主题研讨会和数字化手段、文创产品等方式，让传统文化融入现代生活、历

史资源对接现代文明。非物质文化遗产则借助展览、展演、展示等多种方式深入民众，进一步开拓传统文化市场。

1. 故宫迎来建院90周年，多方位集中展示明清皇家文化

为了迎接故宫博物院建院 90 周年，故宫新开放慈宁宫区、民国建筑宝蕴楼、午门 - 雁翅楼区域和东华门四大区域，至此开放面积增至 65%，新增文物 5000 件套，午门经东南角楼至东华门的城墙走廊开通，为游客欣赏故宫提供了新的走廊通道。同时，呈现专题展览 18 场，包括石渠宝笈特展、清代万寿盛典展等在内的文化精品展引起了极大的轰动。新型数字展厅端门数字馆则以虚拟方式让人们亲密接触数字古建、数字文物，是对实物展览的补充和拓展，能为参观者带来比参观实物更丰富、有趣的体验。故宫还利用数字技术让文化“活起来”，“每日故宫”“韩熙载夜宴图”等客户端应用荣获年度最佳称号，故宫主题文创产品依旧热度不减，仅 2015 年上半年文创产品的销售额就突破 7 亿元，这些都是通过不同方式让人们近距离感受故宫珍宝和传统文化的现代手段，赋予文物和文化以新的生命，有效实现了其经济价值和社会效益。

2. 大运河（北京段）保护继续推进

2015 年，大运河后续保护工作持续开展。通州于京杭大运河、通惠河、温榆河、小商河、运潮减河五河交汇处立下“京杭大运河北起点”标志碑，正式确立通州为大运河北起点，并对通州区内的静安寺、通运桥、漷县曹氏祠、通州御制石道碑等文物加以修缮保护。以大运河为主题的学术探讨得到开展，2015 年北京国际设计奖主题峰会围绕“中国大运河保护性修复设计项目”重点探讨“文化遗产保护与再设计利用”，与会专家认为遗产保护要融入创意设计，将保护、管理、利用相结合，以遗产保护带动环境治理、文化旅游开发，促进区域可持续发展。今后，大运河北京段保护还需加强整体意识，把什刹海、玉河故道、通惠河这些遗产点/段串联起来，依靠各地方政府的协调努力形成一个有机的整体。

3. 抗战文物的修缮和展示成为年度保护亮点

以纪念抗日战争胜利 70 周年为契机，北京市文物局近两年来加大对抗

战文物的修缮保护力度，仅2015年就投入3000余万元专项资金用于抗战文物抢险修缮和环境整治，通过抢险加固、现场整治使文物保护状况明显改善。市文物局现已基本摸清市内抗战文物险情状况，全市162处抗战文物中60余处文物得到加固整治。积极开展长城沿线抗战遗址保护工作，爆发古北口战役的古北口长城卧虎山段和敌后抗日据点门头沟沿河城长城段等得到抢险加固和修缮治理。专题展览方面，北京市26家博物馆在全市范围内推出19个抗战文物专题展览，其中首都博物馆“文化名人与民族精神”抗战胜利展还远赴非洲宣传中华精神，抗战文化作为我国历史文化的一部分得到重视和发扬。

4. 文化遗产日和特色文化日掀起传统文化高潮

(1) 文化遗产日历史遗址和非遗保护形式多样

文化遗产走入公众呈现新形式。圆明园以“数字游园”“公众考古”为活动主题邀请民众融入历史文化场景并参观文研所考古人员的考古发掘，园内西洋楼遗址也成为北京市第一处公众考古场所，游客可从现场说明中了解更多的考古知识，今后圆明园将有条件开放更多的发掘现场，使文化遗产全民共享。

各区县结合自身资源特色和文化遗产开展主题活动。海淀区启动“寻找我身边的三山五园”主题文化遗产日活动，利用区内拥有的丰富山水园林资源和博物馆优势，广泛开展志愿者征集和“文化遗产、我的足迹”参与者征集，并通过“互联网＋文化遗产”方式，在全区范围内兴起了“走进遗产、分享一场、保护遗产”活动。海淀区文化委和教工委则继续推进“非遗进校园”，101中学等20所学校被授予非遗传承项目基地匾牌，以青少年的创造潜能推动文化传承和非遗保护工作。朝阳区“非遗嘉年华”开幕式上则上演了由项目传承人和小学生表演的传统曲艺“北京琴书”，并通过成立非遗传承教育合作联盟和学校非遗体验社团推动非遗传承。西城区开展非遗时尚创意设计大赛，让非遗融入时尚生活，同时以“同品京味　共话非遗”为主题推动非遗进校园，邀请王致和酿造技艺走入北京外事学校，继续扩大非遗文化的传播渠道和影响力。遗产日主题活动体现了传承与创新并重，实现传统资源的创造性转化和创新性发展。

(2) 前门历史文化节三地非遗齐聚献艺

以京津冀协同发展为背景，第五届前门历史文化节首次通过三地展演有效推动了京津冀文化协同发展。文化节上三地传统文化特色商品如手工技艺、非遗产品和老字号特色美食面向民众展示展演，进一步推动非遗文化融入日常生活。来自承德的剪纸、皮影等非遗作品和土特产以及来自天津的果仁张等老字号齐聚亮相，让民众在现场体验中深刻感受到三地地域一体、文化一脉的深厚背景。此外，首届“鲜鱼口老字号美食节”通过制作“鲜鱼口粮食本”，以更鲜活亲切的方式向消费者传递老街历史文化，强化地区文化符号和文化记忆。2015 年，前门文化系列图片展、前门社区文化节更加突出与社区、百姓的联系，邀请当地居民参与，以老照片、民俗画等形式展现民俗和当地历史文脉，以走进家常、深入民心的方式延续了前门文化品牌。

二　2015年历史文化名城保护重点任务

2015 年，北京历史文化名城保护在“十三五”规划编制的前提下，从城市整体发展着眼加强对历史文化保护的顶层设计，继续推进旧城有机整治和环境综合改造，充分调动民间力量参与名城保护的热情，积极探索名城文化传承的有效路径。作为北京西部历史文化带建设的重点工程，三山五园景区及其历史文化传承通过近年来的建设和环境整治，已成为北京名城保护的品牌工程，进一步扩大了北京名城保护的国内外影响力。

（一）坚持做好顶层设计，将历史文化名城保护置入城市发展整体语境

以“十三五”规划编制和北京城市总体规划修编为前提，制定历史文化名城保护总体规划和工作方案。按照“十三五”规划建议，编制历史文化名城整体保护方案，保护好、利用好文化资源，推动北部长城文化带、东部运河文化带、西部历史文化带建设。同时，历史文化名城保护按照城市发

展总体规划修编要求，将保护与首都功能定位和城市发展相结合，将保护放置于首都人口和产业疏解、环境优化、京津冀一体化的背景下，以历史文化名城保护带动旧城综合整治，恢复历史水系和园林环境，并加强三地文化一体化发展。为了充分吸收公众对历史文化名城保护和城市发展的意见和建议，市政府专门召开"十三五"规划公众建言会，听取各行各业民众建议，并以此为参照修编新时期历史文化名城保护规划。

京津冀协同发展背景下的名城保护是加强顶层设计的重点。2015 年，京津冀三地在文化协同发展、共同促进文化遗产保护方面做了大量工作。一是京津冀联手保护三地交界处长城沿线抗战遗址。通过建立三地文物保护与发展沟通机制，联手构建历史文化遗产保护体系，北京已与天津、河北联合签订京津冀长城保护管理框架协议，推进交界处长城段保护与利用区域发展规划，并加强抗战遗址宣传和保护联合执法。二是组团亮相北京文博会。文博会上，"京津冀文化区域建设"活动由北京西周燕都遗址博物馆与河北博物院、廊坊博物馆、涿州博物馆、天津博物馆等共同发起，启动仪式上共同签署了"京津冀文化区域建设"发展倡议书，为三地博物馆建设和发展奠定了基础。这将推动三地传统文化保护的合作与交流，打造三地文化活动品牌，进而带动三地文化在更高层次、更宽领域上协同发展。

（二）旧城历史文化保护继续推进

为了维护旧城肌理结构，旧城区现已停批大体量项目，2015 年继续探索名城保护的公众参与机制，以环境整治带动历史文化保护和传统文化风貌复现，积极尝试传统文化资源传承的有效路径。一是从制度上加以规范和引导。西城名城委首次组建北京市多个名城专委会，包括四合院设计建造专业委员会、胡同保护专业委员会、青年工作者委员会、志愿者委员会 4 个名城委专委会，集合各领域的专家学者和热心的公益组织、民间人士，在提供技术和专业指导的同时搭建政府、社会和民众合作平台，扩大社会影响，更有效地开展历史文化名城保护宣传工作。

二是继续推进棚户区改造工程，启动院落保护修缮项目。在彻底改善居民居住条件的同时重现古都风貌，开展腾退大剧院西、宣西北、天桥北的棚户区工程。其中，最先启动的宣西北院落保护修缮项目覆盖了杨椒山祠、沈家本故居、太原会馆、东莞会馆、龚自珍故居5个市区级文保单位和文物普查登记单位，现已腾退80个整体院落，涉及居民300多户。文保单位和文物普查登记单位将在有关部门和专家论证的基础上进行规划设计，按照“接续历史、传承文化”的宗旨打造历史文化展示和服务区，修缮完工后对市民开放。

三是依托地区文化资源开设传统文化固定展。牛街通过文物展，有效引导当地居民讲述街区故事，传承地区历史文化。2015年，北京首家街级历史文化展陈室在牛街开放。牛街历史文化展陈室通过对地下空间的利用复现牛街历史风貌长卷，以历史沿革、风土民俗、经济文化等方面的藏书、影像、照片还原牛街历史，为了展示的丰富性，牛街街道还面向当地群众持续征集牛街生产、生活等方面的老物件。伴随旧城保护的持续开展，公众的参与热情不断高涨，部分胡同、院落得到有效整治，首都历史文化特色和魅力逐渐彰显。

（三）以保护促进研究和交流，三山五园历史文化景区建设有序开展，知名度不断提高

2015年，三山五园历史文化景区在整治腾退的基础上，进一步加强相关学术研究和交流，并在“走出去”的过程中优创文化精品、普及皇家园林文化，塑造了更具传播力的文化品牌和更具影响力的区域文化。第一，以修缮保护带动园林文化传承。在“一轴两带、三区多点”（“一轴”为东西向展开的山水景观画卷轴，“两带”为文化传承发展带、生态文化游憩带，“三区”为生态休闲游憩区、历史文化旅游区、教育科研文化区）的规划下，景区将山水景观与历史文化、生态文化、教育文化结合，协调历史文化保护和当前社会经济发展。2015年，北京市继续落实推进三山五园建设，加强周边环境整治和相关区域拆迁腾退。加强历史文化景区周边绿化美化、配套设施建设，推进城乡接合部一体化发展，其中，“园外园”生态景观建

设成为重点，青石古御道和京西稻田景观得到重现。2015 三山五园皇家园林旅游节也通过举办品茶、闻香、听琴和体验太极拳等多项活动，在宣扬传统雅致生活的同时传播了皇家园林文化。

第二，三山五园保护工作推动了相关研究的开展。由北京联合大学、天津大学和海淀区委宣传部联合主办的“全球视域下‘三山五园’文化遗产传承和保护”学术研讨会围绕中西园林文化遗产和保护、以数字化技术推动保护、中外皇家园林历史文化谱系比较研究等议题展开，有利于深化历史文化遗存的传承保护。著作出版方面，《清代三山五园史事编年（嘉庆－宣统卷)》于2015 年11 月出版，该书与2014 年1 月出版的《清代三山五园史事编年（顺治－乾隆卷)》成为第一部关于清代三山五园研究的编年体著作，系统完整地梳理了清代三山五园的重要史实，具有重要的学术和现实意义。

第三，深化对外文化交流提升三山五园品牌影响力。三山五园文化全球巡展自 2010 年纪念三山五园被毁 150 周年拉开帷幕以来，通过珍藏展示和数字再现圆明园，已陆续在台北、杭州、济南等多地展出，也曾在柏林、莫斯科、巴黎举办过专题展。各地展览配合文化交流、学术探讨、交易展示、图书出版等形式，使巡展活动在政府引导、企业运作的模式下引起热烈反响和关注，取得了较好的社会效益。通过前期推广，目前多家国际大型博物馆都在计划引进，古老园林与传统中华文化正在掀起一股热潮，三山五园品牌影响力不断扩大。

三　北京历史文化名城保护存在的问题

应该看到，在北京历史文化名城保护工作稳步推进、保护成效不断彰显的同时，名城保护仍然面临文化保护与城市发展不平衡、不同地区文化保护重视程度差异较大、追求经济利益忽视遗产的文化社会效益、大众娱乐取代深度文化阐释等诸多问题，需要在下一步的工作中继续厘清。

（一）历史文化名城保护视野亟须扩大

名城保护视野需从城区向乡村拓展，关注重点也应积极从物质形态保护向整体文化传承转变。目前，北京符合传统村落认定条件的村落为52个，但多数保护不力，不仅传统民居年久失修、残破不堪，或具有历史文化和地方特色的院落、建筑被大规模拆除，而且常住人口减少、青壮年劳动力快速流失，如房山区水峪村古民居院落空置率达95%。位于偏远山区和乡村的传统村落保护需要以综合保护的视角介入，从文化和交通、教育、医疗等公共服务上着力提高整体环境、改善民生，完善传统村落保护名录，积极推进传统文化传承和发扬，实现历史文化保护的城乡一体化。

（二）旧城整治和文物建筑保护仍困境重重

旧城仍是北京历史文化名城保护的重点和难点。2015年，实施10年的《北京历史文化名城保护条例》迎来首次“体检”，根据市人大执法检查组检查条例实施情况的报告①，问题集中在旧城私房违规翻建、50%的文物建筑安全隐患和不合理使用等方面。

一方面，旧城土地和房屋产权不清、违规翻建、市政基础设施落后等直接导致旧城保护痼疾难除，政府投入的资金不足也是亟待解决的难题，因此以首都非核心功能疏解为重点，将名城保护纳入城市整体发展规划、联合多部门开展清理整治成为今后工作的重点。

另一方面，现有文物保护单位安全隐患和不合理使用十分严重。北京城内王府不合理使用现象突出，不仅原有建筑损毁严重，而且存在易燃物和违规电路等重大安全隐患。东城区禄米仓胡同智化寺两侧的安全隐患，也由附近居民在红墙外私搭煤棚、随意堆放杂物和私家车占道引起。目前，文物腾退相关法规政策仍然空白，造成文物保护工作难以深入的尴尬局面。

① http：//www. chinairn. com/news/20150727/100041910. shtml.

（三）商业化严重，传统文化内涵深挖不足

在城市商业化开发大潮中，传统文化遭受巨大破坏，这不仅体现在传统建筑、文物遗产被高楼大厦或仿古建筑取代，也体现在物质遗存消失而带来传统文化生态的毁灭性破坏和历史肌理脉络的消失，而这往往会造成城市历史文化的断层，甚至产生更为严重的后果。在国家文物局公布的第一批中国历史文化街区名单中，北京皇城历史文化街区入选，而什刹海和南锣鼓巷却因商业味太浓落选[①]，在商业和保护之间探索一条可持续的发展道路不仅必要而且迫在眉睫。目前，不论是历史文化景点游览还是非遗的展示展演，都还主要停留在表层文化包装和浅显的文化教育层面，需要继续深挖文化资源的价值、特色和内涵，推动文化保护的纵深发展。

四　历史文化名城保护的对策建议

（一）实现名城保护的思维转变，强化历史文化名城整体格局保护

第一，积极转变名城保护思维。克服“见物不见人”的传统保护方式，我们不仅要重视物质形态的保护，还要通过可见的“物”去追溯和还原文化背景、社会历史变迁、生活方式等，以文化接续历史脉络，深化人们对历史文化的感知和体验，以名城保护推动城市历史文化的积极传承，彰显城市传统符号和历史记忆。第二，强调历史文化名城的整体格局保护。既要重现古都风貌，也要融入现代城市格局，保持城市建筑的时代层次，合理规划城市空间形态，让传统文化与现代文明交相辉映。第三，实现中心城区与偏远区县的一体保护。远郊区县的传统村落、乡情民俗保护也是北京历史文化名城整体保护的重要内容，走出这些地区“空心化”“人走屋空”的困局，以人为本推动相关保护规划编制出台，会同交通、市政、教育、文化等多部门

① http：//finance. chinanews. com/cul/2015/07 -24/7425976. shtml.

协商，通过基础设施、生活条件的改善留住村民，如此才能形成多层次、全方位的名城保护格局。

（二）旧城保护政策法规和资金渠道需进一步完善

根据制约旧城保护和可持续发展的难题，“十三五”期间要继续以首都非核心功能疏解为重点，严格控制旧城发展规模，有效疏解人口，明晰房屋产权归属，不断优化中心城区市政基础设施，努力恢复旧城风貌。第一，制定旧城、历史文化街区保护的详细标准和配套规划，明确保护对象的认定标准和程序。在规划中明确保护的主管部门，集聚合力的同时避免行政交叉、多头管理，加强规范化的后续保护、评估和统一管理，并注意结合实际情况实施有针对性、可操作性强的保护方案。完善交通、人口疏解、市政设施等配套规划，加大中心城区人口疏解力度，改善居民居住环境，提升居住品质；尤其要修订、编制切实可行的房屋产权制度，以房屋产权制度的完善进一步落实危旧平房整治和保护工作。第二，建立稳定的资金投入和管理使用机制。目前，名城保护主要依赖政府投入，还存在巨大的资金缺口，需积极探索引入社会资金的良性运作和收益回报模式，探索建立名城保护基金会模式和社会主体托管模式，形成政府主导、社会积极参与的资金投入和使用机制，集中政府、民间组织、企业、个人各方力量使保护落到实处。

（三）避免传统文化过度商业化，实现经济效益和社会效益的双效统一

物质文化遗产保护方面，第一，让大规模、商业化开发模式淡出视野，创新探索小规模、渐进式改造方式和手段，将保护与周边环境整治相结合，在传统文脉延续和历史肌理维护的基础上积极促进历史文化街区和旧城的保护，逐步恢复古都风貌。第二，抵制历史文化景区、历史文化街区的过度商业化侵蚀，清除低端重复的文化旅游商品、食品售卖店和临时摊点，用税收、政策优惠吸引体现京城特色和文化内涵的传统老字号、特色文化商店，凸显城市文化价值。第三，加强对传统文化的内涵挖掘，以保护为前提进行

合理利用，在利用过程中挖掘历史文化价值，深入探索文化保护与大众教育、理论研究、文化生活有机融合的方式，创新传统文化传播手段，积极借鉴故宫在数字化和文创产品开发方面的成功经验，进一步开放思路、创新手段、用活人才，实现经济效益和社会效益的双重实现。

非遗保护方面，推动非遗保护从抢救保护、建章立制的基础阶段向提高保护传承水平的深层次过渡，继续探索非遗传承保护机制，让非遗进入大众日常生活。要让非遗文化活起来，现代文化产业道路的开拓势在必行，以文化对接市场、使遗产走向生活成为非遗文化资源深入挖掘的前提。通过合理的商业化手段，让非遗以更适应现代生活方式和文化产业运作方式的形式得到延续，实现文化遗产的经济价值和文化价值。

B.20

2015年北京非物质文化遗产保护与传承

黄仲山*

摘　要：2015年北京非物质文化遗产保护与传承，在资源利用、产业化和社会化实践、思路更新等方面有了新的突破。本年度，“互联网+”“京津冀一体化”“全民共享”等成为非物质文化遗产保护与传承的关键词，成为关乎非遗文化发展的关键要素。总体上说，北京目前非遗保护与传承存在的主要问题在于多重矛盾并立，缺乏合理有效地解决矛盾的方式，只有厘清其中交错缠结的关系、处理好各种矛盾，才能维系非遗健康的文化生态，推动非遗文化建设不断向前发展。

关键词：非物质文化遗产　保护传承　“互联网+”　京津冀一体化　全民共享

2015年，北京非物质文化遗产保护与传承工作在有关部门、专业团体和社会力量多方合作下，延续以前的发展路径，同时寻求新的突破，涌现许多新思路，展现许多新亮点。然而，在非遗保护过程中存在的一些痼疾尚未消除，新的问题不断涌现，这些情况使未来的非遗保护与传承事业形成机遇与挑战并存的局面。

---

* 黄仲山，博士，北京市社会科学院文化研究所副研究员，主要从事城市历史文化和美学研究。

一 非物质文化遗产保护与传承的新面貌、新亮点

本年度非遗保护与传承的新面貌和新亮点归纳起来就是“四借”“三跨”“两融”。首先，在资源利用方面，注重契合国家和北京市发展战略，营造非遗文化发展的良好局势，借示范力量和骨干力量支撑非遗文化建设，借用各种舞台展示非遗文化精华，借节日、纪念日等契机创造非遗项目亮相机会；其次，在非遗文化的产业化、社会化实践方面，注重非遗文化的跨界合作，寻求跨地区合作的合理路径，确保非遗保护工程的跨年度平稳运作；最后，在非遗保护与传承思路方面，坚持非遗整体保护思路，融汇众多非遗项目集中展示，形成规模效应，坚持非遗文化融入民众的原则，提升民众参与度。

（一）善借资源，多管齐下促发展

1. 借势：好风引来百花开

非物质文化遗产保护和传承与国家发展大政方针和北京市整体战略布局息息相关，蓄势而发，借势而行，往往事半功倍，搭上政策利好的顺风车。国家发展战略牵涉社会发展的方方面面，“一带一路”作为国家层面的“顶层设计”，“京津冀一体化”作为国家力推的重大战略，对非遗文化的保护、发展、传播等环节产生了深远的影响。

首先，北京作为全国文化中心，汇聚了各种文化资源，通过举办联合展出等活动，促进京津冀地区和“一带一路”沿线的非遗文化交流，可以更好地开阔视野，引进各地非遗保护的思路与方法，帮助北京本地非遗项目更好地传承下去。2015 年 9 月 30 日至 10 月 7 日，在北京国际雕塑公园举行的第三届工艺美术非遗嘉年华，就围绕“一带一路”“京津冀一体化”的主题进行非遗项目展出，不仅开设有“一带一路”文化展览展示区，还开设有京津冀文化交流展示区，展示河北鼻烟壶、曲阳石雕、武强木版年画等非遗精品。其次，北京作为高校、科研智库和专家集中之地，为“一带一路”

沿线、京津冀地区的非物质文化遗产交流、传承出谋划策，提供智力保障。2015 年，北京各大高校、科研院所等举办了多场“一带一路”和“京津冀一体化”相关的学术活动，如 8 月 8 日由北京语言大学、凤凰国际智库、商务印书馆等联合主办的首届“一带一路 · 百人论坛”等，这些论坛都涉及非遗文化交流和联合保护的命题，为北京非遗面向全国乃至全世界提供了新的理论视野。最后，北京作为非物质文化遗产资源丰富的古都，“一带一路”和“京津冀一体化”战略将为北京非遗文化“走出去”提供有效助力。2015 年，北京与天津、河北举行多场京津冀非遗联展、联演活动，此外，一些精品非遗项目和传承人还走出国门，践行“一带一路”文化传播策略，主动承担起文化桥梁的作用。

总体上说，北京非物质文化遗产保护和传承工作顺应了当前文化发展政策和形势，借文化大发展、大繁荣的东风顺势而为，在政策资源的利用上做足了功夫，为非遗文化发展铺设了较为平坦的前途。我们相信，继续沿着有利的政策形势前行，将会迎来非遗文化百花齐放的春天。

2. 借力：支点翘起千斤重

非物质文化遗产保护与传承如果仅仅依靠政府输血、非遗传承人勉力支撑、少数爱好者抱团自娱就显得力量单薄，终将难以为继。这就需要善于借力，利用骨干力量作为支点，打造一批示范单位，培养一批模范个人，做到四两拨千斤，以有限的资源最有效地凝聚社会各方力量，促进非遗文化在全社会普及。

第一，致力于打造一支非遗保护与传承的骨干力量，这主要包括非遗传承人、非遗保护专家、高校研究机构和民间热心人士等，通过骨干力量向全社会发散，从而起到支点的作用，让借力举措有一个牢固的支撑。

非遗传承人是非遗文化传承的主体，是非遗保护的重要依靠力量。因此，需要通过扶持和引导创造有利的氛围和条件，让非遗传承人能够安心从事非遗项目的钻研，打磨技艺，培养后继人才。2015 年，按照《北京市非物质文化遗产保护专项资金管理办法》，北京市投入大量资金对非遗项目和非遗传承人进行支持，并培养了一批后继的传承者。除此之外，北京还利用社会机制，推动非遗传承人的传代过程社会化，为非遗项目引入源源不断的活水。

高等院校也是非遗保护的重要力量，北京市支持一些高校建立非遗研究和传播的机构组织，目前已有中央民族大学、清华大学美术学院、北京联合大学应用文理学院等高校单位被命名为“北京市非物质文化遗产研究基地”，并进行了授牌。2015 年，这些高校院所借助研究基地平台，举办了各种学术研讨和文化传播活动。6 月 14 日，借助“文化遗产日”，北京联合大学应用文理学院和该校文化遗产保护协会联合九一小学，举行以“公众文化遗产共同体”为主题的体验活动，活动包括翻模铸钟、陶瓷修复、剪纸、投壶游戏、木版水印、书画装裱、紫砂壶制作等 10 个项目，吸引 300 多名小学生和市民参加，实践了文化遗产日“保护成果、全民共享”的理念。11 月 6 日，北京联合大学应用文理学院举办中国文化遗产保护研究生论坛，这是继 2013 年首届论坛之后，该校组织的第二届活动。此论坛隔年举行一次，已经成为全国从事文化遗产保护研究的研究生进行学术交流的重要平台。此外，清华大学美术学院也是弘扬非遗文化的重要阵地，从 10 月开始，文化部“非遗进清华”活动在清华美院开展，组织了多场表演和对话活动，不仅有传统手工艺的现场制作、演示，而且还有来自全国的非遗传承人面对面交流，让清华学子在校园内即可领略各地的非遗文化精髓。高校在非遗保护方面的重要作用还体现在多个方面：高校雄厚的科研实力是非遗历史文化研究的重要保障，高校志愿者队伍是非遗传播的活跃群体，高校校园文化活动是非遗传播的理想阵地，由于知识传承和活动组织等方面的优势，高校对于非遗的研究和体验将大大溢出校园之外，提升非遗文化的社会影响力。

此外，一些活跃的非遗文化爱好者也是非遗保护与传承的骨干和依靠力量，这些爱好者是非遗传承人和研究者等专业人士与普通民众沟通的桥梁，是引入民间力量参与非遗保护工作的突破口，为非遗文化事业输入新鲜血液。通过这些民间爱好者，可以牵头成立各种形式的组织，团聚部分群体积极参与非遗文化活动。此外，通过民间骨干力量，可以吸聚一部分民间资金投入非遗文化建设，让非遗项目获得更广阔的市场空间。

第二，通过政策扶持和资金奖励等方式形成非遗保护与传承的示范力量，让这些示范力量在全市形成重视非遗保护、参与非遗传承的风尚，从而撬动更多的社会资源投入非遗保护事业。2015 年 6 月，北京市文化局组织专家对全市各区县推荐的单位进行评审，确定了本年度的《北京市非物质文化遗产保护认定奖励名单》，认定非物质文化遗产生产性保护示范基地 2 个、培训基地 10 个、优秀实践名册项目 1 个（见表 1），以奖励这些在非遗保护与传承工作中取得显著成效的单位，在社会上形成示范引领作用。

表 1　2015 年北京市非物质文化遗产保护认定奖励名单

序号	类别	单位
1	北京市非物质文化遗产生产性保护示范基地	北京东来顺集团有限责任公司
2		北京顺鑫农业股份有限公司牛栏山酒厂
1	北京市非物质文化遗产培训基地	体育馆路小学
2		芳草地国际学校教育辅助中心
3		北京医科大学附属小学
4		大峪第二小学
5		南窖乡南窖村南窖中心校
6		喇叭沟门满族乡中心小学
7		北京市黄庄职业高中
8		北京市工艺美术高级技工学校
9		北京市工贸技师学院
10		北京轻工技师学院
1	北京市非物质文化遗产优秀实践名册项目	民族乐器的复制复原项目

第三，建立非遗保护与传承联盟，让更多有意参与非遗保护和非遗文化发展的行业、单位、个人融合进来，使之成为非遗文化建设的中坚力量。12 月 26 日，中华文化创意联盟、清华大学艺术研究所、中国微电影联盟等在北京举行中国非物质文化遗产保护联盟成立大会，来自全国各地的非物质文化遗产保护与传承机构、非遗文化产业园、商会、基金会、非遗传承人和企业等 600 多人参加此次大会。这种整合社会各种资源和力量的非遗保护联

盟，本身就能产生足够的宣传效应，而且可以对非遗保护实践产生积极的效应。

3. 借台：舞台秀出大风景

非物质文化遗产项目需要展示的机会，通过不同类型的舞台，将自身所蕴含的文化价值充分发挥出来。2015 年，北京非遗项目借助各种方式登台亮相，秀出绚丽的色彩。

第一，一些表演性的非遗项目借助现代剧场进行演出，在正规的舞台上打下一片天地，让更广泛的观众熟知这些传统的表演艺术。6～8 月，“2015 年西城区非遗演出季活动”陆续开展 11 场演出，汇集口技、古诗词歌曲、古彩戏法、戏曲、曲艺等众多传统非遗表演项目。其中，6 月 2 日天桥剧场开展了首场演出活动——“话百戏”，中国古彩戏法第四代传人田学明带领弟子表演了古彩戏法、双簧、变脸、赛活驴等非遗项目，现场气氛热烈，表演效果极佳。对于这些传统的民间杂艺来说，根据现代剧场环境更新和改造传统表演方式，整合各种小表演和小绝活为一台大戏，不断丰富自身的舞台实践，使之能够登堂入室，可以给这些非遗项目留下了更多的生存空间。

第二，北京许多非遗项目近年来摸索出一套短、小、精、活的展示和表演模式，以社会为大舞台，适合在各种场合登场亮相，适合不同人群的文化需求，不拘一格，非常接地气，非常聚人气，体现传统民俗文化的旺盛生命力。2015 年，我们可以看到非遗项目频频出现在各大展览展会上，如 9 月 29 日至 10 月 10 日在房山区举办的第四届中国兰花大会、10 月在国家会议中心举办的 2015 北京文交会等，都设有非遗产品展区、展台，为这些展会增添一抹亮色。

第三，影视媒体拥有大量观众，是非遗项目展示的绝佳平台。一些专题纪录片以采访、讲述等方式，对非遗项目进行全方位、细致的描绘，信息量大、知识性强、文化气息浓厚，深受非遗文化爱好者的喜爱。2015 年 12 月 14 日至 16 日，北京卫视《这里是北京》栏目连续播出三期《非遗·北京》的节目，重点介绍燕京八绝等北京具有代表性的非物质文化遗产项目。《这里是北京》是北京卫视名牌栏目，拥有一批固定的观看人群，他们同时是北京非物质文化遗产的爱好者，通过这档节目，可以将非遗历史文化信息有效地传递给目标人群。此外，非遗项目在影视媒体亮相，也不仅仅限于新闻报道、专题纪录片等形式，还可采用更加吸引人、更符合影视传播规律的方式，比如用电视综艺模式进行包装就是一种全新的尝试。2015 年 11 月，北京卫视推出一档真人秀节目《传承者》，以弘扬传统文化为宗旨，立意“让经典再次流行，让传承走向世界”，节目嵌套了当下流行的一些综艺元素，如导师带学徒模式、明星嘉宾、竞争挑战等，因此吸聚了较高的人气，节目首播全国 34 座城市收视率达 1.55%，在同一时段排第 3 位，节目相关的#传承者#主话题位居新浪微博热门话题榜前列，官方微博的粉丝在节目首播当日即增长了 30 倍。[①] 由此可见，传统的非遗项目遇到现代媒体，经过精心包装、打磨，也能在社会上引起巨大的关注。

4. 借机：节日焕出新风采

节日和纪念日一向是非遗项目集中展示亮相的好时机，尤其是在春节、元宵节、清明节、端午节、中秋节等传统节日，非遗文化大餐总是如期而至，给节日增添喜庆、热闹的气氛。

把握节庆文化的特色，利用节日展示非遗文化内涵，是非遗项目在节日庆典中成功展示的关键。春节和元宵节需要彰显传统年文化，而花会、杂艺等表演项目一直是年文化的代表，风筝、泥塑、面人等则是传统过年常见的民俗工艺品，这些非遗项目的出现应时应景，深受民众喜爱。3 月 5 日，北京市东城区非物质文化遗产保护中心举行“2015 非遗闹元宵”活动，重点推出非遗代表性传承人技艺交流大展，传统风筝、景泰蓝、老北京面人等 20 多种非遗工艺品集体亮相，而天桥摔跤、快板、老北京吆喝等非遗表演项目则为活动现场增添了热闹的气氛。此外，北京一些传统老字号也利用节日适时推出应节的产品，如稻香村推出清明应季食品“青团”、中秋的月饼

① 资料来源：北京卫视官方网站，http://www.bmn.net.cn/20151120/ARTI1448003753773597.shtml，2016 年 1 月 15 日。

等，供不应求；吴裕泰也利用清明、端午、中秋等传统节日，推出四季花茶，延续老北京的茶文化。

（二）跨越藩篱，多元共生现繁荣

当前，“一体化”是发展的重要思路，各行业纷纷寻求跨界、跨领域、跨地区和跨国合作。非物质文化遗产保护与传承工作也要打破自身疆界，打破行业界限、地区界限、时间界限，加强交流合作，实现非遗保护事业的稳定发展，维持非遗文化的繁荣局面。

1. 跨界：创业风潮方兴未艾

这里所谓的跨界，是指非遗从业人员跨越行业界限，突破自身局限，尝试将所掌握的非遗文化资源投入商业运作、科技创新以及文化旅游开发等。非遗传承人掌握独门的绝活，是一种稀缺的资源，如何将手中的技艺转化为财富，摆脱靠天吃饭、靠政府吃饭的命运，是许多非遗传承人常思考的问题。政府也鼓励民间艺人创业，并给予政策和资金支持，在内外因的作用下，不少非遗传承人开始大胆地尝试跨界，兴起了一阵创业的风潮。

北京有些非遗项目本身就依托商业体，如同仁堂、吴裕泰等老字号，掌握着制药、制茶技艺，本身就是文商一体；有些手工技艺如景泰蓝制作、雕漆等，出于历史原因，新中国成立后一直依托国有企业生存，之后转企改制，有些手工艺人成功转型，挂靠企业或自己创业，境遇不错，有些则靠救济度日，技艺也面临失传的危险；不少表演性的非遗项目需要资金和场地，维持下来更加艰难。近年来，北京对非遗尤其是濒危项目的扶持力度加大，非遗传承人利用多年积累的人气，开始走上创业之路，不少手工艺人在网上开设店铺，推销工艺品；表演类的杂艺、曲艺等传承人则组建演出公司和剧团，进入演艺市场；还有一些传承人与旅行社合作，开发非遗旅游景点，做起了文化旅游，这些跨界行为不仅解决了传承人的生计，而且活跃了市场，其更深一层的意义在于，不少跨界经商的传承人利用所获的资金和人员，反哺非物质文化遗产的保护与传承事业，实现非遗项目的内部造血。因此，总体上说，这种跨界创业的风潮对于非遗本身是有利的，关键在于如何引导，让这股风潮沿着既定的轨道前行。

2. 跨域：文化交流渐入佳境

非物质文化遗产项目大多具有本地特色，含有特定地区的文化基因，是本地历史文化的活化石。在文化多元化的时代，原本局于一隅的非遗项目也在寻求区域以外的影响力，通过各种形式的跨区域甚至跨国交流，将本地民俗文化传播到更远的地方。

北京非物质文化遗产保护和传承过程中，一个重要命题是对其在国际、国内所承担的文化角色进行准确定位，在此基础上拓展视野，加强多层次外部交流与合作。北京近年来大力推行非遗文化"走出去"的策略，将本地具有特色的非遗项目打造为文化名片，使其在文化交流中担当特殊的使命，成为北京连接全国乃至全世界的文化桥梁。因此，北京非遗项目与国内其他地区的交流十分频繁，每年都有大量具有代表性的非遗项目走向全国进行展示和演出。2015 年 9 月 19 日，门头沟区京西太平鼓队奔赴湖南吉首市，参加当地举办的 2015 年国际鼓文化节，与来自哥伦比亚、英国、澳大利亚和中国香港等国家和地区的 16 支鼓队、300 多人同场演出，向国内外观众展示京西太平鼓独特的魅力。此外，4 月下旬在台北、高雄等地举办的"2015 北京文化周"上，非遗是其中呈现的重要元素，通过话剧和图片展等形式，向台湾同胞展示北京优秀的传统文化，增进了两岸人民的感情。

北京非物质文化遗产跨国文化交流活动也逐年增多，非遗成为民族文化的使者，将华夏文明和古都文化的价值与魅力展示给全世界。2015 年 2 月 1 日，在美国洛杉矶举行的"欢乐春节·魅力北京"中国年庆祝活动中，来自北京的非遗传承人带来毛猴、于氏风筝、泥塑兔儿爷、宫廷补绣等非遗工艺品；除此之外，非遗传承人还与当地居民进行交流，指导观众进行模仿制作，成功地展示了北京的民俗文化，促进了彼此之间的文化交流。另外，9 月 22 ~26 日，北京市文化局选派延庆舞龙、二鞑子摔跤、旱船、竹马、舞狮等非遗项目，远赴南非参加"南非中国年"活动，在 24 日南非"非遗日"参加狂欢节巡游，与来自 28 个国家的 1.7 万余人共庆狂欢节，分享东方文化的神韵和风采。

通过跨地域文化交流，北京传统非遗项目将浓浓的京味、京韵文化传播到国内外，让北京古都美好的文化形象印刻在人们的心中。

3. 跨年：保护工程稳中求进

非物质文化遗产保护与传承是一项系统工程，需要一个持续稳定的政策方向和建设路径，不可能毕其功于一役。许多制度也不是一年就能够完善的，必须在不断的摸索前进中进行修正，许多政策的实施也不能一年一变，在商业社会中随市场和舆论风向而动。尤其是许多工程如非遗名录体系建设工程、非遗传代工程等，这些跨年度工程需要长期、细致、耐心的投入，在坚持工程持续性和稳定性的基础上，取得不断的进展和进步。

2015 年，北京着力于加大对国家、市、区县三级名录体系中非遗项目的保护力度，抢救濒危项目，在一定程度上扭转了过去普遍存在的重申报、轻保护的倾向。西城区推出了非遗黑匣子保护体系，针对濒危项目进行资料收集、传承人走访、专家咨询，建立数字化档案，建立非遗项目基因库，最大限度地留存非遗文化资源。此外，在非遗传代工程的推进过程中，北京也坚持求稳的策略，坚持扶持政策的一贯性，最大限度地保证非遗技艺传承的平稳。

非遗保护工作任重而道远，许多工程不是一朝一夕能够完成的，而是需要跨越数年，甚至数十年、百年的努力，对于一些非遗保护工程来说，2015 年仅仅是一个时间上的节点，然而却是不可或缺的阶段。

（三）融通万端，多方共赢谋发展

1. 融汇：汇聚非遗大家庭

北京拥有众多非物质文化遗产项目，虽然种类繁杂，内容也各不相同，但许多非遗项目在长期的磨合中，逐渐能够融于一起，集中登场以形成规模效应，聚集人气。这种融汇让非遗大家庭增添了团结，扩大了彼此合作的空间。

春节庙会是非遗集中展示的地方，每年春节北京都会组织多场庙会，2015 年的春节庙会也不例外，在人气较旺的地坛庙会、龙潭庙会和厂甸庙会上，都有大量非遗手工艺品展示出售，而民间花会、曲艺等也在庙会中同台竞技，为热闹的气氛再添一把火。此外，许多非遗专题展和嘉年华活动，都是非遗项目大量汇集的地方，比如10月17日在潘家园举办的第三届工艺美术非遗嘉年华，就有大量民间工艺品集中进行展出，而且有百余名民间艺人共同献艺，呈现非同寻常的盛况。

2. 融入：提升民众参与度

许多非遗项目都存在民众参与度不高、体验性较差的问题，如何增加非遗项目的亲和力和可参与性，使非遗文化真正融入民众日常的工作、学习和生活中，是非遗保护工作者重点考虑的问题。

第一，非遗文化需要融入点滴生活中，成为人们日常生活的一部分，这将大大提升非遗项目的认知度和参与热情。2015年8月，北京中式生活艺术展在顺义新国展举办，现场设非遗及民俗展区，内画大师铁华、聚元号弓箭杨福喜、料器邢刘星、空竹张国良四位非遗传承人拿出各自的作品，向观众展示中国传统的生活艺术。此外，还有剪纸、脸谱制作、画扇面、糖人糖画、漆雕等民俗技艺参展。这种展览只是展示中国传统的生活方式，如何将这些民俗工艺品与现代生活对接，则是一个更深层次的话题。

第二，一些基层教育工作者尝试将非遗文化教育融入中小学日常教学活动中，让非遗文化在校园中得以扎根生长。2015年11月25日，北京市中学京剧欣赏教学研讨会在中国音乐学院附中音乐厅召开，会议由北京市朝阳区教研中心承办，此次研讨会主要围绕教育部“十二五”规划重点课题“非物质文化遗产校园传承研究”中的“民族音乐教育——京剧校园传承”命题展开，共有来自北京市各区县以及河北、山西、广东等省的200余名中学音乐教研员、骨干教师参加研讨会和观摩课。随着中小学“京剧进校园”试点的推进，京剧将逐步融入课堂，期待有更多的非遗项目进入校园，融进学生的学习和生活。

二　非物质文化遗产保护与传承年度关键词

2015年，社会领域涌现许多热门词汇，其中不少与非物质文化遗产有关联，筛选这些热门词汇，会发现一些影响非遗保护与传承格局的关键性词汇，对这些词汇进行分析梳理，可以更清晰地揭示本年度非遗文化发展的关键因素和重点问题，更准确地把握非遗保护整体格局和重要环节，从而预测非遗的未来发展之路。

（一）“互联网+”：网络应用为非遗保护添双翼

“互联网+”可以算是年度热词，不仅频频出现在政府文件和工作报告中，而且成为媒体和公众的热门话题。在互联网时代，网络已经成为推动社会各方面发展的重要引擎，许多行业与互联网相遇，借助互联网的力量，走上了发展的快车道。

2015年，“互联网+”的概念也深刻地影响了非遗保护与传承，涌现一大批新生事物。12月，中国非物质文化遗产专门的电商平台“e飞蚁”在北京上线运营，这是取自“非遗”的谐音，这个平台是与联合国教科文组织的唯一签约合作方，得到了中国非物质文化遗产保护协会的大力支持，致力于做非遗文化产品的网上销售，这是非遗产业化和市场化在互联网平台的一个重要突破。此外，许多非遗项目传承人通过开通微博、微信公众号等方式扩大公众影响力，一些非遗文化产业借助电商平台做得风生水起，不仅在网络中聚集了大量人气，而且传导到实际中，产生了实实在在的经济效益和社会效益。

本年度，随着“互联网+”概念的持续火热，不少专家和文化界人士也开始关注互联网对于非遗保护的影响和作用。7月27~28日，由联合国教科文组织、中国非物质文化遗产保护协会等联合主办的联合国教科文组织文化融合国际论坛暨首届前门国际非物质文化遗产论坛中，互联网与非遗文化成为论坛热门话题，多位国内外专家发表观点，为非遗“互联网+”建设提供建议。联合国教科文组织发展与沟通国际项目负责人阿巴娜·莎拉女士就以“数字文化、网络知识，对话”为演讲主题，论述文化保护与网络技术之间的关联。

随着互联网在人们生活中的普及，非遗文化保护与传承事业搭上互联网发展的风潮，如同插上翅膀，将会迎来一片新气象。因此，推动“互联网+”在非遗保护中落地，使互联网切实成为非遗文化发展的助力，是未来非遗保护与传承工作的重点方向。

然而，互联网也是一把双刃剑，互联网过于庞杂的信息流也会遮盖真正有价值的非遗文化信息，线上的销售方式也带来非遗产品鱼龙混杂、劣质假货泛滥等问题，对非遗项目的声誉产生损害。因此，正确认识互联网的作用，合理利用互联网平台，让线上与线下的交流形成互补关系，是真正落实非遗“互联网+”战略的关键。

（二）“京津冀一体化”：区域合作为非遗保护打开新天地

随着“京津冀一体化”战略进入攻坚阶段，京津冀三地非物质文化遗产的联合全面铺开，不仅各项活动如火如荼地开展，各种合作项目全面开花，而且三地非遗保护的互助合作模式也在深入探索中。

北京2015年开展的许多非遗展演展示活动，都有意识地加入“京津冀一体化”元素，体现京津冀三地非物质文化遗产的历史联结，凸显京津冀密切的文化联系。

从表2可以看出，京津冀三地非遗的联系活动涉及各个层面，不仅有省市一级，也有区县一级，北京市和各区县相关单位都参与其中，采用的活动方式也多种多样。从2015年开年大戏“市民新春联欢会”开始，其就以京津冀协同发展为主题，首次邀请河北、天津的非遗文化表演团体共同演出；而6月举办的“京津冀非物质文化遗产展暨传统手工艺作品设计大赛”，由京津冀省市一级主要文化主管部门牵头，面向全社会征集作品，并组织专家进行评选。进入初评的有来自127个单位和个人的392件作品，其中有77件作品进入复评，最终评出“传承奖”金奖5个、银奖10个、铜奖15个以及特别奖2个，获奖作品基本体现了京津冀非遗发展的水准，有力地促进了三地的非遗文化交流。此外，北京市各区县也积极投入京津冀非遗文化交流活动中，房山、朝阳和海淀等区县分别用联展、联演的方式，与河北、天津相关区县交流，取得了较好的社会反响，为京津冀文化一体化战略的推进添彩造势。

表2　2015年北京参与承办京津冀非物质文化遗产活动

序号	活动时间	活动主题、内容	活动地点	承办单位
1	2月17日	首都市民系列文化活动“市民新春联欢会”春节特别演出	国家大剧院	首都精神文明办、北京市文化局、国家大剧院
2	6月13日至16日	京津冀非物质文化遗产展暨传统手工艺作品设计大赛	北京农业展览馆	北京市文化局、天津市文化广播影视局、河北省文化厅
3	6月26日	“运河记忆”非物质文化遗产宣传展示系列活动	天津西青区杨柳青镇	天津西青区杨柳青镇
4	10月至11月	“唱响房涞涿”文艺展演	北京房山区窦店镇民族文化宫、河北涞水县文化广场	北京房山区文化委、河北涿州市文广新局、河北涞水县文广新局
5	11月11日	“牵手京津冀，欢乐进万家”京冀文化联动交流活动	北京朝阳剧场	北京朝阳区文化委、河北邯郸市文广局等
6	11月20日	匠·艺——2015北京海淀、河北廊坊非遗项目联展	北京王府井工艺美术博物馆	北京海淀区文化委、河北廊坊市文广新局

（三）“全民共享”：文化共享为非遗保护提升价值

近年来，北京非物质文化遗产保护与传承越来越注重全民参与，让民众享受非遗保护的成果，感受非遗文化的精彩魅力。2015年，北京将“文化遗产日”的主题定为“保护成果，全民共享”，就是希望将民众的参与热情充分调动起来，让非遗文化走进普通大众的生活，使之成为文化惠民工程的重要组成部分。

2015年5月30日至6月1日，以“快乐六一，玩转非遗”为主题的2015北京文化庙会儿童季在北京植物园举办，享有较高人气的北京非遗项目曹氏风筝、抖空竹、京派内画、北京雕漆、彩塑京剧脸谱、面塑、泥人泥塑等悉数亮相，给小朋友的六一节日送上一道美味的文化大餐。本年度，类似这样的活动很多，意在让普通民众感受非遗、触摸文化、共享成果，将吸收社会资源而发展壮大的非遗，以公益性展示活动、历史文化教育活动、趣味性体验活动等各种方式回馈广大民众，极大地丰富了民众的文化生活，提升了民众的文化自觉意识。

三　非物质文化遗产保护与传承的问题和对策

（一）非物质文化遗产保护与传承的问题分析

非物质文化遗产是民族重要的精神文化载体，科学合理地做好保护与传承工作，是一项十分艰巨而复杂的任务。综合北京近几年非物质文化遗产保护的历程，发现其中存在许多矛盾、许多问题，其关键症结就在于多重矛盾的处理失之偏颇，导致判断和思路产生偏差。关于这些矛盾和问题，具体分析如下。

第一，非遗本身是包含无数不同文化艺术类型的杂合体，不能有以偏概全的思维；第二，非遗作为不可再生和复制的文化，不能有抓大放小的思维；第三，非遗文化已潜入社会生活的方方面面，去粗取精的思维也应抵制；第四，非遗文化来自民间，是民俗文化的代表，因此不能有倡雅去俗的思维；第五，非遗的传承原本是家族式传承，而由于时过境迁，现在逐渐走向社会化传承，因此不能把公义私心作为评判标准；第六，许多非遗项目开始脱离体制，走市场化发展之路，因此不能有重官轻商的思维。

综上，非遗文化本身就是矛盾体，非遗保护与传承更是包裹缠绕了无数复杂的社会因素，因此要做好北京非遗保护与传承工作，需兼顾多方利益，平衡各种关系，维持各种看似矛盾的发展因素和发展状态，唯其如此，方能最大限度地减少对非遗文化的损伤，促进各种非遗项目健康发展。

（二）非物质文化遗产保护与传承的对策分析

1. 非遗设施建设应兼顾规模化与小型化

近年，北京兴建或规划兴建各种专门的非遗设施，有小型的专题性博物馆，比如2015年6月10日正式开馆的东城区非物质文化遗产博物馆，是全市首家以非遗为主题的博物馆，主要展示东城区非物质文化遗产和非遗保护成果，包括景泰蓝、雕漆、象牙雕刻、花丝镶嵌等数十个项目共计180余件工艺品，另外，博物馆还有大量文、图、影像资料，记录东城区非遗发展和保护历史。该博物馆建筑面积为950平方米，相对来说是一个小型博物馆。除此之外，北京本年度最大的非遗文化设施建设当属位于前门大街的非遗博览园，这个在建的大型综合性博览园按照一街（中国非遗大街）、两核（非遗博览馆、非遗大戏院）、三区（非遗博览区、非遗体验区、非遗创意区）进行布局，总建筑面积达40万平方米，预计将有国内外200多个非遗项目进驻，堪称名副其实的大手笔。

这些非遗设施的建设，无论大小，都能为非遗文化发展提供助推作用。首先，应根据资金、场地和管理能力进行科学设计，选择合适的规模，不能贪大而成烂尾工程，也不能舍小而丧失资源。其次，建成后要充分发挥场馆的作用，使之真正成为非遗文化传播的主阵地。最后，根据场馆园所的大小物尽其用，合理利用空间。

2. 非遗项目扶持应兼顾精品化与多样化

北京每年投入大量专项资金用于扶持非遗项目，然而在具体使用的过程中产生了两种截然不同的偏向：一种是赢者通吃的逻辑，资源过度倾向那些优势项目和热门项目，而大量边缘项目和冷门项目长期处于饥饿状态，得不到应有的扶持；另一种是撒胡椒面的方法，怎么均匀怎么来，搞大锅饭，每个项目都撒一点，资源得不到有效使用，扶持也难出精品。这两者看似不同，其实都出自同一种思路，认同一个理，即此消彼长的道理，只不过前者拼命维持，后者竭力避免。然而，非遗项目扶持还有另一种思路，可以兼顾优势项目的精品化建设，也让冷门项目获得生存空间，维持非遗文化生态的多样性。这种思路重点在于建立一套行之有效的机制，制定规则，原则上救急不救穷，对遭遇发展瓶颈的优势项目给予急需的支持，对濒于消亡的边缘项目提供基本的救助，让手握扶持资金的部门变成救火队员，而不是职业保姆，给非遗项目的发展雪中送炭，而不是锦上添花，这样才能将有限的资源用在刀刃上，从而减少资源的浪费。

3. 非遗传代工程应兼顾家族化与社会化

非物质文化遗产历来多沿袭家族化的传习方式，传统的师徒相传模式虽未必以血缘关系维系，但也可视作家族关系的延伸。这种家族化传代，可选择的面较小，产生偏差的概率较大，往往会面临后继无人的窘况，然而家族化传代方式往往能保证技艺水平的稳定，最大限度地保持非遗文化原汁原味。目前，一些非遗项目和传承人还在延续这种家族化的传承方式。

近年来，在政府扶持和干预下、在社会环境的变化中，有些非遗项目传代方式开始往社会化的方向转变。古彩戏法传人田学明先生介绍其传代经验，颇为耐人寻味，他通过全国海选招募自己心仪的学员，目前已收有十几名学徒，让自己的戏法绝活后继有人。此外，通过专门的院校，将非遗技能传授学院化，也是社会化传代方式的一种，最典型的是戏曲院校和职校，延揽一些戏曲名家，培养了大批戏曲人才。社会化传承模式虽然一定程度上解决了选择面过窄的问题，但面向社会招收的学员多数是半路出家，在技艺方面没有基础，使传授技艺过程增加了困难。目前，非遗传代家族化和社会化并存，两种模式各有利弊。因此，应尊重家族间传代，同时大力提倡社会化传代模式，尝试两种传代模式的交叉，鼓励一些非遗传承人在传艺给子女的同时，向社会开放传习，这样既能维持非遗技艺的水准，也能壮大非遗从业者队伍，实现各方共赢。

4. 非遗业态发展应兼顾集约化与零散化

北京依托历史文化街区、文化单位、学校、古村落等，集中了一批非物质文化遗产项目和传承人，这有利于集中资源，更有效地分配资金和场馆、管理人才等，为非遗项目的发展提供更好的服务、更优的人文环境、更多的交流传播机会，形成集约化发展的态势。然而，还有不少非遗项目和传承人分散于北京各处，呈现零散化的状态，依据自身的条件和特点进行个性化经营。非遗业态呈现的这两种特征，要求非遗保护工作要细致和充分。一方面，鼓励非遗项目和传承人集中抱团，为集约化发展提供各项支持；另一方面，对散落各地的非物质文化遗产进行实地摸底，建立档案，让政策和必要的资金支持惠及这些零散经营的非遗产业，从而维系非遗文化生态的稳定和繁荣。

5. 非遗公共活动应平衡商业性与公益性

非物质文化遗产项目担负传承北京文化的重任，是城市文化的一种象征，政府和社会投入了大量资源保护非遗。因此，非遗某种程度上属于公共资源，非遗各项公共活动也因此具有公益性，要坚持精神文明建设的正确方向，要体现社会精神文化积极健康的面貌，要展现北京具有特色的传统文化。同时，非遗项目属于民间传承的文化，许多非遗传承人的技艺是他们赖以谋生的手段，而且不少非遗项目都以商业体的方式进行运作。因此，非遗项目参加商业活动也无可非议。总之，非遗各项公共活动应该收与放相结合，一方面加强监管，防止过度商业化戕害非遗文化的形象，另一方面也要放手让非遗市场化，从而达到以商养文、以商促文的效果。

6. 非遗文化研究应兼顾专业性与普及性

随着社会对非物质文化遗产保护与传承的重视，非遗文化的研究也在学术界形成热点，北京不少高校和科研院所投入了相当的科研力量和资源，进行非遗历史梳理和文化研究。学术界以自己的专业研究为政府部门提供决策咨询，为文化产业提供市场引导，为非遗项目提供发展建议，成为非遗保护的重要环节。然而，从过去的一些情况来看，非遗文化研究存在不接地气的现象，一些专家对面向大众的文化普及不够重视，有些研究成果与现实应用存在脱节现象，不少专业性论坛、会议局限在学术圈内。这样，非遗文化研究的社会意义和学术价值就会大打折扣，也是一种学术资源的浪费。因此，应该搭建专家与公众的沟通交流平台，组织专家深入社区群众，举办公益性的文化讲座，向公众普及非遗文化知识。此外，非遗从业人员也应多听专家意见，举办活动主动邀请专家加入，为非遗文化的发展提供专业性的指导。

综上所述，北京非物质文化遗产的发展存在一些相互矛盾的现象，非遗文化保护工作也存在不少两难的状况，但这并非不可解决的问题，矛盾恰恰意味着张力和活力，在具体的工作中应正视这些矛盾，用合理的方式处理这些矛盾，拒绝偏执的思维，抵制非此即彼的工作思路，兼顾各方利益，维持各种平衡，从而保持非遗文化稳定健康的发展。

B.21

2015年北京文化传播分析报告

景俊美*

摘 要： 本报告分析了2015年北京文化传播现状，从首都在地文化传播、国内文化辐射传播和文化“走出去”传播三重维度分析北京文化传播的现状与问题。基于在地文化传播活动多却与市场发展不匹配、国内文化传播政府主导鲜明而自生力量不足和海外文化传播过于侧重宣传而忽视产品竞争意识等问题，提出对策建议。

关键词： 文化传播 文化贸易 文化“走出去” 供给侧

2015年，北京文化传播形成自身特色：文化在地传播重创新、重质量、重产业融合；国内文化辐射传播重战略构想与顶层设计，政府主导之力鲜明；文化“走出去”传播活动形式多样，尤以宣传活动居多。

一 首都在地文化传播创新不断

（一）影视传播探索“以质换量”新模式

信息化时代，影视传播是文化传播的生力军。电影电视对普通民众的影响已经渗透生活的方方面面，即使网络、无线终端和App等新技术不断涌

* 景俊美，博士，北京市社会科学院副研究员，主要从事民族艺术与文化产业研究。

现，在文化内容消费上，影视依然占有重要份额。作为国内较大的电视节目交易平台，北京电视节目交易会从 2007 年开始历经 8 年已经举办春、秋共计 17 届。2015 年 3 月 31 日至 4 月 3 日，北京电视节目春季交易会着力打造国内最有影响力的产业平台，在“一剧两星”新政策的引导下，努力规范影视传播秩序，不断探索网络剧、微电影等影视新业态。春季交易会吸引 346 家影视公司参展，参展电视剧为历届之最，突破 600 部。与 2014 年相比，北京电视节目春季交易会推介电视节目的总部数增加 146 部，总集数增加 5599 集。但类型占比整体趋势变化不大，仍以电视剧为主体传播类型。其中，电视剧和纪录片、电视栏目均呈上升趋势，电视剧部数增加 144 部，集数增加 5780 集。纪录片、电视栏目类型占比上升 0. 06 个百分点，部数增加 7 部，集数增加 75 集。但动画片制作的总部数和总集数均有所减少，部数减少 5 部，集数减少 256 集（见表 1）。从类型占比来看，电视剧的传播力仍强于其他类型，但纪录片、电视栏目总体攀升的趋势意味着传播方式的多元可能。

表 1　2014 年、2015 年北京电视节目春季交易会推介电视节目数据对比

<table>
<tr><th>份额</th><th>年份</th><th>电视剧</th><th>动画片</th><th>纪录片、电视栏目</th></tr>
<tr><td rowspan="2">部</td><td>2014</td><td>456</td><td>33</td><td>26</td></tr>
<tr><td>2015</td><td>600</td><td>28</td><td>33</td></tr>
<tr><td rowspan="2">集</td><td>2014</td><td>17375</td><td>1680</td><td>1958</td></tr>
<tr><td>2015</td><td>23155</td><td>1424</td><td>2033</td></tr>
<tr><td rowspan="2">类型占比(%)</td><td>2014</td><td>90. 77</td><td>4. 24</td><td>4. 99</td></tr>
<tr><td>2015</td><td>88. 54</td><td>6. 41</td><td>5. 05</td></tr>
</table>

与电视传播交织与共的文化传播方式是电影传播。电影节是电影传播的重要平台，集中反映电影媒介的前沿技术和传播内容。在北京，既有以覆盖剧本创发、项目合作、拍摄制作、后期合成、产品发行、版权交易和衍生产品等要素交易平台为主的北京国际电影节，又有以专业细分和行业探讨为主的“微电影节”“大学生电影节”和不同形式的“青年影像节（展）”等电影交流平台，体现了首都在电影传播方面的巨大实力。创立于 2011 年的北

京国际电影节于2015年4月17日至20日举办第五届，在坚持“大师、大众、大市场”风格特色下，第五届北京国际电影节着力于国际一流电影节定位，努力打造具有“国际水平、中国特色、北京风格”的文化品牌。“展映单元”共有103个国家和地区的1524部影片参展，最终遴选出360部影片展映，其中有121部获得过国际电影节及奥斯卡奖项。此外，参展的184部境外影片中，80%的影片是第一次在内地播映。与2014年相比，“天坛奖”参评国家和参评影片均有增加，分别增加2个和93部。其中，境外影片以占比86.88%的绝对优势高于境内影片占比的13.12%，与2014年的81.48%相比，上升了5.40个百分点（见表2）。数据再次有效体现电影节的国际性，并以此为契机着力实现电影节在价值、产业和运营方面的“国际化”目标。同时，电影节为国内电影人和电影产业参与国际电影文化交流和贸易搭建平台，为繁荣世界电影艺术和推动中华文化海外传播贡献智慧，并为撬动国际市场添砖加瓦。

表2　2014年、2015年北京国际电影节“天坛奖”参评、参展影片

年份	国家(个)	影片总数(部)	境外(部)	占比(%)	境内(部)	占比(%)
2014	88	837	682	81.48	155	18.52
2015	90	930	808	86.88	122	13.12

（二）文艺展演为国内外高精尖艺术提供平台

北京作为全国文化中心，在首都功能疏解的大背景下日益聚焦文化艺术的高精尖探索。其主要特色有两点：一是以属地优势汇聚世界及全国艺术荟萃。2015年，北京市文化局推出郊区剧场“周末场演出计划”，并择取5～11月集中汇演城市露天剧场“百姓周末大舞台”，推动首都文化在地传播。民间组织或企事业单位分别组织的艺术演出分布在一年的各个月份，如5～7月第六届南锣鼓巷戏剧节、8～11月北京金秋优秀剧目展演、9～10月第六届中国北京国际美术双年展、9～12月第四届国家大剧院舞蹈节、10月第十八届北京国际音乐节、11～12月第二届当代小剧场戏曲艺术节、12月北京喜剧艺术节等，分别以不同的艺术门类担承北京本地文化与活动参与方文化的交流互动。其中，国家大剧院舞蹈节在为期68天的演出时间内，共计上演来自美国、俄罗斯、澳大利亚、西班牙、台湾、北京等地舞蹈19台44场，其间同步进行舞蹈专业论坛、讲座、展览和艺术普及教育等系列活动，倾力打造舞台上下、剧院内外的舞蹈艺术盛会。2015年12月17日至2016年1月19日，北京市文化局与文化部艺术司主办的“全国地方戏优秀中青年演员汇报演出”在京持续一个月，有效助推首都演艺产业、事业发展的同时，也为北京的评剧、曲剧走向全国做了良好的铺垫。二是以专场或团队文艺演出形式推出原创佳作。2015年，开心麻花团队主创的《夏洛特烦恼》上映五天票房突破2亿元。北京儿艺大型原创儿童剧《胡同.com》自6月1日首轮连演六场后，于11月再度登上首都舞台，满获首都观众口碑。此外，北京人艺原创话剧《司马迁》、北京京剧院原创京剧《裘盛戎》、国家大剧院原创歌剧《方志敏》、中国评剧院原创评剧《母亲》和北京风雷京剧团风入松剧社的京剧题材话剧《网子》等原创艺术作品在2015年上演后均获得良好声誉，为首都文化的传播与影响力再上新台阶做出了重要贡献。

（三）以创新理念促发展的设计与摄影传播

城市发展，创意是本；创意城市，设计是桥。设计促进文化传播，文化传播又多以设计为载体，如人们崇尚的品牌服饰、乐意购买的现代科技以及愿意走进去吃喝消费的连锁店等。2015年9月23日至10月7日，北京国际设计周以“设计之都·智慧城市·产业融合”为主题在京展开。设计周以“智慧城市”和“设计之夜”为重点，在8个城区和28个产业园区及280个设计机构、企业与高校的共同参与下，奉献出展览、讲座、论坛、体验、表演、工作坊、临时店和艺术装置等302项设计活动。活动本着“推进文化创意和设计服务与相关产业融合发展”“助力首都中国文化中心、国际交往中心、科技创新中心建设”“构建现代设计服务体系”三大目标，从一年一度的文化活动转型为“具备产业纵深的市场化运营服务平台”。设计周还首推北京国际设计贸易交易会，以生活美学体验、国际品牌体验和美食设计体验为板块划分贸易交易空间。设计周尤其重视创新设计理念，在“设计+”的理念下展开集产、学、研、游、乐、购于一体的“设计之旅”。智慧城市板块以最新技术成果为依托，展示国内外城市经济生态与人居环境建设的成功案例，有效助力北京打造“宜居”与“创新”之都。北京国际设计周官方微博公布的数据显示，设计周共聚集来自世界30多个国家和地区、国内外300余家媒体和超过500万人次的参观与参与。从2011年至今，北京国际设计周对文化与经济的贡献与日俱增，到2014年设计交易总额累计225.38亿元，累计拉动文化旅游消费13.8亿元（见图1）。2014年12月12日，以“设计为人民”为主题的2014中国设计红星奖颁奖会在京举行。红星奖共有16个国家1561家企业6037件产品参评，已超过德国红点奖4815件的征集数量，成为全球首个年参评数量超过6000件的设计奖项。

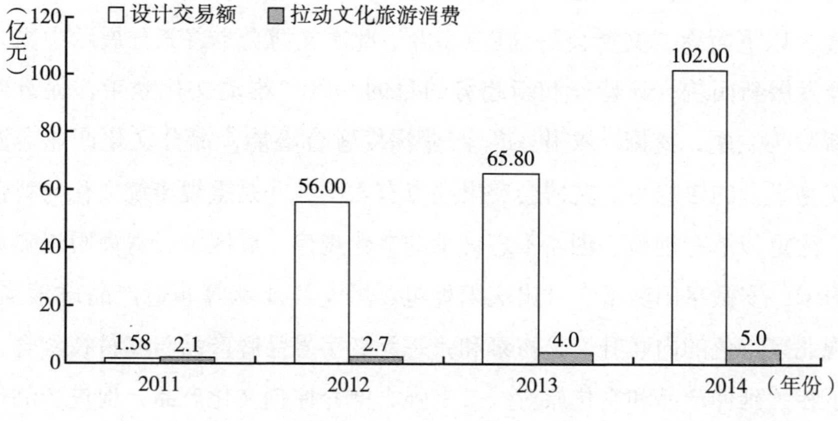

图1 2011～2014年北京国际设计周设计交易额与拉动文化旅游消费

快节奏生活时代也是一个读图的时代。摄影作为图像的集中代表在文化传播上具有不可比拟的直接性。以专业性、学术性和权威性为宗旨，“北京国际摄影周2015”自10月24日开始至11月1日完美收官。本年度摄影周延续上年开展的五大板块活动①，以“影像·世纪”为主题，关注时代和社

① “五大板块”即开幕活动、系列展览、摄影讲堂、专题活动和摄影市场。

会发展与人类迁衍轨迹。除系列展览外，本次摄影周特设“影像艺术空间”“公共文化影像展”“国际影像展”等专题摄影展，这些摄影作品涉及25个国家上百位摄影师的摄影作品，有效而积极地促进中国与这些国家文化观念的交流。“摄影市场”板块中，推介了“中国映像世界”“环保公益至善”“新锐影像力量”“公众影像传播”“大众生活广角”5个主题日活动，结合自身优势第一次推出“专题摄影展推介平台”，探索摄影社会化与市场化共生相融的运作模式。同时，摄影周在其官网增设了线上虚拟空间，摄影大数据建设与摄影市场日渐形成规模化运营。

（四）以平台拓展促“双创”的文博会

文化创意产业博览会是为文创产业搭建交流、交易与项目合作的重要平台。2015年10月29日至11月1日，第十届中国北京国际文化创意产业博览会（以下简称“文博会”）在京举办。此次文博会本着充分展示中国文化产业发展新面貌、新特征和新趋势的目的，以“推动文化繁荣，促进融合创新”为主题，挖掘“文化+”产业深度融合潜能，提升文化产业资源集聚交易平台的影响力。文博会突出亮点有六个：一是重视传统文化与特色文化，注重传承有创新、创新不忘传承的文化规律。展区中，青海嘎玛嘎赤画派唐卡、安徽阜阳剪纸、甘肃庆阳香包、黑龙江亚麻等非遗产品琳琅满目，体现北京特色的内联升、吴裕泰和张一元老字号品牌产品与高科技融合，形成了相关延伸产品和文化旅游。二是强力推介原创文化产品，促进产品价值提升。广播电影电视精品展区中，原创作品富集，既有宣扬主旋律价值观的《金水桥边》和《共和国成长史》，又有弘扬优秀传统文化的电视纪录片《宋之韵》。演艺产业方面，开心麻花团队与天津皓剧坊喜剧制作机构共同推出《夏洛特烦恼》《爷们叁》《玉女心惊》等热门剧目，形成丰富而立体的知识产权阵营。台湾文创精品展中，展出近50个体现“原创、精致、跨界和人文”特色的原创品牌。三是加大区域产业合作共赢，倾力京津冀文化协同发展。为促进京津冀文化协同发展，三地动漫、艺术品、演艺产品及非物质文化遗产等文化创意资源第一次亮相文博会。本届文博会还首次举办京津冀文化产品联展，三地各大博物馆首次联手展示“地域一体、文化一脉”的古燕赵历史文化等。四是促进文化产业跨界融合，集中展示“互联网+”和“文化+”等相关文化产品。由中关村互联网文化创意产业园领军的互联网文化产业展，展出了网络文学平台和网络文学改编的相关影视剧，如《花千骨》《美人心计》《恋恋不忘》等。裸眼3D水墨动画作品《侠情》与超级巨幕裸眼山体3D秀《灰色灵岩》等“文化+”与“互联网+”产品，创造文化新业态，进而形成首都文化产业融合“新常态”。五是积极推动大众创业与万众创新，营造创新创意的良好氛围。文博会集中了首都大学生创意集市、新农村青年创意设计大赛、青年设计师邀请展等文化创意平台，青年创新创业热情高，“双创”机制在东城、西城、海淀、朝阳等区县全面展开，营造良好的创新氛围。六是积极推动中华文化“走出去”，促进国际交流与合作。本届文博会积极推进中国文化产品、企业“走出去”，在会展、论坛及文化贸易等方面更加注重专业化、国际化水平，并倾力打造创意产品助力中华文化“走出去”。

二 国内文化辐射传播稳中有进

（一）京津冀文化领域协同发展深度合作

推动京津冀协同发展，是重大的国家战略。三地文化同源同根，文化资源优势互补。2014年，在充分沟通、平等协商的基础上，三地文化局（厅）共同签署《京津冀三地文化领域协同发展战略框架协议》，共谋区域文化协同发展。2015年，三地合作全面展开，文化协同发展主要表现在三个维度：一是现代公共文化服务体系的协同构建。统一文化信息发布平台，推动文图博三馆“四化”建设，鼓励三地艺术院团加强交流与合作，打造区域特色优秀文艺作品，共同举办三地群众文化活动等。“2015年京津冀精品剧目展演”于5月28日在北京首演，三地11家院团的11台优秀剧目如评剧《花为媒》、河北梆子《钟馗》、京剧《屈原》、昆曲《续琵琶》等在北京四个剧院上演了22场。二是协同促进三地文化产业融合发展。充分发挥市场在资源配置中的决定性作用，依托区域特色与优势文化资源，打造优势互补、良性互动的特色文化产业带。2015年12月16日，京津冀三地企业于天津滨海新区的国家动漫园联合发起京津冀文化产业联盟，该联盟将致力于加强三地文化产业资源的协同开发、发展、管理与利用。三是协同加强三地优秀传统文化的保护传承。利用民族传统节日与文化遗产日活动，开展非物质文化遗产展览、演出、讲座、贸易、论坛等活动，拓展交流渠道，促进活态传承。2015年6月13日，中国第十个文化遗产日到来之际，首届三地非物质文化遗产大展在北京农业展览馆拉开帷幕，集中展示雕刻、剪纸、刺绣、酿酒、皮影、民俗小吃等三地优秀非遗项目70个。

（二）文化支援项目持续发力

2015年，北京援藏项目29个共计投入2.8亿元。其中，继续建设项目7个，如拉萨市群众文化体育中心、西藏牦牛博物馆等，这些文化项目的基础设施建设投入资金大、持续时间长，后续运营与服务机制需要长期持续用力，方能发挥其预期的社会与经济效益。除资金与项目援藏外，北京人才援藏已经形成机制，2015年北京援藏团队研究制定了《关于进一步深化人才和智力援藏工作的意见》《拉萨市人才和智力援助项目与资金管理办法》《2015年度北京市对口支援拉萨市人才和智力援助计划》。[①] 文化人才援藏力度也相应增加，具体表现在文化人才援藏层次不断提升，既有中学生的帮扶支援，又有文化部、中国文联、北京市文化局、北京市文联等相关单位牵头的人才智力援藏。文化援疆方面，北京充分发挥首都作为国家文化中心的智力资源优势，自2010年开始，持续援建项目28个，资金额达4.35亿元。2015年3月，文化惠民工程“百部优秀影视剧落千村进万家”项目实施，北京对口支援和田的文化温暖直接送给基层百姓。当然，文化支援是双向互动的，要有北京到边疆地区的在地支持，同时也要有边疆的人与事走进首都

① 王晓莉：《2015年北京对口援助拉萨工作综述》，《西藏日报》2016年1月18日。

的交流和学习。6月，和田地区新玉歌舞团来京进行5场公益性演出；9～10月，“在祖国的怀抱中——新疆维吾尔自治区成立60周年成就展”在京举行。两大活动集中展示了新疆的文化现状，为北京更全面、系统、有步骤、分层次的援疆做了铺垫。

（三）北京文化三大板块亮相深圳文博会

5月，第十一届中国（深圳）国际文化产业博览交易会北京展区，以“传承创新”“新兴业态”“文化远航”三大板块展示了首都博物馆的生物酶裱画揭展剂、故宫博物院3D建模复制技术、格申公司博物馆衍生品和朝阳规划艺术馆360度沉浸式体验等16家北京文创企业及其文创产品的“文化+”技术。

（四）文化公司积极拓展全国演艺市场

文化体制改革大背景下，文化企业成为文化传播的生力军。北京文化企业种类多、人才资源丰富，以市场为导向进行演艺运营模式的探索一直走在全国前列。开心麻花、保利剧院、北京演艺集团等演艺团体的全国巡演，在国内聚拢了大批铁杆粉丝，有效传播了首都演艺文化精品。以北京当代芭蕾舞团为例，2015年5～9月芭蕾舞团继2014年在沈阳、济南、天津、贵阳等地巡演舞剧《莲》之后再度启动全国巡演，这次巡演的主要城市包括中山、广州、珠海、深圳、长沙、惠州等地，从省会城市延伸到地市级城市。11月，当代芭蕾舞团又在太原、湖南等地巡演舞剧《夜宴》等。

三　文化“走出去”传播持续发力

（一）创新文化“走出去”方式方法

2015年，北京文化“走出去”继承传统方式方法如继续开展世界各地“欢乐春节”活动、“北京周”活动和“北京之夜”活动的同时，不断探索新方法、新手段。一是拓展交流空间，民间、政府双推动。2月，北京在澳大利亚举办2015年“中国日”音乐会的同时首次参加明斯克国际书展；5月，全聚德烤鸭亮相2015米兰世博会；9月，“2015北京影视剧非洲展播季”开启两国人文交流的新窗口；8~11月，中国担纲2015赫尔辛基艺术节“主宾国”等。在民间，京剧艺术代表人物张火丁分别在纽约和多伦多演出全本京剧《锁麟囊》与《白蛇传》；大型原创歌剧《运之河》在日内瓦、布鲁塞尔、罗马、米兰等地巡演；10~11月，北京京剧《发展之旅》赴瑞士、德国、俄罗斯等地巡演。二是借助文化贸易，推动文化传播。尤其是“丝绸之路经济带”与“21世纪海上丝绸之路”两大战略提出以来，北京依托自身文化资源优势，创新文化交流方式，探索文化贸易渠道。探索中华美食、影视、舞台艺术和非物质文化遗产等文化领域的贸易方式。创新文化“走出去”方式，使中国文化不但能走出中国、走向世界，而且能走“进”世界各地百姓心中，从而内化为其须臾不可离的必需。

（二）文化出口额度不断提高

文化产品是文化传播的重要载体，文化贸易通过产品交易实现文化传播的目的。纵观2012~2015年北京市文化产品进出口贸易对比情况可知，除2013年进口贸易大幅度增长外，近两年来北京市文化产品进口贸易均呈现下降趋势。其中，2014年的下降幅度最大，达21.54%。2015年虽然延续2014年的下降趋势，但下降幅度不大，同比下降仅为3.76%。出口方面，2012~2015年连续四年均呈增长趋势，比较而言，2015年的同比增速最大，增幅为13.28%，保持了较高的出口增长（见表3）。

表3　2012~2015年北京市文化产品进出口贸易对比

单位：美元，%

年份 \ 进/出口	进口	同比	出口	同比
2012	—	—	142846.66	10.6526
2013	570929.04	42.4532	143875.04	0.6889
2014	448173.149	-21.5369	156964.704	11.6563
2015	431550.532	-3.7581	177829.445	13.275

四　2015年北京文化传播问题分析

（一）在地文化传播活动虽多，但与市场发展不匹配

2015 年，从影视到文艺展演、设计、摄影，再到文博会，北京在地文化传播活动不断，几乎天天都在“节庆”与“会展”中。这些活动在搭建文化传播平台，促进产品开发、产业融合和“文化 +”发展等方面确实起到巨大的推动作用。但是仅以活动促发展的方式仍显单一，与北京建立文化之都和世界城市的目标有一定距离。尤其是在经济全球一体化的巨大社会变革时代，面对资源紧缺、环境紧张和人口压力大等问题，文化创意拉动经济发展的意义日益凸显，北京如何摆脱目前的“大城市病”问题，需要探索文化在各个维度上的动力要素。

（二）国内文化传播政府主导鲜明，自生发展需求不明显

随着京津冀协同发展上升到国家战略的重要地位和北京日益突出的“大城市病”问题，尤其是 2013 年以来几乎挥之不去的“雾霾”阴影，北京在顶层设计与现实问题的双重压力下不断放弃小我观念，在“经济圈”与“文化圈”的大视野中看待自身以及首都的定位问题。尤其是在国内文化传播方面，2015 年北京特别重视京津冀三地文化协同发展，分别从公共文化服务体系、文化产业融合和优秀传统文化保护传承等方面与天津、河北两地进行深度合作。同时，响应国家政策进行文化支藏与支疆活动，进而用北京先进的文化理念与文化创新意识影响西藏拉萨与新疆和田等地。此外，与深圳文博会的交流和传播也属于以政府意志为主导的文化传播方式。此类文化传播方式虽是文化传播的一种途径，但与普通百姓的日常生活关系不大。放眼全球，无论是美国的好莱坞影视文化还是法国的文化大餐以及日本、韩国的文化影响力，那种从文化自身生发出来的巨大影响力在北京这里仍显淡薄。

（三）海外传播侧重“宣传本位”，需要强化竞争意识

作为首都的北京，在海外文化宣传方面一直处于优先于全国其他各地的领头羊地位。“欢乐春节”“北京之夜”“北京周”“魅力北京”等系列文化宣传活动确实起到海外传播的效果，这样的活动作为国家战略的一部分，确实也必不可少，但是真正将北京文化乃至中国文化带到世界各地，被海外的当地人认可和接受，靠这些“宣传”是远远不够的。如果北京和中国不能在文化产业融合上下功夫，不能突破“宣传本位”，不能创新文化产品，则中国的海外传播永远浮于世界文化互动潮流的表面，不能真正影响其他任何一个国家和地区。

五　2016年北京文化传播对策建议

（一）深化文化体制改革，优化文化“供给侧”

深化文化体制改革，聚集文化竞争力，是北京实现可持续发展和建设国际化大都市的必然选择。北京市文化机构转企改制取得一定成效，在全国走在了前列，但也面临诸多难题。比如转企改制后遗留问题依然存在，经营创新、文化产品创新与文化服务创新动力不足，文化政策的颁布相对滞后于蓬勃发展的文化实际等。要破解上述制约文化传播力和影响力的诸多难题，最基本的出路还是深化文化体制改革，从文化产业结构、文化消费需要和文化精品意识上进行深入改革。但无论是从“需求端”发力还是从“供给端”发力，文化产业结构性调整的最终目的是要健全产业要素市场，提高生产效率，生产出满足群众需求的文化产品和服务。

（二）建立现代市场体系，激发文化企业活力

文化企业是文化传播的最基层细胞，承载着文化传承和文化生存的重要使命。构建健全的文化产业体系，要充分发挥市场在文化资源配置中的决定

性作用，加快形成统一开放、竞争有序的文化市场体系，促进资源、人才、科技等市场要素合理流转，建立公平竞争的市场秩序，打破区域分割和行业垄断，使各种所有制企业在市场中优胜劣汰。加快形成统一、开放、竞争有序的文化市场体系，鼓励文化中小企业灵活运转。在政府宏观调控方面，改善传统扶持方式，扩大文化扶持范围，加强对民营文化企业的政策鼓励，大力扶持小微文化企业，激发企业发展活力。

（三）落实文化经济政策，完善体制机制建设

北京首先要落实好各项国家级文化产业政策，分析文化产业发展趋势，找准发展规律，建立健全文化体制机制。目前，国家已经出台相关意见明确建立健全严格的市场退出机制，对存在严重问题或经营不善、已不具备基本生产经营条件的国有文化企业予以关停。市场退出机制的建立和完善势必倒逼文化企业特别是国有文化企业自我改革，从而提高文化供给效率。比较而言，民营文化企业作为文化产业发展的生力军，具备机制灵活的优势，在吸纳就业、创新技术方面发挥着重要作用。因此，要在体制机制上鼓励民营企业依法进入广阔的文化领域，引入社会资本参与国有企业改革，更好地激发非公有制经济活力和创造力。

B.22

北京对外文化交往状况分析与对策研究

张　力*

摘　要： 北京加强城市对外文化交流，建设国际交往中心，是我国发展形势的需要，也是提升首都城市国际竞争力的战略选择。随着首都经济社会的发展，北京对外文化交往获得长足发展，但与世界一流国际城市相比仍然有较大差距。针对主要问题，北京须从政府发挥主导作用、改善城市环境和提升城市国际品质、深化国际交流往来以及汇聚人力资本等方面进一步开展工作。

关键词： 北京　文化　对外交往　文化交往

全球化趋势使国家之间的开放交往与交流合作走向深入与广泛。当前世界处于发展调整时期，在经济全球化和文化多元化背景下，对外文化交往的作用和地位越来越突出，通过卓有成效的文化交往提高本国国际地位和文化影响力，逐渐成为世界各国发展的战略选择。在“四个中心”的发展定位下，北京与世界的联系日益广泛深入，为开展对外文化交往开辟了广阔空间，为在更高层次上迈向世界舞台、实现更高水平的城市国际化发展提供了一系列有利条件。北京加强城市对外文化交往，建设国际交往中心，是我国发展形势的需要，是在当前世界政治经济文化多变的背景下提高综合实力、促进创新性发展的必然选择。

---

* 张力，博士，北京市社会科学院外国问题研究所副研究员，主要从事城市国际比较研究、跨文化传播研究。

一 北京对外文化交往现状概览

北京是传统文化与现代文化、民族文化与世界文化交汇之地。北京城市古今中外交融的文化氛围与丰富的国际文化活动是国内其他城市所不具备的，北京是全国乃至全世界最高水平文体演出的舞台之一，拥有以中关村为代表的在世界处于先进水平的数字高科技文化，也拥有全国最大规模的文化艺术品交易市场。北京很多文化行业在全国属于领先地位，北京对外文化交流和文化贸易的规模和数量日趋增长。近年来，北京每年在国外的年度交流计划达 100 多个，经批准的中外文化交流项目 200 余个，囊括 40 余个国家，受众近 3 万人次。越来越多的民营文化企业投入文化贸易与文化交流中。[①] 作为国家文化中心，北京实施文化“走出去”战略，增强了对外文化交流的辐射力，提升了北京的国际地位，也是国家在国际社会确立自我身份的重要因素。

（一）城市文化国际影响力明显提升

近年来，北京优化产业结构，完成城市产业转型，大力发展文化创意产业、金融业、互联网以及现代服务业等，使北京城市经济实力明显增强，能够作为一个桥梁和纽带引领我国参与国际经济大循环，能够成为连通世界的节点，发挥国际化城市的聚集和辐射作用，正在发展成为国际资源的聚集地、国际财富创造的重要城市以及国际文化艺术交流中心城市之一。美国科尔尼咨询公司公布的全球城市指数排名中（见表 1），北京全球城市指数排名近年已在攀升。全球化城市承载各国的文化中心职能，对外文化交往与对外贸易的增加与其全球化程度具有正相关性，北京对外文化交往的国际影响力近两年有明显提高。

① 陈少峰：《打造推动北京文化走出去的强大引擎》，《前线》2014 年第 5 期。

表1 全球城市指数排名

城市	2008年	2010年	2012年	2014年
纽约	1	1	1	1
伦敦	2	2	2	2
巴黎	3	4	3	3
东京	4	3	4	4
洛杉矶	6	7	6	6
北京	12	15	14	8
首尔	9	10	8	12

资料来源：金哲松、陈方、李毅：《文化中心城市建设与文化产品贸易发展》，《现代管理科学》2015年第6期。

（二）在国际事务中的作用越来越突出

北京作为首都城市，在国际事务、国际交流和国际贸易中有着举足轻重的地位和作用。近年，北京吸引了更多国际组织、国际机构和跨国公司入驻，城市外交活跃度明显提高，对外交流活动规格高，影响力显著提升，不断推出既具有鲜明北京特色又具有广泛国际影响力的国际交流活动经典品牌，在政治、经济、文化、科技和人才等领域形成全面合理发展的国际交流格局。据不完全统计，截至2015年底，有政府间国际组织在京设立代表机构25个，其中联合国的21个机构在京共设立了14个代表机构；非政府间国际组织中已有16个设立在北京的国际社团在民政部登记。

（三）友好城市的对外交流取得显著进展

友好城市（以下简称“友城”）工作得到卓有成效的开展，友好城市规模得到拓展，在多个领域开展国际合作；充分利用友城的特殊优势开展工作，针对对外开放工作中一些关键问题和突出矛盾开展专项交流；在开展友城交流过程中，为社会、企业和民间的国际合作和交流创造条件，引导和帮助其更好地开展国际交流工作。由过去友城交往中“一对一”的简单模式向众多友好城市多边交流合作模式转型，不断加强经济、技术合作交流，利用友城资源发挥比较优势，开发潜在合作领域与项目，促进北京对外文化交流发展。

近年来，北京先后与哥斯达黎加圣何塞市、丹麦哥本哈根市、墨西哥墨西哥城、澳大利亚新南威尔士州、爱尔兰都柏林市、印度德里邦和伊朗德黑兰市7个首都城市或中心城市缔结友好城市关系，扩大了欧洲、美洲友城网络，进一步健全了北京全方位、多层次、宽领域的对外交往格局。截至2014年4月，北京已与45个国家的50个城市建立友好城市关系。其中，欧洲21个，占42%；美洲10个，占20%；亚洲13个，占26%；非洲和大洋洲各3个，占12%。此外，与英国威尔士、韩国釜山、意大利米兰等13个城市建立了密切的友好交流关系。[①] 2015年10月，国际青年组织论坛暨北京友好城市青年交流营活动正式启动，吸引了来自30个国家、31个城市的132名外国营员参与，加强了城市、青年之间的对外交流与合作。

（四）打造出具有知名度的大型国际节展品牌

北京在搭建全方位国际交流合作平台，进一步扩大国际交往，在实施对外文化交流、旅游推广、美食文化推广等方面做出显著成绩。打造出北京国际电影节、北京国际图书嘉年华，推出北京国际音乐节、北京新年音乐会、北京当代国际艺术节、香山红叶节等品牌文化活动，多形式开展国际文化交流，不少国际一流文化项目落户北京。对已有一定口碑的“国际旅游文化节”“798艺术节”等进行升级打造，扩大规模，提升品质，与国际接轨，使其成为既具有北京特色又具有国际影响力的文化艺术节。利用我国传统节日如春节、端午节、中秋节等，举办既具有丰富文化内涵又具有娱乐性和参与性的国际节庆文化交流活动，提升北京文化的国际影响力。此外，积极参与国际节展交流活动，比如国际性书展、国际文化论坛活动、国际学术会议等（见表2），加强北京与国际社会在各个领域的交流往来。

---

① 赵会民：《关于北京市国际友好城市工作情况的报告》，北京人大网，http：//www. bjrd. gov. cn/index. html。

表 2　2015 年北京部分国际展会一览

展会名称	展览场馆	开展时间
2015 第十一届亚洲运动用品与时尚展	北京国家会议中心	2015 年 1 月 28 日
第 20 届中国国际汽车用品展览会	中国国际展览中心	2015 年 3 月 7 日
2015 第 25 届北京国际连锁加盟展览会	北京农业展览馆	2015 年 4 月 4 日
2015 中国国际视听集成设备与技术展	北京国家会议中心	2015 年 4 月 8 日
2015 第十六届中国国际管道管件展览会	北京农业展览馆	2015 年 4 月 8 日
第七届中国（北京）国际光电展览会	北京国家会议中心	2015 年 5 月 4 日
2015 北京第十一届国际主题公园、景观设计及游乐场所展览会	中国国际展览中心	2015 年 5 月 22 日
第十四届中国国际环保展览会	中国国际展览中心	2015 年 6 月 9 日
2015 第八届亚洲（北京）国际物联网展览会	中国国际展览中心	2015 年 6 月 16 日
2015 中国国际咖啡展	中国国际展览中心	2015 年 7 月 2 日
2015 第二十四届北京国际广播电影电视设备展览会	中国国际展览中心	2015 年 8 月 26 日
2015 第二十八届中国国际眼镜业展览会	中国国际展览中心	2015 年 9 月 9 日
2015 中国国际信息通信展览会	中国国际展览中心	2015 年 9 月 22 日
2015 第十届北京国际创意礼品及工艺品展览会	中国国际展览中心	2015 年 10 月 24 日
2015 年第十一届北京国际金融展览会	北京展览馆	2015 年 10 月 29 日
2015 第十届中国北京国际文化创意产业博览会	中国国际展览中心	2015 年 10 月 29 日
2015 中国北京国际茶产业博览会	中国国际展览中心	2015 年 11 月 6 日
2015 第十五届（北京）国际酒业博览会	中国国际展览中心	2015 年 11 月 6 日
2015 第八届亚洲（北京）国际物联网展览会	中国国际展览中心	2015 年 11 月 11 日
2015 中国国际智慧教育展览会	北京国家会议中心	2015 年 12 月 11 日

（五）规模化的国际高端文化产业集聚区域逐渐成形

形成享有一定国际声誉的商务中心区、文化创意产业集聚区、传媒产业集聚区、艺术家聚集之地、艺术创作基地、文化艺术活动中心区、国际化娱乐休闲中心区等，成为与国际经济、文化、传播、艺术前沿领域对接和交流的集聚之地，成为北京城市空间标志性符号，带动了城市文化经济国际化发展。通过政府引导、管理以及市场运作的方式，吸引全国和全世界的关注，逐渐形成规模化的国际往来，不仅形成空间上的聚集，而且实现文化聚集、文化生产与消费活动的聚集，成为北京城市文化的标签与文化地标，呈现我国文化艺术发展现状的最高水平、文化经济繁荣发展的新高度以及当代文化艺术发展的潮流，从而形成承载与传播大量文化信息、具有世界影响力的辐射场域。

（六）北京文化产业、文化贸易发展势头良好

“2015 中国省市文化产业发展指数”显示，北京入选文化产业发展“十强”，已连续五年保持高速发展，积极领跑中国文化产业发展。截至2014 年底，北京文艺表演团体共有 620 家，娱乐场所经营单位 2094 家，演出经纪机构 1646 家，互联网文化经营单位 989 家，约占全国的 30%。在 2015 年度第七届“文化企业 30 强”评选中，北京 8 家单位入选，数量居全国各省区市首位。由商务部、财政部、中宣部、文化部、新闻出版广电总局共同认定的“2013 ~2014 年度国家文化出口重点企业”和“2013 ~2014 年度国家文化出口重点项目”中，北京分别以 60 家和 37 项遥居榜首，[①] 展示出北京在以文化贸易促进文化交流过程中具有较强的产业支撑能力。

北京是国家对外文化贸易基地，正在加快建设集面向文化贸易口岸、企业集群式发展、协同创新平台于一体的国家级文化贸易示范区的脚步。目前，保税运营中心已投入使用，文化保税一站式服务平台已开始试运营，为国际文化贸易提供展示、交易、仓储、金融、信息、物流、报通关等一系列便捷服务。国家对外文化贸易基地包括国际文化产品展览展示及仓储物流中心、国际文化贸易企业集聚中心、国际文化商品交易服务中心 3 个功能区，并建有国际文化贸易信息服务中心、北京国际文化艺术保护中心等 6 个服务平台及服务体系，有效推动了文化贸易综合服务。相关部门提供了多项优惠政策，如支持贸易基地开展文化保税展示交易、艺术品保税拍卖、艺术品保税修复、文化融资租赁等政策，[②] 极大地推动了文化贸易的发展。

---

① 《2013 ~2014 年度国家文化出口重点企业和重点项目目录》，商务部网站，http：//fms.mofcom.gov.cn。

② 《文化部北京市合作推进对外文化贸易基地建设》，新华网，http：//news.xinhuanet.com/culture。

二　北京对外文化交往存在的主要问题

从近年来的发展情况来看，北京对外文化交往取得了一些成绩，但是从全球文化交往格局以及北京对外文化交往的长远发展来分析，其规模和影响力还比较有限，与世界一流国际城市的发展水平相比还有一定差距，存在的问题主要体现在以下几个方面。

（一）城市国际化程度有待提高，缺乏长远的整体规划

国际化大城市应该具备高品质的城市环境、有利于国际交流往来的政策环境、很高的办事效率以及国际先进水平的公共设施和公共服务。与此相比，北京还有一段差距，尚需大力建设和改善城市硬件设施和城市软环境，为国际交往提供更为便利的条件，使交通、信息、居住、工作等外部环境更加完善和公共服务更加便捷，以适应国际交往中心建设的需要，吸引更多的交流往来。这就要求北京从建设国际交往中心出发，全盘考虑北京对外文化交往的思路、目标、任务、政策和措施等，从北京城市总体发展出发为对外文化交往创造有利条件。

（二）文化资源挖掘、整合与创新的力度不够

北京历史文化资源没有得到充分挖掘与利用，文化集约化程度不高，文化产品的附加值与创新性有限，不利于在对外文化交往过程中形成很强的竞争力。文化管理机构及政策需要进一步调整完善，理顺各层级关系，为文化对外交往创造更宽松的空间和优良的发展环境。

（三）对外文化交往参与主体单一，力量分散

北京尚未将丰富的历史文化资源优势有效转化为文化交流和贸易优势，其原因在于缺乏战略规划和文化外交意识，没有形成对外文化交往的有效机制。对外文化交往偏向于依赖政府、依赖精英阶层，官方色彩较浓，民间对

外文化交往活动较为欠缺，对外文化交往形式不够丰富，限制了北京文化外交的实际效果和影响力。应该在对外文化交往中积极利用多种力量，丰富对外文化交往的主体、形式与渠道。

（四）尚未培育出大型国际性文化企业、成熟的国际性文化产业群

发展国际性文化产业群，打造大型知名国际性文化企业是加强对外文化交往的重要内容。为达到此目标，还须切实解决机制体制、内容原创、人才培养、资金来源不足、投资渠道单一、对外输出渠道有限等方面的问题。此外，还存在重投入不注重产出、投资效益欠佳、缺乏必要的引导和保护、重复投资和投资回报率不高等问题。这些都在不同程度上制约了文化产业的发展。

（五）缺乏复合型文化经营人才

国际交往频繁是国际化城市的共性之一。日益频繁的竞争与合作，最终体现在人才争夺和人才合作方面。谁能在国际化人才市场竞争中处于优势，谁就能在城市竞争中更具有竞争力。目前，北京缺乏国际化人才，缺乏熟悉国内外文化市场及国际服务贸易规则的人才，缺乏复合型文化经营人才。从政府层面来讲，要转变传统观念，把人才看成发展的最强资本，为吸引人才营造良好的环境，打造适宜国际化人才生存和发展的公共空间，让人才发展需求得到多层次、全方位满足，以吸引优秀的国际化人才。

三　加强北京对外文化交往的总体思路

北京加强对外文化交往，必须立足于首都的长远发展，符合北京市的现实情况和发展要求，推动首都全面、协调和可持续发展。积极贯彻落实中央外交政策、促进国家对外开放，广泛开展各个领域的文化交流，成为世界一流、现代化水平高、全面综合的国际交往中心，为推进首都现代化和国际化服务，努力为世界和平与发展做出更大贡献。

北京加强对外文化交往，必须在思想观念上真正树立起有利于国际交往

中心建设的“大外事”意识，进一步强化服务观念，强化政府职能作用，综合利用外事部门的各种优势资源，集中其他相关部门的辅助力量，开拓创新、协调行动、实施有序、逐步推进。同时，必须要具有全国格局与全国视野，面向全国、服务全国。按照规划统一进行协调，搞好北京与中央单位的协调配合，搞好北京与其他省份、相关部门和单位的协调配合。与其他省份互联互通，建立通畅的信息网络和流畅的办事机制，为其他省份提供便捷的对外交流服务。与此同时，与世界建立更加广泛和深入的联系，拓展国际交流往来的现代化渠道，成为世界各国交流汇集的中心城市。

北京加强对外文化交往，必须要理清思路、统一思想、统筹规划、有效领导。在对国内国外发展大势准确把握的基础上，明确对外文化交往的总体思路与战略部署，制定长远的战略规划以及具体实施计划，最终实现北京建设国际交往中心的目标。

四　加强北京对外文化交往的对策建议

与世界性的国际交往中心城市相比，北京对外文化交往活力还存在一定的差距，仍需大力加强城市硬件建设与城市人文建设，使北京的城市整体实力跃居世界一流国际城市行列，更具国际化、更具包容性、更具创造力，引领世界发展潮流。

（一）充分发挥政府在推动对外文化交往中的主导作用

政府要在推动对外文化交往工作中发挥主导性作用，统一筹划、协调对外文化交往涉及的各方面相关工作；成立对外文化交往发展基金，形成合力机制，集中资源更好地服务于对外文化交往，加快国际交往中心建设以提供有力的领导以及稳定的资金支持；加强涉外部门机制改革和职能建设，强化涉外部门的规划职能、领导职能、组织职能、协调职能和管理职能，以更好地适应对外文化交往需要；健全和完善适应国际交往中心建设的高效的工作体制和运行机制；建立专门的对外文化交往工作网络，以市外事部门为主或者成立专门的领导小组进行统筹工作，组织专职调研团队，动员广泛的社会力量参与国际交往中心建设；建立以政府外事部门为主，其他相关部门和单位支持、配合、参与，民间机构为补充的工作系统；完善以政府管理机构为龙头，包括宣传、社会接待、企业服务等的综合服务系统；形成科学有序高效运转的管理体制、开放的政策环境、完善的公共文化服务体系、发达的生产者服务业、高效的办事效率等，为促进对外文化交流提供良好的综合条件。

（二）积极改善对外交往整体环境，提升城市国际品质

在政策法律环境建设方面，完善有利于国际往来的相关法律和政策。酌情推行签证简化制度。在政策指导、组织协调、执法监督等方面为国内外单位和个人提供优质服务。完善和健全涉外法律体系，进一步加强涉外法制法规宣传工作，为在京外国人提供法律咨询和法律服务，创造良好的法律环境。

在政府服务系统和社会服务系统的基础上，针对对外文化交往需求完善国际交流往来的各项服务内容。加强政府机构中涉外管理部门的职能作用，设立专门的涉外社会服务机构，切实负责管理和推进国际交流工作，设立外国人信息服务中心，为外国人提供工作、生活和交流等方面的便捷服务。城市社会服务功能趋向完备化、国际化，着力于各级社会化服务功能的升级与完善，按照统一领导、分级负责、精细管理、协调合作的原则，打造符合国际规范的社会化服务系统以适应国际化交往需要；显著提高国际信息咨询服务和外语服务水平，使国际交流机构、国际学校、医疗救助等获得较大进步，形成高效便捷、管理有序、功能齐全、先进完备、符合国际规范的社会服务与管理体系。

在宜居生态环境建设方面，加快调整工业布局、能源结构，加大空气治理、城市绿化、水系治理等工作力度，改善北京的环境质量，调整规划用地，增加公共休闲空间，提升国际化综合服务功能，打造标志性景观，美化城市环境，使北京成为宜居城市，为对外文化交往创造宜人的生态环境。

在城市人文环境建设方面，要重视人文环境对于促进对外文化交往的独特作用，精心规划与建设人文环境，既突出民族历史文化底蕴和北京城市文化个性，又兼具国际大都市的现代化风格，充分体现国际交往中心兼容并包、丰富多元的人文特色。

（三）加快建设现代国际化的城市文化综合设施

要在现有的北京城市设施建设基础上，进一步完成城市设施建设的科学规划，完成城市布局的优化调整，完成北京城市科学化功能分区，建设具有标志性的大型国际交流设施；推进与完善国际化文化艺术中心区、科技会展中心区、商务贸易中心区、文化创意产业集聚区等的建设，形成具有一定规模的国际交流中心区；大幅度提高城市公共文化服务水平与基础设施的现代化水平，搞好数字北京、公共文化数字服务平台建设，创造良好的国际交流环境；加快首都城市轨道交通系统和数字北京建设，提高公共基础设施现代化水平。建设与完善数字化国际信息服务系统，采取开放的态度，促进国际文化信息交流往来，利用现代数字化技术加强国际通信系统建设，为对外交往提供便捷条件，更好地融入国际社会。与此同时，提高对外交往的综合接待服务能力，积极规划和建设大型国际会展中心、创意科技中心、文化艺术交流中心、大型现代娱乐中心等具有标志意义的城市空间，与世界一流城市的设施水平看齐，为大型国际交流活动提供必要的硬件保证。

（四）吸引国际机构、国际组织集聚，深化国际交往活动

从战略层面重视国际机构、国际组织的在京集聚，积极在国际机构、国际组织中提高影响力，将其作为首都对外展示国家形象的一个窗口。在政策制定方面，有针对性地研究与制定吸引国际机构、国际组织、跨国集团总部（地区总部和分支机构）的政策措施，包括税收减免、扩大出口权、放宽市场准入度、放宽户籍管理和优先办理护照等措施，使其在国内的运作环境得到改善，从根本上改变国内与国际制度衔接不够的状况，大力吸引更多国际组织、国际机构等落户北京。

在社会展开全面的动员，鼓励从政府到民间的各界增强在国际组织、国际机构中的话语权，形成一定的地位和影响力，同时，积极参与新的国际组织的创建，用优惠政策公平竞争，获得国际组织落户北京的机会，从而推动首都更广泛深入地开展对外文化交往活动。

（五）推进融媒体发展，打造国际文化信息传播高地

成为国际文化信息传播高地之一，是北京加强对外文化交往的重要内容。要具有全球视野，适应形势，大力推进融媒体发展，站在战略高处做好融媒体时代传播的顶层设计，敢于突破僵化思维和体制障碍，转变理念，从管理体制、经营方式和运作机制上进行改革以真正适应媒介融合和数字化传播的全球化进程，大胆创新以提升文化信息传播能力。大力鼓励与推动基于互联网、移动通信网和广播电视网的跨网络、跨终端文化服务的新业态发展，创新服务模式，运用新媒体等技术手段搭建系统平台，建设文化信息互联网综合服务系统，加强与电视、网络媒体以及通信行业的合作，打通数字文化服务的多种渠道，鼓励文化企业开发品质优秀的数字文化产品。

同时，致力于新媒体数字化公共文化服务信息平台的建设，探索与吸引各种社会力量参与公共文化的数字化建设，建设依托先进传媒技术、传播快捷、内容丰富的数字化公共文化信息服务平台，集聚整合优质公共文化资源，形成城乡一体的数字化公共文化服务体系，提升公共文化服务体系的服务和管理能力，提供多元化、多层次、个性化和专业化的文化服务，确保人们获取公共文化服务的普遍性和均等性。加快数字图书馆文化信息共享建设，推进博物馆、美术馆等文化遗产的数字化建设，应用云计算模式建设公共文化服务应用及支撑平台，提供更加及时、多样化、互动式的文化服务，提高文化监管和服务便捷性，充分发挥公共数字文化在传播文化信息、提高公民文明素质、传播科学知识、增强市民创造力乃至改善城市国际化人文环境等方面的重要作用。

（六）汇聚国际文化人力资本，促进国际人员往来

国际人员往来交流是实现北京与国际社会全方位互联互通、对外文化交

往的重要内容。通过聘请和派出专家、教授、顾问，接收和派遣各类留学生、进修生、培训人员，扩大国际人员往来交流的范围和规模，优化国际劳务合作环境，开展国际性的经贸、科技合作和教科文活动、旅游活动等，以国际人员往来交流加深北京与世界政治、经济、科学技术、教育、思想文化的互动与融入。深入开展高级人才国际交流学习，有计划、有针对性地选派政府公务人员和高级文化经营管理人员，到发达国家学习培训；开展国际高校与科研部门的交流活动。建立世界级文化人才市场，吸引、优化人力资源，大力引进各类专业人才。完善人才激励机制，积极与国际教育组织和跨国集团进行人员合作。充分利用社会教育资源，大力加强国际组织人才的选拔与培养工作，积极建设外事人才培养高地，广开国内外进修渠道，从外事业务等方面着手组织培养优秀的外事人才。通过国际人员往来加强文化交流，促进双方理解、夯实信任基础、构建互联互通格局、共襄合作盛举。

B.23

城市转型中北京对外文化贸易特点与新机遇

张　丽*

摘　要： 2015年，北京对外文化贸易发展呈现与以往不同的特点，在文化创意产业大规模发展的基础上，一批外向型文化创意企业迅速发展起来并走向世界各地，带动中国文化传播到全球，增强了中国文化的影响力，提升了中国文化软实力。同时，由于国际社会对北京文化发展的期待以及国家对外文化贸易政策的实施，北京对外文化贸易将面临巨大的发展机遇。随着国家对外文化贸易政策的实施与北京对对外文化贸易的大力鼓励，一批文化企业将借助更多的平台走向世界，传播中国文化的同时也创造更多的产值，在国际经济合作领域起到重要的拉动作用。

关键词： 城市转型　北京　对外文化贸易

城市转型发展离不开经济发展方式的转变和产业结构的调整，当现代服务业在国民经济中越来越占据高比例，文化创意产业成为城市发展的重要支撑，对外文化贸易则是文化创意产业及城市经济发展的重要驱动力。北京作为全国文化中心，越来越多的优质文化资源在这里集中、发展，文化创意产

* 张丽，博士，北京社会科学院外国问题研究所副研究员。

业已成为推动调整经济结构、转变发展方式的重要抓手，成为经济转型升级的新支点。2015 年 1 ~ 9 月，在经济下行压力不断加大的情况下，北京文化创意产业增加值仍然实现 13% 的增长速度。而面对转型升级的要求，如何提高文化产品与服务的质量，创造新的消费增长点，对文化创意产业发展提出了新的问题。本报告通过分析北京对外文化贸易发展的新特点与新机遇，为首都城市转型进程中如何促进文化创意产业发展提供对策建议。

一 北京对外文化贸易发展呈现新特点

近年来，北京市大力推进“走出去”战略，坚持推动“政府出资”向“企业投入”转化，企业境外投资合作发展迅速。在继续拓展渠道、丰富载体，大力开展企业“走出去”的过程中，对外文化贸易从单一的文化产品与服务进出口转向了多元主体参与的国际文化合作，扩大了对外文化贸易规模。文化创意企业在海外的发展规模不断扩大，已经成为国际经济合作的重要组成部分。

1. 国内展会平台促进文化国际合作规模不断扩大

北京第十届文博会是 2015 年文化贸易发展的一个重要见证。在本次文博会上，既有文化产品的推介，也有文化创意产业的前沿探究，更有国际合作项目大量产生。从文化产品来看，不仅有中国文化产品参展，也有大量国外的文化产品参展，这为国际合作项目的展开提供了创新内容。在各个分展会上，先后展出了毕加索、米勒、莫奈等的作品，24 个国家著名设计师的作品，美国、加拿大、澳大利亚等地的 56 位顶尖古玩商的藏品，英、美、法、德、意、日等国 48 家出版集团的出版书籍。在文化创意发展国际论坛上，国际知名的文化创意专家发表演讲，商讨合作方案，议题涉及互联网时代的文化创意产业、“一带一路”战略中的文化创意产业、中国电影产业的国际化发展方向等，为中外文化合作提供了更加广阔的领域。在项目推介会上，文化合作项目的签订大力促进中华文化“走出去”。比如，北京出版集团的 5 种图书入选“丝路书香工程”翻译项目；北京“三山五园”文化推出全球巡展活动，项目包括圆明园四十景互动媒体、《平定准部回部得胜图》铜版画数字媒体等；北京华韵尚德国际文化传播有限公司在第十届北京文博会上推出在“法兰克福国际纪录片节”上展映的纪录片，利用国际交流交易平台在国际交流与合作中促进中国纪录片拍摄技术的发展，促进纪录片产业国际化发展。

中国（北京）国际服务贸易交易会（以下简称“京交会”）是对外文化贸易的又一良好平台。2015 年京交会上，中国（北京）电子商务大会的召开吸引了欧盟电子商务协会相关负责人。作为国际性行业组织，欧盟电子商务协会发布的有关欧洲电子商务的最新研究成果成为合作的重要对象。“北京国际电影节”通过世界各国影片的参展，有效地推动中国电影市场的运作，促进境外资本与影视项目对接。以“互联网 + 跨界融合”为主题的论坛活动和展览活动使电子商务成为文化国际合作的重要媒介。

2. 海外文创产业园区配置当地资源推动文化国际合作发展

一些海外创意园区的建立，成为中外文化创意企业双向交流的平台，为中国文化在海外的传播、中外文创企业的国际合作奠定了重要基础。

2015 北京 - 米兰文化创意设计高端推介会的举办使中国与欧洲文化创意设计领域实现了交流合作，在推介会上，北京广播电视台、歌华文化发展集团等参加，并与国际知名设计企业洽谈，实地考察当地创意设计企业，深入开展经贸活动。

瀚海智业拓展德国市场，创建慕尼黑文创产业园区。北京华韵尚德国际文化传播有限公司在法兰克福建设中德文化中心，目前，该中心已举办多场文化艺术、商贸推介宣传活动，集中展示中华文化资源。在其带动下，一批中华文化资源成功“走入”德国并辐射到欧洲其他国家和地区。华韵尚德曾成功在德国推出讲述中国的《来看吧》《你好，中国》等节目。其中华韵尚德与德国北威州电视台（NRW - TV）共同推出《中国时间 - 来看吧》栏目，在德国五家电视台和三家网络平台同步播出，覆盖整个德语区，通过有线电视进入数千万家庭，现已成为德语区民众了解真实中国的重要渠道之一。华韵尚德推出的《来看吧》是欧洲唯一的德语日播中国专题栏目，开播五年的这档节目在德国覆盖了多家当地电视台，成为了解中国的重要渠道之一。其向德国人介绍中国的企业、投资环境，从社会民生、文化艺术、美食健康、旅游名胜四个方面真实地介绍中国，把不同中国人的日常生活展现出来。电视节目《你好，中国》则以中国特有的水墨画以及剪纸两种艺术表现形式为载体，向德国人教授原汁原味的汉语，受到德国观众的好评。与德国 FTL 电视台合作推出《走进中国》栏目，使更多德国观众深入了解东方文化和百姓生活。

北京·洛杉矶文化创意产业园是中国企业在美国建设的首家文化创意产业园区，地址设立在洛杉矶地区的伯班克市。洛杉矶作为美国最大的文化创意产业聚集区，拥有“世界影棚之都”的伯班克市和全球最高水准的影视制作团队。北京·洛杉矶文化创意产业园汇聚伯班克影视、教育、培训和技术等方面的独特优势，以新媒体、影视动漫和文化体育产业为切入点，通过相关推介、展示、研讨、培训等活动，有力促进了中美文化创意产业市场与制作能力对接，助推中美两国文创企业跨国合作。目前，好莱坞电影开发与后期制作公司特艺集团、电影特效制作团队激情工作室和马尔扎动漫工作室等一批世界顶级团队已入驻园区，初步实现资源和产业的聚集。

3. 北京特色品牌成为中外文化合作的媒介

北京对外打造了一些具有自己特色的品牌，通过举办演出、产品销售等形式推动对外文化贸易的深入开展。比如，“地坛文化庙会全球行”将中国北京优秀的传统文化概念传播到全球各地，通过多种方式的文化服务扩大贸易规模。“2015 北京文化庙会·台北之旅”活动客流量达 150 万人次，为期 10 天的活动汇集了 75 家参展企业，300 位手艺精湛的技师与 20 位非物质文化遗产传承人展示了手艺，涵盖北京传统风味小吃、民间传统工艺、中华传统老字号文创产品、文艺演出等内容，现场销售 1580 万新台币，合同金额 6200 万新台币，协议金额近 5 亿新台币。西城区厂甸庙会作为“台北之旅”的重要组成部分，组织了包括戴月轩、内联升、皮影、曹氏风筝等 18 个非遗项目，2 家老字号特色小吃，3 名书画家，3 家特色工艺品及文创类企业，展区有 27 个展位，10 天销售额达 60 余万元，庙会总人流量突破 100 万人次。内容涉及老北京兔儿爷、金漆镶嵌等非物质文化遗产项目，传拓、面人、皮影等项目，护国寺小吃和北京驴打滚、艾窝窝等特色小吃，庆丰包子铺的猪肉大葱包子以及猜灯谜等老北京民俗文化。2016 年这一品牌将继续拓展，将走进德国、泰国、韩国、伊朗等国家，做大做强北京文化庙会品牌。原创民族舞剧《孔子》的演出，吸引了近 5000 名观众观看，市场售票 750 万新台币，既创造了经济价值，也达到了传播中华文化的目的。

4. 网络文化产品与企业“走出去”步伐加快

网络生活成为人们日常生活的一部分，也成为北京对外文化贸易的重要组成部分，网络文化产品已经越来越多地出口到世界各地。北京动漫游戏产业就是在这样的背景下迅速成长起来的，表现最火爆的网络游戏吸引了越来越多的世界消费者。据统计，2015 年北京动漫游戏产值达 455 亿元，比 2014 年的 372 亿元增长 22.3%，占全国的 1/3，其中出口额达 58.7 亿元，居全国首位，比 2014 年的 42 亿元增长 39.8%。目前，很多动漫企业已经把目光投向虚拟现实（VR 技术）和增强现实（AR 技术）等新技术领域，把它们应用在网络游戏领域，融合游戏、动漫、影视、文学等领域的内容，向“泛娱乐化”趋势发展，进而逐步在市场上形成产业链条。一些动漫企业成长起来，形成国际营销模式，游戏出口产值不断增长，出口区域由日韩向东南亚、欧洲、北美、南美等全球市场拓展，仅完美世界（北京）网络技术有限公司一家公司的产品出口就覆盖全球 100 多个国家和地区，2015 年海外收入 10 亿元。

5. 传统商业设施转型打造影视全产业链

影视产品的生产与销售逐渐实现模式转型，从单纯出口影视产品向参与国际影视全产业链模式发展。单从文化产品出口来看，2015 年全国电影总票房为 440.69 亿元，国产影片票房 271.36 亿元，国产影片海外销售收入 27.7 亿元，比 2014 年增长 51.08%。同时，影视机构与人才走向世界，全面拓展生产空间。北京电影学院率先在全国设立文创产业园，经过空间改造升级，园区吸引了影视行业和文化传媒类 30 余家企业入驻，努力打造影视全产业链。文创园还设立综艺大棚、平面影棚和后期制作机房等，集中了前期创意、筹拍融资、内外景选取与摄制、后期制作、发行放映等一系列环节，使影视制作呈现全产业链条模式。

二 北京对外文化贸易面临的新机遇

2015 年底中央经济工作会议召开，全面部署了“十三五”开局之年的经济工作，着力推进供给侧结构性改革，保持经济持续健康发展。北京需要城市转型，疏解非首都核心功能，经济发展方式面临新的转变。在此背景下，北京对外文化贸易面临新的发展机遇。

1. 国家鼓励对外文化贸易发展的政策相继出台

作为我国对外文化贸易领域的一件大事，《对外文化贸易统计体系（2015）》已正式出台，新的统计体系将更准确地统计和分析我国对外文化贸易的状况，以权威客观的数据资料为国家制定相关政策提供支撑，有助于加快发展对外文化贸易、促进文化“走出去”。

我国相继出台相关政策，鼓励对外文化贸易发展，为推进对外文化贸易发展创造政策条件。继国务院《关于加快发展对外文化贸易的意见》之后，2015 年，商务部、中宣部、海关总署等联合发布《对外文化贸易统计体系（2015）》。《对外文化贸易统计体系（2015）》有效弥补了对外文化贸易统计数据上的缺陷，《我国文化产品进出口统计目录（2015）》和《我国文化服务进出口统计目录（2015）》也得到发布，将文化及相关产业对外直接投资统计纳入对外直接投资统计制度。

在这之前，我国海关统计的文化产品进出口数据的口径偏窄，文化、商务、版权等部门统计标准不一，文化产品主要指视觉艺术品、印刷品、视听媒介、声像制品、文化遗产等明显具有核心文化特征的有形进出口商品。新的统计体系实现了与国家统计局《文化及相关产业分类（2012）》和海关总署《商品名称及编码协调制度（2015）》的有效衔接，不仅扩充了文化产品和文化服务类别，还增加了基于数字、网络技术发展产生的新业态，并在文化领域对外投资统计方面实现突破。合理借鉴了联合国教科文组织的文化统计框架，文化产品进出口统计目录（2015）的核心层仅包含图书、报纸、期刊、音像制品及电子出版物和其他出版物，工艺品与收藏品一律划归文化产品相关层；文化服务进出口统计目录（2015）的核心层则仅包括新闻出版服务、文化艺术服务、广播影视服务、文化信息传输服务。

《国务院关于加快实施自由贸易区战略的若干意见》要求我国加快实施自由贸易区战略，提出自由贸易区建设布局需进一步优化，高水平自由贸易区需加快建设，还具体部署了健全保障体系、完善支持机制以及加强组织实施等工作。意见提出，加快发展对外文化贸易，扩大服务业对外开放，推进金融、教育、文化、医疗等服务业领域有序开放，创新对外文化贸易方式，推出具有鲜明中国特色、适应国际市场的文化产品和服务。这些措施的出台，有利于更好地推动文化贸易发展，带动中华文化“走出去”。

2. 北京多元主体参与促进对外文化贸易发展

在推动对外文化贸易发展过程中，北京市充分发挥政府作用，同时也重视市场在资源配置中的基础性作用。市文资办设立了文化创意产业投资基金，政府仅投入 8.5 亿元，吸引社会资本 140 多亿元，撬动比达到 1∶16。除此之外，设立全国首家文化科技融资租赁公司，由政府出资 3 亿元，带动社会资本 16.6 亿元，率先开展文化无形资产的融资租赁业务。还设立了创新文化科技融资担保公司，由政府出资 4.4 亿元，带动社会资本形成注册资本 15 亿元，开展商标质押、股权质押、电影版权质押等业务。

北京市文资办重视与中央有关部门和中央企业开展合作，共同推动北京文化创意产业发展。比如，推动制定北京市人民政府和文化部共同发布的《关于加快国家对外文化贸易基地（北京）建设发展的意见》；与中国人民银行北京营业管理部签署战略协议，联合文化部等优势资源，共创“国家文化金融合作试验区”；与国家开发银行、建设银行等 12 家银行签订合作协议，为北京文化创意产业获得 1200 亿元授信；与光大银行北京分行签署战略协议，获取文化企业融资、重组上市、银团、资产证券化等一揽子金融服务；与北京证监局签订上市备忘录，建立首都文化企业登陆资本市场的绿色通道；吸引万达文化创意产业集团落户北京，参与环球影城、文化保税园等一批行业龙头项目建设；先后与天津、河北联合举办三地文化创意项目推介会、金融对接会等，促进京津冀文化创意产业深度合作等。

这些政策直接为文化贸易搭建平台。比如北京市文化投资发展集团的建立，一边搭建了金融资本，连接资本市场，一边连接文化企业，与实体产业对接。2015 年 8 月，北京市政府正式印发《关于明确市文资办监管范围的通知》（京政函〔2015〕116 号），将北演集团、出版集团、发行集团、文投集团、文创国际、京广传媒、新京报社和京华时报社 8 家单位划归北京市文资办监管。北京市文资办研究起草《关于深化市属国有文化企业改革的工作意见》，推动国有文化企业分类改革，使监管服务落实到位，加速培育国有大型骨干文化企业。在促进企业发展壮大的基础上，提供了“走出去”的可能。

3. 保税仓库支持首都全方位扩大开放

继续依托中关村国家自主创新示范区、亦庄保税物流中心、天竺综合保税区，聚焦首都科技创新、文化创意等重点产业以及服务业扩大开放的重点领域，积极做好各项支持工作，为北京市加快经济结构调整、构建与首都核心功能相适应的产业体系提供助力。

北京首个影视及文化产品公共保税仓库项目，已获批落户国家文化创意产业创新实验区，将于 2016 年投入使用。保税仓库将为文化企业提供文化产品展览、报批、评估等全流程保税服务。除提供全流程保税服务外，园区将建设文化保税协同创新平台，方便不同类型文化产品的设计、销售等环节。保税仓库将提供仓储、中转、保管等一条龙服务，具有通关速度快、费用低、贸易成本小的优势。同时，园区还将设立“文化银行”，提供轻资产的版权质押和银行授信服务。

加强政府与企业之间的信息沟通，搭建北京市进出口企业业务促进平台，帮助企业了解本市外贸管理相关职能部门的最新政策信息和管理措施，促进北京市外贸进出口稳定增长，

4. 文化企业“走出去”平台作用凸显

《北京市服务业扩大开放综合试点总体方案》获国务院批准，确立了科技、互联网和信息、文化教育、金融、商务和旅游、健康医疗六大重点服务领域，不断加大资本市场的开放力度。以国家对外文化贸易基地暨天竺综合保税区文化保税园为基础，北京海关积极吸纳国际知名文化企业入区，发展文化艺术品评估、鉴定、修复、仓储等配套服务。扶持社会信誉好、品牌价值高的本土文化艺术团体，并对境外演出人员、道具和器材给予通关便利。

天竺综合保税区文化保税园开园运营以来，打造了北京国际文化艺术保护中心、文化艺术口岸交易中心、国际文化贸易信息服务中心、国际文化贸易金融服务中心、文化保税综合服务中心五个服务平台，为园区内外企业提供文化贸易新业态实践和孵化、基础平台建设、政策创新实践和招商等国际文化贸易基础服务。园区主要集中在艺术品展览展示、影视传媒等文化创意领域。2015 年初，在文化部的指导下，由基地参与的“欢乐春节”项目在韩国、意大利、迪拜等地推广设计项目，反响良好。作为促进中国文化“走出去”的平台，基地旨在为文化创意企业的创意研发、仓储物流、展示推广、交易交割等提供全产业链服务。

基于首都文化创意产业功能区的示范区、国家对外文化贸易体制的创新实验区、国际化文化贸易市场、中国文化“走出去”的能力培养区的战略定位，基地利用海关特殊监管区“进口商品免证、免税、保税”和“出口商品进区及区内生产退税”等优惠政策服务文创企业，并制定对项目的金融贴息优惠政策等。目前，基地二期建设项目展览展示和交易区已完成建设规划，企业集聚区招商工作有序进行，吸引平川国际等国内外知名企业签约入驻，并与众多优质企业达成入驻意向。

《北京市服务业扩大开放综合试点总体方案》以推进文化服务领域有序开放为目标，鼓励国内外著名文化创意、经纪、营销机构与北京市文化企业合资合作。外商投资者可在石景山区国家服务业综合改革试点区、天竺综合保税区文化保税园、朝阳区国家文化创意产业创新实验区、平谷区中国乐谷园区独资设立演出经纪机构，并在全市范围内提供服务。创新文化服务海外推广模式，支持以传统手工技艺等非物质文化遗产与旅游、会展结合的商业开发模式，借助知名艺术节、友好城市，积极开展境外巡演、艺术品展览等商业化运作。精简文化、新闻出版、广播影视的行政审批事项，降低文化市场经营主体准入门槛。鼓励北京市文化企业与国内外机构合作开发，鼓励广播影视、新闻出版等方面的企业通过项目合作方式进入国际市场。推进非公有制文化企业参与对外专项出版业务试点。

加大对企业对外文化贸易的支持力度。依靠北京市外经贸发展引导基金和外经贸担保服务平台，为北京市服务业“走出去”项目提供资金支持。支持在境外设立商务服务中心或孵化基地，加强与我国各类驻外服务机构的沟通，为企业走出国门提供全方位的境外服务。支持金融机构在不同国家和地区设立金融服务网点，为企业“走出去”提供金融支持。加大政策性保险支持力度，创新保险机构业务品种，完善投保平台功能，不断优化对“走出去”文化企业的税收服务。

三 进一步促进北京对外文化贸易发展的建议

北京在建设国际交往中心、全国文化中心的进程中，一批中华文化资源成功走向世界发达国家和地区。发展对外文化贸易有助于提升我国文化创意产业在全球的竞争力，加强与世界各国的文化交流与合作，促进经济发展方式转变。整体来看，中国对外文化贸易尚存在巨大的发展空间，要站在引领国家文化创新的高度上推动对外文化贸易发展，积极探索对外文化贸易发展的新路径。

1. 积极抓住国家鼓励对外文化贸易发展新机遇，发挥首都文化创新驱动的基础性优势

北京城市转型过程中，首都核心功能的发挥离不开对外文化贸易的快速发展。要在国家扩大开放的条件下主动适应城市功能的转型发展，推动经济发展方式转变。以巩固传统海外市场、加强与发达经济体的经济合作和积极参与“一带一路”市场开发为重点，努力提升北京市文化企业的国际市场

份额，增强其国际化经营能力，促进对外投资合作持续、健康、稳健发展，培育全方位、多领域、高水平的国际市场经营格局。

主动适应国际经济发展趋势，借助自贸区、“一带一路”等国家重大战略机遇，积极探索发展路径，解决文化创意产业发展难点问题。积极参与“丝路书香”工程和“影视桥”工程，推进文化部海外中国文化中心共建和项目合作，共同做好文化部“欢乐春节”等节庆日的海外活动。加强与联合国教科文组织在城市规划、教育、文化等领域的交流合作，建立与友城、创意城市网络、“一带一路”沿线城市和其他世界文化名城之间的良好交流机制。

充分发挥首都文化创新驱动的基础性优势，通过扩大对外文化交流，推动文化贸易发展和文化服务“走出去”，加快具有国际影响力的全国文化中心建设。举办系列国际文化论坛进行文化领域的沟通与交流，参与世界城市文化论坛。建设城市英文门户网站，积聚中外文化艺术界人士、专家学者围绕不同文化议题展开讨论并形成合作局面。国际论坛的研讨交流可分享文化发展、传承与传播以及城市发展中地区文化合作等方面的经验和成绩，为促进人类文明的发展、维护世界文化多样性做出努力。

2. 促进文化产品出口方式多元化，创新“走出去”的方式，拓宽“走出去”的渠道

中国对外直接投资规模逐年增加，成为资本输出大国，具备对外文化投资的基础和条件，这是中国文化走向世界的资本优势。例如，利用互联网、视觉传播的方式，与海外机构联合，建立战略合作伙伴关系，建设基地，使其成为向全球展示与发布文化创新成果的平台。

提高文化产品的创造力并增强创新性，增强文化产品在世界各地的吸引力和影响力。文化产品与服务的内容应多样化，例如，出口到世界各地的图书由当地的汉学家来进行翻译，使图书的内容表达更准确，也富有文化创新意味，可向世界传达更加真实、客观的当代中国。

3. 运用国际文化创意产业合作机制，促进北京文化产品“走出去”

我国对外文化交流与合作持续发展，文化交流活动效果持续彰显，取得

丰硕成果。利用对外文化交流机制的高层次对话加强文化合作，促进北京地区文化产品与服务“走出去”。扩大我国与世界合作的广度与深度，推动中华文化的海外传播。从文化创意产业服务、文化贸易等方面发力，加强国际合作。继续提高文创产业市场开放度，通过开展国际文化交流与合作，促进文化创意产业跨越式发展。

以外向型骨干文化企业为基础，逐步在美国、欧洲及周边国家和地区建设一批文化贸易平台。支持文化企业开办境内外国际性文化展会和文化活动，加强与“一带一路”沿线国家以及港澳台地区文化创意产业的交流合作。支持招收国际学生的高等院校在境外重要的教育展会和招生活动中，推广以课程形式为主的教育类文化产品，吸引更多境外文化消费者通过在校学习的形式消费文化产品。扶持重点文化企业以新设、收购、合作等方式，广泛开展文化领域的投资合作，拓展国际市场，扩大境外优质文化资产规模。鼓励外向型骨干文化企业带动上下游相关企业抱团“走出去”，建立差别化经营体系，实现优势资源有效配置。

北京2012年成为联合国教科文组织创意城市网络“设计之都”，2013年举办联合国教科文组织创意城市“北京峰会”，2014年赴巴黎联合国教科文组织总部举办“感知中国，设计北京”展览，2015年成为联合国教科文组织首个“国际创意与可持续发展中心”，这是北京“主动参与联合国2030年可持续发展议程”的又一举措。该中心的主要工作是设立全球创意知识库，协助教科文组织会员国进行能力建设，为初创小微创意企业提供技能培训和孵化支持，帮助各国尤其是发展中国家的妇女和青年提高创意技能和商业运作能力。

4. 提高文化创意产业专业制作能力及市场管理运营水准

文化创意企业除了要具备文化设计等产品内容生产能力外，还必须具备在世界市场中的现代经营能力。世界文化创意市场融合了多种资源，高精的技术以及特色的品牌等要素，需要文创企业以及企业管理人员同时具备综合素质。

较强的资源配置能力要求企业经营者具有经济学专业知识，技术创新能力要求企业经营者要灵活运用当代高精网络技术，品牌运营能力需要企业运营者具有战略眼光，整合国际国内两种资源，包容多样文明，在秉持中华特色文化品牌基础上创新发展。尤其要求企业在国外园区长期发展的过程中，借鉴本土化经验，充分吸收和消化当地先进经验，提高自身创新能力，依托境外文化创意产业园区开展文创企业孵化、项目对接、投融资服务及物业租赁等业务。

北京园区内优质企业的入驻要调动在京央企的积极性，如歌华集团、中国对外文化集团、中国文化传媒集团等。加强中央与地方的合作，加快培育一批有国际竞争力的文化企业，把北京地方文化品牌带出去。

5. 抓住新一轮科技革命和产业变革的历史机遇，以文化创意产业的供给侧结构调整推动优质文化产品与服务走向世界

“互联网 + 文化”成为经济社会发展的重要驱动力量，要充分发挥互联网的规模优势、技术优势和应用优势，借助互联网的精准对接与优化配置功能，强化互联网在影视产业在线支付、内容生产、影片制作、版权分发以及其他增值服务等方面的作用，实现“互联网 + 影视”跨界融合，优化电影产业格局。借助互联网动漫企业的用户资源、热点 IP、运营能力等优势，推进动漫游戏内容创作、音乐创作、形象设计、节目制作、版权交易创新发展。

B.24

2015年北京文化发展纪事

1月12日

京港地铁下辖的北京地铁4号线与国家图书馆联手，推出“M地铁·图书馆”。乘坐地铁4号线的乘客，可以通过扫描车站内二维码的形式，享受地铁图书馆内的馆藏资源。

1月14日

北京高校博物馆联盟启动“2015年走进高校博物馆”活动，邀请70名中小学生走进地质大学博物馆，参观恐龙标本和动植物化石。同时，还进行了联盟画册《走进北京高校博物馆》首发仪式。

1月14日

北京妈祖文化交流协会首次会员代表大会举行，北京开始有了研究、传播、交流妈祖文化的社会组织。

1月16日

“全民数字阅读论坛暨TOP100排行发布会”于首都图书馆举行。本次活动由中国新闻出版研究院和龙源数字传媒集团主办，首都图书馆、中国期刊协会、联通阅读基地、北京出版发行业协会等共同协办。

1月30日

“北京国际创意奖”颁奖。

2月1日

2015年首都市民系列文化活动在北京市朝阳区文化馆拉开大幕。2015年的系列文化活动由北京文化艺术活动中心牵头，以“我的中国梦，欢乐新北京”为主题，举办了市级文化活动、市级示范引领创新活动、传统民俗节日文化活动、现代节庆日文化活动、文化主题活动日五大系列文化活动。

2月4日

北京市文物局组织全市各博物馆推出“北京地区博物馆寒假系列活动”，包括展览、讲座、冬令营，涉及文化、科技、历史、艺术等80余项特色活动。

3月12日

2014年，北京文化创意产业初步核算实现增加值2794.3亿元，占全市GDP的比重提高到13.1%，创历史新高。截至2014年底，本市文化及相关产业企业已达17.1万户，同比增长15.8%；注册资本4338.5亿元，同比增长39.4%。规模以上法人单位实现收入11029亿元，同比增长9.5%；文创从业人员109.7万人，同比增长2.2%。

4月7日

《北京市关于推进文化创意和设计服务与相关产业融合发展行动计划（2015－2020年）》印发，主要围绕首都经济转型升级要求、构建“高精尖”产业结构目标以及积极释放创意创造活力和解放发展生产力需要等方面，提出包括制造业、农业、体育、文化产业等十大板块的融合发展行动。

4月15日

由北京国际电影节组委会、北京市新闻出版广电局、怀柔区人民政府共同主办的“第五届北京国际电影节电影嘉年华”启动。电影嘉年华活动持续到4月24日。

4月18日

由国家新闻出版广电总局、北京市人民政府共同主办的“2015书香中国暨北京阅读季”正式启动。

4月21～29日

“2015北京文化周”活动于台北、高雄等地举行。本届“北京文化周”以“薪火相传与新艺盎然”为活动主轴，重点展示北京文化兼收并蓄、传承创新和青春时尚的特色，包括北京文化旅游台湾推介研讨会、“魅力北京、激情冬奥”台湾巡回图片展、北京高校青年设计师优秀作品交流展、首届京台博物馆交流与合作研讨会、《白纸坊太狮》话剧演出交流、首都图书馆“老北京百年城市生活图片展”等活动。

4月23日

“北京市阅读能力研究发展中心”揭牌成立。

4月23日

东城区启动书香东城全民阅读平台，在2015年陆续免费发放30万张阅读卡，居住生活在东城区的市民通过登录书香东城全民阅读平台（sxdc. chineseall. cn），即可拥有一个数字“私人图书馆”。

4月29日

北京市西城区白云驿站阅读空间正式向公众开放。白云驿站阅读空间作为北京西城区文化委、西城区第一图书馆吸引社会力量建设公共阅读空间的又一成果，其开放进一步完善了西城公益阅读体系。

4月29日

“花为媒·文创汇——跨越东西方的握手”系列国际文化交流活动在北京举行。来自中国、美国、意大利、德国的艺术家、企业家和媒体人就“文化传承与再创造”“东西方时尚的碰撞与新生”等话题开展深度交流，并力图通过交流将一批跨界融合的文化成果付诸产业化实践。

4月30日至5月3日

第十届艺术北京博览会在北京农业展览馆举办。本次博览会总体展出面积超过2.5万平方米，整体展览分为当代馆、经典馆、设计北京馆和Art Park公共艺术区四个展区，来自世界各地的近150家画廊和艺术机构带来了他们最精彩的作品亮相“艺术北京”。

5月8~18日

“2015北京书市”在朝阳公园举行，该活动由北京市新闻出版广电局主办，北京发行集团承办，朝阳区人民政府、北京出版发行业协会协办。

5月11日

北京首个设在地铁内的图书馆“M地铁·图书馆”落户北京地铁4号线平安里站。活动当天，“M地铁·图书馆”同时推出了为期两个月的主题阅读活动“文津十年”，活动期间的每个周六，读者可在平安里站地铁图书馆免费借阅文津图书奖十年来的获奖图书。

5月11~13日

北京妈祖文化艺术节暨北京妈祖文化交流协会成立揭牌仪式在北京民俗博物馆隆重举行。北京市文联、社团关系单位、各妈祖文化机构代表、民间信仰与研究妈祖文化人士出席了开幕仪式。

5月18日

北京汽车博物馆连同北汽新能源汽车一同举办以“简单看世界，一起轻生活”为主题的系列活动，涵盖新能源汽车试乘试驾、车型展示、科普讲座等多项环节，旨在大力推广普及新能源汽车。

5月18日

由北京市文物局、北京博物馆学会主办，首都博物馆承办的“5·18国际博物馆日”主会场活动在首都博物馆举行。2015年北京地区“5·18国际博物馆日”宣传活动的口号是“传承民族千古血脉　共创祖国美好未来”。

5月19日

北京第25届农民艺术节总结大会暨北京市文化试点村建设——蔡家洼玫瑰情园首届演出季、“美丽乡村　筑梦有我”——艺术进乡村月度主题活动在密云县巨各庄镇菜家洼村举行。活动通过原创作品观摩演出、名人名家现场讲述等环节展示了北京市文化惠民、艺术下乡成果。

5月23日

北京大学生阅读联盟正式成立。联盟以“引导青年阅读、鼓励青年分享”为宗旨，致力于深入开展首都大学生阅读活动。联盟还在大会上发布了“书香宿舍”校园评选、高校领读者训练营、北京高校阅读社团生存调查、北京高校阅读现状调查、城市青年阅读峰会等多个项目，并正式启动第五届北京大学生读书节。

5月29日

北京市出台“1+3”公共文化政策文件，其中“1”指的是《关于进一步加强基层公共文化建设的意见》，“3”则是为了落实该意见制定的配套文件，包括《首都公共文化服务示范区创建方案》《北京市基层公共文化设施建设标准》《北京市基层公共文化设施服务规范》。这是全国首个落实中央《关于加快构建现代公共文化服务体系的意见》的省级地方性实施意见，对基层公共文化服务的硬件设施、软性服务等提出了标准和要求，力求推动本市基本公共文化服务标准化、均等化、社会化和数字化。

5月29~30日

由中国博物馆协会博物馆数字化专业委员会、北京工业大学建筑与城市规划学院、首都博物馆联合举办的“第十三届（2015）博物馆数字化推广论坛暨数字三维技术在文化遗产保护中的应用学术研讨会”在北京举行。

6月3日

北京市西城区非物质文化遗产项目传承志愿者正式开始招募。该活动由北京市西城区非物质文化遗产保护中心主办，是北京市西城区文化委员会支持的“民间瑰宝　记忆西城”系列活动之一。

6月10日

北京首家以非物质文化遗产为主题的博物馆——东城区非遗博物馆正式开馆，包括象牙雕刻、景泰蓝制作技艺、花丝镶嵌技艺等数十个非遗项目的180余件展品在此展出。

6月12日

由北京市海淀区文化委员会等单位举办的文化遗产日系列宣传活动在北京启动。本次宣传活动以“寻找我身边的三山五园”为主题，持续至8月底。此次活动根据海淀区文化遗产特点，以寻找、分享、传承、保护文物为重点，通过“互联网+文化遗产”的方式，引导民众走近文化遗产、了解文化遗产的内涵。

6月12日

《中国非物质文化遗产百科全书》在北京首发，该书由中国民间文艺家协会主席、著名非物质文化研究专家冯骥才担任总主编。本次推出该套百科全书的第一批《史诗卷》《传承人卷》《代表性项目卷》。

6月13日

京津冀非物质文化遗产大展在北京农业展览馆拉开帷幕，本次展览由北京市文化局、天津市文化广播影视局、河北省文化厅共同举办。

6月14~15日

2015年北京数字博物馆研讨会召开。

6月16日

首都文化产业协会在北京举行成立大会。首都文化产业协会是在北京市文资办指导下，由首都文化企业自愿发起成立的非营利性社会团体组织，首批会员达到315家，包括保利文化、北广传媒、光线传媒、完美世界、嘉德拍卖、开心麻花、歌华文化等多家北京知名文化企业。

6月28日

以“全民健身、助申冬奥、共圆梦想”为主题的北京市第十届全民健身体育节开幕式暨四季跑北京站、幸福足迹·城市徒步活动在园博园隆重举行。

6月30日

北京公布2015年度首批文化精品工程重点项目，经广泛征集、部门推荐和专家评审，共有30个项目入选。作品涵盖舞台剧、电影、电视剧、纪录片、动画片、出版物六大类。

6月30日

2015年上半年，故宫文创产品的销售额突破7亿元，超过上年全年销售总和。

7月3日

北京市东城区图书馆理事会正式成立。

7月9日

《北京市人民政府关于加快发展体育产业促进体育消费的实施意见》正式公布，文件提出关于加快发展体育产业促进体育消费的总体要求、指导思想、基本原则和发展目标。预计到2025年，基本建成符合首都城市战略定位的体育产业体系，全市体育产业总规模超过3000亿元，实现增加值500

亿元左右。

7月10日

北京朝阳区第一支艺术家文化志愿者服务队正式成立。艺术家文化志愿者服务队将根据全区43个街乡2000余支基层文化队伍的需求开展艺术辅导培训、作品创作指导、慰问演出三类志愿服务，百姓在家门口就能免费欣赏知名艺术家的高水平演出。

7月10日

“鼎天鬲地·北京从这里开始——纪念北京建城3060年”主题展在首都博物馆举行，展览展出了包括克罍、克盉、伯矩鬲以及堇鼎在内的40多件稀世文物，让观众全方位感受3000多年前古燕国的社会状况。

7月18日

“全球金融集团”杯第五届北京国际武术文化交流大会暨“全球功夫网”杯第四届国际功夫交流大会开幕。

7月23日

北京市委宣传部与市文化局围绕推动京津冀文化协同发展主题召开发布会，今后，河北和天津在院团演出低票价补贴、图书资源共享等多项文化政策方面与北京享受“同城待遇”。

7月24~26日

第四届“动漫北京”活动在北京国家会议中心举行。

8月8日

北京市国有文化资产监督管理办公室举行“8·8惠民文化消费主题日”活动，以“乐享文化·互联生活”为主题，以政府引导、市场主导、线上线下、整合营销为原则，旨在通过举办系列活动，在全社会范围内培养文化消费理念，引领文化消费意愿，激励文化消费行为，丰富市民精神文化生活，培育新的消费增长点，打造文化消费新的高峰。

8月16日

中国非物质文化遗产战略发展联盟成立仪式及论坛举行，本次活动由中国非物质文化遗产保护协会主办，中国非遗产业研究院、龙仕文化产业集团承办，中国文化智库中心、宜兴市国礼紫砂艺术馆、北京战元国泰拍卖有限公司、北京华艺富家文化有限公司协办，这标志着我国非遗保护与发展能力建设迈出新的战略步伐。

8月17日

由国中美术馆馆长张国中率领的“新丝绸之路全球文化交流之旅”房车队在柏林中国文化中心举办“携手未来——北京柏林艺术展”。

8月18~31日

“共话京疆情　同筑中国梦”文化交流慰问活动在新疆阿克苏、克州、和田等地的社区、农村、学校、部队及边防哨所开展，本次活动由北京市文联主席张和平、党组书记陈启刚带领，百余位首都艺术家参与。

8月21日

西城区文化委、西城区第一图书馆与交通银行北京西单支行共同成立全市第一家“书香银行”——交通银行阅读空间正式向公众开放。

8月30日

北京市规模以上文化创意产业收入合计达7000亿元，同比增长5.1%，但在业内人士看来，北京文化消费还有约5000亿元的市场空间。

9月8~26日

2015北京青年戏剧节在北京举行，本次戏剧节由北京市文学艺术界联合会主办，北京戏剧家协会和北京青年戏剧工作者协会承办。

9月10~13日

2015第十八届北京艺术博览会在北京展览馆举行，来自18个国家和地区100余家画廊的6000余件艺术作品近30%销售一空，短短四天时间成交额就达1.63亿元，吸引各方来客3万余人。

9月11日

由首都互联网协会主办、北京阅读季领导小组办公室指导的“北京阅读新媒体联盟”在北京市新闻出版广电局新闻发布大厅召开成立大会。阅读新媒体联盟是依托第五届书香中国·北京阅读季创立的阅读类新媒体平台，旨在团结阅读类新媒体及知名阅读推广人、阅读推广机构，共同促进北京全民阅读，营造良好的社会氛围。

9月17日

“北京皇家园林文化推介会”在位于塞纳河畔的中国驻法国大使馆文化处举办。

9月19日

第四届世界戏剧院校联盟国际大学生戏剧节在中央戏剧学院拉开帷幕。8所国际戏剧界顶级学府在十天时间内通过展演、评奖、实践训练等方式展开交流。

9月19日

2015北京798艺术节在798艺术区开幕。本次艺术节以“艺象·互联”为主题，旨在通过“互联”的创新形式，让艺术与科技融合，让艺术走进生活。

9月19~20日

2015丰台戏曲文化嘉年华在北京万方亭公园举行。

9月22日

“2015南非中国年－北京周”暨2015北京影视剧非洲展播季启动仪式在南非约翰内斯堡隆重举行。

9月23日

“创意点亮北京”活动启动仪式暨“青龙有约”文化创意合作项目签约。

9月24日

由蒲蒲兰绘本馆和首都图书馆联合策划的“原创十年·绘本原画展”在首都图书馆开幕，展出了十余位一线艺术家的百余幅绘本原画作品。

9月25日

北京市第二十六届农民艺术节“乡村大舞台”暨十八里店乡第三届群众文化节在武警北京市总队第十八支队礼堂开演，本次艺术节以“文化乡村、美丽绽放”为主题，集中展示北京市13个涉农区县的优秀文化阵地和文化品牌活动。

9月30日

“创意香港”主题展览在北京国瑞购物中心LG层北中厅举行。

10月5~7日

2015年度“青年艺术100”北京启动展暨五周年庆在北京农业展览馆展出，13000平方米的展示空间展出了海内外350位青年艺术家的近2000件艺术品。

10月7日

2015中国北京国际艺术品交易展（以下简称艺交展）开幕。本届艺交展由北京市国有文化资产监督管理办公室指导、北京文化产业商会主办、北京东方美亚国际会展有限公司承办，是第三届北京惠民文化消费季活动的重要组成部分，以“打造生活美学”为主题、“推进艺术教育”为根基、“促进大众消费”为理念，旨在让艺术更贴近百姓生活，让艺术品走进千家万户。

10月11日

2015北京市西城区“百姓戏剧展演”在国家话剧院举行了启动仪式，今年的活动由北京市西城区文化委员会主办，囊括了戏剧讲堂、戏剧沙龙、朗诵会以及由16个原创剧目36场演出组成的惠民演出季。

10月14~15日

故宫博物院主办的“紫禁城论坛”在北京举办，国际博物馆协会负责人及33位国内外著名博物馆馆长就“博物馆的传统职能及未来使命”展开讨论，共同发出《紫禁城宣言》：让博物馆文化成果惠及普通民众，适时改变博物馆单向输出展览的方式，实现博物馆的知识生产和观众的文化体验有机融合。

10月15日

由阿里巴巴集团主办的首届互联网+中国传统文化产业峰会在北京举行。阿里巴巴集团与33个传统文化产业带政府代表团共同宣布开启“中国传统文化互联网+示范产业带”合作，借力互联网，实现传统文化产业健康良性发展。

10月18日

“敬老尊贤——2015重阳节京台社区扯铃文化交流艺术节”在台湾高雄三民区开幕，成为京台两地同胞共同庆祝传统佳节、促进中华文化传播的良好载体。

10月18～28日

2015“北京青年影展”在北京举行。2015年影展将对青年电影人的扶持落到实处，分别从资金、资源、电影交流等多方面进行。为了拓展北京青年影展的国际交流活动，影展还和美国好莱坞短片电影协会达成合作协议，开展中美双方在电影交流、发行、推广领域的合作。

10月19日

北京留学服务行业协会，中意文化交流办公室在北京希尔顿酒店举办“第一届意大利艺术教育峰会”。

10月21日

京津冀公共文化服务示范走廊发展联盟在东城区第一文化馆成立。会上，来自京津冀三地的11家文化单位共同签署了京津冀公共文化服务示范走廊发展联盟战略合作协议书。

10月26日

首家校园内的非物质文化遗产博物馆“北京绢塑——非物质文化遗产校园博物馆”在北京十二中洋桥学校正式揭牌。

10月27日

德国歌德学院798艺术区的分店正式开门迎客，话剧、艺术表演都将在这里不定期上演。

10月27～31日

2015中国3D技术与创意博览会暨中国电影工业化技术交流会在朝阳规划艺术馆开幕。本届活动主题为“新文化业态中3D技术的创新应用”，其秉承打造产业化平台理念，紧扣中国电影工业化主题，采用“专业论坛（讲座）+展览体验”的形式，探讨3D技术在电影特效工业化之路的成功应用及示范作用。

10月27日

《北京市文化创意产业十年评估报告》的初步成果在京发布，报告总结了过去十年间北京市文创产业促进体系建设的情况。

10月27日

第五届书香中国·北京阅读季阅读盛典在北京天桥艺术中心举行，对2015年北京市全民阅读进行了总结表彰。

10月28日

第二届首创·郎园Vintage国际创意文化节开幕，本届文化节以“艺术·生活·家”为主题。

10月28日

首都博物馆“读城——追寻历史上的北京城池”展览在首都博物馆地下一层水景庭院展出。展览运用纸艺展陈、视频短片、幻影成像、各式体验等形式全面形象地介绍了北京城池的相关知识。本次展览持续到2016年2月28日。

10月28~31日

中法文化艺术交流协会全国巡演北京站于欧美同学会留法比分会在中国人民大学拉开帷幕。

10月29日

在第十届中国北京国际文化创意产业博览会开幕式上，北京市委宣传部发布了北京市首批“市级文化创意产业示范园区”名单，中国北京出版创意产业园、清华科技园、星光影视园、莱锦文化创意产业园4个园区入选。

10月29日

天琛奇石博物院成立，博物院位于垡头桥弘燕奇石城内，集观摩、教学、交流等多种功能为一体，免费向社会开放。

10月29日

第二届北京当代小剧场戏曲艺术节在北京启动。

10月29日至11月1日

第十届中国北京国际文化创意产业博览会（以下简称“文博会”）在北

京举办。据不完全统计，本届文博会期间，共签署文化创意产业的产品交易、艺术品交易、银企合作等协议总金额1003.8亿元。

10月30日

书香中国·北京阅读季领导小组办公室发布《2014～2015年度北京市全民阅读指数综合报告》，这是北京市首次发布全民阅读指数。报告显示，2014年，北京居民综合阅读率为91.16%，纸质出版物阅读率为81.7%，数字阅读率为78.18%，人均纸质图书阅读量为9.49本。北京综合阅读率居于全国领先水平。

10月31日

“文化中国：中国文化产业指数暨拉动城乡居民文化消费试点项目阶段成果”在京发布，北京在文化消费综合指数和文化消费能力的指标排名中，均位居首位。会上发布了中国文化消费发展指数（2015）和中国省市文化产业发展指数（2015）。其中，我国文化消费综合指数由2013年的73.7增至2015年的81.2，平均增长率为5%。文化消费环境指数、文化消费能力指数、文化消费水平指数等一级指标均呈上升趋势，且文化消费环境指数上升速度最快，平均增长率为11.33%。

11月1日

“十二五”期间，朝阳区获评全国首批国家公共文化服务体系示范区。依靠四级公共文化服务网络，朝阳区街乡级文化中心和社区（村）级文化活动室设置率均达到100%，实现街乡全覆盖。据统计，朝阳区现有区级文化馆1个、图书馆3个，地区级文化中心5个，街乡文化中心43个，社区（村）文化室480余个，益民书屋244家。此外，还有博物馆52家、文化广场194个、农村文化大院10家，农村数字电影固定影厅实现全覆盖，“一刻钟文化服务圈”已基本形成。

11月1日

北京东城第二图书馆举行以“诵诗词精华　扬国学经典”为主题的诗词诵读活动。

11月8日

“首都知名文创机构联合倡议‘全民读书，人人和谐’研讨会”召开，由中央编译出版社、环球时报社、中国社会出版社、零极限健康静心网、中文在线数字出版集团股份有限公司、北京京演文化传媒有限责任公司、北京精典博维文化传媒有限公司等十多家首都知名文创机构联合主办。

11月10日

首都版权产业联盟动漫和游戏委员会成立，这是北京市首家以版权服务为主体的动漫和游戏行业组织。

11月12日

“2015北京国际民间友好论坛”在京召开。本届论坛主题为“促进民间友好交流，聚话城市和谐发展”。论坛由北京市人民对外友好协会、北京市科学技术协会和西城区人民政府共同主办。

11月15日

第十届文博会动漫游戏企业版权推介大会在北京国家会议中心306AB馆举办，本届展会得到了北京市文化局的大力支持，由文博会组委会办公室主办，北京动漫游戏产业联盟承办，炫果壳（新浪动漫）、腾讯动漫、土豆动漫、爱奇艺、乐视、百度、风行等国内知名平台商也积极参与此次展会。

11月17~26日

“活的艺术馆——3D艺术展览”在北京天桥艺术中心三层北侧展厅举办，该展览作为2015年北京天桥演艺区品牌塑造与艺术惠民系列活动之一，由北京天桥演艺联盟主办、北京市西城区文化委员会协办。

11月18日

2015中国设计节在北京大兴区拉开帷幕。2015中国设计节活动以“设计演绎世界”为主题，以“创意北京，设计大兴”为活动口号。

11月19日

北京、天津、河北三地公共图书馆在河北石家庄签署合作协议，成立京津冀图书馆联盟，旨在促进区域基本公共文化服务标准化、均等化、一体化发展，三地民众将在共享公共文化服务资源方面获得更多便利。

11月20～28日

由北京电影家协会、首都师范大学、《大学生》杂志社、优酷土豆共同主办的2015首都大学生微电影节正式落下帷幕。本次微电影节最终征集到243部代表了各高校专业创作水平的有效作品，最终评选出最佳影片、最佳编剧、最佳导演、最佳摄影等奖项。

11月21日

2015北京城市发展与文化创新研讨会召开，本次会议由首都经济贸易大学、北京市文化创意产业促进中心联合举办，首都经济贸易大学文化与传播学院、外语系、国际学院承办，主题为“国际发展新格局下城市与文化的新定位、新传播、新发展”。

11月28日

由联合国教科文组织支持的“国际创意与可持续发展中心”，已确定落户北京。这是全球首个以“创意与可持续”为主题的联合国教科文组织第二类中心。

11月28日

2015年北京广内空竹文化交流活动研讨会举行，本次活动由北京市西城区广安门内空竹协会主办、北京市西城区百花深处艺术团承办。来自京津冀和台湾地区的十余位专家、学者和空竹爱好者以“空竹文化”为主题，展开了深入探讨。

12月1日

通州区召开创建首都公共文化服务示范区领导小组第一会议，正式启动通州区首都公共文化服务示范区创建工作。

12月2～6日

北京市残疾人文化组织成立30周年成果展在首都图书馆举办。

12月3日

“北京喜剧艺术节·2015”开幕，艺术节历时35天，共22场演出，至2016年1月6日结束，来自北京、上海和香港、台湾地区以及意大利、捷克等国家的八部精彩剧目轮番登台，参演阵容创下历届北京喜剧艺术节之最，并首次有国外演出团体加盟。

12月8日

首都文化要素市场的核心平台——北京文化产权交易中心交易上线活动在紫禁城太庙隆重举行。

12月10日

“《国粹生香——寻找戏曲文化传播大使》选秀启动仪式暨 Tell the World Who You Are 中国艺术海外传播真人秀”新闻发布会在新国戏艺术中心（大观园戏楼）举行，由北京电视台文艺节目中心携手北京新国戏文化创意投资管理有限公司及中美多家知名企业联合六大戏曲院团共同举办。

12月13日

“落实五中全会精神　推动京津冀文化产业协同发展”研讨会在国家行政学院召开。

12月16日

北京博物馆学会成立30周年研讨会召开。会上统计，最近30年北京地区博物馆共增加133座，平均每年新建4～5座。目前，北京博物馆已达172家，数量居世界第二。

12月22日

故宫端门数字博物馆开馆试运行，公众不用“进宫”也能欣赏紫禁城全貌。端门数字馆位于端门城楼展厅，是古代建筑、馆藏文物与数字技术相结合的新型数字展厅。

12月29日

北京市2015年度第二批文化精品工程重点项目发布，经广泛征集、部门推荐和专家评审，共5个门类27个项目入选，作品涵盖舞台剧、电影、电视剧、纪录片、出版物五大类。

12月31日

北京石刻艺术博物馆正式重新对外开放。

B.25
后　记

《北京文化发展报告（2015～2016）》是集体性的研究成果。课题组主要成员陈红玉博士、王林生博士、陈镭博士、晏晨博士、黄仲山博士在组稿、编稿等方面做了许多工作，尤其是陈红玉副研究员和王林生副研究员做了大量工作；年度纪事由北京社会科学院文化研究所张凯收集整理；其他专家学者唐正才、刘洪新、常力强、韩硕、吕宗坤、包树望、意娜、徐健、余安安、代冬梅等参与了本报告的相关调研、课题研讨、问题咨询等工作，为本报告的完成提供了重要的智力支撑和实际支持，在此谨表谢意。特别要感谢撰写各分报告的新老作者和相关专家学者，正因为他/她们的倾情奉献和大力支持，本报告的编撰工作才得以顺利并持续开展。

李建盛

2016年1月30日

Abstract

In the year 2015, Beijing focuses on the construction of national cultural center in the view of capital strategic orientation, concerning the new advancement and trends in cultural development in 2015. This paper discusses in four aspects: the cultural development and cultural strategy, city culture and public service, cultural & creative industries and cultural economy, conservation of historic city and capital cultural communications, and analyses the new progress in 2015, then put forward pertinent countermeasures and suggestions based on the main problems.

The first part is a general report, consisting of situations and trends of conservation of historic city, construction of public service, development of cultural & creative industries, and cultural communications in the year 2015. This part compares the strength and weakness of comprehensive competitiveness and cultural strength of Beijing in the national system of cities, then analyses the problems of cultural development and proposes suggestions in the background of making clear the capital strategic orientation and strengthening the central functions of Beijing as a capital city

The second part is "Cultural Construction and Cultural Development Strategy", reporting on Beijing's new progress in cultural development, Internet Plus and construction of innovation of culture and technology, new strategy of urban transformation and development, as well as construction of cultural legal system. Then put forward pertinent countermeasures.

The third part is "City Culture and Public Cultural Service", discusses the conservation of diversities of urban culture, districts of cultural & creative industries, system of public service and development of network construction, then offers proper suggestions.

The fourth part is "Cultural & Creative Industries and Cultural Economy", introducing the general performances of research on cultural & creative industries and cultural economy, then analyzing the policies of cultural & creative industries, Innovation and Entrepreneurship in the creative industries, innovations of cultural finance and cultural tourism, and discusses the problems and countermeasures.

The last part is "Cultural Heritage Preservation and Cultural Communications", reporting on the conservation of historic city and intangible cultural heritage, analyzing new progress on conservation of tangible and intangible cultural heritage, and current situations of cultural communications and cultural foreign trade in Beijing, then provides targeted suggestions.

Contents

I　General Report

Abstract: In the year 2015, insisting and strengthening the key function of the city, Beijing focuses on the strategy of capital development, and has carried out all sorts of work in cultural development. This report focuses on the construction of national cultural center in the view of capital strategic orientation, generalizes the situations and trends of the conservation of historic city, construction of public service, development of cultural & creative industries and cultural communications, and compares the strength and weakness of comprehensive competitiveness and cultural strength of Beijing in the national system of cities, then analyses the problems of cultural development and proposes targeted suggestions in the background of making clear the capital strategic orientation and strengthening the central functions of Beijing as a capital city.

Keywords: Capital City; Strategic Orientation; Key Functions; National Cultural Center; Cultural Competitiveness

Ⅱ Capital Culture Construction and Culture Development Strategy

B. 2 New Progress in Cultural Development in Beijing

Li Jiansheng, *Yan Chen* / 030

Abstract: In the year 2015, the construction of city culture has made great progress in several aspects, historic city and cultural heritage conservations are under steady progress; policies of public cultural service has been carried out to strengthen the basic-level public service; the integrations of culture and finance, culture and design has advanced in-depth; the potential of cultural consumption has been furtherly motivated ; cultural communication and cultural trade has been expanded from various aspects by different ways. This report analyses and summarizes the achievements of Beijing's cultural development, and provides related suggestions.

Keywords: The Conservation of Historic City; Public Cultural Service; Cultural&Creative Industry; Cultural Consumption; Cultural Communication and Cultural Trade

B. 3 "Internet +" and Beijing's Creative City Construction

Chen Hongyu / 049

Abstract: As the important part of Capital Innovationtransformationstrategy, Beijing government paid great attention to the creative city construction. In 2015, Beijing's creative city construction has been swept up in the tide of "Internet +" . Involving in the wave of "Internet +" became the biggest highlight of Beijing's creative city construction, and the "Internet +" is being the turning point and new dimension of the next historical period in Beijing's creative city construction.

Keywords: "Internet +"; Beijing; Creative City Construction

Abstract: "Internet +" promotes the Integration of culture-technology, which plays an important role in the process of transformation in Beijing. In order to enhance "Internet +" of cultural fusion of science and technology support and drive, Beijing from multiple levels to strengthen the policy support. In order to strengthen the support of the integrative development of the "Internet +", Beijing has made a series of policy measures, and has played a positive effect, such as Stimulating the vitality of the market, creating the industry model innovation, promoting the coordinated development of enterprises, optimizing the allocation of resources, etc. But there are still institutional constraints, inadequate understand and "Information Island", and solving these problems also constitutes the focus of innovation in the Internet economy development.

Keywords: "Internet +"; Culture; Technology; Integration; Beijing

Abstract: As a representative of the creative economy, the makerspace has a a rapid development speed in China. In order to promote the innovation of the city, Beijing actively cultivates makerspace and form a certain scale. But there is also a policy of "speculation"; registration mechanism is imperfect, lack of funds and so on. The development of the alliance and strengthening the education, protection of intellectual property rights, and to explore the incentive mechanism, is feasible way to promote the development of Beijing urban transformation

Keywords: Beijing; Makerspace; Situation; Suggestion; Strategy

Abstract: In the year of 2015, Beijing continues to get a full range of advance in culture development, especially the culture development under the rule of law. With constructing the culture infrastructure, protecting the cultural rights and promoting the regional coordinated development in culture, all have promoted the development of Beijing's culture under the rule of law. However, in the process of specific cultural construction, such as cultural heritage protection, cyber space management and tourism culture cultivation, there are still numerous issues to be settled with. Regulations of cultural management still need to be improved and the government and society should continue to promote the consciousness of rule of law.

Keywords: Beijing; Culture; institutionalization; Rule of Law

Ⅲ Capital City Culture and Public Services

Abstract: This report summarizes the protection and development of Beijing in the process of constructing an international cultural diversity city in 2015 from the aspects of governmental organizations, grass-roots participation, sports activities, brand management and domestic and international cultural communication. There are still many problems, including lack of cultural creativity, participation of enterprises and institutes, audiences' interaction, and shortage on ethnic and foreign languages' translators and interpreters and Beijing's characteristic cultural programs. This report proposes some measures and suggestions with experiences from some successful existing programs.

Keywords: Beijing; Cultural Diversity; Ethnic Culture; International Communication

B. 8 Beijing Cultural Creative Characteristic Block: From Industry Convergence to Social Formation

Dong Hongying / 112

Abstract: The combination of industry development and "social formation" is the advanced form of the pattern of cultural creative industries. The operation of cultural creative industries park under "social formation" pattern is not only an economic activity but also a cultural activity and social activity. It can affect daily life and then change people's lifestyle and society's form of organization. Drive humanity update and social development by characteristic block so as to combine the development of cultural creative industries and "localized" community lifestyle, which is a newly-developing pattern of the development of Beijing cultural creative industries. The planning, construction and pattern deepening of characteristic blocks including Beijing Temple of Heaven-platform bridge performing functional zone, Beijing time-honored brand culture promotion functional zone, future cultural city functional zone are driving the integration of Beijing tourist economy and localized life, and the combination between cultural industries and social formation.

Keywords: Cultural Industries; Characteristic Block; Industry Convergence; Social Formation

B. 9 Analysis on Beijing's Construction of Public Cultural Service System in 2015

Chen Lei / 122

Abstract: This report summarizes Beijing's Construction of public cultural service system of 2015, comparing the similarities and differences between current construction standards and trial versions in the Twelfth Five-Year Plan Period. This report analysis the main problems and proposes some countermeasures and suggestions for the development of Beijing Public Cultural Services.

Keywords: Beijing; Grass Public Cultural Service; Public Cultural Service System

B. 10 Survey on Cyberizaion of Public Cultural Service of Beijing in 2015

Zhang Kai / 134

Abstract: In 2015, the construction of cyberization of public cultural service is continually improved in Beijing. There are large progresses in the formulation of policy and plan, the construction of the Project of Culture Sharing and digitalization of museums and libraries, but there are also many problems like single construction subject, lacking of the innovation of construction of resource and single service mode. Therefore, multiple construction subject, resource construction and servicing based on public need, are the effective methods for the construction of cyberization public cultural service in the future.

Keywords: Public Cultural Service; Cyberization; Digitalization; Cultural Resource

B. 11 Comparative Analysis on Museum Service between Beijing and Key Cities in America

Xiao Qing / 150

Abstract: This report analyzes the action of museums on America's urban development, then further analyzes the management concept, management method, services and successful experiences. This report gives comparative analysis on museum services between Beijing and key cities in America. Based on the successful experiences from America, this report also proposes some countermeasures and suggestions to optimize the Beijing museum services.

Keywords: Museum; Public Service; City Culture

Ⅳ Culture Creative Industries and Culture Economy

Abstract: The period between 2005 and 2015 is the most important 10 years in the history of Beijing cultural and creative industry. This report reviews the tremendous achievements in overall development, cluster areas and company development in the past 10 years and summarizes the experiences and weak areas. It also put forward proposals on further development of promotion system of the cultural and creative industry.

Keywords: Beijing Cultural and Creative Industry; 10-year Development. ; Promotion System of the Cultural and Creative Industry

Abstract: Against the backdrop of "Mass Innovation and Entrepreneurship", the innovation and entrepreneurship activities in cultural and creative areas have been in full swing in Beijing. More than five hundred questionnaires have been sent out to companies with questions regarding key links in innovation and entrepreneurship activities, such as choosing locations, team structure and quality. Based on the survey results, this report analyzes the status quo and characteristics of such activities, points out weak areas and puts forward relevant policy advice.

Keywords: Innovationand Entrepreneurship; Cultural and Creative Industry; Cultural Consumption; Maker's Space

Abstract: The cultural and creative industry in Beijing has been growing at an average annual rate of 17% since 2005. It becomes an important pillar industry in the capital city. As a strategic emerging industry, cultural and creative industry cannot develop so fast without the support of fiscal and tax policies. This essay describes the status quo of fiscal and tax sources and their contributions and lists relevant fiscal policies and tax policies, and makes suggestions of consolidating tax foundations, developing new tax sources and improving the policy support system.

Keywords: Beijing Cultural and Creative Industry; Fiscal and Tax Policies; Policy Suggestions

Abstract: By 2015, Beijing as China's political, economic and cultural center, in under the guidance of the State subject of cultural policy guidelines, in view of the characteristics of local culture and combined with the adjustment of industrial structure of it has promulgated for, purpose and effect of the cultural policy and industrial planning advice, to "innovation driven, demonstration, project driven, linkage elements, industry interaction" prominent elements, and vigorously promote the mining and protection of local culture, promote cultural industry adjustment, optimization and upgrading and development.

Keywords: Cultural Policy; Culture Industry; Development Strategy

Abstract: The innovation of Cultural Finance in Beijing in 2015 mainly reflected in the following several aspects. Such as, the fiscal support of the government continued to be strength. Credit support system to the small and micro cultural business were complete. And specialized degree of Culture Industry Investment Fund became higher. What's more, Internet-based cultural finance rose swiftly to prominence. Meanwhile the mergers, acquisitions and reorganizations were increasingly fierce. This series of innovation promoted the rapid development of cultural and creative industry in Beijing, but there are still many problems need to be solved. Consumption remained at the lower level. Internet-based cultural finance need to be standardized. And Financing channel of Culture Industry Investment Fund was narrow. Besides the negative effects of mergers among cultural enterprise were increasingly arisen. For the above-mentioned problems, government of Beijing should take positive measures. Firstly, it is especially important to inspire the consumer's confidence and attach greater importance to the consumption demand and supply. In the next place, the government must broaden the cultural industry investment fund financing and promote the standardization of Internet-based cultural finance. At last, it is necessary for government to give cultural enterprises a positive guidance to reduce the risk of mergers.

Keywords: Beijing; Cultural and Creative Industry; Financial Support; Cultural Finance

B. 17　Report of Beijing Tourism Industry under the Integration Strategy of Beijing-Tianjin-Hebei Regions in 2015

Abstract: The paper conclude the develop achievement of Beijing tourism industry during the Twelfth Five-Year Plan, analyses the environment changes and industry status of Beijing tourism under the Integration Strategy of Beijing-Tianjin-Hebei Regions, Conclude the highlights in 2015, and give some suggestions on it.

Keywords: Beijing; Integration Strategy of Beijing-Tianjin-Hebei Regions; Tourism; Coordinated Development

B. 18　Report on the People-benefit Cultural Policy in Beijing

Abstract: Beijing municipal government has launched a series of policies to promote cultural consumption recent years, among which, the Beijing Cultural Consumption Season and Beijing CULTURE-EASY Card are two most important brand projects. 2015 is the third year since the People-benefit Cultural Policy released. In this year, Beijing held the 3rd Cultural Consumption Season, and continue to promote Beijing CULTURE-EASY Card project, achieved many breakthroughs, but there are also some problems. The government should combined with experience in promoting Beijing Cultural Consumption Season and Beijing CULTURE-EASY Card, to further improve the People-benefit Cultural Policy.

Keywords: The People-benefit Cultural Policy; Cultural Consumption; Beijing Cultural Consumption Season; CULTURE-EASY Card

V City Cultural Heritages Preservation and Cultural Communication

Abstract: In 2015, the preservation of historic city has been carried on in the context of formulation of the 13th Five-Year Plan. Great achievements are made in the aspect of plan-making, advancement of key tasks and traditional cultural activities in tangible & intangible cultural heritage. Not only the ways of conservation are varied, but also the structure and levels of conservation of historic city are much more clear. In reflection, much more work should be done in preservation of historic urban area, and consciousness of heritance and ecological protection should be strengthened, in order to explore traditional cultural connotation of Beijing.

Keywords: Conservation of Historic City; Annual Development; Key Tasks; Problems and Suggestions

Abstract: In 2015, on the basis of last year, new breakthroughs have been made in the protection of and passing on Beijing's intangible cultural heritage in the field of resource utilization, practice of industrialization and socialization, and update of thinking mode, etc. During this year, Internet Plus, Integration of Beijing, Tianjin and Hebei, Shared by the whole people, etc, become the key words of the protection of and passing on Beijing's intangible cultural heritage, and become the key elements of cultural development. Generally speaking, the main problem in the protection of and passing on Beijing's intangible cultural heritage is that multiple contradictions exist at the same time, but lack reasonable and effective way to solve them. Only if clarify the relationship which staggered tangles, and deal with all kinds of contradictions effectively, can we maintain a healthy cultural ecology, and promote the continuous development of construction of intangible cultural heritage.

Keywords: Intangible Cultural Heritage; Protection and Inheritance; Internet Plus; Integration of Beijing, Tianjin and Hebei; Shared by the Whole People

B. 21 The 2015 Analysis Report of Cultural Communicationin Beijing *Jing Junmei* / 303

Abstract: This report analyzes the current situation of the industry of cultural communication in Beijing in 2015. It analyzes the status quo and problems in the cultural communication in Beijing from three aspects: the cultural communication in Beijing city, cultural diffusion and communication across China, and culture's "going abroad". It proposes suggestions based on various problems, including "there are many cultural communication activities in Beijing, but they do not match the market development", "the cultural communication inside China is clearly government - oriented, but it has insufficient power for independent development", and "the cultural communication overseas over - emphasizes publicity, but it neglects product competition."

Keywords: Cultural Communication; Cultural Trade; Culture's "Going Abroad"; Supply Side

B. 22 The Research on Beijing International Culture Exchanges and Development Strategy *Zhang Li* / 316

Abstract: To promote Beijing international culture exchanges and develop Beijing into international communication center conforms to both China's reality and the trend of the times, which is also the way to improve city international competitiveness. With the development of Beijing society and economy, Beijing international culture exchanges has made great progress, but compared to the first class international cities, Beijing still lags right behind. In view of the main problems, we need to perform the government dominant role, enhance the quality of international city environment, further culture exchanges in more aspects and concentrate international human capital etc., which are aimed at the goal of construction of international communication center.

Keywords: Beijing; International Culture Exchanges; Strategy

Abstract: Beijing international cultural trade development presents different characteristics in 2015. On the basis of the large scale development of cultural creative industry, a number of export-oriented cultural creative enterprises developed rapidly all over the world, promoted Chinese culture spread to the world, enhanced the influence of Chinese culture, promoted the China's soft power. At the same time, because of Beijing cultural development for the international community as well as the implementation of national foreign culture and trade policy, Beijing international culture and trade development will face a huge opportunities for development. With the implementation of the national cultural trade policy, the Beijing municipal government greater encouragement of foreign trade and culture, a batch of cultural enterprises will use more platforms to the world, spread the Chinese culture and create more value, play a important role in the field of international economic cooperation.

Keywords: City Transformation; Beijing; International Cultural Trade

皮书起源

“皮书”起源于十七、十八世纪的英国，主要指官方或社会组织正式发表的重要文件或报告，多以“白皮书”命名。在中国，“皮书”这一概念被社会广泛接受，并被成功运作、发展成为一种全新的出版形态，则源于中国社会科学院社会科学文献出版社。

皮书定义

皮书是对中国与世界发展状况和热点问题进行年度监测，以专业的角度、专家的视野和实证研究方法，针对某一领域或区域现状与发展态势展开分析和预测，具备原创性、实证性、专业性、连续性、前沿性、时效性等特点的公开出版物，由一系列权威研究报告组成。

皮书作者

皮书系列的作者以中国社会科学院、著名高校、地方社会科学院的研究人员为主，多为国内一流研究机构的权威专家学者，他们的看法和观点代表了学界对中国与世界的现实和未来最高水平的解读与分析。

皮书荣誉

皮书系列已成为社会科学文献出版社的著名图书品牌和中国社会科学院的知名学术品牌。2011 年，皮书系列正式列入“十二五”国家重点出版规划项目；2012~2015 年，重点皮书列入中国社会科学院承担的国家哲学社会科学创新工程项目；2016 年，46 种院外皮书使用“中国社会科学院创新工程学术出版项目”标识。

中国皮书网

www.pishu.cn

发布皮书研创资讯，传播皮书精彩内容
引领皮书出版潮流，打造皮书服务平台

栏目设置：

- □ 资讯：皮书动态、皮书观点、皮书数据、皮书报道、皮书发布、电子期刊
- □ 标准：皮书评价、皮书研究、皮书规范
- □ 服务：最新皮书、皮书书目、重点推荐、在线购书
- □ 链接：皮书数据库、皮书博客、皮书微博、在线书城
- □ 搜索：资讯、图书、研究动态、皮书专家、研创团队

中国皮书网依托皮书系列“权威、前沿、原创”的优质内容资源，通过文字、图片、音频、视频等多种元素，在皮书研创者、使用者之间搭建了一个成果展示、资源共享的互动平台。

自 2005 年 12 月正式上线以来，中国皮书网的 IP 访问量、PV 浏览量与日俱增，受到海内外研究者、公务人员、商务人士以及专业读者的广泛关注。

2008 年、2011 年中国皮书网均在全国新闻出版业网站荣誉评选中获得“最具商业价值网站”称号；2012 年，获得“出版业网站百强”称号。

2014 年，中国皮书网与皮书数据库实现资源共享，端口合一，将提供更丰富的内容，更全面的服务。

法律声明